新闻发现与写作

林盛山　著

南开大学出版社
天津

图书在版编目(CIP)数据

新闻发现与写作 / 林盛山著. —天津：南开大学出版社，2009.2（2010.8重印）

ISBN 978-7-310-03100-9

Ⅰ.新… Ⅱ.林… Ⅲ.①新闻学②新闻写作 Ⅳ.G21

中国版本图书馆 CIP 数据核字(2009)第 013166 号

南开大学出版社出版发行

出版人:肖占鹏

地址:天津市南开区卫津路 94 号 邮政编码:300071

营销部电话:(022)23508339 23500755

营销部传真:(022)23508542 邮购部电话:(022)23502200

*

河北昌黎太阳红彩色印刷有限责任公司印刷

全国各地新华书店经销

*

2009 年 2 月第 1 版 2010 年 8 月第 4 次印刷

880×1230 毫米 32 开本 13 印张 370 千字

定价:28.00 元

如遇图书印装质量问题,请与本社营销部联系调换,电话:(022)23507125

前　言

《新闻发现与写作》作为一本新闻学专著，经过近两年的精心编写，终于与读者见面了。

历览馆藏及书市，关于新闻学各个门类的书籍可谓不少，但专为通讯员而作的却并不多。一直以来，广大基层通讯员非常渴望有一本适合他们学习和提高的新闻学书籍问世。笔者也曾几度萌生过写书的念头，而真正动笔则是从 2006 年“五一”黄金周开始的。

如何让这本书实用易学？如何让读者感到解渴满意？这，在我写作初衷形成乃至整个伏案的日日夜夜里，自始至终成为我写这本书的出发点和立足点。概括起来大致是三点，即针对性、实用性和综合性。

针对性。本书主要是针对广大通讯员而作，当然也包括初入职场的记者、新闻专业的学生及广大新闻爱好者。本书的编写充分考虑了阅读者不借助他人即可学有所得、学以致用的需要，通过深入浅出、有理论有实例有练习的讲解，尽快帮助大家完成从入门到提高的过程。

实用性。应该说，实用是本书最大的特点。主要体现在：一是本书避免了过于冗繁的理论阐释，突出了理论与实践的有机结合。在每一部分的理论之后，都有相应的实例来佐证，所选实例又是本着新鲜、典型兼顾的原则，其中很多为经典的或全国获奖的名篇及名家之作，且尽可能多地融入一些知识性内容，读来不空洞、不乏味。二是实践体验较多。既有成功的经验，也有失败的教训。比如像必须牢记的知识要点、该把握的要领、该注意的问题、容易犯的毛病……需要提示出来的都尽量讲明，以引导初学者多走捷径，少绕弯路。当然，这也是因为作者本人毕竟在新闻一线记者、编辑的岗位上耕耘了 25 年，这点点滴滴的积累是许多教科书里难以寻觅到的。三是书后附有带答案的练习，这也是其他同类书所没有的。

综合性。新闻业务书籍多是分门别类的，像新闻采访、新闻写作、新闻评论、新闻编辑等，而新闻又是一个综合体，应用时，各个门类之间常有着较强的关联性，只有兼收并蓄、一专多能的复合型人才方能适应当今新闻从业的需要。因此，在知识的整合上，该书的编写也须设法有所创新。正是本着这样一种思路，本书将"新闻发现"从"新闻采访"中拿出来，与"新闻写作"合到一起，从而解决了一般通讯员所面临的"发现难"与"写作难"两大问题。另外，本书又将"新闻标题制作"从"新闻编辑"中拿出来单列一章。因为"标题是新闻的眼睛"、"文好题一半"，题与文是不能分家的；作为"门脸"且又占了"一半"的新闻标题制作，难道不也是通讯员的一项基本功吗？再者，本书还把"新闻评论"，以及广播、电视、网络新闻等写作归入一书，提纲挈领地讲明其要点，这些也都是搞宣传的人在实际工作中所不可或缺的。但愿这本贴近广大通讯员的新闻小百科，能够成为大家案头的一本工具书。

此外，本书在继承和借鉴前辈、名家所长的同时，也有选择地吸取了当今新闻学研究的一些新成果，如新闻发现中的新思维理念及第三代导语、散文式新闻、新闻标题时代等。

限于水平，本书中的疏漏与不足在所难免，我殷切希望大家多提宝贵意见和建议，以便在今后得到不断完善与充实。

林盛山

于2008年春节

目　录

第一章　新闻概述

第一节　新闻的起源与发展

一、新闻的起源

新闻的起源，可以说是自有人类以来就已经产生。作为一种信息传播的手段，新闻与人类的生产生活是密不可分的。

在远古时代，人类为了求得生存，常常是群居在一起的。久而久之，在生产生活中便逐渐形成了一种彼此照应、相互依存的关系。这种关系的形成也决定了人与人之间必须随时传递、交流各种信息。比如狩猎时，某一处山头或旷野发现了猎物，需要告诉其他人，让他们过来一起围捕，但由于当时还没有语言，因此便会发出一种声音或给出一个信号，以便让其他人知道。再比如，某地突然发现了伤人的猛兽，须尽快通知其他人注意并躲避，于是又会发出另一种声音或信号。据记载，非洲南部土著部落什门人往往集合二三百人来协同狩猎，待狩猎结束，他们便又分散成小的群体。再集合时，就以火作信号，人们见到火光，便会从四面八方纷纷赶来。捕鱼是人类重要的生产活动之一。在捕捞过程中，人们也许会发现经常能捕到某种鱼的地方，这时发现者便会在岸边把这种鱼的形状画出来，以表明这里有鱼。别人看到后，在此撒网，很快也捕到了与岸边所画一模一样的鱼。诸如此类，这种以声音、信号、图画等进行信息传递的方式，便是人类早期新闻的雏形了。

二、新闻的发展

在没有语言之前，人类早期新闻的发展，大致经历了四个阶段：

(1)初级阶段：我国最古老的报纸——唐朝邸报的诞生。

经过了漫长的原始社会以及奴隶社会，随着人类的不断进化，文字出现了，劳动生产力得到进一步提高，加之社会关系也变得更为复杂，于是对信息传播与交流的需求愈发显得迫切。

信息传播是报纸的先导，报纸是信息传播发展到一定阶段的必然产物。特别是到了封建社会，距今1800年前，东汉蔡伦造纸术的发明，以及距今1300年前雕版印刷术的出现，都为报纸的诞生提供了物质和技术上的准备，进而起到了极大的推动作用。

有人说，在我国汉朝时期就有报纸出现了。但据已掌握的资料表明，正式发行的报纸还是在唐朝。也有人称，我国最早的报纸是唐朝开元年间出版的《开元杂报》。但因没有实物为证，也无更多资料可考，因此只能作为学术上的一家之说了。

有据可查的，我国现存最古老的报纸应为唐朝晚期光启年间的邸报。目前，共有两份，一份保存于英国伦敦不列颠图书馆内，一份保存于法国巴黎国立图书馆内。存于英国不列颠图书馆内的这张"敦煌邸报"，是唐僖宗光启三年归义军节度使派驻朝廷的进奏官张夷则发往沙州(即今敦煌)的一份手抄邸报。它长约97厘米，宽约34厘米，上边有2000余字，记述了唐朝沙州归义军节度使张淮深派遣使臣赴朝廷请求赐给旌节的经过。这张邸报是英国人斯坦因在上个世纪初从敦煌莫高窟窃去的，它发行于公元887年，也是世界上现存最古老的报纸。

"邸"本是各地诸侯设在京都(长安)的办事机构，所谓"官邸"便是由此而来。"邸"兼有类似今天办事处和招待所的双重功能。邸中官员称邸吏。他们工作中的一项重要任务，就是负责将皇帝的命令、文告，大臣奏章，宫廷及各地较大动态、战事等，传抄给诸侯。这种传抄书便被称为"邸报"。

"邸报"只是报纸发展史上的一个初级阶段，后来，随着印刷术的发明，特别是毕升活字印刷的出现，一改过去"手抄"和雕版印刷的局限，才使报纸的大量发行成为可能。

作为官办报纸,“邸报”这一叫法一直延用到清朝雍正年间,后被停止发行,“邸报”之名到此终结。

(2)完善阶段:从唐宋到明清,报纸在发展中逐步完善与成型。

这期间,官办的、民办的各类报纸越来越多,而且一些报纸已具备了现代报纸的一些特点。以始于明朝中叶的民间报纸“京报”(“京报”只是一个统称,有多家在办,不仅仅指某一家)为例,就开始有了类似今天报社独立经营的报房,也有了比较固定的编辑、记者队伍,以及专事刺探宫廷内官方消息的内探(好比现在的“通讯员”)。报纸有报名,面向社会公开征订并零售。到了清代,京报已变为日刊,就以北京集文报房出版的“京报”为例,每天出一长方型的小册子,宽三寸,长六寸;少则五六页,多则十余页甚至上百页;封面左上方印有红色楷体“京报”报头;里页文字竖排,共 8 行,每行 23 个字。由于京报的内容比官报丰富,传送又快,因此流行很广,遍及全国。

(3)发展阶段:从 1840 年鸦片战争到 20 世纪末的一个半世纪以来,新闻发展越来越快,而且形成了一个巨大的行业与产业。

鸦片战争以后,随着资本主义的入侵,许多国外报商纷至沓来,进而也带动了国内报业的崛起,教会报、社会报、党派报、学术报……名目繁多,无所不有。这其中影响较大、出版时间最长的当属《申报》,自 1872 年 4 月 30 日在上海创刊,到 1949 年 5 月停刊,前后共出版了 77 年。

新中国成立以后,是报纸的又一个大发展时期。品种多,阵营庞大。至 2008 年,国家出版署统计,全国注册公开发行的报纸数量已达 1942 种,再加上没有刊号但发行万份以上的,至少还要乘以 10。目前,我国已成为全世界报纸发行总量最多的国家。加上广播、电视,全国新闻从业人员几百万。广告收入每年多达几千亿元。

(4)爆炸阶段:20 世纪八九十年代已经开始,特别是进入 2000 年以后,新闻传播的竞争与发展愈发加速。信息传递之广之快,参与者之多之众,关注度之高之切,都是前所未有的;报刊、广播、电视、电话、传真、手机……载体越来越多,路径越来越广。尤其是互联网的出现,更将新闻推向了一个空前的大爆炸状态。现在很多重大新闻事件发生后一两分钟便可传遍全世界，如发生在美国纽约的“911 事件”以及“伊拉克战争”，仅仅几分钟，在新华社滚动播发的新闻里及互联网上便可获知。当然，虽说最初的消息十分简短，常常只是一两句话，但随后则有更多更详尽的内容接踵而来。还有许多新闻事件，广播、电视、网络等都可采用直播的方式，对事件发生和进展的全过程，听众观众尽可一览无余。可以说，现代社会已成了一个信息社会，现代人生活、工作，都已离不开信息的传播了。

据专家预测，未来的信息与新闻的发展，有向无纸化推进的趋势。当今国内大多主流媒体均有了自己的网页，网络又与电脑、数字电视、手提电脑、手机等相连接，人们不论在家里还是在外面，只要身边有这些接收器，点击什么就出现什么、想看什么就有什么。冲击带来的结果——有形报纸的萎缩态势也将不可避免，但目前这还只能是一种推测。

第二节　新闻的定义

解析“新闻”，弄清新闻的定义，是每一个从事新闻工作的人所必须弄清的概念。如果连新闻本身的确切含义都搞不清楚，那又怎么能去发现新闻、写好新闻和研究新闻呢？

新闻，作为新闻学的基本概念之一，至今仍没有一个被学界普遍认同的权威的定义。这不能不说是一种遗憾。此前，一些学者、名家曾对新闻的定义各抒己见，众说纷纭，莫衷一是。据称答案不下百条，现择其要者，大致归类，约有以下几种：

1. 事实说

●美国莫特：“新闻是新近报道的事情。”

●前苏联《真理报》哥捷夫：“新闻是有共同兴趣有典型意义的事实。”

●徐宝璜：“新闻者，乃多数阅者所注意之最近事实。”

●范长江：“新闻就是广大群众欲知、应知而未知的事实。”

●胡乔木:“新闻是一种新的重要的事实。”

●徐铸成:“社会上新发生的、为大多数人民所关心的、有意义的事实,就是新闻。”

2.**传播说**

●德国多维法特:“新闻就是把最新的现实的现象在最短的时间距离内,连续介绍给最广泛的公众。”

●陆定一:“新闻的定义,就是新近发生的事实的报道。”

●王中:“新闻是新近变动的事实的传布。”

●戴邦:“新闻是最近发生的、人民大众关心的重要的事实的报道。”

●《辞海》(1979年版):“新闻是报纸、通讯社、广播电台、电视台等新闻机构对当前政治事件或社会事件所作的报道。”

3.**记录说**

●美国华连:“新闻就是能唤起读者、唤起人们的关心,进而教诲他们,鼓舞他们,并使他们能够得到乐趣的一种对于人们活动的最适时的记录。”

●英国《泰晤士报》:“新闻是变迁的记录。”

●李大钊:“新闻是现在新的、活的社会状况的写真。”

4.**舆论说**

●甘惜分:“新闻是报道或评述最新的重要事实以影响舆论的特殊手段。”

●《学习读本》:“新闻是一种舆论工具,在形成舆论和引导舆论方面,具有巨大的、不可替代的作用。”

●《资料汇编》:“新闻作为舆论工具,是一定的阶级或政治集团的‘耳目’与‘喉舌’。”

5.**反常说**

●美国爱德华:“能让女人喊一声‘哎呀,我的天呀’的东西,就是新闻。”

●美国博加特:“狗咬人不是新闻,人咬狗才是新闻。”

●美国阿维因:“新闻就是同读者常态的、司空见惯的观念相差悬殊的一种事件的报道。”

6.**商品说**

●美国李斯利·史蒂芬:“新闻是一种商品,由报纸分配,供给认识文字者以消费,每日将新鲜的东西送到市场上,用文字将世界、本国、本省、本州及本市所发生的事件表现出来,以引起多数人士的注意。”

凡此种种对“新闻”的认识与判断,除了少数过于偏激之外,大多数还是各有其道理的。有的可以说已经非常到位了。我觉得,要给“新闻”下一个科学准确的定义,仅仅强调一两个方面是不够的,几个关键要素必须考虑进去。其一是新闻的生命:新;其二是新闻的含金量:价值;其三是新闻的基点:事实;其四是新闻的特性:传播。把这四点都涵盖进去,那就让我们来综合一下吧:

新闻是新近发生的有价值的事实的报道。

这句话里共包含了四个要素:

(1)“新近发生”。它强调了新闻的新鲜性、时效性以及地域性,这是新闻的生命。这里的新近,延伸一下思考,应包含以下三层意思:一是内容新,新人、新事、新气象、新经验、新问题、新动向,当然也包含新奇之意;二是时间近,强调了新闻的时效性;三是空间近,空间越近,与人们的关系越密切,人们也就越关心。

(2)“有价值”。它强调了新闻的“含金量”。新闻的“含金量”越高,个性越突出,越能吸引人的眼球,乃至成为卖点。新闻没有了“含金量”,也就失去了新闻存在的价值。

(3)“事实”。这是新闻生成的一个基点。新闻必须以真人真事为依据,不能有丝毫的虚构。

(4)“报道”。新闻必须传播,仅仅自已知道,不告诉他人,这不能称其为新闻。广为传播是新闻的特性之一。

综上所述,构成新闻定义需具备三性。一是共性——新近发生的事实;二是个性——有报道价值;三是主观能动性——要及时快速地将新近发生的有价值的新闻事实报道出去。只有将这三性有机地结合起来,才能构成一个完全的新闻定义。

第二章 通讯员

第一节 通讯员的职责

通讯员是报社、电台、电视台、通讯社等新闻机构邀请的为其经常撰写稿件、反映情况的非专业新闻工作者。由于是非专业新闻工作者，通讯员多来自各个行业，有的甚至还工作在基层或一线，当通讯员只是兼职。由于通讯员最了解自己的行业及下边的情况，因此他们写出来的东西，也往往更准确、更鲜活、更贴近现实。通讯员的主要职责，就是撰写新闻稿件或提供新闻线索，就是宣传——对内宣传与对外宣传。

一、对内宣传

做好对内宣传，是每一个通讯员义不容辞的职责。一个行业也好，一个企业也好，需要上情下达和下情上达；需要凝聚职工、激励职工、团结职工；需要不断总结和推广各方面的好经验、好做法、好典型，以弘扬正气，强化管理……这些"需要"怎么实现，宣传工作自然责无旁贷。于是，一些企业文化搞得比较出色的行业或企业，都会创建并努力办好自己的报纸、广播、闭路电视，以及板报、橱窗等，然后通过这些载体和平台，来实现企业上述诸多"需要"。

谁来为这些载体和平台填充内容？除了少数专职的编辑、记者外，大量的稿件来源还要靠通讯员提供。可以这样讲，这些企业内部的报纸、广播、电视等，如果离开了广大通讯员的支持，都将成为无源之水、无本之木。因此，在对内宣传中，通讯员是一支活跃在基层一线的主力军。

二、对外宣传

在市场经济条件下，随着竞争的日趋加剧，许多企业都比较注重对外形象的塑造。那些有着良好形象和较高知名度的企业，更容易被外界所认可，从而在市场竞争中占得一份先机。反过来，企业在社会上赫赫有名，且又有极好的口碑，对内也是一种激励，员工会因此平添几分自豪感，并悄然无声地形成一种凝聚力和动力——爱企业、珍视企业的名声、更加努力的工作。这种连锁效应，难道不是一件一举两得的好事吗？

对外宣传的重要性是毋庸置疑的。要做好这项工作，同样也离不开通讯员，只是对外宣传稿件的要求会更高一些，所面临的不仅仅是本系统、本行业，还可能是从不同层面上去考虑稿件的新闻价值。一般来讲，媒体覆盖面越宽泛，稿件共性与个性、全局性与典型性的要求也越高。在局部看来可以成为新闻的东西，往往拿到大的媒体上便不视其为新闻了。因此，若要写出对外宣传中的上品稿件，作者就应当有更深的功力和花费更多的心思。

另外，在对外宣传方面，为了避免基层通讯员投稿时的盲目作战和乱箭齐发，企业应该责成某个部门或个人统领一下。主要目的：一是加强研究与沟通。经常不断地寻找企业实际工作与媒体报道思路之间的契合点，多方挖掘新闻线索，甚至定出具体题目，以提高稿件的质量和命中率。二是起到把关作用。每一篇投出去的稿件，其中涉及的新闻事实、提法、数字、经验及人物等，都必须做到准确无误，口径要统一，要更典型、更具代表性。三是做到总体平衡。设法让企业的新闻资源在宣传效果上达到最大化。哪些稿件该往哪儿投，哪些内容需作重点报道，哪些内容只作一般报道，以避免对外报道中的过于随意性和重复。在这方面，没有平衡与协调是不行的。

第二节 通讯员的素质

一、责任意识

现在有句时兴的话叫“态度决定一切”。意思就是说，态度是个决定性因素。没有一个端正明确的态度，动力从何而来，积极性从何而来?因而，如果缺失了这一点，也就很难做好每一件事情。

责任意识其实也就是态度问题。

当通讯员，你说好干不好干？当然，混着走，好歹写几篇小稿，不管其质量如何，也不在乎见报与否，这就好干。持这种态度干一项工作，有意思吗？特别是作为年轻人，懒散惯了，漫不经心惯了，得过且过惯了，会是一个什么结果?

专职记者，跑得面儿比较宽，且可以一门心思去写稿子。而通讯员则不同，他们写稿子要遇到许多实际困难。

一是“没有时间”。一般来讲，企业文化搞得好、特别重视宣传的单位，都是管理规范、工作要求高且又非常紧张忙碌的单位。员工上班忙、下班忙，厂里忙、家里忙，一天到晚忙来忙去，总觉得时间不够用。况且基层通讯员大多是兼职，因此对这种采访、写稿子的份外之事，常常会有无暇顾及之感。

二是“缺少线索”。通讯员，尤其是企业报通讯员，他们大都身在基层或生产一线，接触的面儿比较窄，信息又不多，即使决心再大、文笔再好，若缺乏新闻线索，苦于没“词”，也照样写不出好稿子。久而久之会让人的意志发生动摇。

再说，一些通讯员既对新闻的专业知识掌握不多，又缺乏这方面的实践经验，感到力不从心也是很自然的。

凡此种种，我认为，当通讯员本来就难，若要当一个优秀通讯员，那就是难上加难了。

如何解决这一问题，还是首先应该从“态度”二字入手，树立起一种真正的责任意识。

从大处讲，一个企业在走向成熟和快速发展的进程中，需要通过宣传工作来鼓舞人心、凝聚人心，也希望在外塑形象中不断提高企业的知名度，获得良好的口碑。但这些琐碎、细致、具体的宣传工作谁来做？当然离不开我们的通讯员。在企业与员工相互依存、荣辱与共中，把宣传工作担当起来并做到位，应该说这是一种责任、一种使命，同时也是一种态度。为了实现共同的目标，多辛苦一点，多写点稿子，难道还有什么怨言吗？从这一点讲，兼职当一个通讯员，这不正是企业对自己的重用与信任吗？

据我了解，现在许多企业非常需要高水平的文职人才：一是“大笔杆子”，会抓点子，善写各类较大块文章，并能达到在行业或社会报刊见报水平的；二是“多面手”，能写、能编、有办报能力，会拍会摄、会处理图像，已达到较高水平的。一些企业为了搜罗这方面的人才甚至不得不以高薪外聘。

从小处讲，这也是个人一次难得的学习与锻炼的机会。面对机遇和挑战，一定要好好把握自己，要珍视并充分利用众多的媒体平台（包括企业的行业的及社会上的），在不断展示个人才能的同时，也为企业做出贡献。

我觉得，作为一个年轻人，应该在多方面发展自己，要做多面手（也称“复合型人才”），武的行，文的也不差；专业精，“笔杆子”也厉害。只有这样，才能在职场竞争日趋加剧的今天，不断为自己找到更多立足、适应以及生存与发展的空间。

现实中，这样的例子可以说是不胜枚举。我有一个朋友，原在某棉纺厂工作，比较善写，后被调入厂宣传部。再之后，被调入纺织局宣传处，成了大通讯员，经常在头版上发重头文章。现已任某大报驻天津记者站站长。一路攀升，靠的是什么？是敬业精神，是过硬的笔杆子。

还有一个朋友，原在一家企业工作，上世纪 80 年代末，企业倒闭了，职工大部分被“买断”，我的这位朋友因曾是多家报社的通讯员，被市内某区的宣传中心相中，成了专业报道员。该人很勤奋，他的文章经常见诸各大媒体，现已是区领导班子的重要成员了。

在这方面，我也有一点切身体验：多年前，某企业需要一位“写手”，酬金不菲，朋友推荐我过去。主管经理拿来一张表让我填。之后，我们便坐在一起很随意地聊天，话语中有三个题目让我感到兴趣。第二天，我进行了深入的采访。回来后，不长时间，三篇稿子出来了且分别见报，两篇发在了地方报纸的头版头条，两篇发在了其行业一个相当考究的杂志上(有一篇是交叉发的)。过后，让我填的表始终没有交上去(他们也没要)，只记下了一个名字，但能力已被几层领导没有异议地认可了。

再往小处讲，还有一句话叫"艺不压身"。仅就个人而言，有个好笔头子，内心的东西都能用文字表达得十分贴切完美，这不也是一种享受吗？生活中，用到"写"的地方很多，写篇发言稿、写个总结、写点什么材料，还有写论文……这些，谁都会遇到。说句玩笑话，最不济，给恋人或爱人流露点真情实感都别有味道，让人动心。还有帮孩子改改作文，指导指导写作，这不也是让孩子"近水楼台先得月"吗？

二、知识理论素质

这里所说的知识理论，我认为首先是指政治与政策方面的知识理论。在我国，新闻事业必须接受党的领导，这是一条根本原则。每一个新闻工作者都要严格遵守党的新闻宣传纪律，不得散布与党的路线方针政策相违背的言论。

我们的各类新闻媒体都在"顺时而动"，依照不同时期的形势变化，宣传党的方针政策、传递着各种信息，进而激励人民、鼓舞人民，同时也通过新闻媒体的舆论作用"祛邪扶正"。因此，这就要求我们的新闻工作者，必须不断提高自己的政治理论水平和政策水平，要随时随地的学习，要不断用一把政策的尺子去衡量每一条新闻是该写还是不该写，否则就会失去方向。殊不知，新闻报道是来不得半点政治政策上的盲目、模糊与无知的。

再有，通讯员还应该是一个知识丰富的人。一张小小的报纸，内容涉及得非常广泛，三百六十行，无所不包。通讯员写稿说不定会和哪方面的知识牵扯上，若一无所知，也是很难把握的。采访时，说到什么都不懂，自然会遭遇"话不投机半句多"的尴尬场面，更别提深入采访和得到有价值的新闻素材了。所以说，要想做一个合格的通讯员，知识的掌握未必多“专”，但一定要“博”，在需要的时候，再去力求深一点和精一点。正是从这个意义上讲，通讯员起码应该是个“杂家”。

但对一个企业报通讯员来说，他的撰稿内容会相对有一个范围，涉及的业内知识不会延伸得太远。我想，为了写稿更得心应手，少说外行话，可以在“专”方面多下一些功夫，多努力一点。

三、新闻业务素质

新闻业务素质主要包括四个方面：

一是中文水平。其中包括语法修辞、古代汉语、中外文学、文艺理论、逻辑学、写作等。

二是发现和捕捉新闻的能力。能在纷繁复杂中发现新闻线索，确定什么是新闻、什么不是新闻、什么是重要新闻、什么是一般新闻。

三是沟通与采访能力。通讯员是个需要经常与人打交道的工作，如何与不熟悉的人沟通，如何通过采访了解并掌握你所需要的新闻素材，这不能不说是一个通讯员必备的基本功力。

四是新闻写作能力。新闻写作不但要符合一般文章写作的要求，还有其特殊的某些规律性。这也是每一个通讯员最基本的功力之一。

另外，作为一个通讯员，还有一些成文或不成文的准则，也应该切记，这也是许多老记者的经验之谈。概括起来，可以称为“十一注意”。

一注意：有悖于国家方针、政策、法规、重要领导人讲话精神及与社会语境不谐调的东西不要写。

二注意：切忌自由化。不要把个人情绪、恩怨带到新闻报道中，想写什么就写什么、想怎样说就怎样说，这是不行的，务要克制。

三注意：切忌不真实。大到整个新闻事实，小到每一个细节，绝对不允许有丝毫的虚构。同时还要防止以偏概全，不可只据其一点，便轻易得出整体上好与不好的结论。

四注意：涉及过于敏感的东西最好不写或慎写。包括政治上的或传说中的一些民族习俗，及某些特别需要回避的内容。

五注意：容易引发事端或可能产生不良后果的不要写。像前些年曾报道过的小学生舍己救人、打工妹为洁身而跳楼身亡等，我们不希望此类小小年纪献出宝贵生命的“连续剧”再演下去。

六注意:有影射之嫌的不要写(包括新闻或副刊的文艺作品)。避免让人对号入座,产生麻烦。

七注意:批评报道要慎写。即使需要写,也要核实清楚,征得有关领导的认可。尤其涉及具体部门、具体人、具体事的,批评更要恰如其分,事实部分不可有丝毫的疏漏。

八注意:涉及国家机密和个人隐私的内容不要写。

九注意:报道重要领导人、重要会议,以及由此谈及的一些新思想、新言论、新举措等,为确保万无一失,稿子见报之前,必须经本人或有关领导审核。

十注意:没有把握的引语、统计数据、相关知识及事例,不可随便引用。用时必须做到有根有据。

十一注意:有些援引类报道,表态、观点、提法也好,新闻事件也罢,是获悉于哪个部门、会议,还是出自某人之口、某报所载,一定要注明来源。一则表示尊重;二则莫让人误以为这是作者或媒体的意思,万一遭到质疑,会有据所依。

第三节　提高投稿命中率三要素

现在,许多企业都希望扩大对外宣传,有的还对企业相关部门和通讯员提出了考核的要求。鉴此,一些通讯员颇感“压力在身”,不知如何去做才能提高投稿命中率。总想寻到一条“捷径”或者什么“诀窍”,既简便又易行,那样该多好!但是到目前为止,我还没有找到。在这里我只想告诉大家一些规律性的东西,以下三点,如果能做到,或许会对你提高投稿命中率有所帮助。

一、选好媒体　关注变化

选好媒体是第一步。当今社会上的各种媒体可以说是五花八门,无所不有。从大的方面分,有报纸类、电视类、广播类、网络类。若仅就报纸而言，又可分为机关报（如人民日报、天津日报、经济日报、工人日报……）、都市报（如新京报、新民晚报、南方都市报、华商报……）、行业报（如中国工业报、中国电力报、中国铁道报、中国食品报……），不同行业还有更细化、范围更小的行业子报，乃至到企业报。除此，各个门类的专业报也不少（如知识类、健康类、文化类、娱乐类、体育类……），以及各种文摘报等。据不完全统计，截至 2008 年，全国共有注册且公开发行的报纸就已 1942 种。这里还没有算上不计其数的电视、广播和网络。

面对如此众多的媒体，选择谁来做投稿的对象呢？这就要看你经常报道的内容与哪家媒体更吻合了。一般来讲，不同的媒体都要面对不同的读者群，报道内容也各有侧重。找一个比较容易上稿的媒体，让自己的投稿有一个比较准确的定位，这很重要。

另外，作为一个基层通讯员，开始选择媒体的时候，还有一点需要注意的，即不要贪大攀高。大媒体、规格比较高的媒体，因其覆盖面广，稿源多，要求又高，上稿的难度也就较大。尤其是那些来自基层的稿件，若没有独特之处，是很难被选中的。据说，前些年，《人民日报》每天收到的稿件都要装上几麻袋。作为一个基层的通讯员，特别是在学习写作的初期阶段，最好是选择与自己贴近的媒体，先从自己的企业报和行业报做起，就是这一点，要做好了也已经很不容易了。当有了一定的经验或较好的新闻素材时，可再往大媒体上考虑。

选好媒体，还要关注媒体的变化，切不可只是投稿时关注它，不投稿时不理它。新闻是动态的，不是静止的，新闻报道也必然要顺时而动。因此，所有的媒体，包括你选定的适合投稿的媒体，也会应时到节，不断提出自己的新闻报道思路。当然有的媒体还会定期向通讯员发放一些类似报道提纲的东西，有的则没有。所以，你要想了解报纸新的动态，不管有没有报道提纲，最好的办法就是随时关注媒体，研究其相关的报道及走向，并不断调整自己的思路，从而使自己所写的稿件与之更吻合。

另外，关注变化，除了媒体报道思路之外，还有一些形式方面的变化，比如版面变化，是否又开设了什么新栏目，篇幅长短及语言风格变没变，等等。

二、瞄准所需　投其所好

选好媒体，关注变化，主要还是从大框架上解决定位和方向问题。至于如何瞄准所需，投其所好，这则是一个通讯员提高投稿命中率非走不可的第二步。

媒体在宣传中，经常会随着形势的变化，不断调整自己的报道思路，时不时打一个小战役或大战役，或推出一些更加适合受众口味的新栏目。当然，每战之前，为解决初期报道之需，编辑部往往会先准备出一些稿件，但大量的、能在一段时间里满足报道需要的稿子还得靠通讯员来提供。

再有，一些报道常常来得比较突然，甚至连媒体也备之不及。如中央提出的"构建和谐社会"、"创建节约型社会"、"八荣八耻"等，这些提法最初都是源自中央领导在某个会议上的讲话。地方上的一些媒体事先也并不知道。要想跟进宣传，既需要一个学习理解的过程，也要有一个组织稿件的过程。

因此，要提高"命中率"，还必须瞄准所需，投其所好。能否有一个灵敏的嗅觉，这就看一个通讯员研究报纸的功夫到不到家了。

我做了多年的报纸编辑，常常会遇到这样的情况：正当你为寻找某些稿件而急得团团转的时候，这样的稿子就恰恰很及时地到了你的手里。别的稿子没有，惟此一篇，能不用吗？我很佩服这些通讯员的聪明与神速。我想，这些通讯员起码有两点是值得学习的。一是"瞄得准"，二是"来得快"。

"瞄得准"就要有点预测之功和先见之明，知道编辑部下一步要用什么稿件，报道的广度和深度会朝哪个方面推进。有了这点本领，你写稿、投稿的脉搏与编辑部选稿、用稿的脉搏在同步跳动，"命中率"当然会很高。

"来得快"就是指稿子写得快、投得快，争取在最短的时间里，让稿子到达编辑部。如果在这个环节上拖拖拉拉，耽误了时间，岂不变成"活鱼摔死卖"，前功尽弃了吗？"抢鲜"除了体现在"新闻意识"和"新闻捕捉"上，还须体现在写和投的动作与速度上。

三、精心写稿　以优取胜

这是提高投稿命中率的第三步。前边的工作做得再好，也还仅是一种意识和过程，只有拿出高水平的稿子才是结果。

我理解，题目中的“精”字有两层意思：一是认认真真，一丝不苟；二是精品至上，以优取胜。有了真正的好稿子，相信：哪家媒体也不会拒之门外。

要写成一篇好稿是需要下功夫的，即便是那些很有经验的通讯员，也不可能篇篇提笔就来，一挥而就。要让自己的稿子成为精品，这其中，没有态度与知识不行，没有发现与捕捉不行，没有扎实的结果更不行。

至于怎样写成一篇好稿子，都有哪些标准和要求，本书在下边一些章节还要作详细的介绍。

第三章　如何发现新闻

新闻需要发现和捕捉，没有发现和捕捉就没有新闻。因此，善于发现和捕捉新闻，是一个记者和通讯员最基本、也是最重要的能力之一。

发现和捕捉什么？当然是新闻线索。世间万物纷繁复杂，有些新闻线索是显性的，一眼就可以看出，判断起来并不难。而有些新闻线索则是隐性的，或与其他事物交错混杂在一起，或在背后不容易识别，这就需要去"淘"——沙里淘金，去用"新闻眼"、"新闻鼻"来发现和捕捉。

第一节　首先弄清"三个概念"

一、新闻价值：称出新闻"含金量"

新闻价值，通俗点讲，就是指新闻的"含金量"。它是衡量与选择新闻的一个重要标准。也是发现和捕捉新闻的一杆秤。什么是新闻，什么不是新闻?什么是重要新闻，什么是一般新闻?都要用这杆秤去秤一秤，知道了其中确切的含金量后才能判定。

新闻价值，以什么为标准来判定，才能知道其"含金量"的大小呢?在这里，我们把它归纳为10个字：真实、新鲜、重要、接近、可读。

1. 真实

这是新闻价值构成的首要因素，也是新闻价值的物质基础。失去了真实，也便失去了新闻的价值所在。虚构出来的新闻，包括合理想像出来的新闻，不但无半点新闻价值可言，而且严重违背了新闻工作的职业道德。新闻价值所要求的真实，是一个完全的绝对的概念。它包括从立意到通篇的每个细节、每一个数字及每一个用词。

2. **新鲜**

其中包含了两层意思：一是指时间新。新近发生的、最先报道的。再好的新闻，只要是听过了、知道了，也就不是新闻了。二是指内容新。最好具有“唯一性”，或者即使达不到“唯一性”，也要让人感到新颖独特，非同一般。比如像在社会发展及各项工作进程中的新动态、新问题、新做法、新经验、新发明、新创造，以及新人新事新气象……都是“内容新”范畴之内的东西。

3. **重要**

这也是决定新闻价值大小的一个关键。新闻的重要与不重要，其中包含着三个要素：一是与当前工作重心密切不密切，二是与群众的切身利益密切不密切，三是与人们的关注点密切不密切。在这三个要素中，只要能够挂上一个密切，便可视为重要，不妨大胆去写。

4. **接近**

这里也包含着两层意思：一是地域上的接近，二是阅读对象的接近。

同样的新闻事件，地域上越近，关注度越高，新闻效应越明显，自然也就更具新闻价值。一般来讲，国内大于国际，本地大于外地。很多社会新闻，在地方媒体上有报道的价值，可拿到全国性媒体上，就显得很普遍、很一般了。因为在全国这样一个大范围内，类似的事儿会有很多，早已不足为奇了。

阅读对象也是这样。不同的读者群，由于其职业、性别、年龄、爱好等不同，更爱看贴近自己的报纸。比如，某一反映工业战线的报道，对《工人日报》来说是一篇价值很高的新闻稿件，而拿到《农民日报》那里，也许就没有多少新闻价值了。《老年时报》上那些备受老年人欢迎的有价值的新闻，对更爱读《中国少年报》的孩子们来说，则可能一点阅读兴趣都没有。这就说明，由于阅读对象（也包括心理接受程度）的不同，他们对新闻价值的判定也会随之不同。

地域上越近的、越接近阅读对象的报道，其新闻价值往往会增大许多。

5. **可读**

新闻的可读性是决定受众面的一个重要因素。只有可读才能受众面广，只有受众面广，才能实现新闻宣传效果的最大化。从某个角度说，新闻价值便也会由此得到验证。

当前，新闻媒体所兼有的意识形态和媒介产业的双重属性是一个不能回避的现实，其既要承担起原有的作为喉舌传播信息、引导舆论、服务大众的重要职责，同时还要面向市场，参与竞争，进而确保自己的生存与发展。只有做到"两手抓，两手都要硬"，只有实现了社会效益和经济效益的双重最大化，才是新时期媒体的必然定位与选择。

新闻的可读，首先是指内容可读。所报道的新闻能吸引人的眼球，人们愿意看、有兴趣看，甚至争着看、抢着看。它能满足人们求乐求奇的心理、能引起人们的广泛共鸣、能让人们从中获得教益。

其次是文风文采上的可读，这也是不可小觑的。谋篇上、写法上、语言上的新颖别致、独具匠心，同样也是吸引人的一个方面。

以上几点，便是构成和判定新闻价值的几个基点，这也是我们通讯员在众多新闻线索中发现、筛选和捕捉新闻的主要价值观。

二、新闻敏感：有敏感才有发现

一个很有名的新闻学家讲过这样一段话：一个对色彩、线条不敏感的人，不能成为画家；一个对声音、节奏不敏感的人，不能成为音乐家；一个对新闻线索、新闻价值缺乏敏感的人，也不能成为新闻记者。

那么什么是新闻敏感呢？新闻敏感是一个记者、通讯员敏锐地发现、捕捉新闻的意识和能力。有人也称之为"新闻眼"、"新闻鼻"等。

且不说社会，仅以企业而言，每日清晨，当我们走进工厂的时候，一些新的变化有没有引起你的注意？每年年初、半年或年终的统计数字出来时，该不该关注一下？在顺时而动中，企业的一些重大举措能不能挖出新闻来？细微之处，企业又添置了什么？出台了什么？领导会上会下的话里话外？是不是"藏"有新闻……诸如此类。这一切，都在考验、测试着我们的新闻敏感。有的记者、通讯员总有写不尽的"词"，有的则是每每囊中空空如也。为什么?究其原因,我认为主要还是缺乏新闻敏感。没有敏感,就没有发现,没有发现,就“无米下锅”,自然也就写不成新闻稿件了。因此有人曾说:在整个新闻稿件形成的过程中,新闻敏感、新闻发现的作用远远大于新闻写作,其比例大致是7∶3。由此看来,一个记者、通讯员的合格与否,很大程度上取决于他的新闻敏感和新闻发现能力。

下面有几个例子,或许会让我们对“新闻敏感”的理解更具体一些,并能从中得到一定启发。

例一:有记者去南方某县采访,晚上住在县招待所里。入夜蛙声一片,不绝于耳。记者没有放过这一怪现象,辗转在床的难眠之际,陷入思索:刚入夏,青蛙怎么会这么多呢?转天便向县农办的负责同志请教,得到的回答是:我们这里不光青蛙多,燕子、泥鳅、绒茧蜂……这些农业害虫的天敌都多了。过去,他们曾大量使用化学农药,害虫的天敌几近灭绝,害虫只能靠农药杀灭。可是随着害虫抗药性的增加,农药使用剂量也在加大。恶性循环的结果,致使作物农药残留量越来越大,生态平衡遭到破坏,土质也越来越差。如今实行药物防治与生物防治相结合的做法,情况完全有了改变。记者当即动笔,这样,一个源自新闻敏感的好线索,报道了一个成功的范例,总结出了一条值得推广的生物防治害虫的新经验。

例二:这也是通讯员偶然中发现的一条新闻线索。那天,他去上海市某工商所办事,无意中看到桌上放着一份“申请收购牛肉干”的收购单。上面还附着一份求购说明:说的是一四川人来上海办事,为了“行个人情”,求得方便,出门之前,他特意带上家乡的特产——15斤牛肉干。可到了上海之后,一切进行得非常顺利,牛肉干送到哪家,哪家都惋言谢绝,结果是一斤也没送出去。这么重的东西也不想再带回去了,今特请工商所予以收购。这条新闻,乍看起来是“鸡毛蒜皮”的小事,但小中见大,其中透视出的精神,在当时社会刚刚转向市场经济之后,是特别需要弘扬的。《十五斤牛肉干成了难题》的报道,很快写出并寄到《新民晚报》,编辑阅后,认为有新意,决定在四版采用。次日总编辑看过小样,签发上一版。最后,小稿子竟然上了一版头条,还配了一篇小评论。见报第二天,《解放日报》又作了转载,并配发了评论。《人民日报》跟着也转载,这篇报道后来还被评为当年的全国好新闻。一位通讯员能在一张收购单上发现并判断出其新闻价值,并引起了如此大的社会反响,这真是应该归功于了不起的新闻敏感。

例三:本人也有类似的经历。一次应朋友之约去某电厂办事,闲谈中,一位部门的负责人说他们企业的"精益管理"搞的不错,比如像发一度电节约两克煤,打印纸两面用、同路线外出人员乘一辆车……听着听着,我越发感到这里有点"一厘钱精神"的味道,出于职业的敏感,接下来,该办的事情尽管还没有办完,采访倒成了当务之急。时下,国家不正在倡导"创建节约型社会"吗?说到这"一厘钱精神",也不由得使我想起了一篇挺有名的文章,文章名字就叫"'一厘钱'精神",文中真实记录了我国在上个世纪 60 年代初的那场全民节约运动中涌现出来的许多节约一厘钱、一分钟、一根火柴的感人事迹。一晃四十多年过去了,如今虽说国力大增,物力财力已远非昔日可比,但"一厘钱精神"还是不能丢的,创建节约型社会,同样也要从点滴做起。况且小节约中还有着大效益,仅节煤一项,若按每发一度电节约两克煤计算,那对一个年发电 60 多亿度的大型电力企业来说,一年下来该是多少?12000 吨,足足装满 200 个车皮,真是不算不知道,一算吓一跳。作为继 60 年代初《"一厘钱"精神》的续篇,我以"新'一厘钱'精神"为题的报道见报后,反响不错,不但被多家媒体转载,还被评为当年的市级好新闻。

以上举的几个例子,都是在生活、工作、外出中发现的新闻线索。乍看起来都很偶然,其实,这偶然中也包含着必然,这就是需要处处留心,时时绷紧新闻敏感这根弦。因为,许多新闻线索都是在不经意中出现的,稍不留心,就会失之交臂。

国外的新闻记者,在这方面也有许多很好的范例。

比如:1982 年 11 月 10 日早晨 8 时 30 分,前苏联首脑勃列日涅夫突然去世,官方当天没有宣布这一消息。美联社驻莫斯科记者却注意到了这样一些情况:一是莫斯科预定 10 日当晚的一场冰球赛,在没作任何解释的情况下取消了,换成比较庄重的古典钢琴乐曲音乐会;二是广播节目中欢快的中间插曲被严肃的音乐所替代;三是已连续两年给安哥拉贺电中勃列日涅夫的名字陡然消失。这些细微的变化，引起了美联社记者的关注与猜测：一般情况下，只有勃列日涅夫本人或中央高层中的成员去世才会有这样的变化。打电话询问，无果。这位记者很快写出了如下的消息：

“美联社莫斯科 11 月 11 日电　苏联主席勃列日涅夫的名字今天从给安哥拉的贺电中消失，引起了对这位七十五岁的克里姆林宫领导人的地位的猜测。

勃列日涅夫 1980 年和 1981 年都在致安哥拉的贺电中签了名。

苏联新闻机构星期四早晨没有报道苏联领导机构中任何人去世的消息，但是在电视节目中有了未作解释的改变……并在一些广播节目中间霍地播送严肃的音乐。过去，只有在宣布重要人物去世消息之前，才播送哀乐。”

美联社记者根据这种种迹象所作出的判断与猜测，很快被证实了。莫斯科时间 11 日上午 11 时，前苏联几大媒体同时播发了苏共中央、苏联最高苏维埃主席团、苏联部长会议关于勃列日涅夫逝世的公告。而此时，西方各大通讯社早已先于公告发布之前数小时广泛传播了这一消息。

再比如：2001 年 9 月，美国世贸大厦两座摩天大楼遭恐怖分子袭击后，有的国外媒体立即预料到美国会对阿富汗动武，于是便开始向阿富汗派驻记者，在那里进行先期采访。后来的事实进展果然被他们猜中了。西方记者这种留心观察、见微知著、善于预测的新闻敏感还是非常值得我们学习的。

新闻敏感作为新闻工作者的基本功力之一，它的体现又有哪几方面呢？概括起来，主要是以下六点：

(1)能够见微知著，在一些平常事物中发现新闻线索；

(2)能够在若干新闻线索中判断出哪一个最具新闻价值；

(3)对已发表的新闻，能够举一反三，挖掘出更多值得报道的新闻；

(4)遵循一定的新闻规律，能够对已经发生的新闻事件下一步的报道走向作出准确的预见；

(5)具有能够从各类会议、各种文件、领导讲话(也包括领导会外闲

聊)中,发现和捕捉新闻的能力;

(6)具有能够预测报纸需求、揣摩领导心理、读者关注度的能力。

对于一个记者和通讯员来说,既然新闻敏感这么重要,那么这种功力(也有人认为这是一种悟性)有没有办法和有什么办法可以培养和训练吗?能够激发新闻敏感、找到新闻线索的渠道又在哪里?这个问题将在"如何发现新闻"中的第二节和第三节作详细讲解。

三、新闻角度:由此挖出百态新闻

"角度"一词缘自摄影。拍摄中的人物、景物、场面,都需要选取角度,或正或倒,或俯或仰,不同的角度会拍出不同的效果。有的角度是唯一最佳的,有的则是百态百媚、佳境纷呈。苏轼笔下"横看成岭侧成峰,远近高低各不同"的诗句便是最好的说明。

客观上是这样,主观上也会因其认识、理解或境遇、心绪的不同而产生不同的效果。古诗中写月的篇章很多,如"床前明月光,疑是地上霜。举头望明月,低头思故乡"(思念家乡)——李白;"海上生明月,天涯共此时"(思念亲人)——张九龄;"人有悲欢离合,月有阴晴圆缺"(离愁别恨)——苏轼;"滟滟随波千万里,何处春江无月明"(月色之美)——张若虚;"月黑杀人夜,风高放火天"(凶险恐怖)——輾然子。同一个蓝天下,同样的月光、月色、月夜,竟然会有如此不同的感怀。古诗所谓"一树梨花万首诗",大概指的就是这种情景。由此可见角度的差异。

有的新闻事件,由于比较简单,或许只有一个角度,即以一篇短消息告诉读者发生了什么就可以了;有的比较复杂,需要透过现象看本质,抓住最能反映新闻的那一点去下笔;还有的新闻则可以从多个侧面去报道,选择哪一个与目标媒体更对路,同样需要认真考虑与筛选……这种种情况都是我们在新闻发现与写作中常常会遇到的。

选择新闻角度,从哪儿下手才是最佳切入点?有没有几条原则可以遵循?回答是肯定的。一般来讲,新闻最佳角度的选择要求做到"五抓"和"一小"。五抓是:抓新点、抓特点、抓新闻的不同侧面、抓读者的关注点和抓各家媒体报道的侧重点。"一小"就是角度要小。

"五抓"包括以下五个方面:

1. **抓新点**

某些重大报道题目，在一个阶段会推出多个系列报道。但对于那些做法和经验雷同或接近的内容，任何一家媒体都不会反反复复地去刊登。系列报道还在继续，我们要想提高命中率，就必须设法叉开角度，注意多抓新点。

例一：企业为职工办实事是个老题目，但却也总有内容见诸报端。过去，一般理解，多数只是企业为改善职工的工作、生活条件所做的一些工作。可随着社会的变化，办实事的内容也在扩展，如家属区的治安问题、子女上学及午间就餐难问题、私家车驾驶员的安全问题，以及年轻员工职业生涯与愿景的拓展……这些都成了办实事的新角度。

例二：农民工维权一直是近年来党、政及媒体关注的焦点。开始在拖欠工资问题上做了不少文章。之后又有农民工的生产安全、农民工的技能培训问题。之后，又提出了农民工的婚姻、农民工上"三险"、农民工"评先、评模"，以及农民工提职及参与企业管理和社会政治活动等，新生的东西不断涌现，报道也在步步抓"新"跟"新"。

例三：过去，某企业一旦成了先进，会有全国各地的"取经者"络绎不绝地来到这家企业，直到弄得该企业劳民伤财、身心疲惫，当然，这是计划经济年代常有的事。如今，有偿"取经"被武汉一企业大胆推出(据说国外早有这样的先例)。于是某记者不失时机地抓住了这一新闻点，写出了《先进经验不白白送人，××企业向社会有偿输出管理》的新闻。此报道一出，虽众人褒贬不一，但还是获得了省级的好新闻一等奖。因为，该报道的新闻事实向人们传递了这样一个新的信息：同"技术有价"一样，"管理经验"也有价。

2. **抓特点**

就是防止一般化，找新闻事实中的不寻常之处。特点未必新，但它独到，具有"一般"中所不具备的个性。因此，这也是抓角度的一个方面。

例一：上个世纪70年代末，历经"文革"之后，各省、直辖市一级的总工会相继挂牌，宣告成立。新华社为此也先后发了数条消息。新华社在抓了"新点"之后，不可能将全国省级总工会成立的消息一一全部发出来，于是，总社给各地分社发出通知：今后各省市总工会成立(恢复)

不再单独发消息，记者也不要再写了。恰在这时，上海市总工会成立。新华社上海分社便没有将此列入写稿计划。但跑口儿的记者又不甘心，成立那天，他特意到现场去了一趟，并在深入采访中找到了有别于其他的特点：这块挂在上海外滩"上海市总工会"的牌子，白底红字，还是当年陈毅市长的手迹。这块牌子在上海曾先后挂过三次。第一次，1925年在震惊中外"五卅"惨案的第二天，上海市总工会诞生，并挂出了牌子，这成了上海工人运动的象征和旗帜；1927年，"4·12"反革命大屠杀中，蒋氏黑手砸了上海市总工会的牌子。直至上海解放，上海市总工会在党的领导下再次成立，这块牌子迎着新中国的朝阳，第二次又挂起来了；然而，"文革"中牌子再次遭砸。粉碎"四人帮"后，上海市总工会的牌子第三次高高挂起，进而也标志着有着光荣革命传统的上海工人阶级的伟大胜利。记者抓住了三次挂牌这一有背景特点的角度，写出了《"上海市总工会"的牌子又挂起来了！》的消息，有事、有史、有内涵。这条本来没有列入发稿计划的消息，很快被总社采用，且被评为了当年新华社的好新闻。

3. 抓新闻的不同侧面

有的新闻事件发生了，比较突然，也比较重大。各家媒体都争相报道，有的记者或通讯员第一时间赶到了现场，以最快的速度写出了消息。把新闻的六要素——何时、何地、何人、何事、何因、何果都交待清楚了。晚来一步的记者或通讯员怎么办？难道就没"词"可写、束手无策了吗？我觉得，新闻是个多面体，特别是重大新闻，可写的新闻点更多。从形式上来说，消息写不成了，还可以写通讯。从内容上来说，也可以从不同的侧面去写，然后把新闻带出来。

例一：某市某地，傍晚时分，两个小姐妹在一家商店门口被一个流氓团伙凌辱、阻劫，不但逼迫二人当众脱衣，还抢走了钱物。那一刻围观者不少，虽有少数人也有积极保护的姿态，但多数人表现得比较胆怯，等到公安人员赶到时，流氓团伙已四散逃去。这一恶性案件在当地震动很大。晚间发生的事，若在差不多的时间里以消息的形式见诸各家转天清晨发行的报纸，这是允许的。但是转天的午报或晚报也这样去报，那就显得非常迟到、也非常笨拙了。其实，错开角度，抓住该新闻不同侧面去报道的切入点还有很多。比如:①从追查案犯入手,引出最新情况,进而插入案件发生的经过。②从围观者的不同态度入手,报道以弘扬见义勇为和鞭鞑见危不救这一角度,写出当时的情景,并带出案件发生的经过。③采写出张氏姐妹当时及事后的态度、感受及呼吁等,进而将案件经过作为背景材料交待进去。④通过事后的及时采访,还可以写出特写、通讯及评论等,这些也都不失为对此一新闻报道的好方式。由此说明,尽管"第一时间"未能赶到现场,但为了不致重复,通过挖新闻的不同侧面,补救的办法也还是很多的。

例二:某企业由一线职工搭台、唱主角,定期召开"员工互动会",总经理和主要部门负责人都要到场,大家就企业生产、经营、管理、职工福利、领导作风等问题,面对面敞开心扉,畅所欲言。能解决的,领导当场拍板,一时不能解决的,记下来限时答复。这种沟通方式很好,也解决了不少问题。这是很好的一条新闻线索,如何报道?有以下几个侧面都可以下笔:①创建和谐——融洽企业与职工的关系;②民主管理——问计解难,突出职工参政议政;③转变作风——深入一线,和职工零距离接触。

错开角度,挖掘新闻的不同侧面,会使自己有左右逢源的感觉。一个初写新闻的记者或通讯员常常会陷入"此题有人写过"的苦恼,而不能另辟溪径。岂不知,新闻不但是一个"易碎品",还是一个"多面体"。

4. 抓读者的关注点

每一家报纸在办报的过程中,都要考虑读者,考虑读者的需求与口味,考虑如何为读者服务,考虑如何让读者满意。因为报纸一旦失去了读者,也就失去了它存在的价值。读者的关注点也是新闻角度如何选取的重要依据之一。比如像当前的一些社会热点及与百姓生活等密切相关的问题。

在编辑部接到的许多通讯员来稿中,还有两点是必须注意的:一戒"工作味儿"、"专业味儿"太浓。报纸通常是给各行各业读者看的,即便是行业报,也要面向本行业广大职工,太"内部"、太"工作"、太"专业",其中又缺乏具有普遍意义的新东西,读者就会读不下去,或根本读不懂。二戒"广告味儿"太浓。一些通讯员来稿中,一味夸自己的企业,不是在写新闻，反倒成了一封表扬信，甚至好新闻也被淹没在一片赞誉声中了。有的则把自己企业的产品写得很重，想借此“广而告之”一下，结果却适得其反。新闻就是新闻，若想美言自己的企业及产品，也要适度，也要讲求点艺术，除非拿了全国大奖，除非这个产品是人们热切期盼的。不然，只隐含在新闻里巧妙地提一提就可以了。

有这样一组新闻，是关于1980年5月18日我国成功发射第一枚运载火箭情况的报道。对其中三篇稿件，我们不妨作一下比较。

第一篇是从测控中心写来的：

本报测控中心5月18日电 我国发射的第一枚运载火箭，在高空顺利地完成了级间分离、关机等一系列程序，精确地沿着预定轨道飞完了全程。

今天，从我国本土到远洋测量船队，几百套我国设计制造的现代化测量通讯设备，参加了对运载火箭的跟踪、测量工作。从火箭起飞开始，各种测量设备，便一批一批地对准了飞行中的运载火箭，精确地测定并记录下它在每瞬间的速度、位置和姿态。每一秒钟都有成百上千的测量数据，从四面八方汇集到测控中心。这里的电子计算机系统和数据传输系统的大批设备紧张运转；一排排指示灯欢快地闪烁；各种示波器上的信号，有的似闪电，有的如流萤，有的异峰突起，有的波纹荡漾，美妙奇幻。

总控制室的调度电话里，不断传来全国各地“跟踪良好”、“工作正常”的报告。一排排电视屏幕上，频频变换着五颜六色的数码，自动记录仪在显示板上轻轻地描下了火箭飞行轨迹的曲线。这条曲线，与事前标上去的理论弹道曲线紧密地吻合在一起，它形象地向人们显示：运载火箭内部仪器工作良好，火箭飞行正常！

第二篇是从发射场写来的：

本报发射场5月18日电 今天，发射场晴空万里。上午9点多钟，发射工作进入了“一小时准备”，发射架的多层工作平台上和发射控制室里，各专业的工程技术人员投入了对火箭起飞前的最后测试。随着准备工作一件件地最后完成，拥抱着箭体的各层工作平台陆续收回了臂膀，地面工作人员一批一批撤离现场，发射场上静无一人，巨大的乳白色的火箭，静静地耸立在发射台上。

地下发射控制室里，气氛严肃紧张。调度电话中不断传来各系统简短有力的报告："遥测转电好！""控制转电好！"进入"一分钟准备"后，控制室里每个人，只能听到仪器的蜂鸣和自己心脏的跳动声。随着最后几秒钟的到来，场区上的各种跟踪测量设备开机，高速摄影机、磁带记录仪等记录设备启动。

"点火！"发射控制台上年轻的操纵员沉着果断地按下了按纽。倾刻，排山倒海的隆隆巨响震撼了大地，巨大的火箭拔地而起，速度越来越快，尾巴拖着长长的火舌，扶摇直上，直刺蓝天。

几秒钟后，垂直上升的火箭开始拐弯。尾部的火舌此刻变成了一条白色的航迹。从地面望去，只见无垠的湛蓝天幕上，一条细小的白色缎带疾速地向东南方向延伸。刚才还是一个有十多层楼高的庞然大物，渐渐地变成了蓝天中的一个小小的亮点。

突然，缎带终断，亮点逐渐隐去——火箭穿出了大气层。

第三篇是从降落地写来的：

本报南太平洋测量船队 5 月 18 日电 从我国本土发射的第一枚运载火箭，飞越万里长空，今天在这里准确地落入预定海域。

今天，南太平洋火箭落区附近波光粼粼，海空白云朵朵。飘扬着五星红旗的一艘艘测量船、打捞船，按照预定时间，在湛蓝色的海面上摆开队形。千百名参加试验的人员严阵以待，只等我国第一枚运载火箭开始发射。

"起飞！"通过电子设备从祖国发射场传来了火箭精确的起飞时间。各个方面的专业人员顿时忙碌起来，人们屏息静气，全神贯注，精心地操纵着各种设备，以获得火箭再入大气层后的各种参数。机房里，各种仪器一齐运转；舷旁，玻璃钢工作快艇启动了马达；空中，直升机轮番盘旋，注视着落区洋面。

"雷达、遥测、经纬仪发现目标！"喜讯传来，人们不约而同地跑上甲板，站在驾驶台上，靠在舷梯旁，目不转睛地朝着船队的西北上空看去。下午 2 时 30 分（北京时间上午 10 时 30 分），南太平洋上空出现了奇丽的景象，一个亮点拖着长长的白烟从西北天空飞来。穿过一团烟雾之后，亮点越来越大，霎时变成了一个火球，呼啸而至。随着一声巨响，火箭头部在预定区域准确入海，激起冲天的水柱，像是从海底钻出的一条白色的飞龙。接着，水柱又从晴空徐徐下落。那浩大的气势，不禁使人想起“飞流直下三千尺，疑是银河落九天”的诗句。这时，火箭头部落水前抛出的记录着火箭飞行中各项参数的仪器仓，带着红白相间的彩色降落伞，徐徐降落在洋面。桔红色的漂浮气囊自动充气，染色剂把海水染成澄荧光黄绿色，像一条数百米长的锦带飘浮在海面上。

……

以上三篇消息，从不同的侧面报道了我国第一枚运载火箭发射全过程中的几个主要场景。比较来看，第一篇从科技业务的角度写得较多，过于“专业”，一般读者不太容易理解，显得有些干巴枯燥了。而第二篇、第三篇则跳出了“纯工作”、“纯业务”角度，从读者感兴趣的地方进行了描述，使人读后有如临其境之感。

即便是工作性和专业性很强的报道，也要从大多数读者的角度去考虑，要从个性中挖掘出它的共性。因为报纸是为各阶层的读者服务的，而不能写那些只有少数读者才能看懂并感兴趣的东西。

比如你要写一篇某服装厂开发新产品的报道，不能总围绕着如何上新设备、如何改进流程、如何强化人员管理方面去写，而要着眼服装市场的流行趋势、什么服装最好销售以及人们对服装需求的调研结果等几个方面，写新产品开发、写如何适销对路，这样既宣传了自己，也容易引起读者的阅读兴趣。因为穿衣的问题，毕竟是大家都关心的。

有些经验性报道的确不太好写，怎么办？只要把局部的自认为还可以的东西，拿到大范围里去考量，看有没有共性、普通意义大不大、读者的关注程度等，这些都需问一个“为什么”，在确认了其新闻价值之后，把角度找准了，再写出来的稿子就比较容易见报了。

5. 抓各家媒体报道的侧重点

不同的媒体因其读者群、覆盖面不同，报道的内容、角度也会随之不同。

例如：天津经济技术开发区法院近年来在依法为滨海新区建设提供司法保障方面做出了成绩，成为全国开发区法院的一面旗帜。为此，法院召开了一个新闻发布会。中央和地方的多家媒体记者都去了。会上散发的材料很多，内容包括：①依法规范审判职能。②加强司法队伍建设。③促进社会和谐稳定。④维护中外企业利益。⑤加强知识产权保护。……当时，我是作为一家工人报刊的记者到会的。要是挖一挖，这些内容都有词可写。但掂量来、掂量去，觉得还是从“维护中外企业权益，促进滨海新区发展”的角度去写比较好。因为，对开发区法院来说，这不但是其日常工作的重头戏，也更贴近工人报刊，再者，“促进滨海新区发展”的高度也有了，与当前强化滨海新区宣传工作的大势正吻合。回来后，稿子很快写成并见报了。反馈回来的消息是：开发区及法院领导认为，角度抓得好，有力度，是此次新闻发布会后报道最为成功的一篇。双方满意，两全其美，诀窍从哪儿来，当然是源自选取角度上。

善于挖掘和寻找新闻的角度，也是每一个记者和通讯员的基本功力之一。但是有一点需要注意的地方，还是应该提出来，少数人的做法使选角度变得扭曲了。主要表现为：取其一点，不及其余。有人把新闻事实变成了“万能事实”，只要宣传中心来了，让它说明什么就说明什么，任由笔者随意截取。如此做法显然违背了新闻的真实性原则，这样写出来的新闻，很可能是“片面性的”、“变了味儿”的新闻，甚至是假新闻。

“一小”就是指角度要小。

我理解，这里的“一小”其中包含三层意思：一是不要一味地光盯着大题材。要多从自己身边熟悉的小事中找到新闻点，力求小中见大；二是不要面面俱到地去写。新闻的着眼点要小、要准，精而不散，准而不滥，方为恰到好处。有位老新闻工作者打了一个很形象的比方：新闻不是连根带叶整株的花，也不是整朵的花，而只是花尖儿的那一点点。因此，选取新闻就是在“掐花尖”。写多了，该写的不该写的都进去了，不但很啰嗦，很臃肿，而且把新闻最有价值的那一部分也“淹”在里头了。三是篇幅力求短些，再短些。短文章好集中、好把握，编辑也好改，占的版面又不多。从报纸的角度看，精粹的短文最受欢迎。

例一：有篇报道题为《取下神像挂地图》，说的是河南有个百余户农家的村落，过去迷信得很，家家户户供奉着神像，以求万事如意，生财有望，然而多年来全村仍是一贫如洗，过着“半年糠菜半年粮、光嫁姑娘剩下郎”的苦日子。后来，村里一个年轻人拿着一幅借来的地图，走出了穷乡僻壤，他凭借着庄稼人的吃苦耐劳和诚实守信，三年间闯了很多地方，也学会了修表、修家电等技术。回来后，由小到大，逐步建起一个覆盖几个地市的家电经销网络，短短时间便拥有10万元家产，在全村第一个用地图换下了自己挂了几十年的全神图。他的这一惊世骇俗之举很快带动了全村，人们纷纷带着地图走南闯北，地图给他们指了路，把他们与外面的距离拉近了。致富后，他们也都一一把自家的神像换上了地图……这篇报道角度不大，取材的切入点也很小，但意义不寻常，它反映了改革开放后农民的精神面貌所发生的深刻变化。

例二：还有一篇题为《上海人越走越高》的报道，消息中通过近年来电梯给上海人出行带来的方便，透视出了上海城市建设的巨大变化。有人说，在上海步行的路还没有上上下下的路长。有统计表明，始建于上个世纪30年代独领上海最高建筑50年的24层的国际饭店，现在已经在上海排到了900名以后。如今登上380米的全国第一高楼金茂大厦，坐电梯的时间仅有45秒。该报道同样又是一个“小视角，大主题”的典型范例。

第二节　发现新闻的主要途径

在和许多通讯员朋友的接触中，大家最为困惑的一点就是觉得“没啥好写的”。特别是那些工作在基层的通讯员，圈子会更小一些，新闻线索从何而来，的确是个非常现实的问题。

到哪里去找新闻线索？下面介绍的几条主要途径，大家不妨去尝试一下，也许会在实践中摸索出更多的路。

一、“上情”是个新闻源

这里所说的“上情”主要是指国情，同时也包括地方情、行业情和厂情，这些相对于我们基层的通讯员来说，都属于“上”。应该看到，我们是个"上下一盘棋"的国家,这是特色。中央的精神,下边必须认真贯彻执行,"上边的精神"就是"下边的行动"。我们的新闻宣传也必须遵循这一原则。因而,"上边的精神"便成了我们发现新闻、捕捉新闻的依据,我们的许多新闻就是在上、下的结合点上产生的。有个成语叫"纲举目张",纲是指网上的大绳子,目是指网上的眼,提起大绳子来,一个个网眼就都张开了。意思就是说,我们做事首先要抓主要环节,并以此带动其他。在这里,我们把"上边的精神"比作"纲",把每一篇新闻稿比作"目",只有我们把纲举起来了,举得很高,很有力度,那么"目"才能张得开,张得多。我想,"上边的精神"与稿子之间,或许就是"纲"与"目"的关系吧。

对于我们每一个搞新闻的人来说,"上边的精神"是个新闻源,学得越好,领会得越透,那么新闻的嗅觉也就越灵敏,下边一有情况,便能很快对应得上。若是离开了"上边的精神",只是盲目地去找,上下之间对不上号,结果往往是事倍功半,或者只有徒劳而已。

比如,近年来,中央提出的"创建和谐社会"、"创建节约型社会"、"科学发展"、"关注民生"等一系列大政方针,都是我们新闻报道的重要指导思想,各家媒体在积极跟进中也都推出了各具特色的报道内容。

二、留心观察,结合点上找新闻

仅仅吃透"上情"还不够,因为"上情"还需要"下情"去印证、去展开、去呼应。这个"下情"便是我们自身,我们的周围,我们实实在在的企业和工作。可以这样讲,只有上下的"结合点",才是我们的新闻所在。

但是这个"结合点"也不是那么好找的,如果我们对下边的情况不熟,不善于留心观察,不去做有心人,即便有可以对应上的新闻发生,你也会熟视无睹,置若罔闻。

一般人对周围的事情不一定都要那么细心的留意和观察,而一名记者或通讯员不行,作为一种职业的需要和一种责任。许多事都要问个"为什么",探究一下,掂量掂量,看看有没有"新闻"在里边。大的没有,小的有没有?大报上不去,企业报成不成?如此看来,当一个合格的新闻人的确挺累,但既然干事,要么就不干,要干就必须干好,这也是每一个成功者都曾坚持过的人生信条。

例如:前些年,在全社会为农民工欠薪奔走呼号的时刻,一天,市政某公司的通讯员无意中发现身边的许多农民工手里都有了一张卡——工资卡。经询问,原来这是公司党政工为解决农民工工资问题,让他们像正式员工一样能月月领到工资而采取的一项新举措。通讯员得知这一情况后,马上意识到了其中的宣传价值,稿子发出后很快被报纸采用。

过了一段时间,在工资卡的问题上又有了新情况。一些农民工反映,由于大多数农民工都住在工地里,随着卡上的钱越来越多,带在身上和放在工棚里都不太安全。公司工会得知后,马上决定:由工会免费代为保管。农民工可随用随取,用后再交回,这下,钱不但到手了,而且也安全了,农民工非常满意。了解到这一"想农民工所想,急农民工所急"的新做法,通讯员又写了一篇。于是,这个单位便成了当地解决农民工欠薪问题的一个好典型。为此,市里还在该公司开了现场会,推广这一做法。

三、学会看报

看报,对一个普通读者来说,不过是知道一些新闻,或作为一种休闲方式,随便看点什么罢了。而记者、通讯员看报,则又多了一项功能,他不只是看新闻,还要从新闻中发现新闻,找出新闻,具体说来,包括三个方面:

一是了解报道思路,分析出当前和今后一段时间的报道走势。

二是找新闻线索。一些已经报道的新闻,哪些是刚刚开始?哪些还需要深入?从哪儿深入?有没有价值很高的新闻报道简单化了,是否还需要其他的表达方式(如通讯、新闻调查、评论等)?哪些报道尚有欠缺,不能满足读者的求知欲望,需要从更新的角度、更宽泛的内容上去补充?哪些报道已经基本告一段落,不要再去费劲了……这诸多的"为什么",或许就能问出点儿新闻线索来。

从新闻中找新闻的例子也是很多的。比如,1960 年发表在《中国青年报》上的《为了六十一个阶级弟兄》的长篇通讯,最初见到的只是新华社发出的一个短消息,报社的同志看了以后,觉得这一新闻事件有份量，便立即组织力量采写，进而成就了在我国当代新闻史上曾经轰动一时、并成为范例的名篇。现在，中央电视台《焦点访谈》、《共同关注》等一些重点栏目，他们也常常把地方媒体的新闻报道作为发现新闻的一条途径，而且一经他们之手，报道就变得更有深度，更具特色，进而也实现了新闻宣传价值的最大化。

三是看报纸的变化。此内容在前面《选好媒体，关注变化》部分已讲过，这里就只举几个例子来说明一下吧。比如，《工人日报》2006年以来的报道思路就有明显的变化，过去报道的范围比较大，在面向工会、面向职工、面向企业的同时，涉及企业管理、生产经营、科技创新等方面的内容也不少。现如今，《工人日报》重点转向了工会和职工，尤其突出了"维权"的作用，而那些与工会工作、职工权益不是特别密切的报道就大大压缩了。看到了这一变化后，再写稿的时候，我们就应该注意选题、掌握分寸了。还有《中国工业报》，开始的时候，这张以机电行业为主要报道对象的全国性报纸，动态新闻占据了版面相当的空间。但后来他们将思路作了调整，大大增加了引导性、分析性，以及宏观与微观相结合、较有深度的内容，读者群也偏向了企业的领导层与决策层。这样一来，一般动态性的消息就很难在这张报纸上有立足的空间了。因此，这些变化，我们在看报中都要有所察觉，并在写稿中调整好我们自己的思路。

由此看来，看报也并不简单，真得好好学一学。尤其对于我们的记者和通讯员来说，一目十行，走马观花是绝对不可取的，一定要养成我们自己的职业看报习惯。

四、会议"藏"有新闻

讲到会议，有人会发出不同的感慨。一是说多。大大小小的领导，开会几乎成了家常便饭。二是说重要。因为大事小情都要由会议来定。想见领导吗？会议上最集中。想获悉什么定论吗？也必是会后才有分晓。难怪记者、通讯员们天天跑会，忙着会上会下问这问那，会后还捎走一大摞材料，因为会议实在是个大的信息源。

会议中的新闻，有时是明明白白的，因为有些重要会议本身就是新闻，会上制定出台的大举措、大方针、大部署，关乎国计民生、关乎经济发展的大事，都是必须宣传的。

然而，有些会议，新闻是“藏”在里面的，或许会议是例行的，不开不行；或许会议本身并不十分重要，也没有太多实质性的内容。像参加这样的会议，要想发现新闻，就只有靠“挖”了。

新闻“藏”在会议里，从哪儿下手去“挖”呢？

一是“挖新”。从领导讲话、会议材料中发现新情况、新思路、新举措、新目标、新成绩、新突破，以及表彰或批评的人或事。二是“找亮”。找“亮”就是找亮点。比如说，反复肯定的东西；特别提出，认为值得骄傲、需要彰显和展示的东西……

例一：发生在 1976 年清明节期间的“天安门事件”，许多中年以上的人或许还都记忆犹新。周恩来总理逝世后，首都人民（也有外地的）在天安门广场自发地开展了多日的悼念活动，有的送上花圈，有的演讲，有的赋诗，一时成了全球关注的一大新闻事件，事后，“四人帮”不但抓了不少人，还定性为“反革命事件”。

事隔两年，“四人帮”已被彻底粉碎。1978 年 8 月，中共北京市委召开常委会，会后发给新华总社一份约几千字的报道材料。其实这次会议重点讨论的是如何加快首都的现代化建设问题。总社的相关同志通读完材料后，对于有关“现代化建设问题”倒没有产生太大的兴趣，而对材料中提到的为“天安门事件”彻底平反昭雪、定论为革命行动的那一段内容却给予了特别关注，立即上报总社领导，得到首肯后，在几千字的材料中抽出来写成消息，单独发表。消息如下：

天安门事件完全是革命行动

新华社 1978 年 11 月 15 日电　中共北京市委在最近举行的常委扩大会议上宣布：1976 年清明节广大群众到天安门广场沉痛悼念敬爱的周总理，愤怒声讨“四人帮”，完全是革命行动。

会上宣布：1976 年清明节，广大群众到天安门广场悼念我们敬爱的周总理，完全是出于对周总理的无限热爱、无限怀念和深切哀悼的心情；完全是出于对“四人帮”祸国殃民的滔天罪行的深切痛恨，它反映了全国亿万人民的心愿。广大群众沉痛悼念敬爱的周总理，愤怒声讨“四人帮”，完全是革命行动。对于因悼念周总理、反对“四人帮”而受到迫害的同志要一律平反，恢复名誉。

这条约200字的短新闻发出后，几乎被当时全国所有的报纸采用，《人民日报》发表时放在了一版头条位置，并加花边予以突出。

例二：2006年天津市公布了《天津市宠物管理条例》，并召开了新闻发布会。条例中的不少内容都是过去曾经实施过的，比如上户口、遛狗时间的规定，以及养犬品种的限制，这些已经没有什么新意。但有一条是过去没有的，就是："宠物狗室外排便不清除罚款50元"。好了，新闻点就此下手，并做成了主题。如果你泛泛地都写了，也许就没有什么新意可言了。

另外，挖"藏"在会议里的新闻，还有许多边缘地带需要非常关注，一位有经验的记者曾谈及他从领导讲话中捕捉新闻的三点体会：①从领导讲话的语音变化中发现新闻。②从领导离开发言稿的插话或即兴发言中发现新闻。③从领导一再强调的话题中发现新闻。在这里我再给加上一条。④从领导会后兴致很高的闲聊中发现新闻。

下面两条新闻便都是这样产生的：

例一：一次，某大型企业老总会后和部分与会者聊天，记者、通讯员也参加了。无意中谈到，现在社会上不少白领因生活工作压力太大，身心都处于亚健康状态。这位老总接下来说，他也很理解这些年轻白领的心态，他们都希望把工作做到最好，趁着年轻为自己开创出一个较好的职业前程，在竞争之压与自我加压的双重作用下，有些白领真是已经到了身心疲惫的状态。为此，这家公司不但开设了一个专门用于心理减压的"聊天室"，同时还在企业文化建设方面搞了许多有益于员工身心健康的活动。得此信息，记者和通讯员很快进行了深入采访，稿子见报后，反响很好。

例二：这又是一位大型国企的老总，会上，他总爱讲一些富有哲理的小故事。这些小故事中的寓意又恰恰与当天会议或与当前企业某种状况相吻合、相关联。同时也是为了让会议气氛变得更轻松一点。到目前，这位老总已经讲了四五十个小段子，都非常精彩。得知此事，通讯员马上写出了《爱讲故事的老总》的特写，读罢，令人颇感新意。

会议"藏"有新闻。善于"挖"出会议中的新闻，无疑是记者、通讯员的一门硬功夫。我们在媒体的报道中，也常常会看到这样一些话："从××会议上获悉"、"据正在召开的××会议透露"、"××会议传出了振奋人心的消息"……由此表明，以上新闻都是记者、通讯员从会议的各个角落发现并"挖"出来的。

有些会议本没有什么新闻内容，但相关领导又希望报道，这时，我们还可在标题制作上打点主意，补救一下，不要总是"×××会议隆重举行"、"×××会议胜利闭幕"之类，试想，一张报纸的头版，满眼都是这种索然无味的内容，谁还看得下去？借助标题，让会议报道的"新闻性"有所突出，大致有以下两种做法：

一是把会议制定的目标、出台的重大举措、所取得的成果，以及会议的主要精神、意义或是读者关注的某一点提炼出来，做成标题。二是把会议的亮点、炫耀点，想方设法做成标题。诸如此类，标题虚一点也没关系，实的部分可由引题、副题来补充说明。

例一：中共中央政治局召开会议，决定10月在京召开十六届六中全会。新华社发稿时，主标题却特别突出了会议的主要议题——研究构建社会主义和谐社会问题。把会议的"新闻点"从报道中"拎"出来了，制成标题，这比仅仅讲召开什么什么会议要好。

例二：天津市统计局召开会议，发布了2006年全市在职职工的收入状况，为了突出会议的新闻性，编辑把"人均收入达2000元"做成了主题，让人们看后不但一目了然，而且也有了一个可以比照自己收入的准确数字。

例三：国有特大型企业神华集团在他的一家下属企业盘山发电公司召开年度财务会议。这对盘电公司来说是一件大事，几百个大型企业的"财神爷"都来了。"盘电"的企业报怎么宣传？既要报道会议，又想借此彰显一下自己。最后决定还是在标题上将此次会议选在"盘电"召开这一不寻常之处突出一下，而没有仅仅停留在"××会议在盘电圆满召开"一般化拟题上。见报的题目为：神华集团2005年度财务决算布置会圆满召开(引题)神华"财神"齐聚盘电(主题)。会议的亮点也由此得到彰显。

五、制作特殊日历

在报社做了多年的新闻编辑，应时到节，报纸往往需要一些来得快、跟得上的稿子，内容不一定多深，但只要及时，或再有点儿新意、不落俗套，那就更好了。每当此时，总有几篇能解一时之需的稿件如期而至了。

殊不知，原来一些有经验的通讯员，私下里都有一本自己的特殊日历。上面标明着某年某月某日是何重大节日、纪念日，是何重大事件发生日，是何主要节气转换日……其中，除了元旦、春节、“三八”妇女节、“清明节”、“五一”劳动节、“五四”青年节、“六一”儿童节、“七一”党的生日、“八一”建军节、国庆节、中秋节、“九九”重阳节等较大节日之外，还有“3・5”学雷锋日、“3・10”植树节、“3・15”消费者权益日、“5・12”国际护士节、“6・5”世界环境日、“9・10”教师节等等，以及某些重大事件纪念日，也包括严冬酷暑等极端天气的时令变换。这些，都是媒体需要报道，而且也是社会上容易发生新闻的一些时段，抓住了，或许能挖掘出有价值的人或事，成为应时到节的新闻。

特殊日历会给你起到提示作用，让你的新闻敏感此时兴奋起来，多想一想，多留点神，要写的东西肯定是会有的。

比如说，2003年，在抗击非典的紧要关头恰好迎来了一年一度的护士节，《人民日报》不失时机地策划了一个关于“在抗击非典一线的护士们”的整版报道，护士节当天推出，极大地鼓舞了拼搏在抗击非典一线的广大护士们，也感动了许多读者。

但需要注意的是：此类报道一定不要流于形式、太一般化，新闻价值、新闻角度等新闻规律还要遵循。只是这些应时到节的东西，只要跟得快、跟得准，比较容易被采用，上稿率也会较高一些。

六、做到“四勤”，熟能生巧

新闻发现力，是一个合格记者、通讯员的必备功力。新闻发现力的形成，仅有书本知识还不够，新闻实践也很重要。因为，许多感悟和经验，都是在不断历练与摸索中一点一点积累起来的，久之，便熟能生巧。

这个“巧”当然是源自于“熟”的，要想“熟”，唯一的路也只有实践、实践、再实践。

这里，有两点需特别强调：

一是要做到“四勤”。“四勤”即指脑勤、嘴勤、腿勤、手勤。许多新闻线索往往都是不期而遇的，你若稍不留意，新闻就会与你擦肩而过。做到“四勤”，就是要求我们的记者、通讯员不能“懒”。脑勤——凡与新闻沾边的事，都要在脑子里停留一下，过滤过滤，并多提出几个“为什么”。嘴勤——遇有非常之事，不要怕张嘴，不要不好意思，光有直觉不够，还要敢于多问，有时甚至得“打破砂锅问到底”。腿勤——有人说，新闻是跑出来的，这话也有一定的道理。因为，不广泛接触，不深入下去，新闻是不会自己找上门来的。手勤——就是指写稿子。没有作品，一切皆空。万事俱备，拖拖拉拉的迟迟不动笔，结果让新闻变成了旧闻，那怎么成？

二是要锲而不舍。“四勤”是很辛苦的，这当中，还免不了一次又一次的失败，但是我们不能怕挫折，“失败乃成功之母”，“一分辛苦一分收获”，这些名言都包含了同样一个道理：任何成功都会有一个艰辛磨难的进程。浅尝辄止，懒字当头，一蹶不振，绝不是一个优秀的记者和通讯员所具有的品质。应该相信自己，应该锲而不舍，应该着眼未来，坚持，坚持，再坚持。坚持下来，就是成功，坚持到底，就是胜利。著名青年钢琴家朗朗在谈到他的成功时曾说：“兴趣是最好的老师一点也不错。然后就是坚持，我的道路上也有不少迷惘，但坚持是最重要的。”

第三节 发散思维、延伸思维和逆向思维

思维方式的拓展，会有助于新闻发现的领域更加宽泛。近年来，业界也在注重这方面的研究，并将这些创造性思维用于新闻发现的实践中。谈到新思维，可能会有很多，下面着重谈三点，即发散思维、延伸思维和逆向思维。

一、新闻发现中的发散思维

与聚合思维相对，发散思维是一种由一点四散开去，举一反三，以探求更多路径和答案的思维方式。运用到新闻发现中，就是在某一新闻事件发生以后，能够在一个平面上，横向地把其中众多的新闻侧面都罗列出来，由此再进行筛选与捕捉。

举一个经典的例子为证：我国著名报人邵飘萍，曾对一次失火事件进行过采访。为了找到这一新闻事件的新闻点，他对“失火”列出了如下25个思考题：①出火之日时间地点。②烧房屋之数及家之种类、房屋所有权关系、土地所有权关系。③原因：放火？过失？自然发火？原因不明？④如放火则查其动机，若自然发火记其科学原因。⑤初发现时情形及发现之人。⑥出动之消防队活动模样。⑦天气、风之方向及强弱。⑧火灾地道路之广狭，地势。⑨在附近之著名建筑及知名人士。⑩迫于危险之建筑物。⑪人畜之死伤及应急手段有关系者(病院、医师、警官、慈善团体)。⑫损害之保险，动产保险之有无。⑬止火势之各种手段。⑭人命救助之模样，又救不得之始末。⑮烧火区域之广袤。⑯水之便利如何(河川之满、干，水道等)。⑰家族之救护。⑱火事场盗贼之犯罪。⑲群众之模样。⑳警官之活动(有关系之警察及指挥官)。㉑放火犯人之逮捕、未逮捕。㉒起火之争。㉓火灾后之再建计划，地主与借地人间之苦况有无。㉔罹灾民安顿处。㉕罹灾地之已往火灾史，如大火则与其他大火比较。这25个问题，是邵飘萍在采访中，运用发散思维去实践新闻发现的典范。

2003年的“非典”系列报道，也是发散思维体现在新闻发现中的一个成功范例。当然，这里既有新闻事件在进行中的渐变过程，也有记者开动脑筋逐步认知及不断发现的过程。正是二者的有机结合，才把“非典”报道搞得这么有节奏、这么完整、这么紧扣当时人们对“非典”方方面面的求知欲。“非典”最初的报道多偏重于疫情，死亡多少、疑似多少、如何分布，卫生部天天通报。接下来，便是由一点四散开去的多角度报道，其中包括：各级政府的重视，防治工作的全面深入展开，有关知识的介绍，科研工作的紧紧跟上(包括对病毒的确认，病源的探寻及疫苗的攻关等），公共卫生体系的完善，相关法律的界定，医护人员的舍生忘死，新政策的出台（如免费救治），社会应急机制的提出与建立，国外对我国“非典”疫情的反响，违法犯罪分子的趁火打劫，直至倡导“两手抓，两手都要硬”（一手抓抗击“非典”；一手抓生产生活）……

再比如，以前我所在的一家报社曾经搞过“入伏第一天”的报道。“入伏”，即意味着一年当中暑热最难耐时刻的到来。在这一天里，会发生许多与“热”与“关爱”相连的新闻。题目布置下去了，记者部的同人们便聚在一起，开启大脑发散思维，由一点四散开去，想到了方方面面。清晨一大早大家就都出去了。一天下来，从各个不同视角反映“入伏第一天”的稿件纷纷汇总到编辑部，内容有：《各级领导为一线“送凉爽”》、《农民工住进公寓房》、《烈日下的三尺岗台》、《炼钢炉前》、《××商场纯净水免费喝》、《巨型温度计吸引眼球》、《海滨浴场人满为患》、《图书大厦：购书学习纳凉一举三得》……此外，记者还通过揭示医院患者增加、交通事故多发、膀爷招摇过市等现象，给了人们许多有益的提醒。应该说，举一反三的发散思维在新闻发现中的运用还是很多的。

会议报道方面，也需要经常用到发散思维。特别是有些大型会议，除了主题之外，还常会涉及诸多方面。因此，采访会议的记者、通讯员，对会议的报道内容必须有一个多侧面的考虑，像邵飘萍一样，会前可拟出一个报道角度的题目单，尽可能想得多一些，务必做到心中有数。然后在这个基础上，经过深入采访，再去进行筛选和取舍。甚至还可根据其重要程度、新闻价值的大小，及报纸需要情况列出个谁先谁后。

还有就是一些应时到节的报道，也不要仅仅拘泥于固有的模式，总是老调重弹，要运用发散思维，求新求异，找到更多与当前相吻合的新闻点。就拿植树节报道来说吧，过去，一到这个时候，总是报道××领导带队植树，以及这一年又植了多少多少棵树等等，至于活不活就不管了。使植树变成了植“数”。后来，有些地方在植树的同时，也将加强管理、确保成活率列入责任范围。再后来，又有了更多的新举措：如认养已植树木、加大小区植树和新建扩建道路两侧植树力度，以及为了节水进而将部分绿地改造成小树林……植树节年年有，每年的植树活动也仍在继续，但随着认识的深化，办法越来越多。寻求这些“新”的内容，难道不正是我们将发散思维用于新闻报道的体现吗？

发散思维还有三个特性，即流畅性、灵活性和独创性。流畅性指的是思维的敏锐与迅捷，能在较短时间内产生较多观念。灵活性指的是思维要显现出多方向性，不受固有定势制约，更不能一条道走到黑。独创性指的是思维要具有超乎寻常的求新求异成分，要善于提出非同一般的构想。这些特性用于新闻发现，相信会有许多启迪，不妨可以试一试。关键的一点：就是要敢于打破常规，不要把思维只停留在一个点上，或把范围圈得太小，要能够在由此及彼的多个点位上找到方法，找到答案，找到新的突破与发现。

二、新闻发现中的延伸思维

延伸思维是对某一事物认识上纵向伸展、延长的一种思维方式。其特征有二：一是前瞻性，能够预见出某一事物未来发展变化的趋势。二是深入性，能够洞察到某一事物在更深层次上的内涵。

具体到新闻发现而言，延伸思维的前瞻性，即是对那些已经发生或还只是处于苗头状态的新闻事件，能够有一个比较准确的预测，知道其下一步将会怎样变化，以便有备而去，捕捉到更多有价值的新闻素材，并在第一时间写出读者需要的稿件。

打一个比方来说，这就好比下棋，双方对弈，要想制胜于人，高手的棋路常常是远看三招，不只看到当前的一步，还要看到第二步、第三步。《三国演义》中的诸葛亮便是延伸思维的典范，在斗智斗勇、运筹帷幄中，诸葛亮总能将对方的所思所为置于自己的掌控之中，进而每每使之落入圈套。诸葛亮的神机妙算，今日看来，实际上就是他把延伸思维中的前瞻性、预测性用到了极致。我们的新闻发现应该从中得到更多的启示。

下面，再让我们从新闻实践中找一些例子，来看看延伸思维的前瞻性是怎么应用的。

例一：西方新闻史上有一个经典的例子：一位大明星演员到某城市演出，《纽约时报》的年轻记者迪姆士·泰勒受报社指派，晚上到剧院采访这位大明星。谁知演出突然取消，这位记者便心安理得地回家睡大觉了。半夜，泰勒被急促的电话铃声惊醒，是编辑打来的。编辑气冲冲地告诉他，其他报纸的头版头条新闻都登了这位演员自杀的消息。编辑说："像这样一位名演员首场演出被取消，本身就是新闻。它的背后可能有更大的新闻。"这个故事告诉我们，要发现新闻，延伸思维对新闻的敏感和预测力是一时都不可或缺的。

例二：有这样一个例子，虽说老一点儿，但也挺能说明问题的：当年袁世凯密谋称帝。英国路透社一名记者私下也有所耳闻，因此特别留心。有一天他在街上溜达，发现许多卖旌旗戏装的商家都在忙着赶制衣袍、龙旗。他感到有些纳闷，于是便上前探问究竟，果真是总统府定制之物，而且限期完成。这位记者立刻联想到曾经的耳闻，敏锐地判定袁世凯要恢复帝制，立即将消息发回总社，继而引起了许多国家的关注。我国历史上这么一件大事，竟是这样由一位外国记者从戏服店里第一个获得了线索而抢先报道的。从新闻发现的角度说，如果记者看到了，仅此而已，却没有延伸思维，没有去预测，那么这个消息也便不复存在了。

例三：2003 年 8 月，全国各地媒体纷纷报道了一件奇事："北大才子当街卖肉"。这则消息一时被炒得沸沸扬扬。《南方周末》记者看到报道也赶往西安去采访新闻当事人陆步轩，并到陆步轩的老家长安县鸣犊镇高寨子村寻找新的采访对象和新的新闻角度。8 月 7 日《南方周末》刊登了一篇报道《陆步轩的悲喜人生》。这一长篇通讯的新闻线索，不是《南方周末》首先发现的，而是来自其他媒体，而它报道的内容却比别人更进一步。报道中，虽有一些新的事件进展的补充，但主要的还是就读者对"北大才子当街卖肉"的原委，作了更深入的揭示。

陆步轩是穷山村吃着窝窝头考上北大的"状元郎"，高考成绩高出录取线 100 分，是陕西省长安县的文科状元。大学毕业时，学中文的他被分配回长安县柴油机械修配厂。回了老家的陆步轩就像一条被困在鱼缸里的鱼。十多年来，他多次努力尝试着改变自己的命运，但除了一张北大文凭外，他也没有更多的资源与关系可以凭借。他曾被工厂的主管上级县计划经济贸易委员会借调到机关写材料，他也希望自己能调到计经委，但种种努力最终都泡了汤。1990 年初，陆步轩从工厂出来，跟着领导办企业，后来干脆自己拉起了装修工程队，结果都失败了。他原来的妻子也因此离开了他。1996年，陆与现在的妻子陈小英结了婚，有了两个孩子。一家人居无定所，以开小百货店维持生计。2000年，他们发现镇农贸市场缺一个卖肉的，两人合计，开肉店或许可以挣点钱。2002年8月，陆步轩和陈小英的肉店开张了，并取名为“眼镜肉店”。经媒体报道之后，“眼镜肉店”一时名扬四方，生意十分火爆，每天500斤肉仅几个小时便被抢购一空……

《南方周末》的报道没有仅就卖肉再去做什么文章，而是延伸到了读者更为关注的方面——陆步轩为什么会走到这一步？这些年，在他身上究竟发生了什么？以及社会应该如何对待人才和人尽其才等问题。正是前瞻性的延伸思维，才促使作者在“北大学子当街卖肉”事件中，挖出了更多的东西。

延伸思维中的深入性也是新闻发现非常需要的一种思维方式。它能让你在表象纷繁的新闻事件中，从深层次上透视出新闻之所在，不把文章做在了皮毛上；它能让你在已有报道的基础上向纵深推进，在后续报道中不断开掘出同样有份量甚至更具价值的新闻来；它能让你跳出小圈子，从宏观上着眼，在普遍性上做出大文章，在更广阔的空间里发挥宣传效应。简言之，就是如下三点：一、发现了新闻的重点与实质；二、发现了仍更有份量的后续报道；三、从宏观上发现了有宣传效应的新闻点。

下面也举几个例子来说明一下。

例一：前些年，我国矿难屡有发生，据统计，平均每7.4天就有一起，世界矿难的80%都发生在中国，年死亡人数实际超过2万。在报道上，消息当然要写，但也不能篇篇都停留在何时、何地、死伤多少……矿难为什么会接二连三的发生？出了事故为什么要上下串通，瞒报真相？为什么明知有隐患而不整改？为什么矿主敢肆无忌惮地明停暗采？一连串的“为什么”，在深入思考、深入采访的过程中，后续报道开始更多关注起矿难的背后，诸多问题也便逐渐浮出水面：官员兼矿主、官员亲属就是矿主、官员入股、官员受贿……权钱交易，原来“血煤染红顶”！国家安全生产管理局局长李毅中曾说“腐败不除，矿无宁日”。多么一针见血！看到了这一层，矿难后续报道的份量也就更重了一些。

例二:某地发生一起恶性少年犯罪案,一 14 岁少年将另一少年杀死在家门口的僻静处,而后回家安然入睡,第二天照常去学校。当警方询问他时,这个小男孩显得很平静,且语出惊人:我们只不过打了一架。

新闻在做了及时的报道之后,用笔也未仅限于事件本身,后续报道中,又深挖了其之所会这样的成因。原来,这个孩子的父母平时都忙于做生意,很少有时间教育孩子,或者说家长根本就没有这样的意识,孩子在奶奶和姥姥家"打游击"。只是花钱上孩子要多少父母给多少。孩子学习上不求上进,却极度沉迷游戏,游戏里打打杀杀是孩子最过瘾的事,胜者为王也是孩子最梦寐以求的理想。近日,少年常与一同龄小男孩网上争斗,且每每败北,十分恼火,最终由虚拟世界演绎到现实生活,报复的结果是:少年网上敌手惨死在地。

上面的报道,似乎比就事论事又进了一步,但由此而引发的话题并没有展开多少,新闻背后需要关注、探讨和告诫的东西也没有揭示出来,从社会层面上讲,这一新闻事件的深层宣传,意义或许会更大一些。

于是,作者又进行了多方面的深入采访,搜集到大量的新闻素材。从少年犯罪呈上升趋势谈起,既有一个个触目惊心的案例,又有一段段入情入理的分析。从网络游戏、武侠影视,到学校教育缺失及复杂的家庭状况……充分指出了孩子走上歧途的原因,进而呼唤全社会都来关心我们的下一代,都来"救救孩子!"如此一写,新闻报道的深度与完整性就都有了。读了这样的系列报道,人们不但知其然,也更加知其所以然,相信会有更多的感悟和教益。

例三:曾有许多新闻,最初也只是基层个别行业或单位"独出心裁"的做法,但一经报道,便成了经验。像"一票否决",作为一种考核评价方式,因某一项重要工作或指标未完成,便可视为整体不合格,进而失去评先评优晋级等资格;像"首问责任制",作为某些"窗口"单位,为提高满意度而推出的一项服务举措。意思是:群众上门办事,谁首次接待,谁便要负起责来,不可随意推托;像"一站式服务",也是某家"窗口"单位针对群众办事手续繁杂、费时费力而采取的一种方便措施,即将各相关部门都集于一地或一厅,让群众只进一门便可把所有手续都办妥,非常人性化。

上述种种，在发现新闻的过程中，作者都进行了深入的延伸思维，既从微观上看到了这些做法的成功之处，也从宏观上看到了社会上确有许多单位与行业还存在着种种类似的弊端，急需匡正。契合点找到了，新闻在更大空间里的宣传效应找到了，于是一篇又一篇新闻见报以后，都引起了较好的社会反响，仿效者众。有许多单位，至今还在这样做着。

三、新闻发现中的逆向思维

逆向思维是一种反向思维，它打破了常规的思维方式，从原有的思路返回、朝着相反的方向去思考并力求找到新的解决问题的方法。

古时候，有这样两个故事，可以看成是逆向思维的典型。

例一：南唐后主李煜派博学善辩的徐铉到大宋进贡。按照惯例，大宋朝廷要派一名官员与南唐使者共同入朝。朝中大臣都认为自己的辞令比不上徐铉，谁也不敢应战，最后反映到宋太祖那里。

太祖的做法，大大出乎众人意料，他命人找10名不识字的侍卫，把他们的名字写上送进宫，太祖用笔随便圈了个名字，说："这个可以。"在场的人都很吃惊，但也不敢提出异议。只好让这个还未明白是怎么回事的侍卫前去。

徐铉见了侍卫，滔滔不绝地讲了起来，侍卫根本搭不上话，只好连连点头。徐铉见来人只知点头，猜不出他到底有多大能耐，只好硬着头皮讲。一连几天，侍卫还是不说话，徐铉也讲累了，于是也再不吭声。这就是历史上有名的宋太祖"以愚困智"的故事。照一般的做法，对付善辩的人，应该是找一个更善辩的人，但宋太祖偏偏找了一个不识字的人去应对。这一做法，反倒引起了善辩高手的猜疑，认为陪伴自己的人，是代表宋朝"国家级水平"的人，对大国猜不透，又不敢放肆，便不得不缄其口束。以愚困智，只因智之长处根本无法发挥。

例二：说的是《三国演义》中"空城计"的故事。一日，孔明来到蜀一囤粮草重镇，率兵五千准备将此地粮草运出。忽听有人报说："司马懿引魏军十五万，已朝该城蜂拥而至！"此时，孔明身边别无大将，只有一班文官，所率五千士兵，也已分一半先去运粮草了，所剩二千五百人如何抵挡得十五万大军。众官听到这个消息，尽皆失色。孔明登城望之，果然远处已甚嚣尘上。情急之下，孔明下令，将所有军旗全部藏起来，四个城门大开，每一门选二十军士，扮作百姓，洒扫街道。孔明于城上凭栏端坐，缓缓抚琴，两小童侍奉左右，一幅悠然自得的样子。司马懿来到城下目睹此状，即刻下令：后军作前军，前军作后军，朝北山退去。次子司马昭质疑："莫非诸葛亮无军，故作此态？父亲何故便退兵？"司马懿说："亮平生谨慎，不曾弄险。今大开城门，必有埋伏，我兵若进，中其计也。"……孔明见魏军远去，抚掌而笑。

两个故事中所讲的，若按常规去想去做，都是不可行之事。逆向思维的结果，却都让不可能而成为可能。

在新闻发现中，也常常用到逆向思维，并从中得到许多新的认识和发现。

例一：三峡工程在建设的过程中，由于种种原因，工程质量也曾出现过一些小的瑕疵，于是工程指挥部特别举办了一个"三峡工程质量缺陷警示展"，目的是让所有参建单位引以为戒。三峡工程就某些质量疏漏而搞的这个警示展，本不是什么光彩之事，但记者却以"逆向"的角度切入，写出了《三峡工程"自我曝光"》的报道，表明了三峡建设者这种勇于自我"亮丑"、自我"揭短"的做法，是出于一种对三峡工程高度负责的态度，进而也告诉了全国人民一个大家最为关心的问题：三峡工程的质量是可以信赖的。该报道正是记者在逆向思维中抓出了更具价值的新闻点。

例二：2006 年 8 月，有媒体说，某地将拍卖野生动物猎杀权，进而使对野生动物的猎杀成为合法化。消息一经传出，立即引起轩然大波，特别是媒体更是首当其冲。人们从相反的角度质疑这一商业行为的法律依据，质疑"野生动物保护"岂能被改写，质疑由此而引起连锁反应的可怕后果……逆向思维的方方面面着实被媒体说道了一番，一时间也成为社会关注的焦点。为此，央视还在《社会纪录》栏目里予以综合论述。至于结果如何，暂且不论。但这一连串报道的本身就已经很有意义了。

例三：前些年曾有过这样的报道：某小小少年见义勇为，或为抢救落水儿童而英勇献身，或与歹徒搏斗而致伤致残；还有，某打工妹、花季少女为保名节，跳楼成高位截瘫；某女学生，勇斗色狼，惨遭杀害……

类似报道，若仅从表面上看，这些少男少女无私无畏的精神的确值得钦佩，但谁也不愿意看到更多的乙少年、丙少年、丁少年，乙打工妹、丙打工妹、丁打工妹，都去面对强悍，鸡蛋碰石头，都致伤致残，命丧歹徒之手。如果是这样的结果，那我们的报道就该负一些责任了，如此倡导的社会效应也就太值得反思了。逆向思维之后，让我们看到了许多可能原先没有想到的负面作用。因此，后来从相关上级部门、从舆论界就不再提倡这样的报道了。

例四：还有像农民进城务工，现在可以说是大举进城，有的地方甚至是不论男女老少，倾巢而出。从目前的政策来看，没有任何限制，也没有某个领导说"不"。宣传大多是引导性和维护性的。但是我们也注意到了，个别媒体又有了另一种声音：他们为改变家乡的面貌是如何扎根农村艰苦创业的；他们又是如何把学到的技术、挣到的钱带回了家乡，让生我养我的这一方水土也尽快发展起来……这便是又一类非常值得倡导的新农民工的典型了。

例五：近年来，我国的开发区建设风起云涌，愈演愈烈，有的甚至连村镇都打出了开发区的招牌，表面上似乎是一种经济发展的征兆，逆向思维看问题，大片的良田被占用，有的根本就是有其名而无其实，仅仅竖起一块牌子，土地却长期荒芜着。太多太滥的开发区建设，已造成土地的严重流失，真是浪费多多，后患无穷。如此开发区建设背后的问题，难道不是更重要、也更值得关注的新闻吗？

凡此种种，逆向思维的结果，会让我们从相反的方向洞察并捕捉到了新闻。因此我们说，在新闻发现与写作中，逆向思维用好了，真会让我们有许多意想不到的收获。

第四章　如何写好消息

第一节　什么是消息

消息是新闻写作三大品种(消息、通讯、评论)的主体,约占整个新闻报道的80%。同时,当今任何一家媒体也都把消息放在最重要的版面或时段编排、播放。消息举足轻重的作用,由此可见一斑。因此,写好消息,一直被视为记者、通讯员从事新闻工作的"首要能力"。

一、消息的特点

消息的特点,可以用四个字来概括,即:真、快、新、短。

1. **真**

真即真实。真实是新闻的生命,真实是新闻工作者的纪律要求。客观报道,用事实说话,也是消息写作必须遵循的基本原则。

消息的真实,主要包括以下几个方面:

(1)构成消息的何时、何地、何人、何事、何因、何果及背景等诸多要素必须准确无误。

(2)消息所反映的事件的发生、发展等细节,以及人物的语言、动作、心理、思想认识必须准确无误,不能合理想象,添枝加叶。

(3)消息中所引用的资料、数字、语录及涉及的自然科学和社会科学方面的知识必须准确无误。

因此,消息在采访写作过程中,不可为达到某种宣传目的而编造、导演或部分编造新闻事实;不可为达到某种宣传效果而故意渲染夸大新闻事实;不可为某种宣传的需要而不顾事实真相、不看事实本质而断章取义或以偏概全;也不可为说明某一主题、某种理念,而不考虑新闻事实是否存在,就将自己的思想、观点与理解强加上去。更不可无中生有,胡编乱造,或将道听途说的东西不加核实就写进消息当中去。以上所为,不但极端的不负责任,缺乏新闻职业道德,甚至会步入违纪违法的歧途。北京"纸包子"事件便是很好的例证。

2.快

快也是消息的一大特点。消息对时效的要求超乎任何其他新闻体裁。消息要求的"快",应该包括两层意思。一是及时,强调的是新闻的时效性。二是适时,强调的是新闻要合乎宣传时宜。

及时,就是不能迟缓拖拉。不抢先,"新闻"成了"旧闻",也就失去了报道的价值。天津《今晚报》一次抢新闻的做法,一直让我记忆犹新,我也曾多次在给通讯员的讲课中提及此事。1986 年 7 月,被视为当年天津市政建设一大景观——状似蝶形的中山门立交桥竣工了。正在天津视察工作的邓小平同志亲自参加了剪彩仪式。作为天津各大媒体报道的头号新闻,谁也不想错过这样一个机会。没想到,刚刚创刊不到两年、邓小平亲自题写报名的《今晚报》却遇到了一个难题:《今晚报》是每天中午开印,下午发行。而剪彩仪式上一个能够反映蝶形桥的全景照片是不能没有的。当时的中山门立交桥四周没有一座高大建筑,只有航拍能解决这一问题。可那天的航拍,直升飞机是多家单位共同租用的(因为一家租用,价格太高)。直升机上,不但有多家新闻媒体的记者(别的媒体都是晚上或转天播出、见报,人家并不着急),而且直升机上还有一些市政部门、设计部门、测绘部门的人员。不能因为《今晚报》一家,大家的任务还没完成,直升机就降下来。剪彩定在上午 10 时,直升机从天上下来,至少也要在 11:30～12:00 之间,况且直升机的降落地点是东丽区的张贵庄机场。这里距当时《今晚报》报社所在地川府新村有约 20 公里以上的路程,所需时间至少 1 个多小时。再说,那时印刷手段又都比较落后,从冲洗制版到开印又得近一个小时,再加上两个小时的印刷。这样算下来,当日晚报的零售已错过了最佳时间。照此时间表进行,蝶桥全景的腑视照片就不能见报了，那将是《今晚报》蝶桥报道的一大缺憾，若放在第二天见报，必将失去了新闻的时效性。思来想去，最后大家决定采用一个绝招：空投胶卷。就是记者航拍以后，取出胶卷包装好，用一个小降落伞空投到指定地点，地面上多放一些人接应。然后急速赶回报社，冲洗、制版、印刷。结果，当天的晚报，一张美丽、全景的蝶桥大照片与读者见面了。晚报抢新闻的这一非凡之举也成了天津新闻界同行中值得称颂的一段佳话。

其他新闻事件的报道也应这样，只要是消息，都要遵循一个“快”字，能早一天就早一天，能早一时就早一时。定要趁着“鲜活”，赶紧把稿子写出来、发出去。

适时，是消息“快”的另一种表现。除了突发事件，还有许多宣传报道是跟着形势走的，但形势是有阶段性的。如果错过了这个“阶段性”，稿子往往就不好用了。比如党的十六届六中全会做出了“构建社会主义和谐社会”的决定，在这之后的一段时间一定会有一个集中报道期，从各个角度刊发一些关于构建和谐社会的稿子。你如果能赶在这个时候把稿子拿出来，肯定好发。当然也要注重质量。错过了，稿子又没有新意，采用的难度便会大一些。一些应时的稿子更是这样。与“六一”儿童节有关的稿子，在“六一”期间肯定好发，若推到了“七一”、“八一”、“十一”，再写也就不那么好发了。还有许多报纸，为了集中报道某一方面的内容，以造成较大声势，常常会开个栏目，并加上个相关名目的版头。这期间，同类的稿子就会比较好发一些。报道过去了，栏目没有了，再写来这样的稿子，也就有点叫编辑为难了。因此，“适时”不能脱离报道形势，有对得上号的内容就抓紧写。

3. 新

主要指内容新鲜。消息内容应是新近发生、且没有报道过的新事物、新信息、新经验、新成就、新气象、新问题等，或虽有报道，但却又挖掘出了更新的角度。关于“新”，前面一些章节已有所讲述，这里就不再多说了。

仅就“新”而言，我们还可以将思维延伸一下，把写作方法（即“写法新”）也包括进来。这也是当前新闻界正在探讨的一项新课题。“导语＋

主体＋背景＋结尾”的消息写作模式，是多年沿袭下来的，怎样打破？现在虽有一些尝试，但还没有一个成型与定论的东西。这方面，我觉得大家不妨多去探索与实践。具体内容，第四章第一节“消息的结构”中的“自由式结构”一部分将会有更多的讲解。

4. 短

短小精悍也是消息写作的一个基本要求。现代媒体都在加大信息量，因此也就希望消息能够短一些，再说，当今人们又都很忙，生活节奏特别快，文章长了，啰里啰嗦的，谁愿意看？一般来讲，动态消息有三五百字即可，综合消息也尽量不要超过千字。

例一：解放战争期间，毛泽东曾写过四篇二三百字的新闻，都是大事件，堪称短新闻中的佼佼者。其中，有的还被选入新闻教材。1949 年 4 月 22 日由新华社播发的消息《我三十万大军胜利南渡长江》就是这样的典范，全文只有 180 字。

新华社长江前线二十二日二时电　英勇的人民解放军二十一日已有大约三十万人渡过长江。渡江战斗于二十日午夜开始，地点在芜湖、安庆之间。国民党反动派经营了三个半月的长江防线，遇着人民解放军好似摧枯拉朽，军无斗志，纷纷溃退。长江风平浪静，我军万船齐放，直取对岸，不到二十四小时，三十万人民解放军即已突破敌阵，占领南岸广大地区，现正向繁昌、铜陵、青阳、荻港、鱼港诸城进击中。人民解放军正以自己的英雄式的战斗，坚决地执行毛主席朱总司令的命令。

例二：

伊拉克入侵科威特

新华社科威特 8 月 2 日电　科威特国防部发言人宣布，伊拉克军队今天凌晨两点越过边境，占领了科威特的一些哨所。

这位发言人对伊拉克使用武力解决两国争端表示遗憾。他要求伊拉克停止入侵行动，立即撤出其入侵部队。新华社记者在凌晨 5 时听到枪炮声。到发稿时为止，枪炮声仍不绝于耳。

也许有人会这样想，文章短小，只有豆腐块那么大，缺乏视觉冲击力，是否会被人认为没有“分量”。不要忘了这样一句话——“浓缩的都是精华”。

郭沫若有一段话说得也非常好:“短文章就没分量?那不见得。文章不在长短,要看内容如何。内容有分量,尽管文章短小,也是有分量的;如果内容没有分量,尽管写得再多,还是没有分量。所以不能用量压人,要讲求质。黄金只有一点点,但还是有它的分量的;牛粪虽然一大堆,分量却不见得有多重。”

要使消息写得短小,除了排除认识上的误区之外,再有就是提高写作方法、写作技巧上的问题了。这里需要注意的有四点:

一是精选材料。新闻写作过程也是一个筛选提炼的过程。采访要多,选材要严。分清主次,有取有舍。不管是事实部分,还是背景材料,无关紧要的坚决不取,可用可不用的尽量不用。不要这也舍不得,那也舍不得。有一位外国大作家说,天才不在于他写了些什么,而在于他删去了些什么。

著名作家魏巍在抗美援朝时,身为一名记者的他,曾写过一篇《自豪吧,祖国》的稿子。初稿中,里边选取了二十多个他认为非常生动的例子,带回来后给同志们看了看,感到不好,就没有拿出来发表。因为例子堆得太多,好像记账,分不清主次了。以后在写《谁是最可爱的人》的时候,开始也是选了五个例子,写完后又删去了两个。他说:“事实告诉我:用最能代表一般的典型的例子,来说明本质的东西,给人的印象是清楚明白的,也会是突出的。”一代名篇的诞生,原来也有一个删繁就简、精选材料的过程。

下面还有这样一条新闻,原稿如下:

天花全球绝迹　儿童无需种痘

生物制品专家赵铠希望年轻父母放心

本报讯　“今后的孩子们完全用不着种牛痘,他们永远也不会害天花了。”一位多年从事疫苗研究的专家,寄语那些没有给宝宝种痘而有所疑虑的年轻父母,希望他们放下心来。

这位专家的名字叫赵铠,他是卫生部北京生物制品研究所的副主任技师,曾经为我国消灭天花做出了有益的贡献。他向记者解释了我国政府为什么不再给儿童种痘的道理,还谈到许多有关人类同天花作斗争的有趣的知识。

解放后，由于人民政府积极推行普遍种痘和采取其他防疫措施，到1955年，除少数边远地区外，已无天花病例；1960年，天花即在全国绝迹。赵铠提醒，如若不信，又有谁能在稠人广众之中找到一个20岁左右的麻脸青年呢？

世界上最后一例天花于1977年10月26日发生在索马里。自此以后连续观察了两年，世界各国再无天花病例出现。1979年12月29日，在全球消灭天花证实委员会第二次会议上，来自19个国家的21位委员签字证实全球消灭了天花——这是人类利用人工免疫消灭的第一种疾病。1980年5月8日，这个委员会正式宣布天花在全世界被消灭，并要求各国停止种痘。

天花，是由天花病毒引起的一种烈性传染病，曾经给人类带来极大的灾害。据历史学家推测，天花可能最早流行于公元前一万年左右的非洲，以及亚洲的中国和印度。我国东晋医学家葛洪(284—364年)所著的《肘后备急方》里，对天花有详细的描述，他说到当时天花系东晋建武元年(317年)打仗传染而来，并记述了一人受染造成全军覆灭的严重后果。这是世界上最早的天花记载。

历史上，天花流行曾造成亿万人的死亡，甚至某些统治者也不能幸免。据记载，1520年天花传入墨西哥中部的阿斯特克帝国，病死300多万人；其后，秘鲁帝国因天花而毁灭。十八世纪，欧洲有一亿五千万人以上死于天花。欧、亚、非三洲历史上大约有八个君王身染天花而亡。如英国女皇伊丽沙白二世和我国清朝的顺治皇帝都可能死于此病。

世界医史学家认为，我国早在公元前就有了种痘术。明代的《种痘十全》(1628年)、清代的《痘疹定论》(1713年)等古籍，都有关于北宋真宗时的丞相王旦请峨嵋山老道为其子种人痘的记载。我国古代人痘接种法，是取天花患者痘痂制浆接种于健康儿童，使之产生终身免疫力，以预防天花。这是祖国医学对人类的一项重大贡献，堪称人类免疫学的先躯。到十六世纪至十七世纪，人痘接种在我国已经普遍应用并成为专业，旋即传入俄国、日本、阿拉伯等国，1717年传入英国。但英国人琴纳于1776年发明牛痘接种法以后，因其更为安全可靠，故人痘接种法逐渐被取代。

琴纳是一位乡村医生。他发现,凡是在牛场工作并患过牛痘的人,都不再感染天花,便大胆地在一个八岁男童身上作了种牛痘试验并获得成功。自此,牛痘接种法便在各国广为流传,为人类造福。从发明种牛痘到最后消灭天花,经历了整整200年。

赵铠说,人是天花病毒的唯一宿主,所以它只能在人与人之间传播。既然人类已经消灭了这种疾病,就说明它的传染源业已彻底清除,因此孩子没有必要再种牛痘了。随着全球扑灭天花运动的进展,不少国家从七十年代初起就停止了对儿童和成人进行常规种痘,而英国则早在五十年代就开始这样做了。

接种牛痘能不能预防其他疾病呢?赵铠的回答是否定的。一种疫苗只对一种传染病有预防作用,因此牛痘疫苗也只对天花有预防作用。他指出,虽然接种牛痘对预防和消灭天花作出了卓越贡献,但接种牛痘的本身是存在着一定利弊的。如果受种者机体免疫机能缺损,禁忌掌握不严,或疫苗毒力太强,都有可能发生异常反应,严重者甚至造成死亡。听说有些家长还在为孩子种痘而四处奔忙,这实在是徒劳无益的。

这条消息全文1400多字,而某报编辑在处理这一稿件时,删繁就简,压缩了许多不必要的背景材料,只采用了400多字,有1000字被"砍"掉了。

消息所采用的前四段,已把读者最关心的关于为什么不种痘的问题讲得比较清楚了。有权威发布,又有一定的背景交待,作为一篇消息的基本内容均已具备。后六段的相关背景,虽也有一定知识性,但已大大超出消息所需要的范围。如认为特别有必要介绍,可单独写一篇知识性小资料,与消息一道配发。

改后的消息只保留了前四段,第四段中又分出了一个小结尾,请看删改后的下文:

疫苗研究专家赵铠希望年轻父母放心

天花全球绝迹 儿童无需种痘

本报讯 "今后的孩子们完全用不着种牛痘,他们永远也不会害天花了。"一位多年从事疫苗研究的专家,寄语那些没有给宝宝种痘而有所疑虑的年轻父母,希望他们放下心来。

这位专家名叫赵铠,他是卫生部北京生物制品研究所的副主任技师,曾经为我国消灭天花作出了有益的贡献。他向记者解释了我国政府为什么不再给儿童种痘的道理,还谈到许多有关人类同天花作斗争的有趣的知识。

解放后,由于党和政府积极推行普遍种痘和采取其他防疫措施,到1955年,除少数边远地区外,已无天花病例;1960年,天花即在全国绝迹。赵铠提醒说,如若不信,又有谁能在稠人广众之中找到一位20岁左右的麻脸青年呢?

世界上最后一例天花于1977年10月26日发生在索马里。自此之后持续观察了两年,世界各国再无天花病例出现。1977年12月29日,在全球消灭天花证实委员会第二次会议上,来自19个国家的21位委员签字证实全球消灭了天花——这是人类利用人工免疫消灭的第一种疾病。

1980年5月8日,这个委员会正式宣布天花在全世界被消灭,并要求各国停止种痘。

二是推敲语言。说到"推敲",自然会让人想起一个传诵已久的故事:一天,唐朝诗人贾岛骑在驴背上,忽然得一"鸟宿池边树,僧敲月下门"的诗句,起初拟用"推"字,后又想改为"敲"字,在驴背上凝神默虑,反复用手做着"推"与"敲"的动作,不觉一头撞到京兆尹韩愈的仪仗队,随即被人押至韩愈面前。贾岛便将做诗得句一字未定的事情说了。韩愈不但没有责备他,反而立马思之良久,对贾岛说:"作'敲'字佳矣。"这样,两人竟然做起朋友来。这两句诗,粗看有些费解。难道诗人连夜晚宿在池边树上的鸟都能看得到吗?其实,这恰恰表明了诗人的构思之巧,用心之苦。正是由于月光皎洁,万籁俱寂,因此,僧人的敲门声惊动了树上的睡鸟,愈发显出月夜之静与幽。若用"推"字,便没有了这样的意境和艺术效果了。由此,留下"推敲"一词。后人用来比喻斟酌字句,反复琢磨。

还是这个贾岛,曾为了两句诗,竟然想了三年,诗成之后,他激动得哭了。这便是"两句三年得,一吟泪双流"的由来,从中亦可见其"推敲"的耐心与韧性。

短消息同样离不开语言的锤炼。用词贵在精准，切忌堆砌。著名作家秦牧在《谈简洁》一文中曾讲过这样一段故事，读来很值得我们学习与深思。故事是这样的：

据说，宋代文学家欧阳修，有一次和两个青年一起谈论文章的写作表达问题。这时，刚好外面有一匹飞奔的马，把一条躺在路上的黄狗踩死了。他们都目睹了这一事实。欧阳修问他们："如果把刚才看到的这一事实写下来，怎样才能写得精炼、简洁？"

一个青年说："用二十个字就可以把这番景像描述下来"。接着就念道："劣马正飞奔，黄犬卧通途。马从犬身践，犬死在通衢。"

欧阳修听后说："字太多了，而且有重复。二十个字中，就有两个'马'字，三个'犬'字；通衢，通途，也重复了。"

另一个青年经过思索，用笔写下了两句话，共十一个字："有犬卧通衢，逸马踏过之。"这两句话虽说比上一个青年讲的要简洁得多，显然仍有重复的缺点，而且也没有把一犬被马踩死的事实写出来。

欧阳修细看了一遍，就提笔在前后圈掉几个字，只留下"逸马"二字，然后又加了四个字，成了这么一句话："逸马毙犬于道。"两个青年一看，都很佩服，连声称赞。

鲁迅先生写文章惜墨如金，堪称语言大家，他曾说过："写完后至少看两遍，竭力将可有可无的字、句、段删去，毫不可惜。"

毛泽东同志在《反对党八股》一文中也表达了自己对所写文章严谨负责的态度："重要的文章不妨看它十多遍，认真加以删改，然后发表。"

伟人、名人的这些论述，真应该成为我们新闻写作的座右铭。

有些新闻媒体的编辑处理稿件严肃认真的态度也是非常令人钦佩的。即使是地方上已经发表的稿件，他们在转载、转发的，仍然字斟句酌，一丝不苟，精益求精，比如新华社转发的《"光棍堂"引来四只"金凤凰"》的修改稿便是这样一个范例。该文本已是一篇很优秀的报道了，但新华社在转发时又做了多处修改，从而使之好上加好。后来，该文曾被评为"全国好新闻"一等奖。

请先看一下原文，哪些地方需要修改？又有哪些文字需要删去？

“光棍堂”引来四只“金凤凰”

最近，在蓟县上仓公社秦各庄大队，人们都传颂着一段“‘光棍堂’引来四只‘金凤凰’”的佳话。说的是地主家庭出身的社员马文志，过去曾被错划为地主成分，今天落实政策改了成分以后，他的四个打光棍的儿子先后找上对象。

马文志有四个儿子，大儿子明珠 41 岁，二儿子明泽 31 岁，三儿子明辉 29 岁，四儿子明伟 26 岁。这哥四个，个个精明强干，一贯劳动踏实，是庄稼地里的好把式。可是，就因为是地主家庭出身，一直说不上媳妇。他家成了村上有名的“光棍堂”。今年春天，大队在落实中央关于对四类分子的政策中，根据马文志的实际情况，改变了他本人的成分。于是，前来说媒的踢破了门坎子。不到一个星期光景，老大、老二、老三都说上了媳妇，老大很快就成了亲。前些天，老四也搞上了对象，这四个媳妇中，有三个是贫农的女儿。

马文志一家看到家境大变，都非常高兴，一致表示要多出勤，努力大干，为四化多做贡献，用实际行动回答党的关怀。

下面是转发时的修改情况(括号内的文字是新华社删去的，黑体文字是新华社添上的)：

最近，在**天津市**①蓟县上仓公社秦各庄大队，人们都传(颂)**诵**②着一段“‘光棍堂’引来四只‘金凤凰’”的佳话。说的是地主家庭出身的社员马文志，过去曾被错划为地主成分，今年落实政策改了成分以后，他的四个打光棍的儿子先后找上**了**③对象。

马文志有四个儿子，大儿子明珠 41 岁，二儿子明泽 31 岁，三儿子明辉 29 岁，四儿子明伟 26 岁。这哥四个(，)④(个个精明强干，)⑤一贯劳动踏实，是庄稼地里的好把式。可是，就因为**说他们**⑥是地主家庭出身，一直说不上媳妇。他家成了村上有名的“光棍堂”。今年春天，大队(在落实中央关于对四类分子的政策中，)⑦根据马文志的实际情况，改变了他本人的成分。(于是，前来说媒的踢破了门坎子。)⑧不到一个星期(光景)⑨，老大、老二、老三都说上了媳妇(老大很快成了亲)⑩。(前些天)**不久前**⑪，老四也(搞上)**有**⑫了对象(，)**。**⑬这四个媳妇中，有三个是贫农的女儿。⑭

马文志一家看到家境大变，都非常高兴，一致表示要多出勤，努力大干，为四化多做贡献，用实际行动回答党的关怀。

对改动情况，下面略作一点解释：

①⑪⑫这几处修改，都不是原稿本身的问题，而是新华社转发的需要。①⑫是从读者角度考虑的，⑪是因转发时间与原稿发表有了一段间隔。

②这里用“传颂”不太确切。传颂带有颂扬的意思，一般是就某人做了一件大好事或表现突出而言的；这里只说的是一桩新闻，现改成传诵，主要是传播述说之意。相比，更为准确。

③不加这个“了”字，表达不太完整。

④删掉这个“，”号，语意显得更紧凑一些。

⑤这个评价高了一点。说“一贯劳动踏实”就已经不错了。

⑥不加“说他们”这三个字，客观上又肯定了马文志的地方成分（说儿子地主家庭出身，就等于说马文志是地主成分），与前面说的“错划”有矛盾。这个漏洞，推敲得好。

⑦这句话可以不说。在那个年代，或纵观全文，这个背景读者已经知道，删掉这一句，更显简洁。

⑧这个说法有些夸张。夸张的手法在文艺作品中可以用，在新闻中用就不大妥当，因为这容易给人造成一种不真切、不实在的感觉，进而会削弱新闻宣传的效果。

⑨这两个字没有意义，多此一举。

⑩多此一句，语言显得有些散。说上媳妇就可以了，成亲快慢，问题不大。另外，把成亲写得过于急了，反倒不好。

⑬这句话已经完成，应用句号。

⑭也有专家提出，“这四个媳妇中，有三个是贫农的女儿”一句也应删去，强调这个，会遭人质疑。

三是去冗杂，少凌乱。有些消息，新闻元素挺好，颇具新闻价值，但写出的稿子思路不清，重点不突出，有的地方还特臃肿，因此必须动“大手术”，理清思路，留下精华，设法瘦身，让主题更突出。

下面也是两篇改前、改后的报道，我们不妨仔细看看。

原稿为：

沪产“钻石”闹钟登上西欧超级市场

本报讯 生产“钻石”闹钟的上海钟厂,面对国际市场的激烈竞争,采取扩大品种和改进包装的方针,大力开拓国际市场,近年来取得了实效。今年1至10月的出口闹钟比去年同期增长了20.43%,创汇643万美元。

这个厂设计人员在扩大品种上,注意研究国外的消费需求,使适应外销需要的新品种源源不断涌现。他们通过查阅外国画刊资料、吸收外贸人员建议、采访出国同志观感,以及直接与外商接触等途径,注意吸收国际市场对闹钟的需求信息。他们了解到在意大利等西欧国家,鸡是吉利的象征,带有鸡图案的商品备受青睐,就在本厂传统产品“鸡吃米”基础上新设计了大座盘、大提环等式样,受到西欧外商的欢迎,成为出口的抢手货。今年该品种已占该厂出口总量的30%。伊朗等中东国家对闹钟的外壳颜色很讲究。他们喜素雅而忌鲜艳,对钟面线条也爱简洁而厌繁杂。根据这些特点,该厂又推出了腰圆形等素色新品种,钟面线条清晰简炼。中东等一些客商见了这些对路的新品种,都争相订购。伊朗成了该厂最大的客户,今年的订货量高达50万只。目前,这个厂的产品已行销149个国家和地区。

为了进一步提高产品竞争力,这个厂注重改进外观和包装装潢。在材料上,他们除了采用铁壳外,还开发了全塑、铁塑合一等新壳,增加了仿金黄、庙黄、桔红等新色彩,还设计了长方形、六边形、半球形、古窗形、竹筒形等造型。以前闹钟只具备计时功能,现在大多数增加了单历、双历,还配有寒暑表等。此外,他们还根据外商的反映,改变了过去粗糙呆板封闭式方盒包装,在有关协作厂支持下,试制了热塑包装、开天窗包装,钟的外观颜色、钟面线条与精美包装盒融为一体。这种新包装闹钟,身份大大提高,一些第二世界的客商纷至沓来,使“钻石”牌闹钟在一些西欧国家超级市场上开始露面。

改后稿为:

本报讯 在一些西欧国家的超级市场上,开始有上海产的“钻石”牌闹钟露面。

生产“钻石”牌闹钟的上海钟厂,今年1至10月的出口闹钟比去年同期增长五分之一，创汇643万美元。

由于注意吸收国外消费者需求的信息，“钻石”牌的新品种增多了。在意大利等西欧国家，鸡是吉利的象征，这个厂在本厂传统产品“鸡吃米”的基础上，新设计了大座盘、大提环等式样，大受客商欢迎。仅这一品种，今年就占到全厂出口总量的30%。

“钻石”牌的功能、外观和包装也有了较多改进。产品功能除计时外，还增加了单历、双历、寒暑表等。伊朗等国对闹钟的颜色很讲究，这个厂推出的腰圆形等造型简洁、颜色素雅的闹钟，一时成了中东客商的抢手货。此外，精美的“开天窗”等新包装，又把闹钟的新颖和盘托出，大大提高了产品的身份。

两稿对比，一是改稿把报道中最重要的沪产“钻石”闹钟登上西欧超级市场的新闻事实，由结尾提到了消息最前边的导语里。二是改稿根据西欧及中东两个主销区的不同要求，归纳成两个方面的情况，并有针对地写了他们是如何加以改进的。进而使条理更清楚。三是改稿把信息来源、钟的颜色、外形及多款包装设计等过于细化和拖泥带水的叙述，删繁就简，使文字更洗炼、重点更突出。

一些有经验的记者、通讯员，为了写出短消息，最忌讳空话、套话及含糊不清的话，或絮絮叨叨地去描述新闻事实。而是择其要者，写出关键。

四是学会断裂行文。所谓“断裂行文”，也有人称之为“新闻跳笔”，结构上为多段体，就是每一段都有一个相对独立的意思，段与段之间的衔接，完全靠内在的逻辑关系。在跳跃性的前行中，又不失内在意思的传承。在一般情况下，尽量不用“由于”、“惟其如此”、“正是因为”、“尽管如此”、“在……基础上”、“为了……”等连接词。

例一：

北约野蛮轰炸我驻南使馆

新华社贝尔格莱德1999年5月8日电 当地时间7日午夜（北京时间8日早5时45分），以美国为首的北约至少使用了3枚导弹悍然袭击我驻南斯拉夫大使馆。到目前为止，已造成3人死亡，1人失踪，20多人受伤，使馆严重毁坏。

当地时间7日晚，北约对南斯拉夫首都贝尔格莱德市区，进行了空袭以来最为猛烈的一次轰炸。晚9时始，贝尔格莱德市区全部停电。子夜时分，至少3枚导弹从不同方位直接命中我使馆大楼。导弹从主楼5层楼顶一直穿入地下室，使馆内浓烟滚滚，主楼附近的大使官邸的房顶也被掀落。

当时大使馆内有30名使馆工作人员和我驻南记者。新华社女记者邵云环、《光明日报》记者许杏虎和夫人朱颖不幸遇难。据悉，这是外国驻南外交机构第一次被炸。

爆炸发生后，中国驻南联盟大使潘占林一直在现场指挥抢救。许多华侨对使馆给予了极大帮助。潘大使在被炸毁的使馆废墟前，愤怒地指出："这是对中华人民共和国的攻击。"

南联盟外长约万诺维奇说："使馆是中华人民共和国的领土，北约炸弹是对外交的轰炸。"

当地时间8日下午，中国在贝尔格莱德的数百名华人举行抗议游行，数千南斯拉夫人参加了游行。

例二：

肯尼迪遇刺丧命

路透社达拉斯1963年11月22日电　肯尼迪总统今天在这里遭到刺客枪击身死。

总统与夫人同乘一辆车中，刺客发3弹，命中总统头部。

总统被紧急送入医院，并经输血，但不久身亡。

官方消息说，总统下午1时逝世。

副总统约翰逊将继任总统。

断裂行文主要优点：一是省略了过渡性文字，行文更简洁；二是段落比较短小，且意思单一，便于阅读；三是结构不是那么密不可分，有利删改；四是具有跳跃性的快速推进感，这也正是新闻希望达到的效果；五是"断裂行文"写出的消息，一般篇幅都不长。

"真、快、新、短"是消息写作的四项基本要求，缺一不可。至于如何融会贯通，还需在实践中边运用，边体会，边提高。

二、消息的类型

消息的分类有多种形式。

有的按新闻事件的不同性质可分为事件性新闻和非事件性新闻，也有人称之为“硬新闻”和“软新闻”。一般来说，事件性新闻以报道“何事”为主，一事一报，反映的是一个“点”，突发性、时效性较强；非事件性新闻以“一段时间内”或“较大空间里”发生的诸多事件.情况为报道对象，反映的是一个“面”。

有的按新闻报道的不同领域可分为政治新闻、经济新闻、科技新闻、军事新闻、文艺新闻、体育新闻、教育新闻、工业新闻、农业新闻、社会新闻等。

有的按新闻报道的深浅程度可分为深度报道和一般报道。深度报道分量较重，揭示较深。若将一般报道比作“常规武器”，深度报道则是“重型武器”。像解释性新闻、分析性新闻、调查性新闻等都属于深度报道。

还有的则按新闻报道的不同适用性可分为动态新闻、简明新闻、综合新闻、经验新闻、人物新闻、会议新闻、述评新闻等。这也是最传统、最基本、公认度较高的一种分类方式。操作起来相对容易一些。

三、消息的结构

消息的结构可以从两个方面来说，一是指构成消息整体的各个零部件，二是指消息谋篇布局的形式。

构成消息整体的各个零部件，按照顺序主要包括标题、消息头、导语、主体、背景、结尾六个部分。

消息的谋篇布局应算是消息的内部特征了。如何让内部特征与外部特征有机统一起来，长期的新闻实践曾摸索出不同类型消息的结构方式。主要有五种：即倒金字塔式结构、金字塔式结构、倒金字塔与金字塔结合式结构、并列式结构、自由式结构。其中，倒金字塔式仍是当今消息写作中最为常见的基本结构。

1. 倒金字塔式结构

倒金字塔式结构，其实也是写作上的一种倒叙法。

埃及金字塔本是底大而重，上小而轻，呈“▲”形，现在却要把它变成“▼”形。用于消息写作，就是在消息的结构安排上，把新闻事实中最重要的、最新鲜、最引人的内容放在最前边，形成前主后次、上重下轻的格局，犹如倒置的金字塔一般，故而得名。目前，绝大多数消息的写作也仍在采用这一方式。

下面三篇是比较典型的倒金字塔式结构。

例一：

我国第一颗原子弹爆炸成功

×××电　1964年10月16日下午3时，中国在西部地区成功爆炸了第一颗原子弹，继美国、苏联、英国、法国之后，成为世界上第五个拥有核武器的国家。

毛泽东在1955年发出号召，中国不但要有更多的飞机和大炮，而且还要有原子弹。在今天世界上，我们要不受人欺负，就不能没有这个东西。中央指定陈云、聂荣臻、薄一波等负责筹建核工业。1959年苏联撤走专家后，中国决心完全依靠自己的力量完成这项艰巨任务。1962年成立了以周恩来为首的专门领导机构，在科技人员和国防建设指战员的共同努力下，核试验终于取得成功。

中国政府发表声明称，中国发展核武器，完全是为了保卫中国人民免受核战争的威胁。同时郑重声明，中国在任何时候，任何情况下，都不会首先使用核武器，并建议召开世界各国首脑会议，讨论全面禁止和彻底销毁核武器问题。

例二：

东京宣布无条件投降

盟军接受日本投降

麦克阿瑟任驻日盟军总司令

美联社1945年8月14日电　日本投降了！

杜鲁门总统今晚7时宣布，日本已无条件投降，造成历史上空前巨大破坏的战争随之结束，盟军陆、海军已停止攻势。总统说，日本是遵照

7 月 26 日三强致日本的最后通牒所规定的条款无条件投降的。

8 天以前，日本遭到有史以来第一枚原子弹——一种威力强大的炸弹的轰炸。两天以前，俄国宣布对日作战。在这种情况下，日本被迫于本星期五宣布接受最后通牒中的全部条款，但要求继续保留天皇制。

次日，美、英、苏、中四国对此作出答复，声称如天皇接受盟军最高司令部的命令，则可继续在位。

杜鲁门总统今天还宣布，道格拉斯·麦克阿瑟将军已被任命为占领日本的盟军武装部队总司令。

杜鲁门总统说，现在正在作出安排，以便尽早举行接受日本投降的正式仪式。

他说，英国、俄国、中华民国也将派出高级将领，代表各自的国家在受降书上签字。

例三：

河南开通手机电视

新华社郑州 11 月 14 日电 记者从河南移动公司获悉，河南手机电视业务从 11 月 13 日起正式开通，省内移动用户通过手机就可以欣赏到精彩纷呈的电视广播节目。

手机电视作为移动通信业务中主要的新业务之一，与传统媒体相比，具有移动性强、可点播下载、适合传播以及与人分享等特点。

据了解，手机电视系统采用先进的流媒体技术构建，以 GPRS 网络为转输通道，初期共开通了“电视直播”、“新闻快讯”、“影视娱乐”、“体育运动”、“音乐 MV”等 8 个频道，节目形式分为直播、点播和下载 3 种。目前系统共支持诺基亚、摩托罗拉、索尼、爱立信等常用高端手机 240 余款。开通 GPRS 业务的移动客户只需登录“移动梦网”中“河南风采”的“河南手机电视”栏目即可新鲜体验该业务。

今年 4 月份，河南省广播电视局与河南移动通信有限公司签署了合作框架协议，正式启动了手机传媒业务。此次河南有线与河南移动合作开通手机电视，主要是从目前技术体系出发，着眼于未来的战略发展。业内人士称，随着核心技术的突破，未来广播电视网络与移动通讯网络一定会在业务层上趋于融合。

以上三篇，都是以最简洁的语言把消息中的“三最”（最重要、最新鲜、最引人）写到了前边，让“我国第一颗原子弹爆炸成功”、“日本投降了”、“河南开通手机电视”这些人们最想知道的内容，实现先睹为快。然后，依次递减，其他相关内容再逐步展开，最不重要的放在最后边。“日本投降了”，导语虽只有 5 个字，但是其新闻价值却得到了极大的体现。

倒金字塔式结构的长处与不足：

长处：①切合读者的阅读心理。因为许多读者看新闻，都恨不得一下子就能看到新闻的核心与关键。②最能体现“卖点”。在媒体市场竞争激烈的今天，“卖点”也便是报纸的“立足点”与“生存点”。③有利于编辑选稿与制题。因为这样的结构形式，编辑在处理稿件时会一目了然，节省很多时间，稿件采用率也能自然提高。

不足：①过于标准化、程式化，缺乏多样性。②有“虎头蛇尾”之嫌。③容易出现消息的标题、导语、主体“三重复”现象。④不适于写非事件性及人情味、故事性较强的新闻，因为此类新闻比较依赖情节，需要讲述事情的发生、发展过程，这恰恰不是倒金字塔式结构的优势。⑤由于倒金字塔结构不是按照叙事顺序去写，导语之后主体部分各段之间的衔接与逻辑递进关系若把握不好，也容易出现“散”和“零碎”的感觉。

在倒金字塔结构里，还有这样一种写作形式：一个题目之下，前边是几段不太长的消息，主要的新闻事实也已囊括其中。随后便是把读者比较关心的，且与新闻密切相关的几个关键内容，用小题分列出来，分别作具体介绍。这一形式，可以看成是倒金字塔结构的一个变种。没有时间或兴趣的读者，只读前边的也可以了解新闻的梗概了；有时间有兴趣愿了解细情的读者，还可以继续往下看，从小题分述的内容里得到更多的满足。因此，这一写法，可让两种不同需求的读者都能各取其需。

此写法，很早以前就有过，目前的许多报纸也还时有所用。下面请看两个例子：

例一：

罗斯福总统逝世

杜鲁门宣誓就任美国总统

本报华盛顿 1945 **年** 4 **月** 12 **日专电** 富兰克林·罗斯福今天在佐

治亚州热泉私人夏季庄园的一间睡房中溘然长逝。

死者生前任美利坚合众国总统，美国陆、海军总司令——这支军队在世界各地所向无敌，正向着最后胜利进军。

总统享年63岁——他的祖国一反历史常规，让他连任三届乃至四届总统——于中部战时时间3时35分死于脑溢血。

三个小时后，于去年11月当选为副总统的哈里·杜鲁门在白宫宣誓就任最高行政长官。

杜鲁门总统宣布，定于4月25日在旧金山召开的联合国大会将如期举行。已故的罗斯福总统原定主持这次大会的开幕式，他曾表示，希望这次大会为世界持久和平奠定基础。

伦敦、巴黎以及世界各国首都对总统的逝世立即表示震惊和深切哀悼，敌人的电台则不加评论地播送了这一消息。

在热泉随侍总统的海军上校军医霍尔德·布鲁恩说，今天早晨总统精神焕发。

头痛欲裂　失去知觉

布鲁恩海军上校说："下午1时，总统坐在椅子上，由一位建筑师给他画速写像。突然，总统说他后脑疼得厉害，随即失去知觉。15分钟之后，即1时30分，我赶到现场，但总统再也没有恢复知觉，到3时35分溘然长逝。"

……

罗斯福夫人这时在白宫，她闻讯后打电话给杜鲁门副总统，后者立即赶到最高行政长官官邸。在白宫发表的一项表明声称，国务卿爱德华·R.小斯台蒂纽斯奉命于下午4时召开内阁会议。

总统在陆、海军服役的儿子们收到了母亲的电报，电文是：

"总统今天下午在睡眠中死去。他如生时所愿，尽到了自己的责任。祝福你们。母亲。"

追悼仪式将于星期六下午在白宫东厅举行。总统的遗体将安葬在纽约海德公园本家族墓地，时间是星期日下午。到今晚为止，还没有就举行葬礼的具体时间和其他细节作出安排。

今晚7时5分，罗斯福夫人离开白宫乘飞机前往热泉。她的女儿约翰·珀丁格夫人留在白宫。担任白宫新闻秘书多年的斯台潘·艾尔利和总统随侍医生罗斯·麦克林特陪同总统夫人前往热泉。

艾尔利发布消息

总统逝世的消息是艾尔利在白宫用电话宣布的。大约在5时45分,艾尔利先生打电话给三家主要的通讯社(指美联社、合众社和路透社),通报这一消息。

电话接通后,艾尔利开头默不作声,过了好一会他才开口讲话,声音听起来很冷静,很克制。他的第一句话是——

"告诉你们一个紧急消息:总统在今天下午逝世了!"

听电话的人很激动,有人喊了起来:"你说是罗斯福总统逝世了吗?"艾尔利先生回答说:"总统只有一个。"

……

华盛顿震惊了

领袖逝世使华盛顿震惊。消息刚刚传出,人们就云集白宫栅墙外,等待进一步的消息。然而,白宫警卫什么都不透露。人们只见到内政部长哈罗德·伊克斯和劳工部长弗朗西斯·波金斯匆忙赶来参加内阁会议。

杜鲁门副总统是在办公室听到总统逝世噩耗的。特工人员迅即赶来,匆忙护送他到白宫。杜鲁门的手下人惊愕不已,个个面色苍白。

总统是一个多星期前到热泉去的,他打算在那里再过一周后返回华盛顿休息一天,然后去旧金山。

近来总统并未表现出病态,然而从最近的照片看来,他有些憔悴……(内容有所删节)

(原载1945年4月13日《纽约先驱论坛报》)

例二:

五十多年煤炭订货会告别历史舞台
电煤价格初现市场机制

新报讯 近日,国家发改委召开了"2007年全国煤炭产运需衔接视频会议",明令煤炭供需双方根据市场供求关系协商确定煤炭价格,从而完全放开了自1993年以来对电煤价格长达13年的限制。来自全国各大煤炭和电力等企业的老总们，将在接下来的一个月内，自行协商，签订2007年大宗、跨省区运输的煤炭订货合同。这个视频会议的召开宣告了持续了50多年的煤炭订货会彻底告别了历史舞台。

“今天我们改变了延续50多年来由政府集中组织供需双方企业召开订货会的办法，而是采取在国家宏观调控下，企业自主衔接资源、协商定价的新机制。”发展改革委副主任欧新黔在这个视频会议上说。坚持煤炭价格市场化改革方向，由供需双方企业根据市场供求关系协商确定价格。企业不分所有制、不分隶属关系均可参加衔接。

煤炭企业喜忧参半

山西阳泉煤炭企业的一位负责人告诉记者，煤炭价格的市场化对煤炭企业来说应该是个利好的消息。以前的电煤价格由于实行“双轨制”，导致电煤价格低于市场价格，每年都要耗费很多精力进行电煤价格的磋商。现在引入市场机制，放开对价格和供应企业的限制，本身就可以形成电煤价格的竞争机制，对煤企和电企都有好处。

河南省煤炭销售公司煤炭专家李朝林则认为，国家发改委彻底实现煤炭市场化的政策对煤企是一个利好，但如果政府取消了煤炭订货会，身处各地的煤炭企业，很容易被实力强大的五大电力集团各个击破。李朝林建议，应该由煤炭企业组织统一的市场化的订货会，使得订货双方有一个集中的平台来进行价格谈判。

电力企业有所准备

电煤价格的放开会不会导致明年的电煤价格大幅上涨，从而引起电价的上涨？对于这个问题，电力企业并没有太多的兴奋和期待，这主要是由于国家的电价还没有放开导致的。

在电力企业看来，完全的市场化增加了很多供应商，而以前电企只能去买政府规定范围内供应方的煤，引入的竞争机制也会牵制电煤的价格。

“电煤市场化是大势所趋，电力体制改革也在推动中，只要设置公平的市场主体，电力企业是可以接受的。”一位电力企业负责人对电煤市场化的趋势已经认同。但对于今年的电煤价格会不会上涨，这位负责人表示要看煤炭的供应量和市场作用的结果。

电煤价格并非彻底放开

国家发改委人士则表示，对于业界普遍关心的煤炭价格管理制度，其实并没有如人们所预计的那样明确出现“两年取消双轨制”的字眼，只是强调“完善煤炭价格市场形成机制”。由于各地市场价和重点合同价（指重点地区电煤的国家调控价格）差别很大，国家发改委这次并没有一刀切将“双轨制”立即取消。

国家发改委在《关于做好2007年跨省区煤炭产运需衔接工作的通知》中明确表示，煤价放开并非一味地放开，而是遵循“放开、稳定、监管”的原则，前提是电煤价格保持基本“稳定”，如果电煤价格出现大幅波动，国家还是要采取一定的“监管和控制”措施的。也就是说，适当的时候，政府部门“该出手时就出手”。

对此，煤炭市场专家、中国煤炭市场网秦皇岛工作站站长李学刚指出，在电力价格仍由政府管理、煤电价格联动政策需要继续磨合、完善的情况下，政府主管部门必须要兼顾各方面利益，对未来煤炭价格进行必要的引导，即使传统的订货会不再召开，监管仍然是必要的。

（注：此种写法，只作一参照，但不宜都去仿效——以致让前半部分消息内容变得较空，细情都抽出来，写在后边。应该说，只能在一些特定的内容里，可以适当用一下。）

2. **金字塔式结构**

金字塔式结构，其实是顺序法，是和倒金字塔式正好相反的一种消息结构。它又被称为渐入佳境的“积累兴趣式”结构。它是按照事件发生、发展、高潮、结尾这样一个时间顺序来组织安排材料的。一般没有导语，事件的开头就是消息的开头，事件的结尾就是消息的结尾，事件的高潮、结果或结论往往在后面。这种写法比较适用于故事性较强、以情节取胜的单一事件性消息或人物消息，尤其适合写现场目击记。西方有记者曾极力提倡这种结构方式，美国一大学新闻学教授曾说：“有时为了抓住读者的情感或寻找独特的角度，把突出之点置于篇末，效果更好。”世界上早期的消息写作大多采用这种结构方式。

下面请看几篇范文。

例一：

七旬北大教授见义勇为抓窃贼

本报讯 5月6日上午，住在中关园二公寓的北京大学法律系教授龚祥瑞和夫人方备发现家门口有一辆崭新的无锁自行车，心中顿生疑窦，即用自己的锁将车锁上。然后站在旁边等人取车。

一会儿，一个年轻人来推车，说车是他的。龚教授见他神色慌张，便说：我们推车去你家看自行车牌照，证明车是你的才能给你。走到那人所说的"家"门口，那人乘龚教授不备，骑上车飞快逃走。七旬高龄的龚教授不顾体弱，拔腿就追，边追边喊让前面的人截住他。一个骑车人听到呼喊，用自己的自行车去撞那人，将他撞倒在地，那人丢下自行车慌忙逃窜。

龚教授夫妇将夺回的自行车送交学校保卫部。当天下午，自行车便回到了失主手里。

（注：这条消息一直读到最后，才知结果，它是以故事情节的步步推进，吸引读者看完全篇的。）

例二：

一顿炸酱面招待了十位司令员

本报讯 3月18日上午，我随陕西省军区贯彻条令观摩座谈会的代表到某团五连参观。行车路上，不由勾起我对往事的回忆：去年10月，这个团在五连召开行政管理教育现场会，连里杀了一口三百多斤的大肥猪，宰了一只五十多斤的大山羊，进行招待。今天121名代表中，其中有10位省军区和军分区的副司令员。这么大的阵容，五连拿什么招待呀？

汽车到达五连驻地，趁代表们下车后休息的片刻，我找到炊事班长张建平，悄悄地问他：

"中午打啥子牙祭？"

"炸酱面条。"

"有菜没有？"

"有几个凉菜。"

中午开饭了，除了每人端一碗面条外，桌上只摆了些凉拌萝卜、豆腐等,我心里不禁嘀咕:这个连队可真有点太不像话了,一瞧“老头子”们却都乐呵呵的,直夸奖这顿饭吃得美。

饭后,我问连队司务长徐卫民这顿饭花了多少钱,他算了一下说:“大概用了45元左右,每人平均3角6分。”

(注:这条新闻是用事实说话的,而且一段比一段具体、深入,直到文尾,读后才能看出结论:“每人平均3角6分”。多么有说服力!虽是一件小事,虽只是两顿饭之间的对比,但由此也反映出我们军队干部思想作风转变之一斑。)

下面一篇是国外记者所写的金字塔式结构消息,曾被美国新闻写作教材列入范文之一。

例三:

福特总统遇刺　幸而无恙

合众国际社加利福尼亚州萨克拉门托1975年9月6日电　今天晴空万里,阳光明媚,那个娇小玲珑的红衣女郎同群众一道等待着福特总统从他们面前走过。

大多数前来欢迎总统的人都希望同他握手。

这个红衣女郎携带着一支枪。

勒奈特·阿丽丝·弗洛姆27岁,属于查尔斯·曼森那个恐怖主义团体。在这个团体中她的代号是“雏鸽”。据目击者说,她一声不响地站在人群的后排,站在州议会大厦前等待总统光临。

她对人群中一位名叫凯伦·斯凯尔顿的14岁姑娘说:“啊,今天天气太好了!”

事件发生后,凯伦说:“她看上去像吉普赛人。”

“雏鸽”身穿红色长袍,头戴红色无沿帽,同她的红头发很相配。

她的前额上有一个红色的“X”记号,这是1971年曼松及其三名女追随者因谋杀罪名成立在洛杉矶受审时她自己刻上的。

“雏鸽”特地从北加利福尼亚赶到萨克拉门托,从而步正在服刑的41岁的曼松的后尘。现在,她正耐心等待总统到来。

她的手提袋里藏着一支0.45口径的自动手枪。

太阳热辣辣地直晒下去,气温是华氏90多度,人们热得不耐烦,不由得走来走去。

突然，欢迎人群振作起来了，原来福特出现在参议员大饭店门口，接着走上一条人行道，穿过州议会大厦前的停车场朝着人群走了过来。他的前后左右都是特工人员。

福特止步，向欢迎的人群挥手致意。

欢迎的群众被绳子拦在后面，他们纷纷向前涌去，同总统打招呼。

总统向左转过身去，他伸出双臂，去握欢迎群众伸出来的手。

每同一个人握手，他就说一句："早晨好！"

"雏鸽"仍没有采取行动。

突然，她从人群后面挤到前面来，边挤边用双臂拨开周围的人。

警察说，她挤到离总统只有两英尺的地方时，突然拔枪瞄准总统。

凯伦·斯凯尔顿说，总统见到这支左轮手枪，"脸刷地吓白了"。

另一位欢迎群众50岁的罗伊·米勒说，福特"大吃一惊，吓坏了，把脖子缩了起来"。

说时迟，那时快，特工人员莱瑞·布恩道夫立即采取措施保卫总统生命安全。他冒着生命危险，冲到"雏鸽"和福特中间。

接着他把"雏鸽"摔在地上，同警察一道缴了她的枪。

"雏鸽"尖声叫道："他不是你们的公仆！"

她还对警察说："别激动，伙计们，别打我，枪不是没响吗？"

四五名特工人员同时围了上来，把福特与群众隔开，旋即簇拥着他离开。

福特的膝部一向有毛病，这次在惊吓中几乎支持不住自己，但他很快就站稳了。

当警察给"雏鸽"戴手铐时，她喊道："美国乱透了！那家伙不是你们的总统！"

过了一小会儿，警车把她送走，这时，她的脸上浮现出一丝微笑，神情似乎很镇定。

（注：这条金字塔式结构的消息，情节连贯，步步推进，高潮在最后：总统无恙，刺客被抓。读者带着悬念，一段一段看下去。这条消息，很多是一句一段，也给人一种马不停蹄的局促感。的确，这是一篇非常典型

的依事件发生发展时间顺序来写的金字塔式结构的消息。）

金字塔式结构的长处与不足：

长处：①构思行文便捷，容易下笔。②脉络清楚，不散不乱。③有些故事性、情节性较强的报道，高潮在后，会产生一步步“勾”着读者往下看的效果。

不足：①一般篇幅都比较长，有细碎感。②凡事从头道来，“新鲜”之点不能即刻抢眼，或许会对读者的“新闻渴求欲”有所延缓。

再有，金字塔式结构在写作上还有一点是应特别注意的：首尾呼应。文尾要对开头有一个相应的交待。这样才显完整。像《七旬北大教授见义勇为抓窃贼》，开头写道：发现无锁新车，顿生疑窦，用自己的锁将车锁上，在旁等人取车。结尾则是：自行车交送学校保卫部。当天下午，自行车便回到了失主手里。像《福特总统遇刺　幸而无恙》一文开头写道：红衣女郎和群众一道等福特总统，结尾是：警车把她带走。基本都存有一个首尾呼应的关系。

3. 倒金字塔与金字塔结合式结构

也有人称之为“双塔式结构”，主要特点是将二者的长处结合在了一起。该结构导语采用倒金字塔式的写法，把消息中最重要、最新鲜、最引人的内容先交待出来。主体展开部分则按照事情发生、发展的时间顺序去安排。此种写法同样比较适用于有着一定故事性和情节性的内容。双塔式结构，也可以看成是倒叙法与顺叙法的结合。

举例：

本报讯　巴西一名婴孩被大蟒蛇吞进肚子里一小时，被救出后竟仍能存活。

昨天下午，6个月大的小斯沙睡在屋前的摇篮里，而他的父亲菲力斯正在附近的田里工作，完全不知道一条蟒蛇爬向摇篮。菲力斯事后回忆说：“我们忽听到婴儿凄楚地大哭，赶回家中，看见的景象使我的心都凉了：一条巨大的、黑绿两色的蟒蛇已爬进摇篮，那条蛇一瞬间便爬到地上，并钻到地下去了。

菲力斯呆站在那里，一筹莫展，只好咒骂那条蛇。他的妻子比他冷静，跑到邻居家中求助。

警方及消防队员知情后不久赶到现场。消防队员用猛烈的水枪射向大蟒蛇藏身之处，将近一个小时，终于把它赶到空地上。它大概有二点七米长，腹部隆起。菲力斯立即用斧头把它的头砍下来，紧接着用刀把蛇腹剖开。他已作好最坏的心理准备，然而小斯沙奇迹般地未被咬伤。菲力斯打了他一下，他居然哭了起来。医生检查后证明小斯沙健康无恙。

（注：开头的导语造成一个悬念，吊起读者的胃口。主体则有条理地按事情发展的时间顺序展开。此类结构方式一般用于故事性较强的新闻事件。）

“双塔式结构”的长处与不足：

长处：既能吸引读者的眼球，吊起胃口，又能使文章脉络清晰。

不足：①开头与后边的内容容易出现重复。②有一定局限性，只适用于一些故事性较强的新闻报道。

4. 并列式结构

这是在综合新闻和经验新闻里比较多用的一种结构方式。其他类型新闻中也时有所用。它由一个概括性导语开头，主体展开部分的若干段落之间基本上是并列关系，既没有时间顺序的先后之分，也没有重要程度的主次之别。

并列式结构在综合新闻、经验新闻中应用的例子，详见本书第四章第七节三、四，这里就不再重复了。

例一（并列分述）：

天津印染厂怪事何其多

过点不接班　娃娃车间玩　白布擦饭盒　清水任流淌

本报讯　昨天下午，记者在天津印染厂看到一些怪现象，令人惊讶！

——2时40分，化纤车间内。一条平网印花机生产线正在运行，一位青年工人却在一旁看报纸；另一台圆网印花机没有开动，机旁，三个工人闲坐着。接班已过40分钟，为何不开车？

——整理车间内，有的女工把孩子带到车间玩。一位女工隔着成品布把孩子抱过来，孩子拿麻花的小手蹭到雪白的布上。此时，厂领导正在现场却无动于衷。据了解,有的工人还用成品布擦饭盒。

——进入漂染车间,双线机上的哗哗流水声引起我们的注意。经询问,前班工人没关水门就走了。据了解,这个车间当班工人应有110多名,但我们只看见30多名,那些人哪里去了?

——两小时内,有两个工人推自行车穿过车间,两个工人骑车穿过车间过道,其中一人还带着孩子。可是,厂里曾三令五申不准自行车进车间!

——按规定,布车不能坐人。然而,有三辆布车上都坐着工人,把漂亮的白布坐出许多皱来。

(原载1986年4月1日《天津日报》)

例二(并列分述):

一个英国儿童遭受残害

路透社伦敦6月9日电 人们发现7岁的帕特里克就居住在一间矮小狭窄仅能容身的鸡舍里。

他那失去了光泽的蓬乱头发遮盖着一张又黑又脏的脸。

他的脚指甲很长,他不得不老是去抠脚指甲。

他是一个有身份的家庭抛弃的私生子,他两岁的时候就被藏在这间鸡舍里,他吃的是面包皮和生土豆,食品是他母亲通过鸡舍的金属格塞进去的。

他不会说话,只会模仿隔壁鸡舍里的母鸡发出的咯咯声。

英国全国防止虐待儿童协会收容了他,据协会会长艾伦·吉尔摩说,该协会平均每年要向五万名这样的儿童提供帮助。

帕特里克的母亲已被判处九个月徒刑。

例三(提要分述):

同济大学协助华侨大学办好建筑系

本报讯 福建华侨大学3月13日在上海与同济大学校方共同签订了一份"同济大学协助华侨大学办好建筑系协议"。

据此协议,同济大学将向华侨大学提供七项援助:

——提供建筑系办学经验,协助进行教学计划和主课教学大纲的制定;

——推荐教授担任华侨大学建筑系名誉主任，并指导日常工作；

——提供并培养华侨大学所短缺的师资；

——随时派教师去作专题讲学；

——优先考虑替华侨大学代培研究生；

——提供有关教学资料；

——共同进行“电子计算机辅助建筑设计”课题研究，使华侨大学的电脑绘图设备尽快发挥作用。

（注：该报道可以说没有特别明显的导语，开头与后边只是一个总述与分述的关系。分述的内容仅为提要而已，不作过细解释。）

并列式结构的长处与不足：

长处：①结构上比较好把握，便于组织材料。②条理清晰，一段一个意思，看着不乱。

不足：①平面式分列，容易形成模式，较少变化。②不容易突出新闻的精华。③如处理不好，还会出现上下文之间各自为段、缺乏贯通的隔裂感。

5. **自由式结构**

除了以上四种结构形式之外，还有各种不拘一格、多元化的写作套路，因为现实生活和新闻本身就是多姿多彩、千变万化的。像散文式结构、对话式结构、对比式结构以及数字新闻式（以数字为主体的新闻）和现场感、视觉感更强的实录特写等。这些，我们统称为自由式结构。

自由式结构，也是当前新闻写作需要探索和创新的一个重要课题。在写作结构形式上，即便新奇独特一点也无妨，只要表现到位，受众欢迎，就没有什么不可以的。

如散文式结构。前些年，为打破消息写作“千文一面”的老套路，一代新闻名家、原新华社社长穆青曾倡导过“散文式新闻”的写法形式。他说：“我们的新闻报道的形式和结构也可以增加自由活泼的散文形式，改变那种沉重的死板的形式，而代之以清新明快的写法，只有在这方面有所创造、有所突破，才能真正对八股式的新闻作点改革。”新华社原总编辑南振中也在一篇文章中提出了“向散文式方向发展”的八点设想：①新闻报道的领域要像散文那样广阔。②新闻报道要像散文那样讲究

"立意"。③新闻报道要像散文那样,努力创造出深邃的"意境"。④新闻报道要像散文和木版年画那样,尽量使用"白描"手法,"有真意,去粉饰,少做作,勿卖弄"。⑤新闻报道的结构要像散文那样富于变化。⑥新闻报道的语言要像散文那样生动凝炼。⑦记者要像散文作家那样,学会运用自己的眼睛,切忌"以耳代目"。⑧记者要像散文作家那样,在写作实践中逐渐形成自己独特的风格,切忌千篇一律,千人一面。

以下是两篇自由式结构的"散文式新闻"。

第一篇:

可可西里考察发现

"无人区"有藏族同胞

本报讯 国家可可西里综合科学考察队最近在可可西里腹地发现,在一般认为人类无法生存的"无人区"里,却生活着藏族同胞。

在可可西里腹地最大的湖泊——乌拉乌拉湖地区,考察队员们发现,在湖滩尽头的南部山沟里有一个小黑点。用望远镜细看,像是野牦牛。队员们立即驱车抵进。这时,在一个小山包后面,他们意外地见到一顶牧人居住的帐篷。

大概是听到汽车的轰鸣声,帐蓬里走出一位藏族老妇和一位少妇,领着两个孩子。队员们立即招手呼喊,鸣响汽车喇叭,示意请他们过来。

令人震惊的一幕发生了。两位妇人转身对语几句,接着两手合掌点一下额头,跪下来,整个身体随即平直着地。站起来,向前行走四步,又一次跪下……这是藏族佛教信徒对神佛才行的大礼。

队员们一时愣住了,不知用什么方式回敬他们。有人鼓掌,大家紧跟着噼哩叭啦鼓起掌来。考察队员张学忠从车里拿出准备中午吃的巧克力和面包,迎上前送给藏族妇人,其他队员也纷纷拿出食品送去。一个约三四岁的小孩见生人走近,吓得抱住少妇的腿直哭。两位妇人面孔黝黑,神情紧张地接过东西。

在附近 10 多公里的地方,队员们见到了另一个牧民居住地。这是一个藏族小伙子,自称 24 岁,但看上去像 30 多岁。他接过考察队员递去的香烟。随着交谈,他慢慢话也多了。他告诉记者,附近只住 3 户人家,好多年前从西藏来的。他指着对面山坡说:"我母亲 60 岁了,在那里放羊。”顺着他指的方向看去，对面山脊上有一大群绵羊。“我家有4口人，除我和母亲外，还有妻子、小孩。牲畜有300只羊、100多头牛。”他平静地介绍说。

这里平均海拔5000米，含氧量只有海平面的一半。一般人认为，人类在极度缺氧地区难以适应，而这3户牧民却常年累月生活在这样的环境中。从事高原医学研究的考察队员王占刚说：“世居高原的人，在严酷的环境中繁衍生息，身体各部分组织、细胞都要发生一些适应性改变，从而获得了对高原环境的最佳适应。”他认为，研究人体对海拔环境的适应性，是一门新的学科，在这一领域中许多问题有待进一步研究探讨。

（注：在可可西里“无人区”发现久居的藏胞，本是一条消息的材料。但作者却没有按照消息的路数去写，而以散文的笔法，记述的都是直观的内容，让人看到了更真切、更原生态的场景。）

第二篇：

这是美联社记者写的一篇关于当年中国最高领导人“胡耀邦平易朴实”的报道，采用的也是“散文式新闻”的写法。内容如下：

美联社北京7月14日电 在熙熙攘攘的大街附近有一个不知名的灰暗的小胡同，这是中国典型的小巷。向日葵从古旧的墙壁后面探出头来，迎风摆动。猫儿在阳光下伸懒腰。大杂院里人们正在忙着。

一个农民在一个角落里兜售私人种植的大蒜。从路边一所国营食品杂货店里，飘出了强烈的酱油味道。人们正在耐心地排长队买茄子、洋白菜和西红柿。

在一个小胡同里，有两个男人正在辛勤劳动，自己制造椅子。他们买不起一张椅子。

这是一个典型的城市街道。唯一特殊之处是有几处地方拉着铁丝网，有一个轿车房。几个中年的便衣卫士在值勤，他们一身夏季装束，头戴草帽，穿着凉鞋，卷起长裤。

这里最重要的居民是中国共产党的最高成员、新当选的主席胡耀邦。

胡现年六十六岁，他居住在一所灰墙围绕、有扇红漆大门的宅院内，灰色的围墙极不起眼，古旧的大门早就该重新油漆了。邻居们说，他在那里居住了许多年。

直到他最近高升而成为引人注目的人物之前，他常常在他居住的街道上步行来往。他是一个平易近人的小个子，身高一米六二。他们说，他有时去采购东西。常有衣衫褴褛的上访者聚集在他的门前，要求他主持正义。他们说，胡主席喜欢同群众在一起……

和中国其他领导人一样，他穿着朴素，很少透露他的私生活情况……

人们不知道他在简朴的住宅里享受着什么样的奢侈生活，如果有的话。然而，他曾尖刻地批评了其他官员的高水平生活。他说，他们理应做出革命榜样来。

他仍和党的资历较低的官员、青年团的领导人同住在一个院子里，他在这里已经居住多年。胡耀邦从五十年代初就开始领导青年团。

这样同党的资历较低的官员共处是罕见的。

中国的一些人士说，胡自从 1977 年复职以来，一直拒绝接受比较堂皇的住所。

消息前五段为导语，一至四段似乎基本未交待出该交待的要素，也没有写出什么可以抓住要领的东西，只写了北京一个小胡同里的日常风光。直到第五段才点出要讲的主要事实。这样逐步点题，可能会造成一种悬念，吸引人们看下去。

类似的“散文式新闻”，新闻本身不是突发性事件，报道的展开只是围绕主题在捕捉各方面的事实。通过巧妙的构思，通过对静态事实的叙述与历史背景的衬托，尽量运用目击的现场情景加以点缀和渲染，用形象化的手法把死材料写“活”，进而揭示出新闻的主题。

“散文式新闻”是新闻创新的产物，能够让消息写作不拘一格地“新”起来、“活”起来，这条尝试的路还是应该大胆去走的。“散文式新闻”有一定的长处，但也要看到这种文体应用的局限性。如果有些新闻内容勉强采用这种写法，也可能会“弄巧成拙”。消息写作毕竟不同于文学创作，其中的叙述与描写不宜太技巧、太精致、太琐碎、太细节。因此，任何事物的优劣都要辩证地去看，在“为我所用”的同时，一定要“扬其长而避其短”。

下面，我们再来看几篇其他类型自由式结构的消息。

例一（对话式结构）：

某连白菜丰收 机关纷纷伸手

万斤白菜“卖”了7元钱

本报讯 11月11日，本报收到驻京某连队几个战士的来信，反映近几天，机关同志向连队要白菜的电话不断，连队无法招架。12日上午，记者前往调查，下面是采访实录。

记者：听说你们连白菜丰收后，来要菜的人很多？

连队干部：（面有难色）战士给报社写信我们不知道，不过他们反映的情况确实有。今年我们种了5亩大白菜，实在费劲不小。经过几个月风风雨雨的精心管理，白菜长得不错。收菜前派了6个人整夜看管，穿着皮大衣，拿凉席，睡在地里，一直到11月4日收菜，一共收了近6万斤。谁知，白菜丰收了，要菜的电话也跟着来了。

记者：从收菜到现在，你们接了多少要菜的电话？

连队干部：几乎每天都有，最多的一天接到27个电话，连队干部每个人都接到过要菜的电话。没有办法，我们采取两个对策：一是统一口径，不管是谁，要拉白菜就交钱，一毛一斤。二是我们谁也不接电话，让通信员接，就说连长、指导员不在。就这也不行，我们只好东躲西藏。后来人家干脆就来了，对通信员说，我已跟你们连长、指导员讲好了，把白菜就装走了。

记者：你们的菜被拉走了多少？

连队干部：大约有1万斤。菜收回的当天就拉走了600斤，以后又来拉了10多次，还有10多个没来拉，估计早晚得来。我这里有电话记录，最少的要300斤，最多的要一卡车，大多都是五六百斤，而且都是拣好的拉。只有一份交了钱，给了7元。

记者：你们的电话记录能否给我看看？

（他们开始连说不行，经过记者一再说明替他们保密，才让看了记录。记者看到上面记了28个要菜的名字，其中有科长、股长、参谋、干事、营里干部等。）

记者：这类情况过去有没有？其他连队有没有？

连队干部：每年都是这样。去年我们连白菜下了窖还往外拿。不仅要菜，别的东西也要。我们养了80多头猪也不敢杀，都拉去卖了。别的连队也和我们一样，有个连队种萝卜，人家也要。连长们碰到一块，都发誓明年不种菜了，买菜吃。但这是气话，不种怎么行呢？

（该文曾获“全国好新闻”一等奖）

例二（对比式结构）：

爱集体　顾大局　得表扬
损集体　顾自己　受批评

本报讯　秋分过后，浙江永康县葛塘下大队第八生产队两户莲子塘承包户的收成见了分晓：一户增产增收，另一户减产歉收。八队的干部社员，围绕这一增一减议论纷纷，一致认为应该表扬减产户，批评增收户。为什么减了产还受到赞扬，增了产反倒遭批评呢？

事情得从头说起。今年春，八队的两口莲子塘，通过队委会和社员讨论，分别包给了社员郑乐勤和另一户社员管理。莲子塘承包到户后，这两户社员精心管理，暗暗比着高低，莲子长势喜人。七月初，旱情露头，当时正值莲子开花坐果季节，又赶上夏收夏种，队里90多亩稻田都等着用水。为了确保晚稻按时播秧，队里从上游红旗水库引来一股水，暂时蓄存在两口莲子塘里。这样，难免淹没塘里的部分莲子。在集体利益和个人利益发生矛盾时，承包户郑乐勤宁可莲子受损失，坚决为集体蓄水，主动加固莲子塘的出水口，不使塘水外泄。他说：“集体事大，个人事小，为集体的利益丢卒保车，划得来。”而另一个承包户，渠水灌进他承包的莲子塘后，不顾队里多次劝阻，竟接连三次捣毁水闸，使塘水外泄，还冲掉了下游10多亩晚稻田里的600多斤耙面肥。

郑乐勤虽然在承包塘里少收100多斤鲜莲子，但群众作出了是非公断。这就是增收户遭批评、减产户受赞扬的原因。

（该文曾获“全国好新闻”奖）

例三（实录特写式）：

经济学家赶集

本报讯　3月4日下午，经济学家薛暮桥在北京北太平庄农副产品市场赶集。

这位七十五岁高龄的老人，兴致勃勃地挤进人群，东瞧西看，问这问那。见到卖鲜鱼的，便问是怎么运进城里来的。有几个顾客正在和卖主讨价还价，最后达成协议：一元二角一斤。薛暮桥同志高兴地说："好，我也买一条。"卖鱼的拣了一条又大又肥的活胖头鱼，一称，五斤重。薛暮桥一边付钱一边说："看来还是两个市场好。"买完鱼，又买了一条擀面杖。这时，一个老头在叫卖挖耳勺。他赶忙过去花三分钱买下一个，说："三分钱买一个，我很早就想买这么个小东西，总买不着，今天算是盼着了。"

赶完集，来到市场管理所。薛暮桥对管理所同志说："这样的市场多开辟几个、分散一些就更方便了，是不是可让那些较富裕的社队自己投资建市场呢？"管理所同志说，也有个别人搞投机倒把。他说："我看要进行教育，做到公买公卖。我们以国营市场为主，农贸市场作为补充，提倡社队集体卖货，也保留少数商贩。"

（原载《市场》报）

自由式结构的长处与不足：

长处：打破定势，别具一格，会让人感觉到新意。

不足：有一定适用范围，若把握不好，容易出现行文不严谨、松散、篇幅冗长等弊病。

第二节 消息头

一、消息头的含义

新闻媒体上刊登播发的消息，其开头部分往往冠以"本报讯"、"本台消息"或"××社××地×月×日电"等，这就是"消息头"。消息头是消息的标志，正规的新闻报道均有消息头。这也是消息架构中不可缺少的一个零件。现在有一些媒体，特别是企业报，没有"消息头"这个零件，这是不规范的。

消息头的形式主要有“讯”和“电”两大类。

“讯”，主要是指记者、通讯员在本地向编辑部传递的新闻报道。这样的消息头，一般都应标明“本报讯”、“本台消息”的字样。

“电”，主要是指记者、通讯员在外埠以电讯手段向编辑部传递的新闻报道。这样的消息头，也称为“电头”。电头一般由新闻发布单位的名称(多用简称)、新闻发布的地点、新闻发布的时间三个要素组成。

“讯”与“电”(或“专电”)，只是地域及传递手段上有所区别，其性质和作用则是一样的。为了表述上的统一与方便，人们把它们统称为“消息头”。

有的还在消息头上加括号，有的不加；有的在紧随其后的记者或通讯员的名字上加括号。这些可由发布媒体自定，其实并不重要。如：(新华社上海×月×日电)或本报上海×月×日专电(记者×××、通讯员××)。

再有一种情况是，一些新闻媒体，把“本报讯”或“本报电”改成“×××报讯”或“××××地×月×日电”。如：《每日新报》的消息，则写成“新报讯”或“新报上海×月×日电”。

二、消息头的作用

(1)是区别于其他文体的标志之一。消息以外的其他新闻体裁，以及新闻媒体上刊登的文艺类作品等，均没有此标志。

(2)是“版权所有”的标志。消息前面一旦标明“本报讯”或“本台消息”，就表示此消息是本报、本台独家采访的新闻，拥有版权，其他新闻媒体不得随意转载、抄袭。各通讯社的“电头”与此一样。对于通讯社的电讯稿，媒体采用时，须保留电头，这是对版权的尊重。内容无权任意增补更改，但可以删节，经过删节的消息，必须在消息头中标明“据××社××地×月×日电”或“据××社电”。如转发其他媒体的新闻，也要用“据××报道”。

(3)表明消息来源。有时，我们会在同一张报纸上看到刊登了好几个国家通讯社或不同媒体的新闻稿，它虽谈及同一事件，但说法各异，甚至是相互矛盾的。在这里，消息头便成了区别不同媒体的一个标志，同时也有利于读者对消息真实性与权威性的判断。

(4)消息头与新闻发布单位的声誉紧密联系在一起。有了消息头,它会迫使新闻发布单位更谨慎地对待每一条新闻。若报道失实,读者一目了然,马上就会知道这是哪一家新闻单位的责任。

第三节 导 语

一、导语的含义与作用

1. 导语的含义

"导"有起始、引导之意。导语作为消息的开端,由一句或几句话组成。导语也是消息区别于其他新闻体裁的一个重要标志。

毛泽东同志有一段话说得非常精确与到位:"一切较长的文电,均应开门见山,首先提出要点,即于开端处,先用极简要文句说明全文的目的或结论(现代新闻学上称为'导语',亦即中国古人所谓'立片言以居要,乃一篇之警策'),唤起阅者注意,使阅者脑子里先得一个总概念,不得不继续看下去。"后来,毛泽东同志又说过这样一句话:"我看新华社的消息看第一句,第一句看不下去,就不看了。"真是既直白又明了。

新闻界公认的美国新闻学者威廉·梅茨在《怎样写新闻》一书中也讲道:"导语是记者展示其杰作的橱窗,读者和编辑以及新闻学教师都会自然地设想,如果记者未能在导语中表现出水平,那么他就是没有水平。"

总结一下,我们认为,导语的定义应该是:能够把消息中最重要、最新鲜、最引人的内容写进去,并置于消息开头,由一句或几句组成的那一段话(个别也有多段的)便是导语。

2. 导语的作用

导语的作用,主要有以下三点:

(1)开启全篇。以最简洁的笔墨道出新闻的要点。使读者一看便知消息传递的是什么新闻信息。

(2)吸引受众。最大限度地激发读者的阅读兴趣。

(3)一语定意。是通篇报道的一个基调，导语写得好坏，直接关乎新闻主体部分的写作方向与展开状况。

在消息写作中，导语作为一种程式化的结构零件。对于“硬消息”是不可或缺的。即便刻板一些，也还要从原则上遵守。当然，如何“灵活”，那就是另外一回事了。

但有些篇幅不长的短消息，乃至快讯、简讯等，也可以不设导语。不过不设导语不等于开头不讲究，平淡开篇总是不行的。

二、导语的由来与发展

早期的报纸，不分文体，全部文章都是简要记事，或者说，只是在传递一些信息。

即便有些动态性的报道，但当时并不存在消息这样的新闻体裁，因而也就没有导语，写法同其他记事文章差不多。

导语的产生，是随着新闻发展的需要而产生的，导语的发展也是这样。下面我们就从导语由来与发展的三个不同阶段来分别介绍一下：

1.第一代导语

第一代导语产生的时间：19世纪60年代。

新闻导语的出现，是随着世界上电讯的使用才有的。

1844年，美国科学家塞缪尔·莫尔斯发明了电磁电报，并在华盛顿至巴尔之间传递了第一个用莫尔斯电码编码的电报信号。1851年，美国港口新闻联合社(1848年成立，1892年改为美联社)第一次用电报信号传递消息，从此，揭开了“电讯新闻”的第一页。

一般认为，新闻导语的出现最早起始于1861年爆发的美国的南北战争。

战争期间，美国通讯社和各大报社纷纷派记者赴战地采访。为了抢发新闻，争夺读者，各路记者都希望早一点用电报把稿子发回去，但是由于当时的电报技术不过关，经常出现中断情况，这就迫使记者开动脑筋，来改变惯用的把新闻事件高潮部分放在最后交待的写作方法，而将新闻的主要事实(何时、何地、何人、何事、何因、何果这六个读者最关心的基本要素)先提炼出来塞进报道的开头部分，细节则放到正文去补充。这样，即使电讯半路中断，编辑部照样可以把稿子发表出去。

关于导语产生于南北战争之说中，还曾流传过这样一个版本：在争抢发稿的过程中，因为发稿的人多，电报传输线少，电路还时有中断，个别记者便动起了歪脑筋，即用一篇较长的稿子先占住线路，然后自己再写关于战争的报道，这样便可抢得先机，早一点把稿子发回去。于是记者们常常为了发稿而发生口角与争斗。鉴此电讯部门提出要求，每人只许写一小段，从篇幅上开始有所限制。这样，便产生了导语。

以上，作为一个小插曲，仅供参考而已。

据说，第一个尝试写导语的人，是来自美国纽约的一名新闻记者，名字叫海雷德。

海雷德以导语形式所写的消息一经见报，立即为众多战地记者仿效。实践证明，消息写作中运用导语的写法，确实优点多多。导语的出现，堪称是新闻写作史上的一次划时代的革命。

南北战争刚刚结束，1865 年 4 月 14 日晚，美国又发生一起惊人的事件：林肯总统被刺。事出当天，美联社以最简洁的文字报道了一条轰动全世界的新闻，全文只有一句话：

“总统今晚在剧院遇刺重伤”。

这一短新闻其实就是一个导语，但新闻要素基本齐全，只缺少细节。这一消息被西方许多新闻学者推为导语的先驱。

对导语的形成和定型起了关键作用的，是美联社记者约翰·唐宁，他有一篇写于 1889 年 3 月 30 日的长消息，导语是这样写的：

萨莫亚·阿庇亚 3 月 30 日电　南太平洋沿岸有史以来最猛烈、破坏性最大的风暴(何因)，于 3 月 16 日、17 日(何时)横扫萨莫亚群岛(何地)。结果有 6 条战舰和 10 条其他船只要么被掀到港口附近的珊瑚礁上摔得粉身碎骨，要么被掀到阿庇亚小城的海滩上搁了浅(何事)。与此同时，美国和德国的 143 名海军官兵(何人)有的葬身珊瑚礁上，有的则在远离家乡万里之外的无名墓地上，为自己找到了永远安息的场所(何果)。

美联社总编辑、总经理维尔·E·斯通将这条新闻导语树为写作典范，并予以倡导。这条导语也被后来许多新闻学著作推为“新闻六要素"式导语的经典之作。

第一代导语特别注意"新闻六要素",要求具备何时、何地、何人、何事、何因、何果。后来许多媒体也将此奉为新闻导语写作的"金科玉律"。这种"六要素导语",大约一直延续了半个世纪。

2. 第二代导语

第二代导语产生的时间:20 世纪 30 年代。

18 世纪末、19 世纪初,是资本主义发展的加速期。特别是随着电子技术的发展,20 世纪 20 年代初,欧洲主要工业发达国家都陆续开办了广播,1924 年又发明了电视。从 1936 年英国广播公司第一个开办电视节目之后,法、美、前苏联也都相继有了电视台,进而极大促进了各类媒体的竞争。

第一代导语由于存在着过于程式化、过于细碎、文字偏多、新闻主要事实不抢眼、还可能造成与主体内容重复等不足,渐渐地失去了其主导地位。

第二代导语不再要求"六要素齐全",而注重的是要素中的好中选优,是新闻事实中的"三最"(最重要、最新鲜、最引人),是如何更能激发读者的"阅读欲"。第二代导语也被称为"不完全要素"导语或"部分要素"导语。

下面是两条比较典型的第二代导语:

例一:合众社 1949 **年** 12 **月** 8 **日电** 国民党政府(何人)今天(何时)逃离中国大陆并在福摩萨岛上重建政权(何地、何事)。

例二:纽约时报莫斯科 1957 **年** 10 **月** 5 **日电** 苏联今天早晨宣布,昨天(何时)他们(何人)成功地把一颗人造地球卫星射入太空(何事)。

第一条标明了何人、何时、何地、何事。

第二条则更少,只有何时、何人、何事。

3. 第三代导语

第三代导语产生的时间:20 世纪 60 年代以后。

第三代导语是在第二代导语的基础上发展起来的,也属于"不完全要素"导语,其特征主要有两个:一是打破了固定模式的约束,写作更灵活,更强调个性。文字上可能是一句、一段,也可能是由几段组成的复合式导语。表达上会借助多种修辞手法，比如像对比式、悬念式、描写式、引用式、兴趣积累式等。二是感官冲击力较强，尤其突出卖点，这或许是为了适应当今媒体间激烈竞争的一种探索之举。

下面是几条比较典型的第三代导语：

例一：晨报讯 一双原本修长的美腿，现在却“长”出了两个足以把拳头放进去的大坑。

除此之外，还出现了突然增重、尿频、口渴、心跳过快等症状。

李月（化名）哽咽地说，这些都是她减肥的“后果”。

（注：此导语具有较强的可视性与震撼力。）

例二：本报讯 《史记·项羽本记》中对“鸿门宴”有一段精彩的描写，其中那位无畏的勇士樊哙给人留下了不可磨灭的印象。《史记》说樊哙在发迹前“以屠狗为业”，现在，他的77代孙樊宪涛凭借祖上传下的精湛技艺成就了一番大事业，被人称为“中国狗王”。

（注：借助历史典故，自然引出新闻人物，饶有趣味。）

例三：本报讯 ×月×日，阳光明媚，人们照常上班，主妇们照常上街买菜购物，学生们照常上学，生活一如既往地进行着。

在××市政府的会议室里，也像往常那样举行着会议，局外人看不出这座市府大楼有什么异常。

但会议正在研究一个重大的议题，考虑如何应付正在威胁着该市的一场大灾难。

（注：这是一种比较典型的“延缓式导语”，新闻的中心内容故意不在导语中推出，从而造成悬念，以激发读者的好奇心，让人们随着报道的步步推进读完全文。）

下面，我们还可以从同一新闻事件不同导语的写法中来区别第二代导语和第三代导语的差异：

采用第二代导语写法写出的导语如：

昨天行政当局有关人士说，引起争议的驻联合国大使丹尼尔·莫伊尼汉已向福特总统递交了辞呈，他可能寻求在纽约担当民主党参议员的候选人。

——《纽约时报》

采用第三代导语写法写出的导语如：

之一：直到最后一刻，丹尼尔·莫伊尼汉还在说，他不知道是否应该辞去美国驻联合国大使的职务。他说："我下了30次决心"，"就像马克·吐温讲的'戒烟容易得很，我已经戒了一千次'。"上周，莫伊尼汉最后下了决心：辞职。

——《时代杂志》

之二：当丹尼尔·莫伊尼汉向联合国道别的时候，他很显然是在走进另一扇敞开的大门——美国参议院。

——《基督教科学箴言报》

之三：空军一号欢快地飞越中西部，午餐在途中进行。总统刚刚在他的座位上坐稳，麻烦事来了。"总统先生，有个不好的消息报告你，"白宫办公室主任理查德·查理报告说，"丹尼尔·莫伊尼汉辞职了。"福特抬起头来吃惊地问："为什么？"

——《新闻周刊》

（注：区别应该说还是很明显的。一个是开门见山，直奔主题。一个是通过描写、引逗、暗示、特写等手法，绕了点圈子告诉你。后者显得更别致更诙谐一些。）

三、常见的几种导语类型

导语有多种分类方法。

有的按不同的表达方式，可分为概述式、叙述式、描写式、议论式等。

有的按不同的消息类型，可分为直接式和延缓式。

直接式导语，也称"硬导语"。它更适用于比较强调时效性和严肃性的事件新闻。特点是：开门见山，直达新闻主要事实。延缓式导语，也称"软导语"。它更适用于时效性相对比较宽松、非严肃性、且有着一定情节的新闻。特点是：多从外围着笔，进而引出新闻的主要事实。

有的由于在导语中运用了修辞等多种写作手法，进而又派生出悬念式、对比式、比喻式、设问式、引用式、拟人式、数据式、幽默式等。

从段落上看，直接式导语大多只有一段，而延缓式导语也常为复合式，即由多段组成。

关于导语类型的划分方法还有很多，这里就不一一细说了。即便是上面提到的这些类型，也不可能全部深入去讲。只想挑一些重点的、常用的来说明一下，比如像叙述式、议论式、描写式、悬念式、引用式、对比式六种。

1.叙述式导语

叙述式导语是把新闻中最重要、最新鲜、最引人的内容提炼出来，以简洁的语言写进导语。

这是倒金字塔结构最常用、最典型的一种导语形式。

这也是目前消息写作中用得最多、且广为认可的一种形式。

叙述式导语又可细分为直述式和概括式两种。比较一下，其实二者的区别并不大。

直述式导语，偏重“叙述”，多用于时效性、动态性较强的事件新闻，即把新近发生的某一具体的新闻事件，以最简洁的语言叙述出来作为导语，一般一事一报。

例一：在人民解放军百万大军攻击之下，千余里国民党长江防线全部崩溃，南京国民党反动卖国政府已于昨日宣告灭亡。（选自毛泽东《南京国民党反动政府宣告灭亡》）

例二：新华社三峡工地（2002 **年**）11 **月** 6 **日电**　今天，世界上最大的水利枢纽工程——三峡工程实现了大江截流。江泽民主席向全世界宣告：多少代中国人开发和利用三峡资源的梦想正在变为现实。

例三：4 月 4 日才满 14 岁的杰出华裔少年罗杰，上月 16 日获美国加州斯坦福大学数学硕士学位，成为世界上最年轻的硕士。4 月 2 日，他注册开始在该校数学研究所攻读博士学位，又成为世界上最年轻的博士研究生。

例四：美联社北京 1972 **年** 2 **月** 2 **日电**　美国总统里查德·尼克松的座机于今天格林威治时间 3 时 27 分（北京时间 11 时 27 分）在北京机场着陆，他将对中国大陆进行具有历史意义的访问。

概括式导语，偏重“概括”，一般多用于非事件新闻。也有人称之为“归纳式导语”。此类导语带有一定的综合性，即把新闻内容取其精，择其要，以最简洁的语言概括出来作为导语。

例一：一个大大的“农”字，深深地印在湖北省委书记贾志杰的心中。新年伊始，他抓了5件事，件件不离农。

例二：农业领域有巨大的投资空间和发展机会，这正逐渐成为越来越多的大中型企业的共识。一批先期进入农业的企业奋斗多年，已经硕果累累，更多的大中型企业还在陆续制定计划，筹措资金，启动项目，准备全方位参与农业的深层次开发。

叙述式导语中的直述式导语和概括式导语，虽然都在提炼简述新闻内容，但前者具体些，后者抽象些；前者表述的成分多一些，后者归纳的成分多一些。

叙述式导语容易犯的毛病：①有的“三最”提炼不准，导语内容偏离新闻主要事实。②有的语言不够简洁，表述啰嗦，篇幅过长。③有的空话套话多，口号语言多，空空洞洞，缺乏具体实在的新闻内容。

2. 描写式导语

这是以绘声绘色的描写来开篇的一种导语表达方式。或景观、或场面、或物、或人，借助文学笔法，加以刻画，进而使新闻变得更生动、更形象、更可读。

描写式导语最常见的有见闻式和特写式两种。见闻式是从景观、场面及状况等方面描述出所见所闻；特写式是通过近距离观察，抓住人或事物的局部特征加以描述。但效果是一样的，目的都是为了让人产生一种如临其境、如睹其物、如见其人、如观其行、如闻其声之感。

描写式导语要注意的问题：①描写的目的须明确。描写是为表现新闻主题服务的，不要为描写而描写。②描写要适度。新闻中的描写终究不同于文学作品，一般多采用白描手法（国画手法，只用线条勾勒，不加色彩渲染），以突出特征为主。③描写不能走样。新闻中的描写，必须是真实的写照与画像，绝不允许掺杂任何想象、虚构的成分。

例一（描写景观）：祖国的“北极村”——黑龙江省呼玛县漠河镇迎来了奇妙的白夜。21日13点47分进入夏至以后，昼长夜短的现象越加明显，独特的白夜奇观尤为迷人。太阳直到晚上8点15分才缓缓落山，此后一段漫长的明亮的黄昏，由深红变为淡红的晚霞在西边的地平线上延续到午夜。清晨一时，短暂的黑夜转眼即逝，黎明的曙光又和昨天晚霞紧紧相连。

例二（描写景观）：在著名作家巴金《家》中写过的成都商业场，一家名叫“小酒家”的酒店在新年期间开张营业。酒店门前高挑的红灯笼照着一幅热情洋溢的对联：“客一位二位三位请坐；酒一两二两三两尽饮。”店堂内丰富的佳肴使满堂顾客喜形于色。这家受到人们欢迎的“小酒家”是成都过去一年新建的140个商业网点中的一个。

例三（描写场面）：

又一场梦幻般的视觉盛宴！

神秘悠扬的沙漠驼铃，海洋与沙漠截然对立的地域特色，神奇独特的阿拉伯文化，亚洲各国人民的风情交汇……厚重历史，民族特色，并融入了现代高科技手段，给人以激情、力量、融合、欢乐的第十五届亚运会开幕式，今天晚上在卡塔尔多哈国家体育场恢宏上演。

例四（描写场面）：白色的激光束划过天际，变幻成各种几何图像，几盏空中高压灯突然闪亮，在广场上投入无数斑斓绚丽的各色花朵，不远处超大电子屏幕瞬时又打出了“庆祝国庆五十五周年”的字样，夜色下，分外醒目。这是记者在“为祖国过生日”职工广场文艺演出中看到的一幕。

例五（描写物）：多么威武神气的猫头鹰！一对大眼睛正在扫射着什么，翅膀微微耸起，看来它准备振翼飞扑过去，抓住那狡猾的大田鼠。这只用棕榈树桩因材施艺而雕成的猫头鹰，最近飞越太平洋，在美国旧金山的“中国上海民间艺术展览会”上栖息。

例六（描写人）：（1948年）9月28日上午8时，在胶济路北侧寿光县境内弥河上的张剑桥头，我寿光公安局盘查扣留了一个穿着黑色旧棉袍，用毛巾蒙脸，躺在一辆大车上呻吟的“商人”。这就是从济南逃出来的国民党山东省主席王耀武。

例七（描写人）：新当选的中华全国归国华侨联合会第三届委员会主席的著名归侨教育家张国基，虽已91岁高龄，但腰不弯，背不驼，耳聪目明，精神很好，与人交流时对答如流。

例八（描写状况）：今日凌晨零时许，夜色弥漫，而越秀区登峰街金贵六街小巷内的一间不起眼的民房内却灯火通明，一阵阵吆喝声从内传出。“行动！”随着现场指挥员的一声令下，早已埋伏四周多时的数十名便衣民警围涌过去。门破开，枪在前，断喝当头。刚刚还团团聚集在屋内赌桌前睹红了眼的近30名赌徒此时却如鸟兽散，夺命狂逃，然而逃路已断，悉数落入民警的包围之中。

3. **议论式导语**

在叙述新闻事实的基础上，或通过对事实的评论，或通过总结，来揭示新闻的意义，进而帮助读者加深认识与理解。

和叙述式导语的区别，主要是在导语中加进去了作者的观点与评述，多了几句理性的语言。尽管叙述式导语在新闻事实的叙述中也会或多或少带有一定的倾向性，但从字面上没有这么直白、明确，也没有这么有力度。

议论式导语有先议后叙和先叙后议两种形式。选用哪种形式，可根据作者行文情况而定，实际作用没有太大区别，或许放在前边，强调的意思可能会更重一些。

议论式导语需要注意的是：此类导语仍以叙述为主，议论只是点到为止，切不可喋喋不休，更不能东拉西扯。

例一（议论放在前边）：中国在奥运会历史上“零的记录”的局面在今天十一时十分被中国射击选手许海峰突破。许海峰以566环的成绩获得男子自选手枪赛冠军，夺得了本届奥运会的第一块金牌。

例二（议论放在前边）：泥巴当作甲鱼卖，黑心小贩太缺德。昨天下午，读者唐先生的老母亲为了请节日里聚在一起的子女们吃饭……花了80元钱买回原来开价为120元的两只“甲鱼”。

例三（议论放在前边）：山西省大寨大队再也不吃大锅饭了。今天，他们将860亩耕地全部分给了130户农民承包，实行大包干责任制。原来集体经营的一个煤窑、一座酱粉坊、3台拖拉机、200亩果园、800亩山林，也全部承包给个人。

例四（议论放在后边）：洞庭湖变大了！经过3年规模空前的综合治理，洞庭湖面积扩大了五分之一。这个自清朝以来不断萎缩的湖泊，终于出现了历史性的转折。

例五(议论放在后边):奔流1600多公里的黄河之水,已于今天中午到达天津。久旱缺水的天津人民喜迎豫、鲁、冀三省人民千里迢迢送来的“风格水”,这些水对天津的生产和人民生活,将起到十分重大的作用。

例六(议论放在后边):今天上午9时05分,日本外相重光葵在无条件投降书上签字。日本终于为它在珍珠港投下的赌注付出了代价,失去了其世界强国的地位。

4. 引用式导语

引用式导语,有人也称之为“引语式导语”。引用内容一般比较广泛,除了新闻中主要人物的语言之外,还可以引用名言警句、诗词、典故、俗语等。目的是用以增强新闻的说服力与文采。

总的来讲,引用要注意三点:①所引内容必须准确无误。②所引内容要紧扣主题,自然贴切,不能生硬。③所引内容越简洁越好,最好是“警句式”的。

引用新闻中主要人物的话语,有直接引用和间接引用两种。直接引用原话应加引号,以示真实。间接引用,不加引号。但原则是,只能略加整理,必须符合原意,绝不能根据需要随意增删,甚至不负责地断章取义,加以歪曲。

下面来看几个例子:

例一(引用新闻主要人物话语):“让我们请袁隆平院士坐中间!”今天下午,省政府隆重召开袁隆平获世界粮食奖庆功大会,周伯华省长走上主席台时发现袁隆平院士的座位未在中间,马上亲自动手把写有“袁隆平”三字的座位牌放到主席台正中,并恭请袁院士入座。看到这一幕开场插曲,会场上响起热烈的掌声。

例二(引用新闻主要人物话语):秦始皇兵马俑受到了法国前总理希拉克极高的赞誉。他不久前参观西安秦陵兵马俑博物馆时说:“世界上有七大奇迹,现在秦俑坑的发现,可以说是第八个奇迹。”

例三(引用故事):山西古典蒲剧《蝴蝶杯》中,描写男主角田玉川有传家之宝“蝴蝶杯”,非常神奇,只要斟酒入杯,就有五彩缤纷的蝴蝶在杯中翩翩起舞。杯中酒干,蝴蝶也就隐去。这种蝴蝶杯最近已由山西省侯马市陶瓷厂试制成功。第一批近2000只销售一空。

例四(引用古诗):"清风破暑连三日,好雨依时抵万金。"久旱的京城终于在五一节之际迎来了一场"贵如油"的透雨。

例五(引用成语):"兵马未动,粮草先行。"今年高考录取刚刚结束,尽管离开学尚有时日,但家长们却已开始紧锣密鼓地为孩子们准备上学的生活用品了。

5. **悬念式导语**

于消息开端,先设置一个悬念。结果怎样了?真相如何?矛盾化解了吗?等等,让读者首先带着一个未解的谜团来读下文。新闻也沿着这样一个悬念步步展开。

运用悬念式导语的写法,关键是要把新闻事实中富有戏剧性、反常性、未解性的内容提炼出来。需要注意的是:吊胃口也罢,"逗"人读也罢,一定要自然,一定要事出有因,切不可故弄玄虚。

例一:近几个月来,地处江南水乡的丹县蒋土乡中塘村的水塘里,经常有"水鬼"作祟,搅得人心不安。一个妇女在塘边洗衣,亲眼看到一只毛绒绒的"手",把一块毛巾抓去,吓得跑上岸来。这事轰动了一个乡,一些搞迷信活动的人,说是"替死鬼"要找人作替身,弄得妇女单独不敢到塘边洗衣服做事,孩子不敢到塘里洗澡游泳。

(注:村民们组织起来,仔细观察,设计方案,终于逮住了"水鬼"——原来是两只水獭作得怪,后已移交动物园。)

例二:2月27日清晨,郑州市居民×××、×××夫妇通过××搬家公司喜迁新居后,疲惫地进入梦乡。他们万万没想到,一种作用近乎于军事战剂的高毒类化学物质——硫酸二甲脂,也随着家具进入家中,二人险些被夺去了生命。这倒底是怎么回事呢?

(注:原来,在此之前,搬家公司曾为某单位搬运过10桶剧毒化学品——硫酸二甲脂,其中一桶泄露,有毒物质粘在了下一搬家户的家具上。为吸引读者阅读,故设一悬念,留在下文解答。)

例三:人们大都因将遗失物及时送归原主赢得赞誉,但一名出租车司机却因为没有这样做而受到表彰。今天,他荣获了三等功证书和奖金。

（注：司机拾到巨款，意识到此中可能有问题，便将提箱交至公安局，因而破获一起重大行贿受贿案。这是主体中写明的答案。导语将获奖原因的反常性设置为悬念，以吸引读者。）

6. 对比式导语

把一个与新闻事实有关联，但又差别很大、甚至完全相反的内容，同时写进消息的开头，以起到反衬的作用。这样的导语叫对比式导语。

常见的对比内容包括人与人、物与物、正与反、今与昔、美与丑、爱与憎、强与弱、穷与富、先进与落后等等。对比形式有横向与纵向两种。也正是因为有了比较和对照，所以才能更加凸显出新闻的非常性与典型性。这是新闻导语写作中比较常用的一种。

对比式导语写作值得注意的是：由于导语中加进了对比的内容，因而往往容易造成导语偏长。此类导语如何既能对比得恰切，又言简意赅，是比较突出的一个问题。

例一：骆驼，力气大、耐力强，能多拉重驮，具有很强的运输能力。在这方面，只有一米左右高的小毛驴当然不在话下。但是在新疆木垒哈萨克自治县的畜力运输社，却发生了小毛驴胜过大骆驼的奇闻。

例二：长江汉口水位站昨21时定时提供的水位记录说，江汉关水位此时达26.94米。

据历史记录，60年前的1931年，江汉关水位在26.94米，汉口溃堤。

眼下，武汉三镇308公里的沿江大堤牢牢护卫着面临长江大汛的这座城市。

例三：在这里，地面上燃料奇缺，农民不得不靠挖掘玉米根来生火取暖、煮饭。然而，在3200米的地下，地质学家们发现了大量石油和天然气。

例四：35岁的回族中医马牧西现在在兰州可算是一个新闻人物。有人说他胆大胡整，给病人所下的药量之大像是治牲口，可是更多病人又是那么信服他——整夜整夜排队挂他的号。

例五：昨天，一场纷纷扬扬的春雨，泪水似地撒落在银河革命公墓公安坟场的烈士墓碑上，令近在咫尺的豪华墓园与黄土一堆的烈士坟形成了强烈的反差，扫墓者不禁为之心碎。

例六：1 月 21 日，预算 110 万元的收油泵房改造工程在某油料仓库破土动工了。出人意料的是，这项工程的立项竟出自一名普通士兵的建议。

（注：将“百万工程”与“普通士兵建议”两相对比，产生了鲜明的反衬作用。）

除了以上六种，导语的类型还有很多，有的书里甚至能列出几十种，但大多都并不常用。为了开拓大家的视野，下面，我们将择其要者，分别举出实例来，以更直观的方式展现一下，一般不再分析，即便有一点，也只是略作说明而已。

(1)比喻式导语

●听说上海一东一西镶着两块玉，西边是块“汉白玉”，即波光粼粼的淀山湖；东边是块“祖母绿”，那就是满园覆盖的“森林公园”……

●我国戏剧园地绽开了 15 朵馨香扑鼻的梅花，15 名荣获 1983 年《戏剧报》梅花奖的演员，在授奖大会上受到热烈的欢迎。

●在全国财贸大会上传说着这样一件事：上海服装进出口公司床上用品组的职工，“救活”了“两只鸳鸯”（一种印有鸳鸯戏水图案的床单），挽回了一大笔外汇。

●像人生了病要请医生诊治一样，一个工厂在经营管理上存在什么问题，现在也可以请专门的“医生”来看毛病。这种被经济界人士称为“企业诊所”的活动，最近在南京的两家工厂开展后，引起了经济部门的广泛兴趣。

(2)设问式导语

●据哈尔滨石油公司反映：目前全市有私人轻便摩托车 5300 多辆，而上半年到石油公司来买汽油的还不到 70 户，那么，天天在街上跑的 5000 多辆“轻骑”都在烧谁的油呢？

●长江究竟有多长？源头在哪里？经长江流域规划办公室组织勘查的结果表明：长江的源头不在巴颜喀拉山南麓，而是在唐古拉山脉主峰各拉丹科冬雪山西南的沱沱河；长江全长不止 5800 公里，而是 6300

公里，比美国的密西西比河还要长，仅次于南美洲的亚马逊河和非洲的尼罗河。

（注：设问就是在消息的导语中，特意针对新闻核心内容提出一个问题，以引起人们的注意和思考。有的问而不答，有的自问自答。）

设问式导语和悬念式导语虽有相似之处，但一个是侧重于提出问题，一个是侧重于制造悬念。一个是把新闻事件的核心问题提出来，有突出和强调的意思；一个是设一个谜团，以引起读者对新闻事件中的结果与人物命运的关切。

设问式导语，更适合"硬消息"——比较严肃一点、正统一点的新闻内容。悬念式导语，更适合"软消息"——比较轻松、有情节的社会新闻方面的内容。

（3）拟人式导语

●"啊，新娘子，让我来看看你的脸蛋吧！"正在中国访问的大平首相的夫人大平志华子，7日下午访问北京动物园，看望赠送给日本的熊猫"欢欢"。

（注："欢欢"即将东渡，嫁给日本上野动物园的大熊猫"康康"。）

●中国新闻史上第一次响起了一个与众不同的声音："嗨，下午好！"我国第一张下午版报纸今日由《杭州日报》正式创刊。

●森林可高兴了，到2007年12月31日为止，纸质机票将完全被电子机票所取代。这是国际航空运输协会不久前作出的决定。

（4）数据式导语

●沪米价每担已越一百万元大关，大饼油条每件一千元，草纸每刀（约九十张）一千八百元。如大便，用十元钞，比用草纸还要经济上算，所以，伪中储行发行局业务近来更加旺盛，日出伪钞五吨，还不敷市面需要。

（注：原载1945年7月3日重庆《新华日报》。这是关于上海伪钞贬值的报道。）

●我国12亿人口手拉手可以绕地球48圈，建国后40年净增人口总数，相当于3个美国、6个日本。目前我国每分钟出生人口相当于一个排，每小时相当于一个团，每天相当于一个集团军。

●乐山大佛有 30 多层楼高，耳朵可容 4 个人在里边叠罗汉，脚背可停放 5 辆解放牌卡车，脚的大拇指上还能摆一桌酒席。

(5)幽默式导语

●一个秋天的傍晚，爱因斯坦教授来到柏林哈顿街，给工人讲解科学知识。有人问他：爱因斯坦教授，听说您的相对论，全世界只有十几个人能懂，真的吗？

“真的。”科学家回答说，“不过，您就是十几个人中间的一个。”

“别开玩笑了，教授！”

“我没开玩笑。假如您同一个漂亮的姑娘在一起，您觉得时间跑得太快；可是，如果让您光屁股坐在火炉上，只一秒钟，您都会埋怨时间太长。这个道理懂吗？”

“当然懂。”

“瞧，这就是相对论。”

(6)复合式导语

●两岁的北京女孩丫丫，拉着奶奶的手，迈着蹒跚的步子，走近宣传咨询台，伸出胖乎乎的小手，从地质矿产部副部长蒋承菘爷爷手中接过了一张宣传品。用好奇的目光盯着上面还不认识的大字：地球与人类。(副导语)

这是 4 月 24 日，记者在北京民族文化宫前的“世界地球日”宣传咨询点捕捉到的一个感人镜头。此刻以“保护资源、保护环境、保护地球”为内容的宣传咨询活动，正在中华大地上轰轰烈烈地举行……(主导语)

●辽宁省海城市牛庄供销社有一位 52 岁的男性老工人，患病住院数日，出院时大夫给了一包药。(主导语)

回到家，老工人的老伴打开药包，不禁楞住了。她急忙问：“老头子，您这病与妇科还有关系？”

老工人：“开什么玩笑，我这病你还不知道？”

老伴：“你快看看，这是些啥？”

老工人一看，在众多的滋补药中，“保胎丸”三个大字呈现在他的面前，数一数，整整 40 盒。(副导语)

●"救救蛇!"印度动物学家在广播电台和电视台向城乡居民不断发出这种不寻常的呼吁。(主导语)

去年,大约有200万条蛇成为猎人的猎物。(副导语)

●唐·克拉克的猫小心地走过草坪,然后突然停下来,看上去进退两难。

小猫试验性地嗅了嗅,然后迅速逃离草地并在接下来的几分钟舔着爪子——试图把爪子上的涂料斑点清理掉。

草坪最近被修剪过,绿得像一张台球桌,因为它刚刚用一种植物染料漆了一遍。(副导语)

圣芭芭拉的居民已经想出了新办法来保持他们院子的常绿状态。由于今年面临着预期50%的淡水短缺,该城市二月下旬宣布"干旱危机"并禁止草坯灌溉。(主导语)

(注:步步推进,由一只小猫引出涂料草坪,再由涂料草坪引出"干旱危机"——此乃消息真正的"新闻点"。副导语是引子,主导语是实质。构思别致,生动形象,这样的复合式导语,也是一种所谓的"兴趣累积式"的写法,读下去,到最后才能找到新闻的"真谛"。)

复合式导语一般多由两段或两段以上组成。以"主+副"或"副+主"的形式共担一个导语要阐述的内容。主导语道出的是新闻的核心与实质,副导语则起引出主导语,或补充说明、烘托气氛等作用。

复合式导语,很多是以"兴趣累积"的方式展开的。比较适合带有情节的软新闻。

复合式导语,既巧妙又可读,写作难度也较大,需要很好的构思与设计。

目前,复合式导语的运用有增多的趋向。

需要提醒的是:复合式导语容易使导语偏长,这和导语"短"的写作原则是有矛盾的。如何在"短"和"巧"之间找到一个结合点,是写好复合式导语的一个关键。

四、写好导语应注意的问题

要使导语能成为一块吸引读者产生阅读兴趣的"吸铁石",绝非易事。也许有人会说，不就那么几十个字吗，又有何难？然而，真正动起笔来，就没那么轻松了。

一些干了几十年的老记者，常常为了写出一条好的导语，稿纸撕了一张又一张。在导语写作中下功夫的例子可以说是不胜枚举。《纽约时报》名记者迪克·里曼，为了写好关于一个飞行员的报道，导语写到十三条才满意。美国哥伦比亚大学新闻系教授曼切尔也说，他写新闻，有一半甚至更多的时间用于琢磨导语。

“文争一起”。在消息写作中，每一个记者、通讯员都应牢牢树起这样一个意念。

那么，写好导语究竟难在哪里呢？

首先难在新闻点的确定上。新闻事实采访了一大堆，杂乱无章地摆在你的面前，该伏案执笔了，新闻事实中的“三最”(最重要、最新鲜、最引人)在哪里？迟到的新闻里是否还能找出一个“以新带旧”的由头？这，既是对你观察力的考验，也是对你思考力的测定。

其次是难在写作技巧上。选择什么样的表达方式？如何用文字生动地把一切意图都明明白白地落在这几十个字上。那可真是“不写不知下笔难”。

下面提出的“五要”、“五忌”，便是我们写好导语务必遵循和特别注意的几个方面，这也是许多初学者最容易犯的毛病。

1. 要开门见山，忌雾里看花

大多数读者看新闻，都希望“开门见山”，一眼就看个明白，不愿意“猜谜”，也不愿像“雾里看花”一样，怎么看都看不清楚，挺费劲的。

在谈到写导语的时候，毛泽东同志还曾讲过这样一个生动的事例。他说：“在北京有一位叫邵飘萍的记者，讲新闻学的导语给人印象很深。如写一个某处失火的消息，说某天上午有个老太婆生火做饭，街上出事，她出去了，没当心锅灶，火花跑出来了，过了一小时，烧了起来，最后才知道损失了多少多少。如果没有导语，这个新闻就要像上面说的这样写。如果有导语，就应当先说：哪一条街失了火，损失多大，烧了多少房子，死了多少人，这是人们最注意的，至于那个老太婆姓张、姓李？如何烧起来的等等，不是人们注意的，要寻根问底就再往下看。”这个例子告诉我们:导语就是把大家最关心的东西先写出来。

导语要明明白白,不能拉拉杂杂,眉毛胡子一把抓,让人看不清楚。再请看下面的几个例子:

例一:

(改前)第四机械工业部××××研究所,让精明能干的管理行家走上领导岗位以后,他们懂科研,会管理,知人善任,充分调动了全所科技人员的积极性。去年这个研究所共获得53项科研成果,经两次科技成果鉴定,其中有10项达到或接近国际同类产品的先进水平,37项具有国内先进水平,创造了建所24年来科研成果最多的一年,为加速发展我国的电子工业做出了贡献。

这条导语就是犯了材料杂乱的毛病,该写的不该写都堆砌进去,真正的新闻点反倒不容易看出来了。经加工后,最后发表时变成了如下的样子,既简洁,又明快。

(改后)第四机械工业部××××研究所,选拔内行管理科研,去年取得的科研成果超过建所24年来的任何一年。

以下一则美联社记者写的《东京宣布无条件投降》消息的导语,只有五个字:

日本投降了!

一语破的,不枝不蔓,格外醒目。若按常规套路,导语可能会写成这样:

杜鲁门总统今晚7时宣布,日本是遵照美、英、苏致日本最后通牒所规定的条款无条件投降的,造成历史上空前巨大破坏的战争随之结束。盟国陆、海军已停止攻势。英、苏、中三国也均将派出高级将领,代表各自国家在受降书上签字。

相比之下,显然是前者好——既抓住了要领,又能开门见山。

2.要写出"三最",忌空空如也

新闻"三最",即是新闻的价值所在。消息的导语,就是要设法凸显新闻价值,把最重要、最新鲜、最引人的内容,实实在在地写进去。把此新闻不同凡响、不同其他的个性写出来,切不可套话连篇,空空如也。

诸如以下几条导语,都是万万不可取的。

●今年以来，中共××市委集中精力，坚决纠正党内不正之风，收到了一定的成效。

●××区深入开展和谐教育活动，社区邻里之间团结互助，蔚然成风。

●炮兵某团以……精神为指针，以……讲话为武器，统一官兵思想，在军、政、文考核的基础上，围绕解放思想，搞好工作重点转移这个中心问题进行了年终总结，通过总结，鼓舞了广大干部战士继往开来、与时俱进的决心。

什么"一定的成效"，什么"蔚然成风"，什么"以……为……"、"围绕……"、"通过……"等等，只要换个名称，放在哪篇消息的开头都可以。此类导语，缺乏个性，满是抽象的虚话、套话，读来令人生厌。

再看一例：

●中国已经建设成为世界旅游大国，旅游业已经成为国民经济新的增长点和全国建设小康社会的重要内容，旅游产业日臻完善，旅游业对增强我国国际影响力发挥了积极的作用。而"十一五"期间则是我国旅游业发展的重要战略提升期。这是今天召开的2005年年中全国旅游工作会议传出的信息。

长达130多字的导语里，排列着几个内容空泛的分句，新闻"三最"在哪？读罢，真让人一点要领都抓不住。因此，找到"三最"，写出"三最"，是消息导语写作非常关键的一个问题。

如何写出"三最"？下面，我们再来看几个改前与改后的实例：

例一：

（改前）市劳动模范、上海第十四棉纺厂青年工人尚桂珍昨日结婚了。

（注：尚桂珍虽然是一个劳模，但毕竟还是一个普通人，对广大读者来说，女大当婚，并不希奇，新闻价值在导语中没有丝毫体现。）

（改后）市劳动模范、上海第十四棉纺厂织布挡车工尚桂珍，今年29岁。她曾经表示，不达到连续60万米无次布不结婚，为此，她推迟了婚期。12月7日，她创造了连续60万米无次布的上海市最高纪录，于是在12月22日高高兴兴办了婚事。

（注：改后导语，与其说报道结婚，不如说是报道了这位普通女工的不平凡事迹，即“创造了连续60万米无次布的上海市最高纪录”。这才是结婚背后真正的新闻价值所在。这也恰恰应了西方的一条新闻数学公式：平常人＋不平常事＝新闻。）

有的导语缺乏“三最”，而有的导语则把“三最”淹没在冗长而杂乱的文字堆里。

例二：

（改前）教育部近日出台的新《普通高等学校学生管理规定》和《高等学校学生行为准则》，对此前一些大家关注的问题作出了明确的规定和细化。新《规定》指出，大学生考试作弊或剽窃、抄袭他人研究成果，情节严重的，可予以开除学籍。新《规定》取消了原《规定》中“大学生在校期间擅自结婚而办理退学手续的学生，作退学处理”的说法，学生能否结婚，可根据国家《婚姻法》和《婚姻登记条例》执行。这是记者昨天从教育部召开的新闻发布会上获悉的。

（改后）大学生在校结婚可不受限制；大学生考试作弊或剽窃、抄袭他人研究成果，情节严重者将被开除学籍。这一新规定，是记者昨天从教育部召开的新闻发布会上获悉的。

（注：前后比较，显然后者的新闻点更为清晰。）

3. 要写出“新由头”，忌老调重弹

还有一些本来是很有价值的新闻，但由于记者、通讯员未能及时发现，结果错过了最佳发稿期；还有一些新闻已被别的媒体抢先发表了，你不发又不合适。上述两种情况，常写稿的人都会遇到，照猫画虎，老调重弹，是绝对不行的，必须出“新”，即找出与这一新闻事件进展相关联的新情况，让新“由头”来带动老材料，不然，就没法再写了。

请看下面一些实例：

例一：1月16日上午，湖南岳阳港务公司职工陈腾芳和同事们外出干活儿，听到呼救，循声而去，发现有人昏倒在弥漫着有毒瓦斯的一船舱舱底，他和同事们不顾个人安危，将其救出，及时送往医院，才保住了那位工人的性命。

挺感人的一件事，但由于没能及时获取这一消息，便未作报道，记者也颇为遗憾。事情过去两个多月后，岳阳港务公司总工会突然接到了一封表扬信，信中盛赞陈腾芳与同事们救人一事的崇高精神，公司也为陈腾芳荣记了二等功。

稿件得以复苏的“曙光”出现了，基于职业敏感，记者即刻找到了发稿的新闻“由头”——“寄来表扬信”和“荣记二等功”。于是，一篇新闻稿很快被新华社采用，后又转发《湘潭日报》等媒体。

稿件如下（个别文字略有调整）：

湖南青工湖北救人留美名

新华社长沙4月1日电 湖南岳阳港务公司总工会近日收到一封来自武汉石化油码头的感谢信，信中盛赞岳港公司青工陈腾芳勇救一位中毒职工的感人事迹。为表彰其英勇行为，公司为他特别荣记了二等功。

今年1月16日上午，陈腾芳和同事们在武汉石化油码头装油时，忽听呼救声：“救人啦！有人昏倒在舱底！”陈腾芳和同事们循声跑到出事船舱，正见到下舱救人的人被舱底的剧毒瓦斯逼了上来。陈腾芳自告奋勇下去一试，强烈的瓦斯即刻也将他逼了上来。此时有人拿来湿毛巾和绳子，陈腾芳一把夺过湿毛巾捂住口鼻再次下舱。他摸索到中毒昏倒者身边，用绳子将其拦腰系住，并拖到舱口下让上面的人将其吊上来，油码头这位中毒职工终于得救了。陈腾芳因在舱底时间过长中毒，被紧急送往医院，经抢救才转危为安。

例二：湖南益阳曾发生一起小学生被绑架充当人质事件，绑架者以此要挟拖欠者还清欠款。事情已经过去146天了，因久拖未决，引起多方重视。

对这件事，《光明日报》在事发时未作及时报道，但后边什么时候结束也未可知，报也不是，不报也不是。恰在此时，赶上小学校春节后开学，于是记者就抓了这个契机，写出了《不许用人质手段处理经济纠纷》的报道，消息的导语是这样写的：

本报讯 2月28日，湖南省益阳市胜利小学开学的第一天，全校师生的心情却很沉重，五年级47班李振同学的座位还空着。班主任阳佩娥焦急地告诉记者：“李振被绑架已经整整147天了。我们天天盼望他回来上课啊!”

(注:开学了,被绑架小学生的座位还空着。这便是新闻“由头”。)

当然,如果事情发生后能很快报道,便也不至于出此“中”策了。没赶上也没办法,况且事件还在进行中。以此为“由头”写出报道,也不失为一个“没办法”中的好办法。)

再者,有的新闻,素材基础很好,就是缺少“由头”,遇到这种情况,不妨也可适度“导”它一把。不过此法不宜提倡,只能是在不得已的情况下偶一为之。

新闻学知名教授梁衡在他的一本书中,曾提到这样一个“由记者导演新闻”的个例:山西吕梁深处,有一个叫疙叉嘴的小山村,乡村小学教师李健勤勤恳恳在这里一干就是20多年。他由挨家挨户动员乡亲把孩子交给他开始,一丝不苟地教孩子们识字念书。他坚持每天清晨到各家去接孩子上学。他还在小山沟里办果园,为村民组织技术夜校,使一个贫脊的小山村人均收入有了很大的提高。记者面对这样一位无名的默默无闻的先进人物,因苦于没有一个新闻“由头”作为报道起点而无法报道。梁衡说:“一采访完后,尽管我十分激动,但我还是无法写他:新闻要新,但李健在这里已风风雨雨工作了20年,这叫什么新闻?记者遇到了一个无由头的新闻。有心宣传,无借口。这时就要找个由头,但又实在找不见,我突然想起干脆造个由头。”他于是大胆建议当地县委书记给李健以“山区办学英雄”的表彰,以县委的表彰作为报道的新闻由头,写成的新闻稿上了《光明日报》的头版头条。

4.要简洁凝炼,忌臃肿肥胖

叙事简洁凝炼是导语写作的基本要求之一。好导语是既短小而又有吸引力的,导语最忌讳不分主次、轻重,把太多的新闻事实一股脑地塞进来,加之句子语无伦次,又臭又长。看了这样败笔的导语,就好比人们面对众多菜肴,刚尝了第一口,便顿时没了胃口,食欲荡然无存。

下面就让我们看两条这样的导语:

例一:我国外交部今天就阿联驻中国大使馆5月7日交来的阿拉伯联合共和国外交部4月25日关于答复英国外交部4月24日声明的声明和阿联驻中国大使查卡里亚·阿利德·伊玛姆5月7日同中国外

交部副部长×××的谈话照会阿联驻中国大使馆。

如此长的一段话，竟连个标点符号都没有。这哪里是导语，简直就像一个枯燥乏味的绕口令。

其实，此导语完全可以改成“就阿联驻我使馆5月7日交来的相关声明与谈话，我国外交部照会阿联驻中国大使馆”。这样就简练多了。

例二：

（**改前**）××车站货运车间，担负着××站整车和零担的到发货运输任务。自《准则》公布以后，他们针对整天与货主打交道，曾出现过的利用职务之便拉关系、走后门、谋私利和违章违纪等歪风邪气，车间党支部经常有针对性地对党员进行党纪教育，端正了党风，带动了群众，有力保证了安全生产和运输任务的完成。到今年9月末，该站已连续实现1166天无货损重大事故，分别被铁路局和铁道部命名为“红旗货场”和“全国铁路安全标兵”，并获得了辽宁省“先进集体”和“质量管理先进单位”，以及路局、分局“先进党支部”等荣誉称号。通过实践，他们深深体会到，要端正党风，把执行《准则》变为党员和职工群众的自觉行为，最主要的是要靠经常性的党纪教育。

（注：这个肥肥胖胖、拖泥带水的导语，读来实在让人费时而头痛。）

（**改后**）××车站货运车间党支部经常对党员进行党纪教育，端正了党风，促进了运输工作，至今年9月末，已实现1166天无重大货损事故，日前被铁道部命名为“全国铁路安全标兵”。

（注：此导语虽说并不十分优秀，但总算瘦下身来了。）

例三：

（**改前**）在事先没有发出警告的情况下，住在15号街433号的30岁的铸铜工弗兰克·布拉迪，星期五早晨8点钟过后不久，走进他的兄弟威廉·F·布拉迪在拉涅西街45号开设的店铺，并且向他的兄弟的身上开了3枪。

（**改后**）一个铸铜工星期五早晨8点多钟在拉涅西街45号的店铺，向他的兄弟开了3枪。

（注：简化部分要素，如人名、地名等，反倒更显得眉清目秀。）

导语要做到简洁凝炼应注意的几点：

- 导语求精而不求多，最好只包含一个意思；
- 导语一般写新不写旧；
- 新闻要素不一定都写，应尽量减少与主体的重复；
- 少用套话，勿写空话；
- 头衔写出主要的即可，地名能简化则简化；
- 多用短语，少用长句；
- 多用动词，少用形容词；
- 要通俗，勿晦涩；
- 应力避同一词语在导语中的重复出现；
- 反复浓缩，力争把文字删到“不能再少一字”的地步。

一些通讯社关于导语字数的量化标准：

- 西方通讯社曾提出：导语最好不超过 30 个字
- 美联社提出：导语最好不超过 27 个字
- 新华社对外部规定：导语最好不超过 25 个英文单词

句子易读程度用词多少的量化标准：

- 最易读的句子——8 个词以下
- 易读的句子——11 个词
- 较为易读的句子——14 个词
- 标准句子——17 个词
- 较难读的句子——21 个词
- 难读的句子——25 个词
- 很难读的句子——29 个词以上

5. 要巧于开篇，忌平淡乏味

千篇一律，平淡乏味，也是导语写作的大忌之一。巧于开篇，就是要因文而异，让消息开启的表达形式千变万化起来。下面，就来对比几组“平淡开篇”与“巧于构思”的例子。

第一组：

- 哈尔滨市煤炭第二供应站蜂窝煤加工厂 7 个青年工人，今天在车间里抓住一头黑熊。

●**路透社北京15日电** 中国东北的两名女工人受惊大叫，因为一只黑熊在他们工厂的机器下面突然冒了出来。这只熊逃走时掉在一个机器坑内，4名男子用铁罐盖住，把它活抓。

（注：前一个导语中，一个知名度很低的单位名称就占了一半，不如放在主体里交待。后一个导语，由于加了一点描述，因而留给人的印象是比较深刻的。）

第二组：

●世界重量级拳王迈克·泰森今晚以85秒钟的时间，击垮挑战者卡尔·威廉斯，创造了历时最短的一场拳王卫冕战。

●85秒！拳王泰森击败挑战者。85秒！历史上最短的拳王卫冕战。85秒！1300万美元尽入腰包。

（注：很显然，第二条比第一条给读者的冲击力要强得多，三个排比句道出了四条信息：击败挑战者，仅用85秒钟，最短的拳王卫冕战，赢得1300万美元。）

第三组：

●素有"足球皇帝"之称的贝肯鲍尔，今天在这里与中外记者聚会，在回答方方面面提问的同时，也饶有兴趣地畅谈了自己的足球生涯。

●素有"足球皇帝"之称的贝肯鲍尔，今天在这里与中外记者聚会。不过，他没有机会展示过人的射门技巧，只能像个守门员一样，用幽默机智的语言"扑救"众记者"射出"的各种刁钻提问。

（注：第二条中写出了情趣和幽默。第一条则比较一般化。）

第四组：

●中国珍贵出土文物——秦始皇兵马俑今日在这里展出。

●有一支中国军队来到布鲁塞尔。

威武的士兵身穿紧身盔甲，随后行进的是军乐队和骑兵。最引人注目的特点是他们的身材。

在这次巡回展览中，中国送来了三个最近发掘出来的大小如真人的塑像和一匹战马。毋须置疑，在所有中国艺术珍品中最吸引观众的正是这几件展品，它们是公元前五千年到公元九世纪的艺术珍品。

(注：第二条也是第三代导语的典型，写得富有悬念，且轻松、活泼。两条导语，孰优孰劣，一看便知。)

第五组：

● 首都各界人士今天在人民大会堂隆重集会，纪念朱德同志诞辰100周年。

● 1964年11月在天安门的城楼上，一位西方记者问朱德："你想身后留下什么样的名誉？"朱德说："一个合格的老兵足矣！"20年后的今天，在朱德同志100周年诞辰纪念大会上，中央领导同志赞誉朱德同志是伟大的马克思主义者。

(注：又是一个呆板与生动的对比。)

第六组：

● 一条取名"玛丽二号"的日本帆船，利用风力和潮流从日本横越中国东海，在今天到达上海港。

● 一艘从冲绳县那霸港出发的10米长、4.5吨重的日本帆船，冲破了每秒15米的劲风、10米高的巨浪和连绵的阴雨，历时97小时27分钟、航行470海里之后，今天徐徐驶入上海港。

(注：后者引用的6个数字，向我们展现出了一幅一叶扁舟迎风破浪的图画，很形象。)

"文似看山不喜平"，导语尽管只是一段，但它却是开始的一段，也是最重要的一段。内容再好的新闻，如第一段就成了败笔，那下边就无法看下去。所以，导语真是需要好好设计的。西方的记者，为了写出一个好导语，常常会拟出十几个草稿，有的媒体甚至要求，记者在定稿的导语之外，还须外加一个"准导语"，以备编辑选用。

上面，讲了这么多的要求，也讲了这么多的禁忌。至于如何写出好导语，还要像变戏法一样"自己把着自己耍"。每每开篇，定要多动点脑筋，把所写的内容想透了再去动笔。标准高一些，再高一些，让人第一眼就能看出点儿水平来。

第四节 主 体

一、主体的含义与作用

从消息的结构上看，导语之后是主体。主体也被称为“躯干”或“正文”。

但不管怎么称呼，它都是导语的“展开部分”。其作用概括起来就是八个字：展开、解释、深化、补充——即进一步把消息来龙去脉、前因后果的详情，以及导语中未交待的某些新闻要素告诉读者，以便让读者对消息有更具体、更深入的了解。

二、常见的几种主体结构类型

1.按重要程度顺序安排主体

这是倒金字塔式结构使用最多的一种主体写作方法。尤其是动态性新闻。其特点是：主体一般根据新闻事实的重要程度或受众关心程度先主后次地来安排，呈上大下小之状，越重要的越在前，越次要的越在后。

例一：

天安门城楼展新姿

新华社北京9月29日电 为了庆祝中华人民共和国成立43周年，天安门城楼焕然一新，正以绚丽多姿的壮观场面迎接中外游客。(注：以上是导语，很概括，重点强调了装点后天安门城楼的“焕然一新”与“绚丽多姿”。到底变得多美，将由下文——主体部分，来层层展开。)

城楼四周的红墙和观礼台已重新粉刷，换上了新绘制的毛泽东主席的巨幅画像。9月30日，城楼上将悬挂起新制作的八盏大红灯笼，城楼大厅内的壁画进行了更新，城楼东西两侧的马道铺上了红色的地毯。(注：主体第一段。第一层展开，描写了新闻最重要的部分——天安门城楼本身的“崭新”与“绚丽”。)

入夜,238套照明灯使整个城楼大放异彩。为了迎接中国共产党十四大胜利召开而特意安装的14道红色光柱直射夜空。照明灯与光柱交相辉映,使天安门城楼更加金碧辉煌,耀眼夺目。(注:主体第二段。第二层展开,描写了天安门城楼附属设施——灯光的安装,以及呈现出的天安门城楼夜景的耀眼夺目。)

节日当天,城楼金水河内象征56个民族团结向上的56组彩色喷泉将同时喷放。入夜,一束束彩色激光束会打出不断变幻的字幕和使喷泉呈现出各种图案。(注:主体第三段。第三层展开,又写到天安门前,特别是金水河里象征56个民族团结向上的56组彩色喷泉的安装。)

据悉,今年天安门广场摆放了17万盆鲜花。异彩纷呈,绚丽多姿,雄伟壮观将是今年节日天安门的主旋律。(注:结尾段。该报道的重点虽说是天安门城楼,但与之密不可分的天安门广场也不能置之度外,于是文尾又对广场上的鲜花作了补充交待,这样,通篇就显得比较完整了。从某个角度说,结尾段也仍然是一层意思的展开。)

例二:

喜马拉雅山区发现裸体人

日本《读卖新闻》1982年5月15日电 印度陆军探险队不久前在喜马拉雅山区和不丹国境之间的契达拉山峰附近发现了居住在洞穴里、过着石器时代生活的裸体人。(导语)

这个探险队从去年1月开始探险,至今已走遍整个喜马拉雅山区。今年2月,他们在探险途中突然遇到两个类似原始人的赤身女人。据这个探险队的队长乔藩大尉说,这两个女人是探险队在海拔4100米高的契达拉山峰附近发现的。他们的脸型与蒙古族人相似,留着长发,身上一丝不挂。(注:主体第一段。第一层展开,写了他们的发现经过,这是文中的关键。)

当这两个赤身女人发现探险队员时,惊慌失措,想逃跑。

探险队员费了好大力气才使她们相信探险队员不会伤害她们,同她们一样是人类,于是这两个赤身女人才没有逃掉。(注:主体二、三段。第二层展开,写了探险队员和赤身女人之间的短暂接触。)

之后,这个探险队还遇到过男性裸人。这些人不知道使用火,他们吃生野兽肉，住在洞穴里，过着原始生活。（注：主体第四段。第三层展开，写了他们遇到过的男性裸人及裸人的原始生活状态。此段是以主体展开完毕为结尾，也算是自然结尾。）

2. **按时间顺序安排主体**

根据新闻事件发生、发展的时间顺序来组织材料，此种写法更适合线条单一、比较重大、突发性的事件性新闻。其特点是：脉络清楚，一般读者乐于接受。

例一：

昨晚莫名烟雾笼罩郑州

本报讯 昨晚，郑州市阴云密布，有零星雨点落下。华灯初上之时，市内烟雾腾腾。（导语）

晚7时许，本报编辑部内突然烟雾四起，刺鼻的烟味儿让工作人员大惊。编采人员纷纷查找烟源未果。但自此时起，本报的热线电话就一直不停。西起建设路、东至燕庄、北至北环路、南到火车站等地区读者的电话，说他们都闻到了强烈的烟味儿。许多居民面对全市同时出现的这种情况，表示了极大的不安和关注，有些居民甚至爬上高楼顶端，查看四周是否有火源和烟源。本报值班记者立即着手调查此事。（主体第一段）

7时30分钟，电话打到了火警"119"。"119"值班人员告诉记者，市区没有接到火警的报告；同时消防部门也在派人查看，仍没有发现异常迹象。"110"也告诉记者，没有接到报警。（主体第二段）

9时15分，"读者热线"接到电话，说市人民公园在烧草，记者立即赶到公园，没有发现烧草的事情发生。（主体第三段）

10时30分，郊区的祭城乡有居民反映，该区域也是烟味刺鼻。还有电话反映，在黄河公路大桥，也能闻到烟味。（主体第四段）

为了弄清这个让郑州市民不安的烟雾从何而来，夜11时，记者开始自东郊查看。在107国道上，阵阵秋风仍在送来烧糊东西的烟味；在辨别风向之后，逆风沿国道北上，至北环路，又到西郊的高新技术开发区。沿途记者询问路边尚未关门的小店店主，几乎都说闻到了烟味。（主体第五段）

有人分析说，可能是农民收获之后在田间燃烧秸杆之类的东西，但

是弥漫整个郑州市的烟雾，持续时间之久，又有3级左右的风吹着，这种推断恐怕不大可能。（主体第六段）

在记者外出寻找烟源的时候，热线值班人员又和"119"联系：郑州市和几个郊县、市均没有报来火警。（主体第七段）

昨夜城里烟雾从哪里来？直到目前还是个谜。不过市民可以放心，郑州昨夜平安无事。（结尾）

（注：消息主体部分以发现和热线电话反映郑州市烟雾四起、值班记者多方查找烟源为线索，按照查找进程中的时间顺序——晚7时许，7时30分，9时15分，10时30分，夜11时。由市区到郊区，由近及远，中间还穿插有读者的热线电话，记者与"119"、"110"的联系；及原因分析……一步一步向前推进，写出报道，显得特别清楚。若再动一点脑筋，让导语多一点悬念，那就更好了。结尾虽说没有结果，但这没关系，后续报道定会跟上。据说，烟雾起源还是郑州周边农民大面积焚烧秸秆所致。）

3. 按逻辑关系安排主体

此种写法是根据事物的内在联系，如消息内容各部分之间的因果关系、并列关系、递进关系、对比关系、主从关系、点面关系等来安排材料。运用哪种逻辑关系更好，这要视内容而定。

下面，仅以运用比较多的递进关系和并列关系来分别举例说明。

①递进关系。它是一种通过新闻内容的层层推进来表达新闻主题和安排材料的写作方法。此种方法在消息写作中也较为常用。其特点是：段与段之间逻辑关系紧凑，环环相扣，不松散。

例如：

取下神像挂地图

本报讯　东黑河是豫南一个只有一百多户人家的小村庄，在县级以上的地图上从来不见踪影。但在当地人觉得最神圣的中堂位置，却有二十多户农家取掉神像挂上了各色各样的地图。（导语）

东黑河位于河南省上蔡县东北部，地势低洼，村民们因十年九涝一贫如洗，在茅草屋里度日月。不傍城不临镇，谁要跑一趟五六十里外的县城，都是轰动全村的新闻。东黑河穷，东黑河闭塞，东黑河又很无奈。

除了偶然外出看见别处的繁华产生瞬间的梦想，就是在家里挂一幅全神图。每逢春节，一把香火，几个响头，图的是万事如意，生财有望。然而，神仙求遍了，东黑河依然穷得叮当响，过着光嫁姑娘不娶媳妇的苦日子。（主体第一段，交待背景。）

当外面的风终于吹来时，东黑河人开始探头探脑地闯世界。1986年春节过后，最远只到过县城，家里从未满过仓的李满仓，带着俩刚成年的儿子，拿着从当民办教师的邻居家借来的一幅河南地图，徒步北上郑州。凭着庄稼人的吃苦耐劳和诚实守信，三年时间，他们学会了修理钟表家电的全套技术，瞅准农村黑白电视销售的空档，建起了一个覆盖几个地市的家电经销网络。1989年春节，拥有10万元家产的李满仓，在全村第一个用地图换下了自己敬了几十年的全神图。（主体第二段，写了致富后第一个取下神像挂地图的人。）

李满仓这一惊世骇俗的举动，让村里的年轻人彻夜难眠。几天之后，他们不约而同地进行了神像和地图的“交接”仪式。从此，广州、大连、北京、新疆，到处都出现了三五结伴的东黑河人。地图把东黑河与外面的世界拉得越来越近，东黑河人的腿也越来越长。每到农闲季节，80%以上的青壮劳动力都会拿着一张地图走出去，做木工，搞建筑。他们用辛勤的双手盖起了一座座钢筋水泥或红砖青瓦的楼房，挣来了儿女的学费，赡养了自己的老人。（主体第三段，写了全村青壮年以李满仓为榜样纷纷行动起来。）

青年木工李列到大连奋斗了几年后，在那里办起了自己的家具商场，被村民们戏称为“东黑河的常驻大使”。36岁的李世英从走村串户替公家收粮，到成立自己的农副产品购销公司，走南闯北，手头总不离一本地图册。生意越做越大，他们家的地图也由县、地区到省次第更换，今年换了第四次，变成全国地图了。在他家的《中国政区图》上，有三分之一的省份用铅笔、钢笔、圆珠笔划上了各种记号。他说：“咱也知道啥叫地大物博，东黑河到底在哪里了。凡是图上画过的，我都去过了。总有一天，我会把地图上的所有省市都划上几道。”（主体第四段，又通过两个成功的例子，再次说明地图换神像后村民所尝到的甜头。）

年过花甲的李陈氏，尽管没上过学，没学过地理，但她认识地图上的新乡、北京、西安、上海，儿行千里母担忧，她的四个儿子在哪些地方打工或工作，看着地图上一片黄绿色包围着的城市，好像儿子就在身边。（主体第五段，留守的老人对地图也情有独钟。）

东黑河周围的农民，也开始喜欢地图了。上蔡县新华书店说，1993年，农民从他们那儿买走了17500幅地图。（结尾，简言之，东黑河带动了周边。）

（原载1994年4月26日《中国青年报》）

（注：这是一篇角度很巧妙的非事件性新闻。它以东黑河人"取下神像挂地图"为线索，写了穷乡僻壤的农民们，带着地图，凭借自己的才智与辛劳，勇闯天下，走上了富裕之路这样一个新闻事实。消息主体部分，围绕主线，采用层层递进的逻辑关系不断展开，有力地表现了报道的主题。）

②并列关系。主体是由并列的几个新闻事实，围绕着一个新闻主题展开，或者说，由几个并列的新闻事实来共同印证和说明一个新闻主题。这其中的多个，或是不同的角度，或是不同的方面，或是不同的地区，多点合一，会使新闻更加有说服力。

例一：

世界各国华侨华人欢度春节

新华社北京1月24日电 综合新华社驻外记者报道：中国农历猴年春节之际，旅居海外的华侨华人以各种方式热烈庆祝这一重要传统节日，表达他们对亲人和家乡的思念与祝福。（导语）

法国华侨华人社团22日在巴黎13区政府节日大厅欢聚一堂，举行春节团拜会。法国国民议会议员、巴黎13区区长布利斯科代表13区政府向华侨华人致以节日的亲切问候和热烈祝贺。他衷心预祝香榭丽舍大街华侨华人春节彩妆游行取得成功，预祝中国文化年取得巨大成功。前来参加香榭丽舍大街华侨华人春节彩妆游行的中国安徽省黄梅戏综艺演出团表演了精彩的文艺节目。（主体第一段）

连日来，旅居波兰的华侨华人举行各种活动共同欢度中国农历新年。波兰最高艺术殿堂"扎亨塔"国家艺术博物馆22日在大红灯笼的映照下充满了喜庆气氛。波兰各界群众几百人与旅波华侨华人一同庆祝中国农历新年的到来。他们一道欣赏了中国影片、参加了趣味竞赛、品尝了原汁原味的中国美食，并观看了中国现代艺术展。（主体第二段）

旅居墨西哥的华侨华人和墨西哥中国人商会，22日晚在首都墨西哥城和墨美边境的蒂华纳市举行了盛大联欢晚会，热烈庆祝中国最重要的传统节日春节，祝愿伟大的中国在新的一年里更加繁荣昌盛。墨西哥中国和平统一促进会主席梁权暖在讲话中表示，每个华夏子孙都应共同努力，为中华民族的崛起、为中国的统一大业，作出自己应尽的义务和贡献。联欢晚会上表演了丰富多彩的文艺节目，洋溢着浓浓的节日气氛。（主体第三段）

（注：主体中的三段选取了三个国家为代表，说明了海外华侨华人欢度春节的热烈情景。这三段不分主次，是并列关系。该消息没有明显的结尾段。）

例二：

首都节日市场货丰物盛

新华社北京1993年12月29日电　今年是北京市消费品经营全面放开的第一年，市场经济的生机在节日市场得以充分的体现。北京市政府运用市场机制，并强化宏观经济的调控手段，促使各企业千方百计组织购入适销商品货源。（导语）

据北京市商委介绍，到目前为止，全市已落实“元旦”、“春节”商品50亿元左右，比上年同期增长了20%以上。从市场商品分析：日用工业品和穿着商品货源总体上供大于求，品种繁多；吃的商品中，粮油总量充裕，结构合理。其中，节日畅销的富强粉库存7500万公斤，粳米库存有3500万公斤——主要是东北优质大米，而且后续货源充足，小吃行业和元宵节需要的江米存量是去年同期销量的6倍多。食用油库存1亿多公斤。猪肉、鸡蛋、淡水鱼及各类水产品上市的量都将超过去年。供销社系统节日期间可投放各种鲜果2500万公斤，干果385个规格品种210万公斤。其他节日商品烟、酒、茶、糖果、糕点、酱油、醋等货源充足。（主体）

（注：主体虽说只有一段，但为进一步说明“货丰物盛”，仍从节日所需几个大类，以并列的方式一一作了介绍，非常清楚。）

4. **按综合归纳法安排主体**

这一部分，若从“并列关系”角度来讲，也可以归到“逻辑关系”中，但为什么要单拿出来呢？道理有二：一是此种并列关系与上文所讲明显有所不同。综合归纳法更加强调归纳与总结、经验与做法，以及结论性。而上文中的“并列关系”仅为新闻事实的罗列而已，这便是二者的区别。二是此种主体结构方式在经验新闻写作中比较多用，应该单独再强调一下。

下面，我们来看一个“按综合归纳法”安排主体的例子。

河北藁城特色农业效益高

本报讯 有特色就有市场，有特色就能增效。河北省藁城市的农民认准了这个理，在有限的土地上孕育特色，发展特色，以特色种养开拓市场，带动了农业结构调整，从而年年牵住了增收的“牛鼻子”。(导语)

开发优质麦，做大“宫面”特色产业。藁城生产的“宫面”细白筋道。曾是宫廷贡品，在国内独一无二。生产“宫面”需要强筋面粉。以特色优质麦为切入点，藁城市农科所、育种基地、面粉加工厂和粮食仓储企业联合组成优质麦协会，形成科工贸一体化、产加销一条龙的优质麦龙头。优质麦协会以比普通小麦高5%至20%的价格收购产品，常年供应北京、天津等地的大型面粉企业，带动种植面积由1997年的500亩迅速攀升至2002年的43万亩，累计增加收入超亿元。“宫面”生产工艺也不断改进，相继开发出几十个新品种，市场规模越来越大。去年，藁城市生产“宫面”6000吨，出口2000吨，创汇200万美元。今年又与日本签订了3000吨的出口合同。(主体第一段)

广种优质菜，做大腌渍菜出口产量。走进藁城市的大棚基地——“25公里白色长廊”，仿佛进入了白色的海洋，一个连一个的大棚一望无际。牵着这个基地的“龙头”是石家庄银河绿色食品公司和出口蔬菜协会，与他们签合同的农民每种一根萝卜，经加工后能卖到500日元。协会还将种子、技术、农药送到田间地头，提供产前、产中、产后全程服务。品种也由最初的萝卜、蒜米发展为腌渍蔬菜、速冻蔬菜和脱水蔬菜四大类30多个品种。目前已经形成7个蔬菜加工出口龙头企业，蔬菜播种面积46万亩，蔬菜总产量213万吨，实现产值6.6亿元。70多个蔬菜专业村，每个种植专业户收益都在5000元以上。（主体第二段）

完善销售网，做大蛋鸡养殖产业。在正（定）无（极）公路藁城段，长达十几公里的路边鸡蛋批发店绵延不断，这就是藁城禽蛋市场。每天，满载成箱鸡蛋的汽车一辆辆地开往各地。在这个市场的背后，是一个以4个乡镇为中心、65个养殖专业村和2万多户组成的大型蛋鸡养殖基地。这个市场已经吸引了20多个省市130多家客商长年驻扎，年交易鸡蛋18万吨，交易额10.3亿元。（主体第三段）

在上述三大特色产业的带动下，藁城农业形成了“增产——转化——再生产”的良性循环，优质麦、蔬菜、瘦肉型猪、蛋鸡、果品、奶牛、林木等7个产业的年产值均超过亿元。（结尾）

（原载2003年11月25日《经济日报》）

（注：消息主体部分，运用综合归纳法，以做大优质麦、优质菜、蛋鸡养殖三个方面为例，展开说明了藁城发展特色农业所取得的丰硕成果及成功经验。这是一篇典型经验新闻，采用的也是典型经验新闻惯常的写作手法。）

三、写好主体应注意的问题

新闻主体不管怎么展开，主体展开也不论采取什么方式，但以下几点要求是共同的，这也是主体写作中特别应注意的几个问题。

（1）不能离题。新闻主体的取舍与剪裁，要紧扣主题，要服从主题的需要能够充分说明主题，绝不可漫无边际，应越精越好。

（2）要有波澜。选择什么方式来展开主体，需依内容而定。但有一点务必记住：人贵直，文贵曲，写作技巧、谋篇布局不可不讲究，万万要不得的就是呆板俗套和千篇一律。

（3）层次清楚。相对导语，新闻主体要长。如何做到长而不乱，一层意思与另一层意思之间、一个段落与另一个段落之间层次清楚，环环相扣，让读者看着清楚，读着痛快，这是必须在下笔行文的每一步里，心中都要时时想着、不可忽略的一个念头。文路清晰，也是作文之人的一种功力。

(4)避免重复。主体是导语之后的展开与扩充。但决不允许主体再去重复导语中已经用过的词汇，否则会给人一种很“蹩脚”的感觉，高手作文，视此为大忌，尽量避免重复用词。

以上几点，没有过细去讲，仅为提示而已，还望大家在主体写作时多多注意。

第五节 背 景

一、新闻背景的含义与作用

任何新闻都不是孤立产生的，与之存在密切关联的一定的社会环境与历史条件，便是新闻的背景。新闻背景虽不属于新闻事件本身，但它有助于对新闻的认识和理解。作为消息结构中的一个重要组成部分，也有人称新闻背景为“新闻背后的新闻”。

新闻背景包括的范围很广，有历史的、地理的、人物的、自然科学、社会科学及新闻产生缘由等等多个方面，特别是那些新闻中涉及某些不为一般人所熟悉的专业知识，更是不可避免地要插入新闻背景。但不管作何交待，目的只有一个：都是为了帮助读者更清楚、更深入地了解新闻。

新闻背景的作用主要有以下三方面：

1. 对比与衬托

在消息写作中，通过今与昔、此与彼等差别明显的事物间的对比与衬托，更加凸显新闻的价值与意义。

例一：

昔日伐木建功　今朝栽树“还债”

本报讯　一位82岁高龄的离休工人，在大半辈子的伐木生涯中，为国家采伐原木3.6万多棵，成为闻名全国的劳动模范，14次受到毛泽东、周恩来等老一辈革命家的接见。离休后，他带领全家历经20多个春秋的风风雨雨，又在荒坡上种下了3万多棵树木，了却了多年的夙

愿，还上了一笔他心中的“欠债”。他，就是黑龙江省伊春市铁力林业局的老工人马永顺。（导语）

……

马永顺是新中国的第一代林业工人，曾靠弯把子锯在一个冬天采伐木材 1200 立方米，1 人完成 6 人的工作量，创下了全国手工伐木产量最高纪录。时至今日，马永顺还忘不了 1959 年全国群英会上周总理对他说的一番话：“林业工人不但要多生产木材，还要多栽树。”总理的教诲印在了他的心底，从那时起，栽“还债”树成了他念念不忘的心事。（这是主体中的一段）

（注：导语和主体中都穿插了关于马永顺当年伐树创下“全国第一”壮举的新闻背景，也更加衬托出老人离休后二十多年坚持种树“还债”的感人业绩，且升华了马永顺今日此行此举的新闻价值。）

例二：20 世纪 60 年代，西方记者一篇关于赫鲁晓夫的报道中有这样两段话：

赫鲁晓夫昨日深夜派人把斯大林的遗体从红场水晶棺中抬出，烧成灰烬。

赫鲁晓夫任乌克兰第一书记的时候，在党的会议上高呼，斯大林是他的父亲。（此段为背景材料）

（注：没有一句议论，一个政治投机家“两面派”、“变色龙”的嘴脸被揭示得淋漓尽致，入木三分。其中对比性背景材料的运用，在此发生了奇妙的功效。）

2. 交待与揭示

许多新闻的产生都是有前因、有来龙去脉，以及有周围多种因素的关联与影响的，或纵向，或横向，把这些缘由交待、揭示出来，会有助于读者对当今所发生新闻事件中深刻意义的理解。

例一：

下面是毛泽东同志亲自为新华社撰写的消息《中原我军占领南阳》中的一段：

新华社郑州 1948 年 11 月 5 日电　在人民解放军伟大的胜利的攻势下，南阳守敌王凌云于 4 日下午弃城南逃，我军当即占领南阳。

（导语）

南阳为古宛县，三国时曹操与张绣曾于此城发生争夺战。后汉光武帝刘秀，曾于此地起兵，发动反对王莽王朝的战争，创立了后汉王朝。民间所传二十八宿，即刘秀的二十八个主要干部，多是出生于南阳一带。（背景）在过去一年中，蒋介石极重视南阳，曾于此设立所谓"绥靖区"，以王凌云为司令官，企图阻遏人民解放军向南发展的道路。（部分主体）

……

（注：该篇主体部分穿插的背景材料曾被誉为新闻学的"经典之作"。背景中所引两个典故"曹张之争"与"刘王之战"，揭示了南阳自古以来就是兵家必争之地，战略地位非同一般。同时也充分显现了我军在逐鹿中原中解放南阳的重要战略意义。此一背景材料的运用，对主题起到了很好的点题与深化作用。）

例二：

俄确定明年接受外劳数量

俄塔社莫斯科 11 月 16 日电 根据俄罗斯联邦政府总理弗拉德科夫签署的政府令，2006 年，不超过 32.93 万名外国劳动力可通过官方邀请前往俄罗斯打工。（导语）

俄罗斯政府每年都会确定外国公民到该国务工人数。2005 年向 21.4 万名外国人发出了邀请。（主体）

（注：这是一条小消息。文中第二段以背景作主体，提供的是上年的招工数字。供人参照的背景材料在消息中起到了一个补充交待的作用。）

3. 注释与说明

消息写作中常常会涉及某些一般人不太了解的知识，有自然科学方面的，也有社会科学方面的，如政治、经济、历史、地理、生物、医药、天体……为了不让读者产生阅读障碍，便以插入背景材料的形式对这些知识作必要注释与说明。

例一：

比如，《人民日报》曾有一篇关于天津"狗不理"包子的报道，文中探究了“狗不理”包子生意兴隆的奥秘。但很多人对“狗不理”却是只知其名，而不知其源，于是其中穿插了如下一段注释——

“狗不理”的历史可谓久矣。它的创始人高贵友开办此店是在140年前。由于手艺独到，袁世凯曾将他做的包子进贡给慈禧太后并获得“龙颜大悦”。当初店铺的字号“聚德”也逐渐被掌柜的小名“狗不理”所代替了。

（注：有了这段背景材料，人们从中既看到了新闻，又长了知识，更凭添了对“狗不理”的向往。）

例二：

下面一篇是关于外来“植物杀手”微甘菊入侵云南德宏的报道。

“植物杀手”微甘菊入侵云南德宏

本报讯 记者(2006年)10月11日从该州植保站了解到，继紫茎泽兰之后，又一大“植物杀手”——微甘菊入侵云南德宏州！若不及时防治，其危害将超过紫茎泽兰。(导语)

据介绍，微甘菊是一种恶性藤本杂草，猪牛等动物皆不吃，其生长主要攀在树木、竹林、园林作物、农作物之上，让它们无法进行光合作用，导致“呼吸”困难，最后被“绞杀”至死。微甘菊是2000年由境外传入德宏州的，当时面积很小。由于这种植物繁殖力强，生长速度快，每周可伸长16～21厘米，传播蔓延速度惊人，现在德宏州的受害面积已达11000亩，田边、地头、沟沿，随处可见，而且正在向省内邻近州、市扩散。(背景)

当前，德宏州农民对这种有害生物还认识不清，不知道怎么防治。在拉门村附近的一条小沟边，记者看到，远近爬满了微甘菊，一棵两三米高的柳树已被“绞杀”至死。正在田里干活的一个农民告诉记者：“以前我们这儿没有这种植物，现在有了五六年了。”“你们如何铲除这种植物？”记者问。农民无奈地说：“我们也不知道怎么办，这种植物砍不死，铲了丢在地上又会长出来，这条沟原来没有，上游的人拔了随手丢进沟里，现在窜得一条沟都满了。特别是它的种子会飞，风一吹到处都是。”(主体)

针对德宏州的“植物杀手”危害，州植保站正积极应对……(主体)

（注：消息中，记者以自己的亲历和见闻，写了外来植物微甘菊对云

南德宏州的危害，以及正在采取的积极应对措施。导语之后，在主体里插入了一段有关微甘菊的背景注释材料，从而让读者更加清楚了这一“植物杀手”的厉害。

至于在新闻写作中让背景材料发挥什么作用——对比与衬托、交待与揭示、注释与说明，这要视内容需要而定，可以只用一种，也可以多种混合并用。

二、新闻背景往哪儿放

新闻背景在消息中的运用是没有固定模式的。从字数上来说，可以是一句话，可以是一段话，也可以是整个的主体部分。从位置上来说，可以放在导语里，可以放在主体或结尾里，也可分散开来，放在消息的几个部分。这样做，或许是为了让背景与内容贴得更近、更自然、更能浑然一体。甚至还可以在消息之外，以“新闻链接”、“新闻背景”、“新闻关键词”、“×××其人”、“小知识”、“小资料”等形式单独成篇，与消息配发。

下面，就结合一些实例来分别说明一下。

1. 背景放在导语里

例一：新华社重庆（2002 **年**）9 **月** 2 **日电**　20世纪初，长江入海口处的上海，孙中山先生在他精心编制的《建国方略实业计划》中，首次倡议在三峡地区兴建水利工程。（背景）世纪交替，风雨沧桑。近百年后的今天，孙中山先生的夙愿即将变成现实——今年11月6日，三峡工程将全面截流；明年6月1日，举世关注的三峡工程首批机组将蓄水发电。

（注：导语中插入的背景材料，通过追溯近百年前中山先生的夙愿得以实现的伟大变化，一则道出三峡工程历史的前奏，二则表明了今日中国之非凡。作用是既有补充也有对比。）

例二：在鸦片战争中，十九世纪的超级大国——中国（清朝）成为来自地球另一端的英国舰队的手下败将，痛失香港。此后，清政府江河日下，世界的中心日渐西移。自香港被割让以来，156年的光阴已悄然流逝。（背景）中国终于摆脱了屈辱的昨天，面向二十一世纪，如今的中国已经朝着再度成为世界中心的目标迈出了一步。

（原载日本《每日新闻》）

（注：运用背景材料，形成今昔对比。）

2.背景放在主体里

例一（背景只有一句话）：

新华社拉萨7月15日电 进入7月以来，拉萨天气奇热。

以往盛夏，这座高原古城的平均气温一般只有16摄氏度左右。（背景）今年7月11日，气温竟高达28.2摄氏度。很多往年这时还穿毛衣的人穿上了衬衫，穿藏袍的把两只胳膊都露了出来。一些七八十岁的拉萨老人说，他们一生中还是头一次遇到这样热的天气。

据气象部门说，拉萨的高温天气将持续到7月下旬。

（注：背景材料只有一句话，放在主体里，与导语中提到的"天气奇热"形成强烈对比。）

例二（背景为一段）：

上海的最后两辆人力车送进了博物馆

新华社1956年2月25日电 上海市交通局今天把上海的最后两辆人力车送进了博物馆。原来的人力车工人为此自动集会庆祝，感谢政府替他们挖掉了穷根，帮助他们走上了新的生活。

人力车最初出现在日本。远在1874年，上海就有了这种交通工具。解放前夕，上海约有5000多辆人力车，7000多人力车工人。解放后，政府在发展公共交通建设的同时，就有计划地帮助人力车工人分批转业。有些人力车工人已经被训练成为汽车驾驶员或技术工人。有的回到农村参加了农业生产。没有劳动力又没有依靠的老工人进了养老院。63岁的老工人姜威群，拉了50年的人力车，穷得一直不能结婚，现在他在养老院里安静地度着晚年。（背景）

（注：主体只一段，用的全是背景材料，其作用：一是补充交待上海人力车的来历及解放前的状况，二是概述了新政府对人力车工人的关怀。）

例三（背景在主体里多处出现）：

沉寂期内，太阳黑子又爆发

本报讯 一般只有地球大小的黑子，这几天正在迅速长大。前天，江苏省天文学会的副秘书长严家荣意外地观测到了相当于7个至8个地球大小的太阳黑子，这一现象引起了他的关注。

什么是太阳黑子？据介绍，在太阳的表层（或称光球），有一些旋涡状的气流，像是一个浅盘，中间下凹，看起来是黑色的，这些旋涡状的气流就是太阳黑子。黑子本身并不黑，之所以看着黑，是因为比起光球来，它的温度要低一二千度，在更加明亮的光球衬托下，它就成为看起来像是没有什么亮光的、暗黑的黑子了。（背景，起注释作用）

黑子的活动周期平均是11年。在开始的4年左右的时间里，黑子不断产生，越来越多，活动加剧，黑子数达到极大的那一年，称为太阳活动峰年。在随后的7年左右时间里，黑子活动逐渐减弱，黑子也越来越少，黑子数极少的那一年，称为太阳活动谷年。（背景，起注释作用）

严家荣告诉记者，太阳的表面出现了巨大的黑子群，这说明太阳耀斑再次出现爆发现象，估计在17日左右将会集中到太阳表面中央，并会对人们生活造成一定的影响。目前紫金山天文台的研究专家已将这次黑子的危险级别定为2级骚扰，市民需引起重视。

太阳黑子曾经给我们造成了很多麻烦。1989年3月13日，因太阳“骚扰”而引发历史上罕见的“空间灾害”，造成绕地球飞行的人造卫星出现故障，跟踪识别困难，甚至变得“六神无主”闯入茫茫太空，低纬地区天线通信中断，轮船、飞机导航系统失灵……引起国际社会一片哗然。1998年5月，美国银河4号卫星因受太阳黑子爆发袭击而失灵，北美地区80%寻呼机、对讲机无法使用，金融服务陷入混乱，信用卡交易被迫中断。（背景，起补充交待作用）

不过，严家荣称，到目前为止，还没有收到此次太阳黑子爆发对通信、民航等方面造成影响的任何消息。（结尾）

（注：消息主体中有两段插入了关于太阳黑子的介绍，有一段插入了关于太阳黑子爆发给人类造成危害的介绍，正因为有了这些新闻背景，从而使读者对太阳黑子有了更多的认识。）

例四（背景占据了整个消息主体）：

盲人郑荣臣创奇迹

写出长篇小说《琵琶情》

据新华社电 天津市重光五金制品厂工人、三十九岁的盲人郑荣

臣，奇迹般地写出一部长达二十多万字的小说《琵琶情》。这部小说即将由人民出版社出版。(导语)

郑荣臣是天津人，一岁半时因患病双目失明，对于文学作品离不开的色彩、形象，在他的记忆中从未出现过。他是靠从小在北京、沈阳等地盲人学校学习掌握的盲文读写技术，通过读书获得了各种色彩、形象感的。十年动乱中他偶然得到几本文学名著，在邻居和家人的帮助下译成盲文，并在工余时间夜夜捧读。他从书中的描写得知世界上的事物是个什么样子；于是操起盲人用的笔开始练习写作。《天津日报》曾经发表过他写的一篇新闻《盲人修表记》。(主体第一段)

郑荣臣二十九岁时成了家，他的妻子是个明眼人，几年里为他口读了几百部中外文学名著，大大地提高了他的文学素养。(主体第二段)

1979 年郑荣臣被天津市广播电视大学中文专业破格录取，涉猎了上千部古今文学作品。(主体第三段)

电大毕业后，郑荣臣开始写《琵琶情》。他花了四十个冬夜，用盲文写出十五万字的初稿后，口述给妻子用汉字记录成篇。《琵琶情》的内容是描写一位名叫路阳的盲人音乐家坎坷一生的故事，其间穿插了主人公一家两代人在解放前后的悲欢离合情景，反映了新旧社会盲人思想上、生活上的深刻变化。出版界一些人士看了这部书稿称这部小说为“奇书”。(主体第四段)

(注：消息主体的一至四段全是靠背景材料来展开的，其中包含了多个方面的内容：何时患病失明的，刻苦的学习阶段，以及长篇小说《琵琶情》的创作历程等等。)

3. **背景放在结尾里**

例一：

联合国去年印发文件

首尾相连长达 27 万公里

据法新社电　如果把联合国去年在纽约和日内瓦印刷的全部文件首尾相连排列起来，总长度将达 27 万公里……照此计算，联合国的文件逐页铺起来两年内即可达到月球。(导语)

……

已御任的联合国高级官员西德的冯·韦希迈厄引用这些数字说明联合国已庞大臃肿到了何种程度。他说，病人要想不窒息而死，就得动大手术。如果联合国不能处理好自己本身的事务，又如何应付世界危机？（主体）

韦希迈厄引用的其他数字还有：1980年在纽约和日内瓦举行的会议加起来共1170天，即三年多。1980年9月至12月联合国大会期间印刷文件共两亿三千五百万页，排列起来，长度相当于三万三千公里。（以背景作结尾）

（注：在此，背景便是结尾，用以补充交待和揭示联合国的庞大臃肿及所印文件的数量惊人，已不是一朝一夕的事了。）

例二：

国家质检总局专项检查发现
全国30家企业"涉红"

据新华社电 国家质检总局昨日宣布，在对全国18个省、市、自治区可能会有苏丹红的食品开展专项检查后发现，30家生产企业的88种食品及添加剂含有苏丹红，其中广东企业有10家。（导语）

这些含有苏丹红的食品生产企业主要集中在广东、上海、江苏等一些辣味制品和番茄制品主要产销区，被检测的产品包括辣椒油、辣椒酱、辣味酱腌菜、辣味方便食品及生产原料。质检部门在检查中发现，少数添加剂生产企业以苏丹红化工染料冒充食品添加剂辣椒红色素，销售给辣味制品生产企业。（主体）

国家质检总局要求各地质监部门对所有检出含苏丹红的食品及原料，一律强制收回并销毁。（主体）

据专家介绍，苏丹红是一种红色人造化学制剂。这种色素常用于工业方面，比如溶解剂、机油、蜡、鞋油等产品的染色。科学家通过实验发现，苏丹红会导致鼠类患癌，它在人类肝细胞研究中也显现出可能致癌的特性。目前，全球绝大多数国家都禁止将其用于食品生产。（背景作结尾，起注释说明作用。）

4. 背景单独成篇，与消息配发

例一：

香港前卫生署长陈冯富珍
当选世界卫生组织总干事

据新华社（2006 **年**）11 **月** 9 **日电**　在日内瓦举行的世界卫生大会特别会议通过世界卫生组织执委会提名，选举中方候选人、原世界卫生组织助理总干事、香港特区前卫生署长陈冯富珍女士为世界卫生组织新任总干事。这是中国首次提名竞选并成功当选联合国专门机构的最高领导职位。

本次选举共有来自中国、日本、墨西哥、冰岛、科威特、芬兰、莫桑比克、土耳其、法国、西班牙、缅甸的 11 名候选人参加角逐。在 11 月 6 日至 8 日举行的世界卫生组织执委会特别会议上，包括中执委在内的 34 名执委经过多轮投票，最终确定陈冯富珍为提交世界卫生大会的唯一总干事人选。

以下是与上面消息配发的背景材料：

（背景链接）

陈冯富珍其人

陈冯富珍 1948 年生于香港，今年 58 岁。她先后在加拿大、英国等地求学，拥有加拿大西安大略省医学学士、英国皇家内科医院院士、新加坡国立大学公共卫生科硕士多个学历文凭。从 1978 年开始在香港政府任职，并于 1994 年 6 月起任香港卫生署署长，是香港第一位女卫生署署长。

其实，陈冯富珍较早前即受到世界卫生组织总干事李钟郁的青睐，在她赴世界卫生组织任职之前，曾两次受命李钟郁的邀请出任该组织要职，但为了完成对香港政府"工作到 55 岁再退休"的承诺，她都婉言谢绝了。

2003 年 8 月，兑现了诺言的陈冯富珍正式辞去香港卫生署署长一职，赴世界卫生组织工作，先后出任保护人类环境总监和负责传染病防控事务的助理总干事。2006 年，她被委任为总干事代表，专责处理流感爆发等传染病事务。

在世界卫生组织工作的3年时间里，陈冯富珍成功将已制定防范禽流感应变计划的国家数目，从其上任前的50个增加到170多个，同时还推动了中国、越南、泰国以及墨西哥等国家和地区发展免疫科研技术，她还成功说服了罗氏药厂将2000多万粒特敏福药品捐给20个穷国，为这些国家的疫病控制做出了巨大贡献。

2003年非典期间，陈冯富珍时任香港卫生署署长。突如其来的非典，让陈冯富珍走入了国人的视线。有媒体对陈冯富珍的评价是："在那场灾难面前，她作为一名女性官员，沉静、果敢、细腻的个性给人们留下了深刻的印象。"

早在1997年，香港第一次爆发禽流感，香港医学界对此完全没有经验。陈冯富珍力排众议，向特区政府提出全面杀鸡，及时控制了疫情，显示了她做事的魄力。此举也成为日后世界各地区医疗机构控制禽流感的重要手段。

例二：

从2006年10月13日起，中科院组织科考队，对西藏可可西里地区开始了为期50天的综合科考。为此新华社及时发出了相关报道的消息。"可可西里"究竟是一个什么地方？可能一般读者的了解还不很多。为了让大家更清楚这一鲜为世人所知的神奇地区，于是，新华社在发消息的同时，还配发了一篇关于"可可西里简介"的小资料。

神秘的国土，动物的天堂

——可可西里简介

可可西里，是目前世界上原始生态环境保存最完美的地区之一，也是目前我国建成的面积最大、海拔最高、野生动物资源最为丰富的自然保护区之一。总面积4.5万平方公里。

野牦牛、藏羚羊、野驴、白唇鹿、棕熊等青藏高原上特有的野生动物生活在这一地区。资料显示，可可西里共有野生动物230种之多，其中属国家重点保护的一、二类野生动物就达20余种。

可可西里气候严酷，自然条件恶劣。这里平均海拔高度在5000米以上，气候寒冷，常年大风，年平均气温在零下4摄氏度以下，最低温度超过零下40摄氏度。由于海拔较高，气温偏低，氧气稀薄，这里被称为“人类的生命禁区”。然而，正因为如此，这一地区成了一片神秘的国土。

可可西里地区是羌塘内流湖区和长江北源水系交汇地区。面积200平方公里以上的湖泊有7个,最大的为乌兰乌拉湖,面积为544.5平方公里。

可可西里地区矿产资源丰富,主要有金、银、铅、锌、铁、石英、玉、煤、盐等。

三、写好新闻背景应注意的问题

1.并非每条必用

不是每条新闻都会涉及新闻背景。原则是:该用的必须得用,不该用的也决不能滥用。一般来说,没有新闻背景的消息还是占多数的,不需要用却非要用,结果只能是画蛇添足,适得其反。本来挺紧凑的一条新闻,中间的某一部分却多出了一块并不太相关的赘物,你说难看不难看?

2.不要喧宾夺主

一般来讲,消息中的主角还是新闻事实,背景只是一个配角。配角须紧扣主角,随主角而动。而且还要注意适度,不能喧宾夺主,不能让绿叶遮住了红花。新闻背景在消息中的运用,是越简洁越好,越扼要越好。身为配角,要为唱好主角服务;身为绿叶,还是要把红花扶好。

3.尽可能融为一体

新闻背景的使用是很灵活的,没有一种格式化的规定。但有的消息插入的新闻背景,总让人觉得有些生硬与游离,缺乏贴切与浑然一体之感。这说明,我们对消息的内容还没吃透,新闻背景写些什么?新闻背景放在哪儿?用什么类型的背景?是集中用还是分散用?多少算是恰到好处?这些,都需要精心设计。好的背景材料的运用会让人分不出哪是新闻事实,哪是新闻背景。如有这样一条导语:“以出口烟草和生产哈瓦那雪茄著名的古巴,今年将进口烟草。”这是背景放在了导语里,起对比作用。导语的前一部分,“以出口烟草和生产哈瓦那雪茄著名的古巴”是新闻背景。后一部分,“今年将进口烟草”是新闻事实。但这两部分合在一起，很相融，真是分不出哪是新闻事实，哪是背景材料。有的则采取“天女散花式”，把新闻背景分散开来用，目的也是为了让新闻事实与背景材料之间更加贴切。

4. 力求通俗易懂

因为新闻事实里有让人看不懂的东西，我们才加进去新闻背景。所以新闻背景就应明明白白，通俗易懂，不能再存有让人看不懂的内容了。

第六节　结　尾

一、如何看待消息的结尾

消息需要不需要结尾？当前，学界有两种看法。

一种观点认为，新闻是用事实说话的，新闻事实讲述完毕，消息也就算结尾了。没有必要非得再加上一句或一段，以示结尾。

还有一种观点认为，消息同写其他的文章一样，没有结尾，常常会显得不够完整。甚至从阅读心理上加以分析，一篇文章读罢，最能给人留下印象的，便是一首一尾。

消息应该不应该有结尾？我觉得，既不要否定，也不要把它强调到缺之不可的程度。

结尾的有无，要视消息需要而定，消息表述完了，也就是结尾了，特别是倒金字塔式结构的消息，一般多为这样，干脆利落也挺好。但其他结构形式的消息就不尽然了，像金字塔式、双塔式、并列式等，最后这个“尾”还是要收一下的，而且还得好好动点脑筋，让它收得漂亮、别致一些。

二、常见的几种结尾类型

1. 自然结尾法

这也是大多数消息都采用的方法。特别是在倒金字塔式结构中，当新闻内容按重要程度依次递减、安排完毕之时，全文也已“水到渠成”，到了该结尾的时候，这样顺其自然，戛然而止，非常符合消息的特征。因此，完全没有必要再造一个“结尾段”，去画蛇添足，做受累不讨好的事了。

例一：

三岁娃娃将被征入伍

合众国际社电 谁也搞不清楚这是怎么一回事——本星期五，居住在纽约市约克城高地的三岁小女孩皮丽·夏普洛收到了应征入伍通知书。

昨天，她像平时那样吃早餐，她边吃边看一张华盛顿征兵处寄来的通知单。根据这张通知单，她得在“从十八岁生日那天起三十日内报到入伍”。

尽管小皮丽仍有许多年时间考虑这件事，但她已明确表示：“我不去！”

（注：“我不去！”以小皮丽这一铿锵有力的话语作自然结尾，停得干脆，既表明了三岁女娃的态度，也让消息更余味无穷。若再另啰嗦什么，反倒不好了。）

例二：

平民百姓赢了政府机关

本报讯 一场民与官相较量的马拉松官司近日得到裁决：原告——个体户王淑芹，得到被告——醴陵市政府8万元的赔偿损失费。昨天，王淑芹把一块书有“明镜高悬”的大镜框，送到株洲市中级人民法院，感谢人民法官维护了法律的尊严。

1985年9月，醴陵市中心贸易商场与已经解体的吉林省四平市兴中贸易信托公司签订了一份“买卖瓷器”的合同。醴陵发货7万元，合同逾期，对方分文未付。年底，四平市个体运输专业户王淑芹受雇并得到兴中贸易信托公司担保，开了3辆汽车来醴陵拉鞭炮。醴陵市政府以维护经济合同的严肃性和挽回损失为由，决定由市工商局扣留王的汽车。

一场马拉松式的官司就此拉开了序幕。

王淑芹不信邪，决定一级级地告状。“个体户与政府打官司，那不是鸡蛋碰石头!?”有人这样预料。好心的人为车主捏了一把汗:“你再有理,外地人也搞本地人不赢的。”

醴陵市政府也在做准备,他们召集有关部门同志,统一“扣车有理”的认识。一位副市长说:“你们要放车,那货款怎么追得回?这事没错,要坐牢我去!”

直到去年11月,中央、省、株洲市以及新闻部门干预此事后,醴陵市政府才表态放车。这时,车已扣留了309天。放车后,株洲市中级人民法院接到车主要求醴陵市政府赔偿损失的起诉。法院调查后认为,王淑芹与兴中贸易信托公司以前没有经济往来,与“瓷器合同”没有瓜葛,购运花炮也非合伙同谋,他们只是单纯的担保关系。王淑芹对这3辆汽车拥有所有权、管理权、使用权。醴陵市政府只考虑本市利益,强行扣留车辆,应该赔偿经济损失。

(本文获1987年“全国好新闻”一等奖)

(注:法院表明态度,新闻事件有了结果,就此作罢,自然结尾,没有一点拖泥带水的感觉。)

2. 拾遗补缺法

从结构上来说,这种结尾方法都有一个明显的“结尾段落”。“拾遗补缺”补什么?一是补充新闻的导语和主体未提及,但还不能不提的要素;二是补充交待一些次重要事实和相关信息;三是补充交待某些背景材料。

例一(补充交待新闻要素):

塔斯社1月10日电 “救救蛇!”印度动物学家在广播电台和电视台向城乡居民不断发出这种不寻常的呼吁。

去年,大约有200万条蛇成为猎人们的猎物。

普拉杰什邦、西孟加拉邦、马哈拉施特拉邦、奥里萨邦各部落的人老早就以捕蛇为业。

猎捕这种爬行动物是最有利可图的事,因为国际市场上对蛇皮产品的需求在不断增加。

因此,近年来蛇的数量在印度急剧减少。蟒蛇有绝迹的危险。

印度政府正在采取紧急措施,设法恢复这种动物的数量,其中包括根据自然法禁止出口蛇皮。

所以要保护蛇，是由于蛇会消灭有害的啮齿目动物，包括老鼠。据一些专家估计，仅去年一年，印度的国家储备粮就有百分之一被老鼠吃掉。

（注：结尾段补充交待了消息中的一个重要要素：何因。即是为什么呼吁“救救蛇”的原因，与开头形成了照应之势。）

例二（补充交待次重要事实）：

首次土地公开拍卖在深圳举行

本报讯 昨天下午，深圳市人民政府以公开拍卖的方式做成了一笔土地交易。

一位来自香港的专业人士称赞这次拍卖活动非常成功，他说：“这是历史性的第一次土地拍卖，标志着从今天起，内地的土地使用正式进入了市场经济轨道。”

44 家在深圳有法人资格的企业参加了这场拍卖土地的角逐。深圳经济特区房地产公司以 525 万元的最高价得到了这块面积为 8588 平方米的地块 50 年的使用权。

……

正在深圳参加现代化城市管理研讨会的 17 个城市市长也观看了这次拍卖活动。

（原载 1987 年 12 月 2 日《深圳经济特区报》）

（注：结尾内容本与此次拍卖并无直接关系，但因身份特殊、人数多，且具有观摩学习的意义。因而，作为次重要事实，也在结尾处补充交待了一下。补充交待次重要事实，常见的形式还有如：“参加会议的还有……”、“会议还解决了……”、“除此，记者还发现……”、“记者又从××获悉……”、“据介绍……”、“另据××报载……”。）

例三（补充交待相关信息）：

水煮鱼居然使用“口水油”

本报讯 北京刘先生家的窗户正对着一家餐馆的后厨，一天晚上，他偶然看到服务员将顾客吃完的水煮鱼放到后厨，厨师将盆里的油倒进一个大桶里。难道这家餐馆做水煮鱼使用“口水油”？记者对刘先生

所说的餐馆和另一家大餐馆进行了暗访。发现一些餐馆不允许把油打包带走，重复使用水煮鱼的油的情况确实存在。（导语）

记者来到位于北京前门的一家餐馆，这里不让顾客打包。记者借着看鱼大小的机会进入后厨，只见一个大厨正朝着一个不锈钢大桶走去。记者过去一看，里面全是污浊的油，油里还漂浮着辣椒。不用问，新油里是不会浮着辣椒的，这一桶都是“口水油”，大厨从桶里舀了油就上灶台。记者和这位大厨聊了起来。

记者：别人吃完剩下的油再用卫不卫生啊？

大厨：没事，高温熬过的，消毒的没事。

记者：这一桶油多长时间换一次？

大厨：这基本上不换，都是老油，用少了就加新油，这样循环用。

餐饮业中绝对不允许重复使用油，而餐馆冒险使用“口水油”原因是什么？记者算了一笔账：一盆水煮鱼大概需用三斤油，按每斤三元计算，成本就是九元，一盆省九元，对于小本经营的餐馆，是值得冒这个风险的。（以上为主体部分）

……

专家介绍，油在高温反复熬制过程中，产生的一些聚合物，会对人体健康造成危害，有一定的致癌性，还对消化器官、肝、肾等有一定的损害。（结尾）

如何分辨水煮鱼用的是新油还是老油？主要看油色：新油油色发亮而清澈，新油做出的鱼肉比较白嫩；反之，旧油非常混浊，油色发污，旧油做出的鱼肉则比较发暗。另外，餐馆为了掩饰这种不新鲜的油，往往会在油里多放辣椒。（结尾）

（注：以一些与消息相关、且读者又十分关心的知识与信息，补充交待于结尾部分。当然，这种情况也可以看成是背景材料的交待。）

例四（补充交待背景材料）：

黄河兰州段遭遇不明污染

新华社兰州（2006 **年**）12 **月** 23 **日电**　12 月 22 日上午，黄河兰州段遭遇不明污染，导致约 30 公里的河水变成奶白色。目前，兰州市环境监理所正在进一步追查污染源。（导语）

黄河兰州段银滩大桥附近的一名目击者称，22 日 10 时许，他在黄河边散步时，发现河水变成奶白色，岸边水流较缓的地方，河底的鹅卵石上附着一层白色的粉末。(主体)

兰州市环境监理所负责人 23 日上午向记者介绍说，从兰州市西固区到下游约 30 公里的河道上都出现了这种异常现象，到 22 日 17 时许，水体颜色才恢复正常。(主体)

据介绍，环保和环境监理部门 22 日共在兰州市西固河口桥、北滩油库、百合广场、安宁黄河大桥和中立桥 5 个地方抽取了水样。目前，相关检测结果尚未出来，污染物、污染源以及是否存在危害结果正在确定中。(主体)

据不完全统计，这已是近 3 个月来黄河兰州段遭遇的第四次较大规模的污染。10 月 22 日和 11 月 21 日，因为供热站排放污水，导致黄河兰州段河水两次变红。12 月初，又有人发现在连接黄河的一条河内有大量红褐色污水，并在部分河段形成大量白色泡沫，经调查发现，这是兰州市一家造纸厂排放的污水所致。(结尾)

(注:结尾段补充交待的最近一时期黄河兰州段曾连续三次遭遇大规模污染的情况，进一步表明了问题的严重性。)

3. 篇末点题法

在结尾处，以画龙点睛的语言，或告诫，或总括全篇，阐明意义，使新闻主题更加明朗、突出，甚至得以升华。此法需要遵循的是:宜自然实在，忌勉强空泛，刻意拔高。

例一:新华社一篇消息《世界农田不堪人口爆炸的重负》的结尾是这样写的:

在今天，解决人口膨胀给农田带来重压的唯一途径只能是:严格控制人口，珍惜每一寸土地。我们再也不能做那些砸自己饭碗，断绝子孙后路的蠢事了。

(注:结尾点题，既是总结，也是告诫，起到了发人深省的作用。)

例二:

广州园林基质厂变枯枝落叶为宝

新华社广州(2006 **年**)12 **月** 23 **日电**　广州市园林基质厂近日正式

建成投产，该厂将枯枝落叶等园林垃圾变为植物生长基质土壤，年处理园林垃圾量占广州市园林垃圾的40%。(导语)

据广州市政园林部门介绍，由于绿化养护剪枝、路树抢险和季节变化等原因，每年广州市产生的园林垃圾约10万吨，而且呈逐年增加趋势，一直以来，采用的方法主要是将枯枝落叶运到填埋场或者焚烧，这不仅增加了城市垃圾处理的压力，也造成了环境的污染。(主体)

广州市从2002年开始利用枯枝落叶、城市污泥等有机废弃物资源研究适合植物生长的营养基质。经过试用表明，枯枝落叶变成的营养基质可提高绿化植物的成活率，植物长势旺盛，促进了园林绿化的生态效益。由于这种人工基质质量较轻，市政园林部门还将其应用到人行天桥、楼顶绿化和高速公路坡面绿化方面。园林基质厂的主要原理是把枯枝落叶粉碎，添加有益细菌，再经过高温发酵堆沤制成植物生长的土壤改良剂和高级营养基质等系列产品。(主体)

专业人士认为，变园林垃圾为基质土壤不仅解决了园林垃圾引起的环境问题，也有利于促进城市园林绿化的可持续发展，将产生良好的生态效益和经济效益。(结尾)

(注：最后一段，篇末点题，指出了变枯枝落叶为"宝"，究竟"宝"在何处。同时，也与题目形成了前后呼应。)

例三：

广东又出新鲜事——
千余城镇青年花钱当农民

本报讯 广州青年李继明，最近花了一万多元将自己的户籍迁入东莞市常平镇农村，甘愿一辈子过田园生活。据有关人士向记者透露，像李继明这样花钱当农民的城镇青年，全省有1000人以上。

日前，记者遇到顺德市的一位村长，他说：城里人入户农村，是奔我们农村的福利来的。一是可以作为村民分得一块地皮建房；二是年终有数量可观的分红；三是生活环境无污染，一切设施优于城市。但我们对入户农村的人也有条件的：一是要年轻的，二是有专长的。同时，对入户的人，还要收他们的农村基本建设增容费。去年，我们批准了14人入户，都是这样收的。

……顺德市迁居农村的80多名青年，大多数担任村办企业的商贸主管或被委以重任，开发第二、第三产业。

……

一位经济学家在评论这个现象时认为：花钱当农民不会成为城市青年的一种趋势性选择，但农村户籍能够具有诱惑力和成为“有价证件”，却反映了中国经济社会的一个深刻变化。（结尾）

（注：结尾借专家的观点对“城镇青年花钱当农民”的新鲜事做了精辟点评，也从认识上给予了适当引导。）

4. 预见未来法

这一结尾方法，常对新闻未来作一些预见和展望，告诉你下一步会怎样，或将要发生什么。因为，新闻总是在变化之中的，正在发生的新闻，有的会蕴含着某种走向和趋势。作出预见与展望，也是在满足读者的知晓欲，或起到新闻舆论的激励作用。预见未来法结尾也算比较常见，但不亦多用，两可之间的，最好不用。

例一：

又有一百多头鲸在澳大利亚集体自杀

据新华社电 堪培拉消息：又有一百多头鲸鱼最近扑向位于澳大利亚和塔斯马尼亚之间的弗林德斯岛的海滩上死去。（导语）

在这之前，今年6月30日，曾有58头鲸扑向澳大利亚新南威尔士州·特雷切里海滩死亡。当地居民曾把其中某些鲸拖回海里，但它们在海中游了一会儿以后又扑回海滩，终于死在海滩上。

……（主体省略部分）

到目前为止，对这个问题还没有公认的答案，也没有找出可以防止出现这类事件的办法。科学界正在继续努力探索这个自然之谜。（结尾）

（注：结尾是一个目前还没有答案的预见。）

例二：

上海家化公司好气魄

1200万元买回美加净

本报讯 曾经是中国化妆品第一品牌的“美加净”化妆品品牌，4

年前“卖”给了一家著名合资企业经营，现在又被原主——上海家化联合公司以每年支付 1200 万元人民币的代价“买”了回来。到昨天为止，重归上海家化的“美加净”销售额已突破 1.2 亿元。（导语）

……（主体省略）

权威人士说，两三年内，“美加净”年销售额将达 5 亿元，这是凤凰涅之后的新生。（结尾）

（注：以权威人士的预测作结尾，道出美好前景。）

三、写好结尾应注意的问题

（1）既不要草率收尾，也不要画蛇添足。草率收尾，是一种对写作不负责任的态度，“行百里者半九十”，只差一步之遥了，绝不能再让消息留有欠缺和整体的不完美。画蛇添足，更是消息写作的大忌之一。可有可无的“结尾段”，宁可不要。一位美国记者曾说过：当你坐在打字机前，眼盯着稿纸，为想一段漂亮的收尾文字而搜索枯肠时，很可能文章的结尾已经写出来了。你在那儿刹住就行了。这一席话，真是值得回味。

(2)空泛、口号、表决心、概念化是最没水平的结尾。就像“受到众人的一致好评”，“进一步调动了大家的积极性”，“有力促进了今后工作的开展”，“我们相信……”，诸如此类，应尽可能杜绝。一般来说，新闻大多都以事实作结尾，即便有一点议论和总结，也需紧扣新闻事实，不离新闻主题。就是这一点点议论和总结，也是少用为好。因为，新闻是一种靠事实说话的体裁，新闻事实讲完全了，就什么都不要说了。“假、大、空”、“八股调”是新闻写作的大敌。

(3)结尾应力避与导语、主体重复。一是语句方面，指用语；二是语意方面，指意思。有人写东西，总是怕人看不懂，或觉得没有突出出来，因而在文中反复强调。这样想就错了，留点耐人的回味和绕梁的余音，让读者去品，有什么不好？

第七节　不同类型消息的特点与写作

一、动态新闻的特点与写作

随着社会的发展变化而产生的各种新情况、新动态、新问题，是动态新闻取之不尽的源泉。动态新闻报道的范围很广，大到国际国内令人震惊的大事件，小到日常工作生活中涌现出来的有意义有趣味非同寻常的新鲜事。

动态新闻也称动态消息。以迅速简洁报道新近发生的新闻事件及其变化过程中的新动态为其基本特征。它在新闻报道的众多体裁中，所占比重最大，常居“排行榜”首位。可以这样讲，各类媒体上的消息，其中的百分之七八十都是动态新闻。因而，动态新闻也是新闻报道最常用和最基本的一种写作形式。

要写好动态新闻，就必须先要弄清动态新闻的特点和写作要求，我们简单归纳了一下，主要有以下四点：

1. 特别注意“新”和“快”

“新”指的是新鲜感——没听过，没见过，有新意，有特点，最好具有“唯一性”。“快”指的是时效性——动态新闻捕捉的多是“当日新闻”，要求以最快的速度完成新闻从采集、写作到传播出去的全过程。“快”是新闻的生命，步人后尘写新闻，是最没出息、也是最无能的记者才这样去干的。世界各大通讯社，在抢发重大新闻事件中，都是以秒来计算的。真可谓分秒必争，一刻千金。就拿伊拉克战争爆发来说吧，中国新华社是在 2003 年 3 月 20 日上午 10 点 33 分 55 秒，向全世界发出的第一条快讯：“巴格达响起空袭警报”，以 10 秒的优势抢在全球其他媒体之前，令世人刮目相看。为什么有些新闻记者为了早一点抢到新闻，会在新闻事发地整夜整夜地呆在那里，彻夜不眠，目的不就是在争一个“快”字吗？当然，我们一般记者、通讯员的新闻活动未必都紧张到这样的程度，但这种意识是应该有的。不要好不容易发现了一个新闻题材，也不着急，今天推到明天，明天又推到后天，才慢慢腾腾地去写，如若这样的话，那可真是应了那句话："活鱼摔死卖，"好东西也变得不值钱了。

2. 短小简悍，一事一报

动态新闻的篇幅一般都不长，短则三五百字，长则千字左右。新闻事件从一个点落笔，一事一报，写来单一，读着快捷。

3. 要写出"动感"和"现场感"

事件新闻是动态新闻的主体，事件新闻中，特别是那些突发的事件新闻，往往"动感"和"现场感"比较强。所谓"动感"和"现场感"就是要写出"如临其境，如闻其声，如见其人"之感。尤其是要写出"到截稿最后一刻的情景"。对于写这类新闻，有人就提倡：一是要多用动词，少用形容词和副词，因为动词动感强，表现力更具体。二是多作"客观记述"，少掺"主观议论"，尽量让事实说话。美联社曾就写动态新闻提出一项要求，很有意思，可供我们借鉴——"牢记：一个句子中至少应有一个实体动词，这个词应该是句中最重要的词"。

4. 多用"倒金字塔式结构"写作

动态新闻属于"硬新闻"，或叫"纯新闻"。最适合用"倒金字塔式结构"来写作。把新闻事实中的"三最"（最重要、最新鲜、最引人）内容写进导语，以尽快满足读者的新闻之渴。

例一：

客机降落时爆胎
虹桥机场昨一度关闭

新华社上海（2007 **年**）**1 月 2 日电**　中国东方航空股份有限公司的一架波音 737—300 客机 2 日下午 2 时许在上海虹桥机场降落时，起落架上的 4 个轮胎全部爆裂，飞机在颠簸后仍安全降落，没有人员伤亡。但虹桥机场为此一度关闭，到下午 6 时 45 分，虹桥机场已恢复正常运行。

执行 MU5538 航班飞行任务的这架波音 737—300 客机 2 日中午 12 时 55 分从青岛流亭机场起飞，飞往上海。下午 2 时 09 分飞抵上海虹桥机场，飞机落地时起落架上的 4 个轮胎爆裂。旅客和行李在下午 2 时 40 分全部撤离飞机。

由于受飞机趴在跑道上的影响，虹桥机场一度关闭，候机楼广播里不断传出航班延误的消息，部分航班备降到浦东机场，有的飞机在虹桥机场上空盘旋等待降落，部分出港旅客滞留了4个多小时。下午6时多事故飞机被拖走，下午6时45分虹桥机场恢复正常运行。

目前事故原因正在调查中。

例二：

成龄东北虎再现保护区

本报吉林珲春专电 2006年12月30日，一只身长约2米，身高在1.2米左右的东北虎现身吉林珲春东北虎国家级自然保护区。这是吉林省林业厅发布消息介绍的。而令人惊奇的是，该虎生取母牛腹中幼崽后，面对工作人员勘测照相机的闪光灯，依然从容地安享美食。

"我家散放在鹿道沟山上的母牛被虎咬死了！"2006年12月30日，珲春市哈达门乡柳树河子村居民刘思华，急匆匆地向保护区管理局进行了报告。保护局工作人员根据现场的情况看，被咬死的牛为5岁母牛，体重约350公斤，其喉部有明显的咬痕，腹中幼崽已被掏出，臀和后肢的部分鲜肉已被咬掉。在现场，勘查人员还发现了东北虎留下的卧迹和粪便。

看来，东北虎确实曾经现身此处，并将百姓家的牲畜当作了美食，饱餐了一顿！

那么，惹祸的东北虎又将如何处理母牛的尸体？为进一步监测东北虎的动态规律，30日17时，工作人员在现场架设了两架远红外线照相机，待东北虎返回时，工作人员所拍摄到的画面令人惊叹不已——东北虎在照相机灯光的闪烁下，将死牛拖到一旁，尽情地享用起来！

31日上午，东北虎"就餐"的图片资料被工作人员冲洗出来，栩栩如生地展现在人们面前。根据照片显示，工作人员推测该虎为成龄东北虎，身长约2米，身高在1.2米左右，体重200余公斤。

例三：

浙江百名农业局长集体吃鸡鸭

新华社（2004**年**）2**月**8**日电** "只要是检疫检验合格的鸡鸭，大家可以放心地吃。"浙江省委常委、常务副省长章猛进一边吃着鸡腿一边笑着对大家说。8日中午，这个省农业工作会议的工作午餐显得特别“丰盛”。

大盘的鸡肉，整锅的老鸭煲，摆上了全省各市(县、区)100多位农业局长和专家的餐桌。章猛进首先带头，把面前的一只鸡大腿放到了自己的碗中。随后，又为各局长分起了鸡。“你们都是农畜方面的专家，检疫合格的鸡肉鸡蛋煮熟煮透可以放心吃，那我就带头先吃了。”章猛进反复地说：“你们的责任很大，要帮老百姓把好关。”

在餐前的会议上，浙江省领导强调，全省要全面抓好防治禽流感工作措施的落实，把责任落实到位，任务分解到位，制度执行到位，经费物资保障到位，决不让一只病禽流入，决不让一只病禽上百姓的餐桌。

近来，浙江永康发生了禽流感疫情。浙江省一手抓防治禽流感不动摇，一手抓发展畜牧业不放松，统筹抓好疫病防治和发展畜牧业的各项工作，并采取多种形式引导消费，扩大市场需求。

以上几篇，有突发事件，有特色活动，但都是典型的动态新闻。写作上也均采用了倒金字塔式结构。

无论是“客机爆胎”、“东北虎现身”，还是“省长带头吃鸡”，每一篇消息中，都写出了很强的“动感”和“现场感”，并且也都用了不少引领新闻“活”起来、“动”起来的动词，从而使读者有了“如在眼前”，甚至“置身其间”的感觉。再者，篇幅也都不长，内容一事一报，没有任何多余的瓜葛。

当然，还有一些新闻事件，或许“动感”和“现场感”没有那么强，那么在用词的选择上，也就没有必要一味求“动”了。

二、简明新闻的特点与写作

简明新闻又称简讯，顾名思义：简而明。本质上属于动态新闻，是新闻家族中的“小不点”。

现代媒体，对信息容量的要求越来越大，读者也愿在有限的空间里获得更多的信息。因而，“小不点”应运而生，常常见诸各类媒体，颇为受众欢迎。

和动态新闻相比，简讯的特点：一是采写、传递更快捷，手机短信即可发送；二是篇幅更短，没有导语，只有一两句话或一小段；三是不求新闻要素的齐全，重点放在“何时”、“何事”上。且不交待新闻事件发生的过程与背景。

目前，报纸上常见的“快讯”、“短讯”、“简明新闻”、“一句话新闻”、“标题新闻”、“大字新闻”等，都属于简讯范畴。

各报在刊发简讯时，有的加“消息头”，加小题，有的什么也不加，只在简讯前放一个“▲”之类的符号，以示区别。简讯可以单独发表，亦可多条集纳在一起发表。

新华社在处理这类“小不点”时，不但保留了“简讯”，还分出了一个“快讯”。新华社的“简讯”，我们姑且将其视为一种超短的“动态新闻”，字数一般在200字左右。“快讯”则只有一句话了。想来，这样区别主要是为了让稿件更好处理一些，特别是一句话“快讯”的出现，完全是基于“抢新闻”的需要——力求在“第一时间”将萌芽状态的新闻尽快告之天下。新华社这一将“简讯”再分开来的做法，也有其一定的道理，我们可以引为参考和借鉴。

“简讯”中还有相当一部分，并非来自事件性新闻，而只是在传递某一新情况、新信息，也无需多写，浓缩出来，取其精华即可(如下面例五)。

例一：当地时间(2001年)9月11日上午接近9时(北京时间11日晚近21时)，美国一架飞机撞上纽约世界贸易中心大楼。从现场可以看见大楼上部浓烟滚滚，被撞出一个大洞。目前飞机具体型号和伤亡情况不详。

例二：当地时间(2001年)9日11日上午9：05(北京时间11日晚21：05)，第二架飞机撞在纽约世界贸易中心大楼上，并引发爆炸。20分钟前，第一架飞机撞在楼上，从现场可见两座楼上部浓烟滚滚。目前飞机型号、伤亡情况不详。

例三：**本报江西九江**(1998**年**)8**月**7**日**17**时**15**分电**　记者已赶到缺口处。汹涌的江水正从30米宽的缺口涌向市区。南京军区两个团正在国家防总、省防总有关专家的指挥下现场抢险。现有一条100多米长的船只无法靠近缺口，抢险队正在想办法。

例四：昨晚，28辆满载奶牛的大卡车，从广州白云机场开出，浩浩荡荡地经过市区，引起沿街行人的瞩目。原来，这132头奶牛，是从荷兰运到我国的。荷兰奶牛以产奶期早、产奶量高的特点而闻名于世。

例五：公安部交管局统计显示，2006年全国共发生道路交通事故378781起，比上年下降15.9%，自2000年以来，道路交通死亡人数首次回落到9万人以下，共造成87455人死亡。

例六：新华社快讯：据国家地震台网测定，5月12日14时28分，四川汶川发生7.6级地震。（实为8级）

以上，例一至例三均为突发性新闻事件，往往来不及深入采访，寥寥数语，图的是一个"快"；例四事虽不大，但不失为街头一奇，让读者知道个大概也就行了。例五传递的仅是某一方面的信息，没有必要过于铺叙。例六为"快讯"，明显是在"抢"新闻，比例一至例三来得还要快。

三、综合新闻的特点与写作

综合新闻也称"综合消息"。是对同类事物或一事物多侧面进行综合归纳的一种新闻写作方式。它也是消息体裁中的一个重要类型。

1. 综合新闻的特点

和动态新闻比，综合新闻有三个特点：一是动态新闻一事一报，反映的是一个"点"，而综合新闻是同一主题之下的多事一报，反映的是一个"面"。二是动态新闻时效性极强，一般须当日之事当日报，而综合新闻多为近期一定时间段内所发生新闻事实的综合，虽也有时效要求，但时间跨度会大一些。三是动态新闻的篇幅一般都比较短，而综合新闻则相对偏长。

至于用什么方式综合，具体说来，主要有以下两种：

一为横向综合。同一主题之下，将发生在同一时间段内的新闻事实，或从不同空间跨度上，或从不同的侧面上进行归纳综合。新闻事实之间常采用平行式排列法，基本不存在因果、递进等逻辑关系。内容多为或动态与反响，或做法与经验，或问题与危害等。

(1)动态与反响

如：随着2000年的到来，元旦第一天，世界各地人们都在以什么方式喜迎新千年呢？新华社选取驻外记者从多个国家和地区采写的各具特色的活动，及时报道了新千年第一天到来时的动态。这一行文结构方式便是横向综合法。

(2)做法与经验

在贯彻落实党的方针政策方面，在开展推进某项工作方面，在不断探索创新方面，往往会有一些好的做法和经验，总结归纳出来，加以宣传，写作中也常采用横向综合法。

(3)问题与危害

有一些问题或危害影响面广，有一定普遍性，媒体往往会通过“面”上情况的反映，进一步说明问题存在的严重性，或只是让大家对“面”上的情况有所了解。比如像曾经发生过的“非典”事件、“禽流感”事件、“福寿螺”事件、“苏丹红”事件，以及关乎民生的“看病贵”、“房价高”、“物价上涨”等问题，也都有过“面”上横向综合的报道。

二为纵向综合。纵向综合展现的不是空间跨度上的“面”，而是着笔于某一“点”上纵深度的开掘。新闻事实之间常采用串联式排列法，存有一定的因果、递进等逻辑关系。内容多为做法、经验及问题等。

简单概括二者的区别：

一个是从“面”上综合，通过各“点”写全局；一个是从“点”上综合，通过纵向开掘，写深写透这个“点”。下面来看几篇运用不同综合方式写出的报道。

例一（横向综合，从不同空间跨度上选材）：

国际社会对处死萨达姆作出不同反应

据新华社北京（2006 **年**）12 **月** 31 **日电**　综合新华社驻外记者报道：伊拉克前总统萨达姆·侯赛因30日在巴格达被处以绞刑后，国际社会立即作出不同反应。

阿拉伯国家联盟发言人鲁什迪表示，希望此事不会进一步恶化伊国内安全局势，有关各方应力促伊国内各派达成和解，以度过目前的危机。

埃及外交部发言人哈迪迪说，希望这一事件不会进一步恶化伊国内的安全局势。

约旦政府发言人纳赛尔说，约旦政府不希望看到萨达姆被处死给伊拉克带来负面影响，伊国内各派应维护国家领土完整和团结，放弃暴力，着眼未来，以维护全体伊拉克人民的利益。

叙利亚新闻部长比拉勒说，叙利亚政府希望这一事件不要妨碍伊政治进程。

突尼斯外交部发表声明说，希望伊拉克人民继续致力于实现民族和解，不要因此事引发安全局势恶化和暴力升级。

利比亚政府宣布，自30日起为萨达姆致哀3天，全国降半旗致哀，取消一切喜庆活动和节目。

意大利总理普罗迪表示，处死萨达姆是个错误，将在伊拉克引发紧张气氛和暴力事件，伊拉克局势的发展令人担忧。

西班牙外交部发表公报说，西班牙政府与欧盟保持一致立场，反对实施死刑，重申对伊拉克合法政权的支持，以及对伊拉克在政治重建和民族和解过程中自由、团结、民主和稳定的支持。

塞尔维亚司法部长斯托伊科维奇表示，处死萨达姆将使伊拉克局势的混乱更加严重，在塞尔维亚以及所有欧洲人看来，对萨达姆不该实行死刑。

塔吉克斯坦外交部发表声明说，处死萨达姆将对本已非常复杂的伊拉克国内局势产生负面影响，加剧宗教和派系冲突，使伊拉克乃至整个地区的安全面临威胁。

巴西总统卢拉对审判萨达姆的公正性表示质凝，认为处死萨达姆无助于解决伊拉克问题。他说，占领伊拉克的人必须明白，只有让伊拉克人民自己解决内部分歧，这个国家才能恢复和平。

委内瑞拉全国代表大会对外政策委员会副主度埃斯卡拉说，处死萨达姆始于一系列侵犯伊拉克人民基本权利的行为，这些行为应该遭到遣责，美国必须尽快撤军，使伊拉克的主权和独立得以恢复。

……（内容有删节）

例二（横向综合，从不同层面上选材）：

京城舞蹈热起来

新华社北京4日17日电 跳舞如今已在京城各年龄段的人群中

形成热潮：老年秧歌、民间民族舞、国际标准舞、交谊舞、少年芭蕾……各种优美的舞在京城翩然而起。

如今，一些老年人日出而舞、日落亦舞已成为京城一景。在北京的各大公园和街头，清晨和傍晚总是有成群结队的老人扭秧歌。仅天坛公园、景山公园等地就有十几支组织训练有素，甚至统一服装饰物的秧歌舞蹈队。

北京的年轻人当然更是活跃。目前北京18个区(县)的群众文化馆和一些大的文化单位或企业，纷纷办起了交谊舞或国际标准舞培训班，这种培训班在京城已逾百个。每天晚上，还有许许多多相约来到北京各大歌舞厅，轻松潇洒地度过一个愉快而甜密的舞蹈之夜。

一些家长现在不仅把儿女送到音乐教师那里学钢琴，而且积极送他们参加少年芭蕾舞培训，目前北京已办起逾十家芭蕾舞学校。

据中国歌舞团张业生团长介绍，近两年来，京城的专业舞蹈表演舞台也开始受观众欢迎。

他们团几年来编导了8台综合舞蹈节目，走遍大江南北，演出大受欢迎。中央芭蕾舞团、东方歌舞团也纷纷拿出一台台新颖晚会，京城的观众由此大饱眼福。云南、陕西等地的舞蹈团也相继进京亮相，在京城形成一股民族民间舞蹈表演热潮。许多民族性较强的舞蹈节目还被评上了中国文化部的文华大奖。

以上两篇虽都属横向综合，但也有不同之处：例一是将不同空间发生的事(各国的表态)，在同一主题下综合归纳出来；例二是将不同层方面发生的事，包括各年龄段及专业团体的表现，在同一主题下，综合归纳出来。当然，还有的是按事物或问题的不同方面进行的综合归纳。

例三(纵向综合)：

先挖渠后放水　扶上马送一程

武钢体制改革静悄悄收实效

顺利剥离七万职工　劳动生产率大幅度提高

人民日报武汉1月11日电　一场静悄悄的革命，使武钢劳动生产率大幅度提高。去年在钢、铁产量提高6.12%、6.68%的情况下，人均产钢由40吨提高到93吨，销售收入增长30.6%，利税增长34.4%。

名为“精干主体，分离非钢铁生产部门”的管理体制改革，发轫于1992年8月。到目前已有7万多名职工告别“钢铁饭”，闯荡国内外市场。武钢原有职工12万名，年产钢500余万吨，人均仅40多吨，大大低于国际先进水平。以这样的劳动生产率进入国际市场无疑没有竞争力。旧的管理体制，企业办社会，大而全，小而全，导致人力、设备、技术资源大量闲置，企业内部成本高于市场成本，自己生产的矿石，每吨比进口矿贵60元。

按照现代企业制度要求，武钢决策者们大胆决策，把占职工总数60％的辅助部门与钢铁生产部门相分离，进行生产要素重组。先后组建矿业公司、设备制造公司等8个公司。这些新建企业以承包形式确立与武钢的利益关系，变行政隶属关系为经济、资产纽带关系。以后将逐步发展成武钢集团的分公司或子公司，既面向武钢，实行专业化协作，又面向社会，搞多种经营，自负盈亏，自我发展。在剥离辅助部门的同时，武钢去年又对公司直属机关和主体厂进行优化劳动组合，精简富余人员，分流出5543人。剥离、分流以后，直接从事钢铁生产和管理的人员减为5万多人。

改革管理体制，重组生产要素，既减轻了主体厂的沉重包袱和压力，又放活了辅助厂，极大地解放了生产力。建筑公司承担了国内外的工程项目，向利比亚、乌克兰等冶金企业输出劳务、技术，把竞争的触角伸向国际市场，产值比上年增长53％，劳动生产率增长38％。由公司机关和主体厂分流人员组成的兴达公司，到目前已安置了富余人员2500名，获利逾千万元。

武钢剥离、分流7万多名职工，没有引起大的波动，主要是：在步骤上循序渐进，减缓了改革的冲击力度。在政策上予以扶持，搞软着陆，不搞急煞车，扶上马送一程；在人员安置上“先挖渠后放水”，公司先后确定了12条分流渠道，让分流人员都得到妥善安排。同时做强有力的思想政治工作，全体职工用自己的实际行动支持改革、参与改革。

（原载1994年1月12日《人民日报》）

该消息曾被中宣部新闻局列为1994年新闻报道精品之一。这既是一篇典型的纵向综合的综合新闻，也是一篇典型的经验新闻。

消息中，就武钢“顺利剥离7万职工，劳动生产率大幅度提高”的新闻事实，把旧体制下的企业状况，以及改革的总思路、改革的效果、改革的经验等几个方面，通过纵向逻辑关系的层层推进，而非面上的空间转换与横向展开，将12万人大厂的这一壮举，总结开掘得既明了又有深度。真不愧为一篇不可多得的精品佳作。

2.综合新闻写作应注意的问题

(1)要提炼出统领全篇的主题。综合新闻往往牵扯的材料比较多，报道的面广，点面结合，多事一报，多点一报，是其特点。因此，报道必须有一个鲜明的主题统领，以避免选材的偏离，以及文章结构的“散”与“乱”。

(2)要注意报道的“点”、“面”结合。在这里，“点”可以理解为个体的、局部的或某一个方面的新闻事实。“面”可以理解为总括的、整体的、全局的新闻事实。“点”和“面”都是实的材料。“点”应典型、具体，“面”应概括、简练。“点”与“面”在综合报道中的构成，可能是由“面”引出其他的“点”，由此，再来反映“面”；可能是由一“点”引出其他的“点”，进而反映“面”；也可能是由多个“点”并列在一起，共同来反映“面”。但不管怎样，“点”与“面”之间都应有内在的关联性和一致性，其目的是共同反映一个新闻主题。

(3)可适当夹叙夹议。一般来讲，新闻报道是不允许作者直接出面大发议论的。但有些综合新闻由于材料多，在综合归纳的过程中，适当夹叙夹议，提炼一下思想或作一点评述，也是可以的。但需记住：一定要少而精。

四、经验新闻的特点与写作

1.经验新闻的特点

经验新闻，也有人称之为“典型新闻”，从类别上看，本应归入综合新闻，因为其报道要求和综合新闻没有多大区别。之所以要单独拿出来讲一讲，就是因为这种新闻类型在我们记者、通讯员的平时报道中比较常用。众多教科书中都不曾讲到经验新闻，国外的新闻报道更是无此之说。因此，也有人认为，经验新闻是我国独有的消息类型。

唯一能和综合新闻区别开来的特点就在于经验新闻的“经验”二字上。经验新闻所写的必须是近期某项工作的成功经验与做法。而且还要具有典型性和指导性，具有一定的普遍意义。普普通通、一般化了不行，太个别、太狭隘了也不行。

2. 经验新闻写作的几点要求

(1)要把经验当新闻写。经验新闻终归不同于一般的经验总结，既已属于新闻的一个类别，就要善于从中找到其新闻价值，而且这些有新闻价值的经验，还将会对面上的工作产生一定的指导、推动和借鉴作用。这个“新闻点”往往比较隐蔽，有时一眼不容易看出，因此要写好经验新闻，吃透两头很重要。一头是宏观的方针政策，即面上的情况；一头是基层的所作所为，即点上的经验与做法。只有当二者结合起来之后，才算找到了“新闻点”，才能使经验新闻达到“有的放失”的目的。

(2)要写出具体经验，特别要在“如何做”上写出东西。新闻是靠事实说话的文体，经验新闻同样如此。经验新闻千万不能抽象、空洞，只是一些概念化的说教和理念。它必须有很具体的事实和叙述，在提出问题和解决问题中，写得越具有操作性越好。经验写得要让人看得见、摸得着、学得到，实实在在，又真真切切。

(3)要写出效果。经验新闻仅仅总结几条经验、做法、措施是不够的，一般都应交待实施后的成绩和效果：是强化了管理，还是增进了安全；是推动了工作，还是促进了发展；是增加了产量产值，还是提高了产品的科技含量；是扭亏为盈，改变了落后面貌，还是降低了成本和消耗……只有交待了具体的效果，才能使经验可靠与可信，才能使报道更具说服力和吸引力。

本书前面第四章第四节“常见的几种主体结构类型·按综合归纳法安排主体”一部分中所举《河北藁城特色农业效益高》及第四章第七节“综合新闻的特点与写作”中的例三《武钢体制改革静悄悄收实效》两篇都是经验新闻的典型之作。只是结构形式有所不同：《河北……》一篇采用的是横向综合结构，将特色农业三个方面平行并列地反映出来；《武钢……》一篇采用的是纵向综合结构，像层层剥笋一样，将武钢体制改革的做法一步一步地深入介绍。

五、人物新闻的特点与写作

1. 人物新闻的特点

人物新闻也称人物消息。它是以消息的形式专门报道新闻人物的活动与事迹的新闻体裁。

人物新闻的报道对象虽然是人，但不可能每一个人都会成为新闻人物，只有那些已经成为了新闻人物的人或有着非凡之举的平常人，才能成为我们所说的“新闻人物”。

写好人物新闻很重要的一点，就是要界定出“新闻人物”。当然，能不能入选值得一写的“新闻人物”，根本还是要看其新闻价值，这是不能忽略的。下面有一个曾在西方流行的“新闻数学式”可供我们参考：

公式一：平常人＋平常事＝非新闻

公式二：非常人＋平常事＝新闻

公式三：平常人＋非常事＝新闻

公式四：非常人＋非常事＝非常新闻

这里的“非常人”也可以理解成“新闻人物”。

我们的国家有我们的国情，这样的“公式”能否在我国完全适用，我不想一概而论。排除那些过于低俗的内容之外，总的来说，应该没有多大的问题。其中“公式二：非常人＋平常事＝新闻”，或许人们会有异议，但非常人（新闻人物）总是人们关注的对象，发生在他们身上的许多平常事都会构成新闻，只是新闻价值大小不同而已。我们更主张将新闻人物的新动态、新成绩及鲜为人知、感人至深的内容多挖掘一些，以满足读者的知晓欲。

下面让我们来看几篇人物新闻的例子。

例一：

“北大卖肉才子”陆步轩出书《屠夫看世界》

新华社西安 4 月 8 日电 “北大才子卖肉”事件男主角——陆步轩准备出书了，书名暂定为《屠夫看世界》。

40 岁的陆步轩当年以陕西省长安县文科状元的好成绩考入北大中文系，毕业后分配到长安县柴油机械配件厂。此后他经历了不少波折，在屡遭失败后，因生计所迫，1999 年他和妻子在长安县开了一家“眼镜肉店”辛苦度日。

他的经历被媒体披露后，受到广泛关注，人生命运也因此改变。一些高校等单位邀请陆步轩加盟，后经他再三考虑，做出了当“干部”的选择，在西安长安区一事业单位编修县志，他的“眼镜肉店”也交给了妻子打点。

陆步轩介绍，起先他写了一个三万字的随笔，后来被一个北航教授看了，就带到北京。在对方的牵线下，北京几家出版社都争相邀请他写书，最后陆步轩选定了其中的一家。这半年来，他一直在酝酿新书，最后终于一气呵成写出了 20 万字。

据悉，这本书将以他的经历为线索，讲述他对社会的一些看法，新书预计在 5 月初出版。

（注：报道的是新闻人物的新动态，北大才子不但卖肉，还要出书——《屠夫看世界》，写出自己不寻常的经历，并讲述其对社会的一些看法。这也正应了“非常人＋非常事＝非常新闻”的公式。因而，我们说，这是一篇有新闻价值的后续报道。）

例二：

按“智”分配造就亿万富翁

张廷璧教授成为荆楚科学家首富

本报讯　武汉中华会计师事务所最近对红桃 K 集团资产进行了审计。昨日得出的审计结论表明，该集团技术负责人张廷璧教授个人资产已达 1.3118 亿元。

此外，张教授还拥有一幢 400 余万元的别墅、一辆价值 80 余万元的豪华轿车。

在我省众多科学家中，张廷璧是首位拥有亿元资产的科学家。

今年 62 岁的张廷璧是武汉大学生命科学院教授，1992 年前一直在大学从事科研和教学工作。这一年，他在研究天然植物色素课题时产生了一个科学构想——在中国推广运用德国科学家费舍尔 1930 年获诺贝尔奖的科研成果卟啉铁，并以生物学方法解决卟啉铁工业化生产这一世界性难题，以较低成本防治缺铁性贫血。这一想法得到谢圣明等创业者的支持，他们果断投入50万元进行研究开发，终于成功生产出了既有高科技含量，又价廉物美的大众保健品——红桃K生血剂。

1996年，红桃K集团在明晰产权时，张教授持有集团10%以上的股份，成为集团董事局8位董事之一。

从1997年至今，红桃K生血剂连续3年销售超过10亿元。最近“红桃K”被国家工商局评为生物保健品行业唯一的中国驰名商标。

（原载2000年2月23日《湖北日报》）

（注：从最新的审计结果中，发现了一条人物新闻——张廷璧教授成为荆楚亿元级科学家，并将新闻价值再度提升：按“智”分配造就亿万富翁。应该说，这也是一条“非常人＋非常事＝非常新闻”的人物新闻，新闻价值度较高，因而，入选第十一届“中国新闻奖”一等奖，可谓当之无愧。）

例三：

美八旬老翁独中2.54亿美元大奖

美联社（2007**年**）1**月**30**日电** 美国彩票机构29日证实，密苏里州一名84岁的男子仅花5美元买了一张“强力球”彩票，结果中了2.54亿美元大奖。

路透社30日报道说，这名幸运男子名叫詹姆斯·威尔森，是一名退休电气工程师。1日24日，威尔森来到一处彩票站，准备自选号码购买一张“强力球”彩票。当时彩票站工作人员说，已经打印出几张电脑选好号码的彩票，威尔森于是拿了最上面的一张。一个小时后，彩票开奖，威尔森选中的彩票独揽大奖。

彩票机构说，在世界上凭借一张彩票赢得大奖的“美事”中，威尔森所得奖金数额排名第十。威尔森一家几年一直坚持集体买彩票，并说好如果中奖，全家人将一起分享奖金。

（注：八旬老翁本身并不构成新闻，但八旬老翁独中2.54亿美元大奖，排名世界中奖数额第十位，这便使老翁瞬间成了新闻人物，成为众多媒体争相报道的对象。这正是“平常人＋非常事＝新闻”公式的应验。）

在人物新闻中，名人新闻、公众人物新闻特别多，因为这些名人、公众人物本身就多为人们关注。即使是一些平常事，一旦发生在了他们身上，也便成了新闻。包括生老病死、交友婚姻，甚至一些在常人身上看似微不足道的事情，如在大街上与别人吵了几句、某种场合掉了几滴眼泪、商场里多采购了几件衣服，以及突然现身于一个什么地方等等，也都成了记者追逐的焦点或报道的花絮。归结起来，这也就叫做“非常人＋平常事＝新闻”。不过，对于所谓非常人的“平常事”，我们在筛选之时，还是得多考虑考虑其真正的新闻价值，不要随便“逮”着一点什么就写起来，甚至加杂着不少捕风捉影的成分。

下面一篇合众国际社记者采写的《基辛格——三面人》就是典型的“非常人＋平常事＝新闻”的人物新闻：

第四：

基辛格——三面人

合众国际社北京 10 月 22 日电 今天，在参观北京自然博物馆的时候，亨利·基辛格把他的三副面孔表演得淋漓尽致，这使周围的人大为开心。

北京文物局王延洲(音译)指着一件古物，说那是一个龙头。前哈佛大学教授基辛格立即摇头：

“不对，是猫头鹰！”

“是的，是猫头鹰！”王说。

当王说一具古动物的角是犀牛的角时，基辛格教授又摇头了。

“不对！”他说。

“对！是犀牛角！”王说。

“不对！”基辛格说，“我从来没有见过长一对角的犀牛！”

这时，一位中国专家挤到前面对王说那是一副古代牛角。

外交家基辛格立即满面春风地对左右的人说，他先后八次访问中国，每次都是王充当他的向导，王既忠于职守，又有学问。

外交家基辛格旋即口若悬河讲了起来。他说，感恩节后福特总统访华时，务请王先生到场。

作为丈夫的基辛格转向妻子南希，请她同他一道在两个武士陶俑前合影——这两个武士俑同真人一样大小，它们是去年从秦朝皇帝陵墓中出土的。

他的妻子咧嘴乐了，她说："啊，不，亨利！你太像皇帝了，我哪里配同你照相！"

作为丈夫的基辛格说："这我可改不了。不过，也够你瞧的！"

基辛格夫妇仔细观赏从古墓中出土的文物。王说："墓中的骨头表明，墓主人有不止一个妻子。"

基辛格点头同意。王还说，在中国古代，有的妇女可以有一个以上的丈夫。

"一个妻子有几个丈夫吗？"基辛格瞧着妻子说，"我们可不喜欢那个时候！"

基辛格夫人大笑起来。

基辛格参观时，美国大使(原文如此。应为美国驻北京联络处主任)乔治·布什一直用一台有偏振镜头的相机拍摄照片——在基辛格这次访华期间，他一直用这台相机拍照。

他给基辛格看一张他拍摄的表现基辛格同毛泽东在一起的照片。这张照片拍得有些发黑，布什说，其中有个人是基辛格。

"不，"基辛格说，"那不是我，是我的兄弟。"

基辛格拿这张拍得令人不敢恭维的照片开玩笑，他说："我总是说，乔治这位大使并不想夺走我的职位，不过他能想别的点子整我。"

一位摄影记者请他在一匹同真马一样大小的陶马前摆好姿势照张相。基辛格说："是不是要我骑上它跑到大门外？"

在场的中国人无不捧腹大笑。

当基辛格夫人中途告辞去商店购物时，基辛格把脑袋凑上前去，对夫人的中国向导说："请你们把贵重的商品统统藏起来，好吗？"

(注：前美国国务卿基辛格本来就是名人，是新闻人物，又在中美建交中扮演了重要角色，一时更加声名鹊起。报道中作者以简洁的笔法，抓住几个镜头，淋漓尽致地刻画出基辛格作为学者、外交家和丈夫的三重性格，这点点滴滴的言行举止，虽仅取材于一次参观，但却让人们从这"三面人"中认识了基辛格处事得体、幽默风趣，以及他的非凡与不失身份。由此，也可以让人想象到，谈判桌上的基辛格，大概也是个不好对

付的家伙。我们说，这些“平常事”凑在一起，集于一位名人之身，就是有价值。该报道，文笔活泼，读来轻松，完全靠新闻本身说话，没有半点作者的评判，确实是一篇不错的人物新闻。）

2. 人物新闻写作应注意的问题

(1)要选准新闻人物。我们身边或许会有许多不同等级、不同类型的新闻人物，大到国际国内，小到单位、基层，在不同级别的媒体上都要报道自己的新闻人物。因此，这里就需要甄别、遴选，不是拿起来一个都有词可写，作为人物新闻，总还要讲究点新闻性。选准值得写、有词可写的新闻人物是第一步。

(2)要以事显人。写好新闻人物不能空话连篇，不能是作者在那里左夸右夸。要用新闻人物的“事”来彰显新闻人物的“精神”，靠事实说话，以事显人，是写好人物新闻的第二步。

(3)宜概括，多用白描手法。这也是人物新闻与人物通讯的主要区别之一。人物新闻对人物的描写刻画、对新闻事实的叙述，都不要过细，只需用白描手法简笔勾勒或重点勾勒，能做到达意传神即可。

(4)要力求单一。在一篇消息中最好只写一人一事一个侧面。即是“新闻”，就要找到其“新闻点”，从这儿下手，写好人物。这也是人物新闻与人物通讯的又一个主要区别。当然，也有少数人物新闻取了几个“点”，每个“点”的新闻事实又很精，综合到一起，来反映一个人物。但此类人物新闻不是很多。

六、述评新闻的特点与写作

1. 述评新闻的特点

述评新闻也称“新闻述评”，或“述评性消息”、“解释性消息”等。是一种以述为主、边述边评的报道，是一种介于新闻报道与新闻评述之间、且兼有新闻与评论两种功能的消息类型。

述评新闻多用于国际国内一些较为重大的新闻事件，包括政治的、形势的、经济的、思想的，以及社会与自然中有较大影响的新问题、新动向、新政策、新变化等。这种消息形式，既报道新闻，又解释新闻；既有事实，又有分析。在报道新闻事实的同时，又依据新闻事实进行解释与评述，以帮助受众加深对新闻的认识与理解。因此，述评新闻带有明显的倾向性与导向性。

2. 述评新闻写作应注意的问题

(1)以述为主，以评为辅。作为消息的一种体裁，述评新闻还是要靠新闻事实来说话的。在述评新闻中，述是新闻报道的主打，评是辅助——只是为了解释、深化新闻而已。在新闻评论中则恰恰相反，评是主打，也是根本和目的。述却成了辅助——只是“评”的一个引子。在“述评新闻”与“新闻评论”中，尽管都有“述”和“评”的成分存在，但轻重各不相同，篇幅各不相同，目的各不相同，这便是二者之间的主要区别。

(2)既有针对性，又水乳交融。在述评新闻中，要依述而评，评是紧紧围绕着述而展开的。“述”是“评”的依据。

“评”若离开了“述”，便是无的放矢的“瞎评”、“乱评”。

在先述后评或夹叙夹议中，若能真正做到“述”与“评”的水乳交融，就一定要找准二者之间的贴近点与切入点，力争评得自然顺畅，评得丝丝入扣，评得让人没有办法不接受你的观点。

下面是两篇比较典型的述评新闻。

例一：

六名承租者为何迟迟不到岗

本报讯　我市某局今年7月决定对所属亏损、微利和面临倒闭危险的六家集体企业实行公开招标，在社会上广泛筛选符合条件的租赁者。经过招标、投标、评标、决标等一系列程序，审慎地落实了承租人。但是，在8名承包者中，除2名局机关干部外，其他来自外行业几家大中型企业的6名中标者，均被原单位“卡”住，致使该局在这种招聘租赁中，出现了承租者迟迟不能到岗的现象。

“卡”住中标者不放的单位，理由是什么？这些单位说，人才是我们培养的，决不能无偿外流。非要走可以，但必须留下培养费。所谓“培养费”，各单位索要金额不等：有的要1000元，有的要2000元，还有的要中标者留下房子。有一家单位开价更是惊人，要中标者交还在厂工作10年的全部工资，然后才放行。对于这笔数目吓人的“培养费”，中标者个人自然无力支付，招标单位又都是经济上处于“山穷水尽”的境地，哪里出得起大笔资金。因此，某局这次对六家不景气的集体企业招标租赁，面临着“流产”的危险。更为严峻的是，这些招标单位因为已公开向社会招聘租赁厂长，所以现在领导岗位上的干部已无意主持工作，结果使工厂人心浮动。

企业实行租赁经营，通过向社会公开招标的方法确定承租人，是发现人才、选拔人才、培养和造就社会主义企业家的一种好形式。但是由于社会性招标，势必带来人才流动的问题，因而需要各单位都来破除人才地区所有、行业所有、单位和部门所有的观念，只要流动合理，就应该实行开放政策。大企业、技术密集型企业，人才济济，他们中的有些流向技术、管理人才匮乏的小企业，有利于他们才能的释放，也为小企业所渴求，这对整个社会是十分有利的。如果能够从全局出发，就应该为这些中标者开“绿灯”放行，而不应以“培养费”等苛求招标单位和中标者。有关部门是否也应做出一些政策性规定，从制度上保证人才的合理流动？

（原载《沈阳日报》·该文曾获“全国好新闻”二等奖）

（注：因原单位以种种理由刁难、克扣、不放，导致六名承租者迟迟不能到岗。作者抓住并依据这一非常典型的新闻事实，在充分报道的基础上，从更深层面上加以探究分析，贴近而又深刻，同时也揭示了一个非常严肃的社会问题：在加速体制改革过程中，人才流动必须出台相关的政策予以规范和支持。通篇报道有述有评，述评交融，有力延伸了新闻报道的深度，也使新闻效应更具影响力。）

例二：

沪深股市双双暴跌

创10年来最大单日跌幅

新华社北京（2007年）**2月27日电**　沪深股市27日放量暴跌，在双双创下1997年以来单日最大跌幅的同时，成交总量首次突破2000亿元。

27日上证综指盼着股市延续前一交易日的强势时，上证综指却出人意料地掉头向下。截至收盘，上证综指报2771.79点，较前一交易日下跌268.81点，跌幅达8.84%，单日振幅则达9.42%。

当日深市走势与沪市大致相同，深证成指报收于7790.82点，较前一交易日下跌近800点，跌幅高达9.29%。

据银河证券研究中心研究员吴祖尧介绍，27日上证综指跌幅是自1996年设置涨跌幅限制以来第四大单日跌幅。

沪深股市告跌个股分别达845只和608只。两市当日有超过900只个股跌停。伴随股指暴跌，沪深两市成交量急速放大，分别成交1300多亿和690余亿元，成交总量首次突破2000亿元。

在许多市场人士和专家看来，27日沪深股市双双暴跌，既在意料之中，也在情理之中。

银河证券研究中心副主任丁圣元认为，27日两市暴跌的根本原因在于前期获利盘太大，前期调整不充分。目前，并没有听到任何恐慌性消息，两市放量暴跌，说明这是机构在出货。他认为，调整可能要延续一段时间，但目前的牛市不会结束。

上海天相投资咨询公司策略分析师仇彦英认为，近期股市本身已处于历史高位，存在很大的系统性风险。“股指在上涨途中遭遇剧烈回调，是牛市中的常态。”仇彦英说，27日并没有实质性的利空消息影响大盘，因此本次下跌可以理解为市场的正常运行特征。

招商证券研究员赵建兴表示，目前我国股市的牛市行情是建立在我国经济长期繁荣，企业利润不断提升，市场环境不断完善的基础上。沪深股市27日的下跌属于阶段性调整，跌幅不会很深，可能和2月初一样，下探至2500多点。

（注：这也是一篇比较典型的述评新闻。消息中，前一部分报道了沪深股市双双暴跌，创10年来最大单日跌幅等新闻事实。但若只停留在股市出现巨大震荡，而没有相关原因的分析与解释，读者看这样的新闻，显然是不解渴、不满足的。因此，该报道恰恰采用了述评新闻的写法，前五段在报道完了新闻事实之后，紧随其后，又用四段对这一现象进行了针对性很强的分析，借几位专家之口，从不同角度阐述了股指暴跌的原因及其展望，形成了述与评的完美交融。）

七、会议新闻的特点与写作

会议新闻就是与会议相关的新闻报道，重点指消息，也包括花絮、侧记、新闻背景链接等。关于会议新闻的特点，请看前边第三章第二节《会议"藏"有新闻》部分，这里就不再重复了，下面主要讲一讲有关会议新闻的写作。

目前，尽管人们对会议多有种种非议，但会议多的现状不是一时能改变的。不同级别、不同类型的会议仍不断地在开，记者、通讯员跑会、赶场也是常有的事。没办法，有些会议是非报不可的，不去不行。有些会议可能"藏"有新闻，不去挖一挖也不行。因而，如何写好会议新闻，便成了业内一个值得探讨的课题。可以这样讲，善于写会议新闻，也是当今每个合格记者、通讯员的一项基本功。

那么，如何才能写好会议新闻呢？有几条原则是需要特别注意的。

1. 要有选择地参加

除了奉命非去不可的会议之外，对于其他若干名目繁多的会议，我们的原则是：要有选择地参加。要选那些会议议题比较重要、比较受人关注，与百姓利益更直接，或者可能挖出新闻的会议参加。如果凡会必去，耽误了很多时间，却无功而返，那就太没意义了。即使勉强写出了稿子，也未必都能发得出去。败笔多了，反倒会让领导和编辑对自己的采写能力产生质疑，这就只能是在"没意义"之前再加一个"更"字了。

2. 要有选择地报道

有些会议比较繁杂，往往夹带着许多琐琐碎碎、程式化、没有实质内容的东西。因此，我们的报道就要去粗取精，有所选择。一要注意抓议题之内的中心内容和关键内容。即便是一些非常重要的会议，也不可眉毛胡子一把抓。2007 年 3 月召开的全国人大、政协"两会"，各大媒体都将此列为新闻报道的重头戏，但记者的报道仍是有选择的。因为，代表的讨论很广泛，涉及方方面面，但我们报道的重点还是围绕着"关注民生"、"科学发展观"、"构建和谐社会"这样一个中心议题展开的。比如像反腐、医疗、教育、住房、就业、食品安全、社会治安等，报道的量相对就比较大一些。二要注意抓中心议题之外、与群众比较贴近，或有新意的内容。还是在这次“两会”上，有些内容虽不属于中心议题，但却是百姓非常关心的，比如像取消固定电话月租费、实行手机单向收费、取消利息税、除夕增加一天放假时间、保护“阳光权”等问题，新华社也都及时作了报道。

3. 要跳出会议挖新闻

有时，会议议题本身可能写不出什么有价值的新闻来，但我们可以跳出会议，挖一些会议背后的新闻。比如从领导的会外活动与言行中，从会内会外的各种趣事与信息中，以及从会议的背景中等等。一位老记者曾这样讲过，与会前，最好把相关材料看一下，做到心中有数，重点部分可重点听一听，腾出点时间，也可眼观六路，耳听八方，或许这里会别有洞天。此等经验之谈，我们不妨学一学，试一试。

例一：新华社记者李尚志在全国人大七届一次会议中就采写过《请邓小平同志台上不要吸烟》的报道，其之所以至今仍令人记忆犹新，原因就在于它题材本身新颖，言人之所未言，也十分有趣。

例二：2007 年 3 月下旬的一天，新任联合国秘书长潘基文秘密出访伊拉克，在答记者问中，突然一声巨响，潘基文本能地躬下身子，显现出很害怕的样子，记者及时拍摄到这一镜头。调查发现，原来是一颗炮弹在不远处爆炸，所幸有惊无险，没有造成什么后果，答记者问也便随之草草收场。这样一个细节，原本与会议并无直接关系，只是主人公身份与众不同，加之表现又有点异乎寻常，所以也就成了会议新闻的一个小插曲。

例三：全国政协六届一次会议期间，有位记者发现餐厅门口聚了好几个人，她凑过去一看，原来是政协副主度杨成武正与特邀委员原国民党的一位将领握手言欢。他俩过去是战场上的敌人，现在却成了朋友，于是记者抓住这一情景，写出了一篇有趣的花絮。

有时，在会场内外得到的某些信息比较单薄和有限，很难据此写成一篇报道，我们可以以它为线索，再去进行深入采访，并充实其内容，但前提必须是“有价值”的。

例四：荣获第 14 届中国新闻奖一等奖的《洞庭湖长大了五分之

一》,就是作者根据在一次会议上了解到的一个数字写出的报道,那个会议本身没有什么新闻价值可言,但作者却透过这个数字看出了新闻的价值所在:联想到洞庭之“水”不仅维系着三湘经济的盛衰,也担当着调节长江汛情及中下游百姓生命财产安全的重任,回去之后便立即列出提纲,深入采访,结果挖出了一条人新闻。

例五:2003 年,《中国安全生产报》一记者应邀参加湖南某市安监局的挂牌成立及安全生产会议。一般来说,这样的会议也只能发一条简讯,但记者没有仅仅沿着会议进程的思路走,而是留心会议上的每一个细节,跳出会议“挖”新闻。在会议现场,他惊奇地发现:市长在会上痛心疾首地大讲安全工作的重要性、安全形势的严峻性,部署着安全工作,可是台下却有人睡觉、打电话、玩游戏,睡觉的人里就有一位局长在内。于是,他立即抓住了这一极具警示意义的怪现象,写出了《安全会上睡着了》的新闻,一经发出,立即引起巨大社会反响。该消息曾被评为第 14 届中国新闻奖二等奖。

例六:《扬子晚报》一名记者前去参加一个全省的银行行长联席会,会议时过中午才散,正当记者为没什么词可写而发愁时,忽然看见几位工作人员拎来一大堆盒饭,与会的副省长、银行行长接过去都津津有味地吃了起来。他立即眼睛一亮,写出了《省长行长吃盒饭》的消息:“签起贷款来动辄千万甚至上亿元的省级银行行长们,昨天在开联席会议时的工作午餐是简单的盒饭,与他们共进午餐的还有副省长、省政府秘书长等政府要员”。——一个有亮点的新闻,竟是记者在会议之外用敏感的眼光不失时机地捕捉到的。

4. 要突破会议新闻写作的模式化倾向

突破会议新闻的模式化倾向,就是不落俗套,改变千篇一律的程式化写法,尽量减少“宣传味儿”和“说教味儿”,以及“官话”、“套话”、“空话”等。

例一:本报讯 ××部门于×日在××地方召开了××××大会,×××、×××领导参加,×××领导主持,会后,×××、×××领导向获奖者颁奖。会场气氛隆重,在热烈的掌声中×××领导发表讲话。

然后是×××说、×××强调、×××指出、×××强调指出、

×××重点指出、×××要求、×××表示……

翻开报纸，类似令人生厌的会议新闻并不鲜见。若是评定可读性最差的新闻，一定是这些严格按照宣传模式制造出来的会议新闻。

例二：日出千山秀，花开万里春。气势雄伟的人民大会堂，在旭日映照下更加庄严肃穆。……沐浴着晨辉，近3000名全国人大代表，目光果敢坚定，步履自信从容。……红日已近中天，阳光普洒大地。代表们豪情满怀。勉励的话语，共同的承诺，与一双双紧握的手，汇成激情的海洋。……才送春风吹绿柳，又见桃花映红墙。"十五"开局之年盛事不断，喜讯连连。……"二月二，龙抬头"。今天恰逢农历二月初二，东方巨龙将再一次昂首腾飞。

读过该文，清华大学新闻传播学院李希光教授这样点评：写新闻的基本准则是尽量少加入与事实无关的字句。以上，通篇多处大赞天气。难道会议成果要看天？若这次"欢欣鼓舞"是因为"春风、红日、花开、绿柳"，明年的会议万一"漫天风雪，飞沙走石，乌云密布、狂风落叶"（北京日前就有沙尘暴），是否就"垂头丧气"？而一旦大江南北并非春风吹遍，而是天灾频发，那是否视之为"天道"？同样，今年我们有幸赶上"龙抬头"的二月初二来闭幕，但明年闭幕若未能择吉，中国这条巨龙是否就不"抬头"了？

要改进会议报道，首先必须从改变"思维"开始，一是领导们的"思维"，二是记者和通讯员的"思维"。虽说关键在领导，但主体还是我们这些搞报道的人，我们拿不出像样的、有新意的东西来，领导怎么认可。如何把会议新闻写得让"领导高兴，读者爱看"，这的确不是一件容易的事。

会议是一座新闻的"富矿"，但一些跑会议的记者、通讯员只会按照程式去报道会议，完成"规定动作"没什么问题，但却不知如何完成"自选动作"，不会从"会海"中淘金。会议新闻同其他新闻一样，不是要不要报道的问题，而是怎样做精、做巧、做活、做好的问题。

下面还有几则巧抓活写会议新闻的例子，不妨列举出来让大家借鉴一下：

例一(采用特写方式):

表扬带出了问题

——徐匡迪批上海“铁栅栏”现象

1日31日下午,上海市政府三楼会议厅坐满了各地来沪大企业的老总们。上海市市长徐匡迪等市领导与大家举行新春座谈。

杉杉集团董事长、总裁郑永刚正在发言。这家全国著名的大型服装企业。去年初将设在宁波的总部迁往上海浦东。他介绍了企业发展的情况后说,我们得到浦东的大力支持,就以办注册手续来说,在其他地方一般要经过三个月,而在浦东只用了20天。

“办注册手续要用20天,这是表扬还是批评呀?”徐匡迪市长笑着问。

郑永刚答:“20天,已经比较快了!”

“不,太慢了!”徐匡迪说,“国内著名大企业到上海来,一道道的审批制,这是计划经济的方法,要改革。各地的大企业在当地都已注册过,也有资质审查,到上海备个案就行了。”

徐市长话音刚落,场内响起一片掌声。会议气氛也活跃起来。

郑永刚快人快语,又讲了一个问题:杉杉服装本是浙江名牌,总部迁上海后,浙江名牌榜上消失了杉杉的名字,可是上海名牌榜上却仍然因“外地企业”使杉杉排不进来,杉杉到底归属哪里呢?

徐匡迪听后立即点名问技监局、经委有人来了没有。经委有关领导应答后,徐匡迪说,媳妇嫁到了婆家,哪有婆婆不认之理。他要求有关部门迅速解决这个问题。

徐匡迪说,杉杉老总的表扬带出了我们的问题。这些年来,上海叫响过一个口号:“拆围墙”。现在看来,“砖墙”拆掉了,里面也透绿了,但换上了“铁栅栏”,外面的人看得见仍进不去。……(内容有删节)

(注:读着这样幽默风趣的报道,真是让人感到清新了许多,也轻松了许多。)

例二:《湖北日报》的《两条小鱼“游进”会场》也是一篇写法巧妙的会议新闻报道。

这本是一个规模较小、规格较低的镇环保工作会议。可是会议亮出了“新招”，记者也把报道写“活”了。事情是这样的：会议组织者准备了两条小鱼，也准备了两杯水，一杯装的是清水，一杯装的是被镇办企业污染过的浊水。会议上作了一个演示，将两条小鱼分别放进了两杯水中，过了一会儿，清水杯里的小鱼还在游来游去，而浊水杯里的小鱼却肚子朝上死在里边，两相比较，触目惊人，从而也将环保意识“深埋浅现”地植根于每个与会者的心中。

这则报道题目俏、内容俏、写法俏，岂能不让读者耳目一新呢？

例三：还有些会议报道，不见得非得抄录大量的领导讲话，只把其中最关键的话精选出来就可以了，啰啰嗦嗦一大堆，不如掷地有声一两句。如2006年春节前夕，《桂林晚报》一记者参加市政府会议，市长也讲了许多有关春节的工作，但其中有一段话语重心长：“大家辛苦了一年，过年就好好过年，不要老想着串门，想着上门给自己的分管领导拜年，弄得自己很累，领导也不轻松，大家平时对家里照顾不够，过年在家好好表现一下。要给领导拜年，打个电话或发个短信就得了。”记者抓住市长的这一番贴心的话语，写出了《市长说：过年少串门，在家多表现》的消息，读来也挺让人感动的。

有些会议报道，在适当精简领导讲话的同时，还可多用一些有关会议的背景材料。这样，既让人们对会议有更多、更完整的了解，也能减少点说教味儿，指示味儿。

再有，当我们吃透会议精神之后，为增加会议报道的深度，还可采用述评新闻的写法。比如，不少会议是为了推行某一新举措，用一般的消息写法，不容易把道理充分展开，而采用述评新闻的写法，有叙有议或夹叙夹议，倒是比较适宜的。还有像年年都围绕的这个“日”那个“日”，这个“节”那个“节”所开的某些会，若采用一般的消息写法，也很难再有新意，不如采用述评新闻或纯评论的写法，结合新主题、新形势、新问题，在“论”上多做一点文章，仍不失为一个不错的选择。

5. 不要忽略会议报道中的规矩与讲究

会议新闻写作常有些不成文的规矩与讲究。尽管属于套路的东西，但还忽略不得，特别是初学者。

——不同的会议报道要对应不同级别、不同类型的报纸。除了特别有新闻价值的之外，同级别、同类型的一般会议报道在同级别、同类型的报纸上还有可能采用。若是越级或往不对口的报纸上投稿，采用的可能性就很小。

——参加会议的领导人，哪个在前，哪个在后，排序有讲究；哪个在题目中提名字，哪个不提，有讲究；谁的讲话突出，谁的讲话一笔带过，有讲究；这里所谓的“讲究”，一是指参加会议领导人的职务高低，二是指参加会议“头面人物”的重要程度。职务最高、最重要的排在最前面，然后依次往下顺延。该突出谁的讲话，同样也是这一标准。

——报道重要会议或有重要领导人讲话内容的稿件一般应送审。这样做的目的是为了避免出差错和找麻烦。

——涉及机密、不宜公开、把握不大，以及尚未决定的某些内容，况且又是打探自政府或各领导部门的会议之中，切不可随便写入稿件。

——声势、气氛应与会议相吻合。比如像一些大型或大场面的集会、庆典、表彰会、运动会、追悼会等，在报道中，可能要烘托一下会议的声势与气氛，或庄重、或热烈、或肃穆、或欢快，笔下的描述一定要与会议的内容相吻合。再者就是切勿太过太滥，有人一写会议就要带上几句场面描写，或过度渲染了会场的气氛，总想靠写景写氛围来添点文采，这是极不可取的。

下面是几篇把声势与氛围融入会场比较成功的范例。

例一：

第二十八届奥运会启幕雅典

本报雅典(2004 **年**)**8 月** 13 **日电**　经过 108 年的等待，奥林匹克运动会终于回到它的故乡——雅典。今夜，第 28 届夏季奥林匹克运动会，在它的发源地雅典奥林匹克主体育场隆重开幕。

1896 年，首届现代奥林匹克运动会在雅典举行，经过 108 年的历史沉淀，奥运会已成为人类历史上最为盛大的体育盛会。百年奥运，梦回雅典，全世界数十亿人翘首期盼的这历史时刻终于到来，全世界最优秀的运动员今夜齐聚雅典，他们将在 17 天激动人心的较量中展现人类最高、最快、最强的风采，今夜雅典星光灿烂，今夜雅典注定无眠！

今天当地时间 20 时 45 分，随着几百名鼓手鼓声的敲响，开幕式的大幕正式揭开。在《自由颂》的国歌声中，希腊国旗缓缓升起。本届奥运会的会徽——橄榄枝映入眼帘，代表希腊国旗的蓝白相间的火焰也在此时向天空喷射。

在大型表演中，希腊人充分发挥想象力，把自己最值得自豪的历史和古代文明展现在全世界面前，让人恍若徜徉在数千年前的伯罗奔尼撒半岛。奥林匹克运动场再现了希腊神话般的壮丽华彩篇章。

……

（注：消息不长，但字里行间的描述，让我们深深感受到希腊第28届奥运会开幕式的宏大、热烈与悠远。）

例二：

红场易旗纪实

公元1991年12月25日晚7时许。莫斯科。隆冬中的红场。

由于莫斯科电视台头天就预报了戈尔巴乔夫将在今晚7时发表辞职演说，许多人便预料克里姆林宫顶上将要更换旗帜。莫斯科市民，还有许多外地人冒着凛冽的寒风赶来观看这一历史性场面。一些人带着半导体收音机来到红场，一面等，一面收听戈氏的辞职讲话；电视和摄影记者在选择拍摄角度；人们在谈论着自己的看法，并不时抬起头来，眺望着在暮色中飘动着的苏维埃社会主义共合国联盟国旗。人群中，有的举着苏联国旗，有的举着过去加盟共和国的国旗。

看得出来，此时此刻，人们的感情是十分复杂的，对联盟解体的态度也很不一致。……

7时25分，戈尔巴乔夫的电视讲话结束了，苏联总统府的屋顶上出现了一个身影。人们屏住呼吸。7时32分，那面为几代苏联人熟睹的镰刀锤子旗开始徐徐下落、下落……7时45分，一面三色的俄罗斯联邦国旗取而代之，升上了克里姆林宫上空。此时此刻，广场上的人们意识到，克里姆林宫已成为俄罗斯的总统府，苏联从地图上消失了。

莫斯科的夜空开始飘起雪花，气温明显下降。但仍有不少人陆续来到红场。人们还在红旗落地的地方发表自己的看法，还在那里争论……（原载《人民日报》）（内容有删节）

（注：存在了70多年，为几代人所熟悉的苏联国旗易帜了。这一具

有历史意义的自发集会在莫斯科红场举行。当晚的情景，作者以非常悲凉伤感的语言记录了下来。比如："并不时抬起头，眺望着在幕色中飘动着的苏维埃社会主义共合国联盟国旗。""看得出来，此时此刻，人们的感情是十分复杂的……""人们屏住了呼吸。7时32分，那面为几代苏联人熟睹的镰刀锤子旗开始徐徐下落、下落……苏联从地图上消失了。"与这一气氛相呼应，还有当时的天气："莫斯科市民，还有许多外地人冒着凛冽的寒风赶来……""莫斯科的夜空开始飘起雪花，气温明显下降。但仍有不少人陆续来到红场。"天人合一，自然交融，记录了事件，烘托了氛围，而且这一切又都是那么入情入理。佩服作者观察的细腻，也佩服作者的用笔之妙。）

八、连续报道

连续报道也称为"追踪报道"，是指在一定时期内，围绕某一新闻事件、新闻人物、典型问题所进行的持续的多角度的报道。连续报道也可归入广义的深度报道之中。

在西方，连续报道很早就出现了。被人们誉为创办现代美国报纸的先驱者和示范者、世界新闻大奖普利策奖的设立者普利策，是连续报道的积极倡导者之一。他曾说过："在一件事情的真相被彻底弄清之前，决不放过它！连续报道！连续报道！"连续报道通过不断深入地追踪新闻，挖掘新闻，使报道在一定时间段内形成阅读强势，深为受众关注，并产生较大的社会反响。因而，在媒体间竞争日趋加剧的今天，连续报道也越发受到各媒体的青睐。

下面是写好连续报道需要注意的几点：

一是有悬念才能连续。许多新闻比较单一，没有什么后续的内容需要追踪，这样的新闻就不适合连续报道。适合连续报道的，一是新闻事件比较引人注目，二是内藏悬念，事情还在进展中，没有结果。惟其如此，读者就更关心，更想知道下文。记者也只有千方百计"挖"出结果，写出下文，连续报道便应运而生。下一篇报道破解上一篇报道中的某一悬念，这个"悬念"不是人为策划的，而要源于以下两方面：一是在报道中不断发现和挖掘出与此新闻相关的其他内容；二是在报道中逐步看到的新闻事件真相及事态发展趋势。

二是连续报道更讲时效。连续报道是新闻发生、发展过程中的即时报道、分段报道。它不能等待整个新闻事件有了结果后再去写一篇报道，而是有了新情况、新动态就得立即报出去。因而，连续报道，特别是关于突发事件的连续报道时效性更强。在现代媒体中，电视、广播、网络等几乎可以做到与新闻同步。因为，这些媒体的记者，整天都在追踪新闻的进展，有的甚至专门派人盯在现场，随时进行直播。

三是报道方式可多种多样。连续报道在写作上很自由，可以写消息，可以补充背景，也可以写通讯、特写、评论等，篇幅可长可短。但是，连续报道体现在版面上，版次、位置最好比较固定，这样便于读者寻找。

四是须保持前后的衔接性。连续报道是有先有后的，后面的报道要注意保持与前面报道的呼应。有的可利用开头部分显示出报道之间的关系。比如首条报道中有“××塑料厂发生爆炸，消防队副队长孔云死亡，另有13人受伤”，转天的连续报道中，则应在导语里写有“对于造成消防队副队长孔云死亡，13人受伤的这次塑料厂爆炸案的调查工作今天着手进行”之类的话。这样，连续报道就很自然地形成了一个整体。有的也可在文中的字里行间有意识地提几句，衔接一下。

五是报道应留有余地。连续报道中的新闻事件，往往都还处于发展变化之中，涉及尚不明确的起因、过程、走势、数字等，一定不要说得过于肯定，更不能在事件还没有定论之前就匆忙下结论，要留有余地，否则，报道出来了，却与事实不符，这样会很被动，不如实话实说，诸如“正在调查中”、“目前还不知道其作案动机”、“事态发展值得关注”、“战争爆发危在旦夕”、“井下矿工命悬一线”之类，或引用权威人士的话作适当的预测……

下面是一个连续报道的典型实例：

对于2007的4月9日发生在黑龙江中医研究院203人集体中毒事件，《每日新报》采取的就是连续报道的方式。

● 4月10日，该报“中国新闻”版刊发了题为“黑龙江三甲医院200余人食物中毒”的消息，情况是：早餐后中毒，除一人死亡，其他患者基本平稳。中毒原因正在进一步调查之中。悬念很多。

● 4月11日，该报又在“中国新闻”版刊登题为“黑龙江中毒事件系“氟乙酰胺”鼠类药品所致(引题)不排除人为投毒可能(主题)”的进一步报道，情况是：没有新的死亡病例，警方介入，早餐食物中含有鼠药，机关负责人表示，不排除人为可能。悬念仍未解开。

● 4月12日，该报又在“中国新闻”版刊登出以“黑龙江中医研究院集体中毒事件(引题)毒药经厨房水箱扩散？(主题)”为题的第三篇连续报道。情况是：无新增病例，警方已经锁定厨房的一个水箱，怀疑毒药是经过水箱扩散的。但暂时还无法确认。悬念中又多了一个悬念：水箱问题。

● 4月13日，该报又在“中国新闻”版以“黑龙江中毒事件系故意投毒(主题)据称公安部门悬赏10万元征集破案线索(副题)”和“中毒事件三大疑问(引题)投毒处是摄像头监控盲点”为题刊登两篇相关报道。新的情况是：确认为故意投毒事件，警方悬赏10万元征集破案线索。投毒处(电水箱)离厕所不远，恰恰是摄像头监控盲点。悬念又多了几个：悬赏10万元，会有效果吗？投毒人为何选择电水箱？做饭为什么下一层楼到这里取水？这么多谜团勾着你，真是让读者欲罢不能。

九、系列报道

系列报道是围绕一个新闻主题，对新闻事件、新闻人物或某一问题，在一定的时间段内多角度、多侧面、多层次进行报道的一种形式。也可以将其归入广义深度报道的范畴。报道数量至少在三篇以上。

系列报道与连续报道的区别：

尽管两者都是围绕着同一个新闻事件或主题而展开的连续性报道，目的也都是为了造成宣传强势。但区别还是存在的。

区别之一：系列报道的策划性强。由设计开始，按计划推进。有明显的思考与思辨特征，更强调主题意识。系列报道由一个总主题统领，各篇又有分主题，并不断深化总的主题。充分体现的是采编人员要倡导理念、干预社会、服务公众的热情。因而在西方，系列报道也被称之为“计划性连载”。而连续报道则不具有策划性特征，连续报道中的每一个下一篇都要取决于新闻事件的发展与变化，是客观新闻事件在引领左右着采编人员的行动。

区别之二:系列报道主要以新闻视点横向的切换与丰富见长,报道可能涉猎多地、多事。而连续报道一般则是以随着某一新闻事件的不断推进而开拓更新的内容为其特征,在追踪报道中,帮助受众一步步知道结果,或解开谜团。

区别之三:系列报道视角不同。整体上虽具有"总一分"格局,但单体均独立成篇,拿出其中哪一篇,也都是较有深度的报道。系列报道不要求上、下篇之间的承接性(即下篇需带上几句上篇的内容)。而连续报道中上、下篇之间的承接性比较明显。

下面是系列报道应注意的几个问题:

一是必须抓好选题。选题应贴近时代、贴近读者,并符合媒体自身的报道方向与思路。报道应在策划成熟的基础上再推出。

二是稿件储备应充足。报道一经推出,稿件的需要将是连续不断的。如果储备不足,将可能断断续续,或出现为了求得"连续"而不得不滥竽充数的情况。这样就背离了报道的宗旨,也破坏了报道整体的完美,造成事与愿违、事倍功半的结局。即使稿件储备充足,也要下大力组织好后续的稿源。整个报道过程一定要坚持宁缺勿滥的原则。

三是版面位置、刊登时间应固定。在哪个版刊登,何时刊登,均应固定,同时最好加一个版头,如"×××系列报道",或其他什么名目,也可用单线圈一下,目的一是醒目,二是便于读者查找、阅读。

四是起始、终止应有交待。系列报道作为一项战役性工程,不可能无声无息地开始、不宣而战地开始、突如其来地开始,总要有一些东西向读者告知,诸如"编者按"、"告读者"之类。也不可能戛然而止地结束、不明不白地结束、草草收场地结束,总要有一些诸如"编后话"、"结束语"之类的内容向读者交待,当然形式可不拘一格。除了上述之外,还可请有关领导出来讲一讲,或作个专访,或搞一篇评论性的文章。总之,系列报道既然是一项工程,就应该让它完整起来,有始有终,既有前言,也有后语。尤其忌讳的、也是很多此类报道容易犯的一个毛病,就是虎头蛇尾。开始颇有声势,但渐渐地萎缩下去,收场很草率。

下面是系列报道中两个比较典型的例子:

例一:2001年6月,《羊城晚报》曾针对出租屋脏、乱、差,乃至因有关部门管理不力而严重影响社会治安这一突出问题,推出了一组战役性的系列报道。先是在头版以整版的篇幅,并冠以“出租屋藏污纳垢大揭秘”的通栏标题,刊登了由5名记者采写的揭露广州市出租屋藏污纳垢的调查性报道。为了写好这组报道,记者们此前在出租屋整整“卧底”7天。报社决定将报道分上、中、下三天推出,第一天集中揭露“黄、毒”浊流,第二天透视管理漏洞,第三天刊登记者手记。三个整版全面揭露了出租屋普遍存在的“人肉市场、吸毒公开化、一些基层干部与黑势力同流合污”等社会丑恶现象。在初期揭秘报道告一段落之后,《羊城晚报》并未就此罢手,而是将触角向纵深推进。在接下来的一段时间里,又连续刊登了以“治保会体制非改不可”、“处罚屋主手太软”、“收容部门处理不力”、“法律法规不健全”、“出租屋,谁来管”、“出租屋,怎么管”等为题的一系列述评文章。从而引发了强烈的社会反响,并引起相关领导和部门的重视,采取了多项措施予以综合治理。应该说,这一仗出手不凡,深刻彻底,有始有终,打得漂亮!

例二:日本共同社推出的系列报道《日本的幸福》也是一个成功的范例。《日本的幸福》共分三大部分:“妻子的思秋期”、“当妻子抛弃丈夫的时候”、“老年之路·女人之路”,全长215回,从1982年1月至1984年5月,历时两年零3个月。报道从女性角度反映了日本社会的真实情况,特别是在日本经济高速增长、繁荣的背后,人们内心的苦闷与空虚。剖析了这个重经济、重物质而忽视人性的社会里普遍存在的问题。《日本的幸福》脚踏实地地探索了一个重大的社会与人生的课题。对于这样一个既现实又要达到一定哲理性高度的社会问题,除了采用系列报道之外,很难想象还会有什么更好的方式去处理它。

十、组合报道

组合报道也有人称之为“集纳式报道”,即围绕同一新闻主题,将不同单位、不同角度,甚至不同体裁的新闻内容编排组合在一起(整版或部分版面),形成一种宣传上的强势,使读者从组合在一起若干新闻的联系、对比及评判中,看到更完全的新闻事实,并得到更多的教益与启示。尤其是对那些特定时期的特定内容，采用此种形式，效果比分散的零敲碎打式的报道要好。

组合报道的形式主要有两种：

(1)加重式组合报道。同一内容的新闻集中在一起，消息、背景、通讯、言论、图片、漫画等多种体裁相配合，以加重分量。

(2)对比式组合报道。将正反两方面的内容组合在一起，以对比的方式，让读者更鲜明地看到什么是好，什么是坏；什么是对，什么是错。以便学习和借鉴。

需要注意的有两点：

一是选题须是当前正在开展的一项重要工作，具有明显的配合意识。如安全工作、抗洪工作、抗击非典、迎奥运、绿化、卫生……

二是最好冠名一个大标题，当然也可设一版头。一般来说，大标题在组合报道的上面，版头在组合报道的中间或左下角处。其作用一是统领，二是醒目。

十一、深度报道

深度报道关键在一个“深”字上，它反映的是当前新闻事件与社会问题中内容比较深刻的那一种。在新闻的“六要素”中，重点要在“何因”上做出文章。篇幅最少也要在 2000 字左右。

“深度报道”一词虽源自西方，但不等于我国没有类似报道。在我国，开始使用这一概念约在上个世纪 80 年代后期。1985 年全国好新闻评选中，就有一篇深度报道被评为特等奖，题目是“有胆略的决定——武汉三镇大门是怎样敞开的”。1987 年的全国好新闻评选，更有多篇此类报道榜上有名。现在，深度报道已为众多媒体所热用，成为报道体裁中不可或缺的一个种类。

为什么深度报道会如此受到青睐？主要原因就在于它独特的功能。当今，随着社会变革的加剧与经济发展的加速，各种现象及深层次的问题，越来越多地摆在人们面前，一般报道难以透彻反映。因而，深度报道便成为首选，且一路兴盛起来。深度报道既有广度，又有深度；既描写现在，又追溯以往，还可预测未来；既报道各类事件和人物，又可探索与分析。当然，深度报道也不能滥用，抓不到好的题材，采访不深入，又缺乏一定的理论积淀及写作训练，最好不要采用这种方式。因为深度报道毕竟文章较长，驾驭的难度也就自然会大一些。写不好成为败笔，那就不如暂时先不写。

深度报道的四个基本特征：

(1)重要性。一般多取材于当前的宣传重点、重大新闻事件，或与百姓利益密切相关的问题及人们普遍关心的热点，等等。

(2)深刻性。新闻内涵有一定的深度，不是简单的一般报道能说清的。所谓“深刻性”，就是要把那些隐藏在新闻背后的原因和问题揭示出来。

(3)详尽性。深度报道所需要的材料比较多，既有实事方面的，又有理论方面的；既有点上的，又有面上的。视角也是多方位、多层面的，有时甚至还要依托大量的数据和旁征博引。因此，深入的采访，掌握充足详尽的素材，是写好深度报道的重要前提。

(4)归纳性。深度报道因其材料较多，会触及问题的多个方面，为了使报道阐述得更明了，必须善于梳理与归纳，有一双慧眼能取我所需，用当所用。在吃透材料、明确主题的前提下，可先由总到分，列出几个小题，然后再由分到总，合力成篇，最终达到阐明主题的目的。

深度报道大致可以分为两类：

一为集合式。如连续报道、系列报道及组合报道，均为若干独立篇章的集合，前面已经讲过，这里就不再重复了。

二为单篇式。顾名思义，就是由单篇构成的深度报道，如解释性报道、分析性报道、调查性报道等。

1. 解释性报道

解释性报道重在“解释”二字，它的主旨不在于报道新闻事实，而在于解释新闻事实。即通过运用大量背景材料、内幕材料揭示出新闻的成因及来龙去脉，让人们更多了解“新闻背后的新闻”。

2. 分析性报道

一些重大新闻事件发生了，其本质与内涵往往一下子还难以看清楚。那好，就借助你作为一个记者、通讯员的活动能量与善于思考的头脑，来写一篇分析性报道吧，剥开新闻事件的表象，通过有理有据的逻辑推理与分析，从而让人们进一步看清看透新闻事件的本质与内涵。分析性报道一般都有较强的思辨性。

3. **预测性报道**

某一重大新闻事件发生之后，某一重要举措出台之后，某一社会现象、自然现象突然或悄然出现或消失之后……趋势与走向如何？会引发什么后果？利弊又有哪些？这往往需要“预测性报道”来担此重任。若把分析性报道比作“透视镜”，那么，预测性报道就是“望远镜”。

4. **调查性报道**

调查性报道是以揭示新闻事实真相为主的一种报道形式。西方也称之为“揭丑报道”。此类报道负面内容居多，可分为事件型和问题型两种，如事故调查、问题调查、社会丑恶现象调查、案件调查、解密调查及科学考证调查等。既是调查性报道，功夫就要下在“调查”上，力争能了解到更多事实真相的细节、时间、地点、场景、人物、语言，一切都要保持原汁原味，以增强报道的可信度与说服力。

现在，也有人把深度报道中对新闻内容的调查、解释、分析、预测、背景交待等多种写作方式集于一身，带有一定的综合性，这也是常常会见到的。

因此，除了特别明显的之外，有相当的篇章，对应归属于“解释性报道”、“分析性报道”、“预测性报道”、“调查性报道”中的哪一类，也很难分得那么清。一般来讲，只要能够把深度报道写深写透，写到了位，不拘一格、多种方式并用，也不失为一种好方法。

在各种媒体里，人们常常冠以“新闻分析”、“新闻综述”、“新闻述评”、“新闻观察”、“新闻视点”等栏目的相关报道，便都可归入深度报道的范畴。

以下是几种不同类型深度报道的典型范例，我们不妨结合上面的讲述，在阅读中去细细体会。

例一（解释性深度报道）：

《时代》周刊披露内幕——

美为何抓不到拉丹

美国情报部门18日证实，12日卡塔尔“半岛电视台”播放的一盘录音带确系本·拉丹的声音。这是一年多来首次有证据表明拉丹逃脱了美国在阿富汗的围捕。拉丹是布什政府的“肉中刺”,美国为捉拿拉丹撒下了天罗地网并悬赏5000万美元。但是美国的种种努力都随着拉丹的讲话录音带曝光而宣告失败,这令布什总统处于极为尴尬的境地。那么,美国为何捉拿不到拉丹?拉丹为何能逃脱美军的追捕?最新一期的美国《时代》杂志披露了有关内幕。

拉丹仍活着让布什很没面子

人们记忆犹新,就在美国一年前在阿富汗发动反恐战争后的几天,布什总统信誓旦旦地说,要不惜一切代价捉拿拉丹,“活要见人,死要见尸”。美军还出动巨型轰炸机和战斗机,对阿富汗的托拉博拉山区进行了狂轰滥炸,欲将拉丹从藏匿的深山老洞里赶出来。可是这位长着胡子、身高1.98米的世界“恐怖大亨”却在以后的几个月中躲过了美国间谍卫星的追捕和窃听装置的跟踪,成功摆脱了美军撒下的天罗地网。就在美国最后一次窃听到拉丹在托拉博拉山区与同伙的通话之后,美军再也没有任何有关拉丹的消息。此后,拉丹就像从地球上蒸发了似的,销声匿迹了。一时间,有关拉丹是死是活的传言甚嚣尘上,莫衷一是。

随着时间的推移,布什政府似乎对拉丹的死活没了兴趣,把反恐重点放到了追捕“基地”组织上。可是接下来,拉丹的追随者却逃脱了追捕,他们重新组合,化整为零,披上新的外衣,连续在最近发动了一系列震惊世界的恐怖袭击,如在也门外海袭击法国的油轮,在印尼巴厘岛和菲律宾制造了爆炸案……

就在布什憋足劲推动反恐第二阶段的倒萨战争时刻,拉丹却打破沉默,在录音带中威胁要对美国发动更大规模的攻击,这引起了人们对布什总统在第一阶段反恐取得阶段性成功产生了怀疑,令布什总统处于十分难堪的境地。美国人纷纷质问布什政府的这场反恐战争是否牛皮吹大了,为什么反恐头号目标拉丹还活着?而在今年美国中期选举败北的民主党也把拉丹的录音带看作是向布什总统反击的一个好机会。即将担任参议院少数党领袖的达施勒指出:“我们无法找到拉丹。我们在搜捕‘基地’主要分子方面并没有取得实际意义的结果。”“他们今天仍像一年半前那样对美国构成极大的威胁。因此,我们凭什么说今天取得了反恐的阶段性胜利呢?”

美军的延误让拉丹趁机逃脱

说句公道话,并非是美国情报部门没有追捕拉丹,而是拉丹太狡猾了,美军的捕捉行动又太迟缓。实际上,美国情报部门多年来一直在也门、沙特和伊朗追踪着拉丹,并且一直掌握着拉丹的踪迹。可是这一踪迹到去年12月突然中断了。当时美国情报部门在阿富汗与巴基斯坦接壤的托拉博拉山脉最后一次窃听到拉丹与同伙的通话。以后,美军再也没有听到过拉丹的声音。

布什总统的高级助手私下承认,美国在进攻阿富汗之前花了整整一个月的时间集结军队,这一个月的时间太长了,给拉丹和他的高级助手们撤离阿富汗留出了足够的时间。美军方也不情愿地坦承美军错过了12月份轰炸托拉博拉山区时抓捕拉丹的绝佳机会。一些美国军官指责布什政府派来追捕拉丹的军队人数太少,只好主要依赖于当地那些可疑的阿富汗地方军阀和巴基斯坦军队切断拉丹的逃生之路。这样,拉丹就消失得无影无踪,而布什政府官员则不定期地宣布拉丹已经死了。

尽管如此,美军仍在设法寻找拉丹的下落。2001年年底,美军和中央情报局的人联手在阿富汗的巴格拉姆空军基地外进行地毯式的搜捕。在一名陆军指挥官的领导下,这些小组又巡逻了那条无数偷渡者溜进巴基斯坦西部地区的“老鼠路线”。在那里,搜捕小组截获了拉丹与同伙的通话,可是这些搜捕小组仍无法接近拉丹。

美中情局有个抓捕拉丹办公室

《时代》透露,美国中央情报局一直负责恐怖分子的搜捕任务。而大约有1100名分析人员和秘密特工在辅助搜捕恐怖分子的工作。而除了弗吉尼亚总部外,中情局还设有一个特别的拉丹办公室,人员编制为50人。该办公室的唯一任务就是抓捕拉丹。当然,这个办公室是保密的。据悉,这个办公室的名称是以其负责人的孩子的名字命名的,是这名负责人最早参与组建了这个办公室。由于担心那个孩子遭到恐怖报复,所以办公室的名字仍对外保密。这个办公室甚至有一个“红色小组”,它由12名分析人员组成,他们设法按拉丹的思维考虑问题,按他的惯常袭击方式构思恐怖攻击。不过,在实际搜捕中,美国中央情报局还得依靠当地特工。因为他们可以渗入到“基地”组织中侦察或搜集情报。

抓捕拉丹的四种途径都不易为

美国情报人员指出，从理论上说，有4种途径可以将拉丹捕获。

首先，用“掠夺者”无人侦察机发现拉丹，投下一枚精确制导炸弹。这样时间快，成本低，且简单易行。可是用“掠夺者”消灭拉丹有一定难度，因为巴基斯坦总统一直婉拒美国利用其空域和基地向阿富汗发动攻击。“掠夺者”在巴基斯坦上空飞行将受阻。

其次，用电子窃听方法探测拉丹，迅速测定他的位置，确认讲话者就是拉丹后，立刻以迅雷不及掩耳之势投下一枚炸弹。可是美国的窃听前提是需要有通话的信号，而据悉拉丹已不再使用卫星电话和通过电波传递信号了。

再次，用古老的方式跟踪拉丹，收买当地人，直到搞清楚他的具体方位后，包围擒获他。问题是在巴基斯坦部落区，拉丹被视为英雄。美国几乎没有什么特工可以不暴露身份渗透到他们中间。

最后，说服什么人去抓捕拉丹。可是任何人想渗透进他那为数很少且死心塌地的核心小组内几乎是不可能的。巴基斯坦西部那延绵的山区部落聚居区仍是拉丹藏匿的好地方。美军搜捕小组想渗透到这一地区将遇到可怕的地理环境障碍。要知道中情局在这个地区最多只有100名准军事人员。

最新情报表明，拉丹藏匿在也门。美国情报部门在捕捉拉丹时遇到的最头痛的问题是拉丹像冬眠的蛇一样，不出洞，与外界也没有联系。美国的侦察卫星虽然24小时不间断地对目标地区进行侦察监视，但是仍没有捕捉到有关拉丹的任何信号，没有捕捉到那些可能与拉丹联系在一起的车辆的有规律的活动。很显然，拉丹是通过信使进行联络的，这些信使不是骑摩托车就是坐汽车，从部落地区出发，将拉丹的信件送到白沙瓦或卡拉奇这些城市中隐蔽的“基地”老巢。美国情报专家估计，大约只有20名拉丹最信任的心腹才知道他的下落，他们宁可为拉丹而死也不会投降。

看来，要抓到拉丹谈何容易。

（原载2002年11月20日《深圳特区报》）

（注：报道围绕“美国为何抓不到拉丹”这一新闻主题，以层层剥笋的方法，通过运用大量背景材料，从四个方面进行了剖析，让人们了解到许多新闻背后的新闻。如：为什么抓不到拉丹会让布什没面子？拉丹为何屡屡逃脱？抓捕拉丹办公室是怎么回事？四种抓捕拉丹的途径为什么均不易为？……报道对新闻的解释非常详尽、透彻。因此，这是一篇比较典型的解释性深度报道。）

例二（分析性深度报道）：

中国第一个“休闲小康指数”昭示生活方式的变迁

又到黄金周，正“忙”着休闲的人们或许还不十分清楚，中国已经有了第一个“休闲小康指数”。它的出现昭示着中国人的生活方式正悄然发生变化：休闲开始成为大众的普遍需求，而不仅仅是“少数人的特权”。

与之相呼应的是，为期半年的首届世界休闲博览会正在我国杭州举行，世界休闲组织的一位官员坦言，博览会的主题为“休闲——改变人类生活方式”，其潜台词正是“休闲改变中国人的生活”。

什么是休闲？“闲”是可自由支配的闲暇时间，“休”就是对“闲”的消费方式。“休”和“闲”加在一起，反映出一种社会文明和进步。在中文搜索引擎百度网上输入关键词“休闲”，会立刻跳出2790万条相关网页，休闲已成为社会流行语。

休闲也受到了高层领导的重视。国务院副总理吴仪近日指出，让中国人民过上好日子，不断满足人民群众日益增长的物质文化生活需要，始终是中国政府工作的基本出发点。中国政府支持和鼓励人们将劳动所得用于文明、健康、积极的休闲，更全面地发展自己。

“‘休闲小康指数’随着时代的发展应运而生，是现实生活的反映，它既注重客观的数据分析，又把人们的主观满意度放在重要位置。”《小康》杂志社社长舒富民说。“休闲小康指数”是由《小康》杂志社组织、发布的，他们根据民意调查、加权统计、专家分析，并参照权威部门的统计数据，得出中国目前的“休闲小康指数”为63.5。这一民间版本的“休闲小康指数”以后每年将发布一次。

舒富民介绍，搞这个指数基于三点考虑：休闲是人自身发展的要求，人的可持续发展需要不断提升自己，而休闲所带来的交流、思考正符合此要求；休闲是社会发展的需要，和谐社会的构建离不开休闲状态的存在；休闲是经济发展的需要，不能为发展而发展，如果没有休闲，人民无法共享发展成果，发展将毫无意义。

“社会发展的历史表明，人类许多发明创造都与休闲密切关联。懂得休闲是一种人生智慧，开发闲暇时间是发达国家社会进步和提高人的素养的一条重要途径。在西方，休闲教育是一门必修课，而且几乎是终身教育。”中国艺术研究院休闲研究中心主任马惠娣说。

有钱、有闲是休闲的基础。中国人民大学休闲经济研究中心主任王琪延教授在日本电话接受“新华视点”记者采访时说：“人均GDP达到1000美元时，就会产生休闲需求。2003年中国已步入这个阶段。与此同时，从实行‘5天工作制’，到推出‘春节’‘五一’‘十一’三个长假，现在中国的法定节假日已达到110多天，这意味着城市居民一年中有近三分之一的时间在休假。因此可以说我国已跨入休闲经济时代的门槛。”

然而“休闲小康指数”研究结果表明，目前中国人的休闲总体上还处于成长期，在休闲观念、休闲产业和休闲文化上还需要继续培育。中国人休闲生活还存在五大问题：其一，休闲观念落后，表现为“主动工作、被动休闲”；其二，休闲时间增多，但休闲质量较差；其三，休闲支出不平衡，城乡差别大；其四，休闲方式单调，选择睡觉、打麻将、无事发呆的消极休闲人群仍过大；其五，对个人休闲状态，多数人不满意。

“休闲不是偶尔玩一次，而应是人们三分之一的生活方式，三分之一的消费模式。”中国旅游文化资源开发促进会副会长魏小安说，美国的休闲产业已占GDP的首位，约占全部消费支出的三分之一。中国差距很大，但也意味着潜力同样大。

中国的休闲虽然仍存在这样那样的问题，但毕竟已开始“成长”。魏小安高度评价今年的休闲新变化，他说，在一定意义上，2006年可以说是中国的“休闲元年”。

“新华视点”记者宋振远、张景勇　（新华社北京2006年5月2日电）

（注：该报道以分析见长，什么是休闲？“休闲小康指数”的产生？高

层及专家又是如何看待休闲的？休闲的基础是什么？中国人的休闲还差什么？对中国人未来休闲的预测？通过层层分析，让人们从多侧面了解了“休闲”，认识了“休闲”，并看到了中国人正在“走近”或“走进”休闲，同时，也揭示出了新闻的主题——中国第一个“休闲小康指数”表明国人生活方式的变迁。）

例三（预测性深度报道）：

外资大量入楼市　风险利弊应自知

记者在上海、广州等地采访时发现，今年以来境外资金从收购内地写字楼、商铺进一步扩张至高档住宅。种种迹象表明，外资大量进入内地楼市，对楼价攀升一定程度上产生了推波助澜的作用。

沪京穗：加快收购高档住宅

进入 2006 年，上海、北京和广州等地楼市，海外机构投资者空前活跃，整体收购案明显增多。

2 月，有美国、印尼、香港特区资金背景的基金协和建设收购位于上海市卢湾区的盛捷服务公寓住宅，嘉吉集团也在南汇区买下了 24 栋别墅。

3 月，继美国高盛以 7000 万美元买下虹桥花苑酒店式公寓之后，来自中东的“神秘”资金，通过美资背景的基汇资本，以 6 亿元的总价，整体收购了上海卢湾区的高档住宅“翠湖天地御苑”18 号楼，共 103 个单元。

国际性中介代理机构仲量联行的统计显示，一季度，外资在上海房地产投资市场投资放量，成交金额已超过去年总量的一半，海外基金在一定程度上影响了上海一季度的房地产。

4 月，先有麦格力物业投资银行收购了卢湾区的城市公寓，后有摩根士丹利在上海房地产市场的异常活跃。摩根士丹利以 7 亿元代价分两次收购了浦东陆家嘴中央公寓 4 幢住宅，每平方米 1.4 万元的高档住宅也已成为其投资对象。

北京楼市同样被外资看好。香港某银行北京一位信贷经理透露，其手头今年批出的贷款基本上全是房地产项目，“由于贷款人基本上是信誉较好的外资机构，不担心这些贷款的收回，而担心这会最终吹大中国房地产市场的泡沫。”

在广州楼市，境外资金进入的步伐同样在加快。广州高力国际物业服务公司有关人士说，摩根士丹利在广州荔湾区已购买了多处物业，由于通过“影子”公司获得，并未留下交易痕迹。

由于地缘关系，越来越多的香港资金进入珠三角楼市。4月下旬，置业国际发布报告称，一季度香港人在内地购楼金额约36.5亿元，同比增长11%。这些资金八成投在了珠三角楼市，另有13%投在了上海。

近年来，海外基金收购一线城市物业日益增多，先是集中于写字楼、商铺，现在高档住宅也成了炒作的题材——这预示着外资对境内各类物业的投资全线铺开。

仲量联行研究部主管何迈可表示，机构投资者对上海房地产市场的关注仍在不断增长，预计年内将有多项收购案达成。

国际知名物业代理公司第一太平戴维斯董事李旭说，海外基金对国内楼市的收购、介入会越来越深，甚至会走出上海、北京等一线城市向二线城市蔓延。

双套利：境外资金来者不善？

一部分业内人士认为，外资购买住宅多用于酒店式公寓出租，不会短期出售套现，且投资对象是高档物业，其数量不足以影响国内经济。但越来越多的市场人士提醒，这种掉以轻心的态度非常危险。

“上海楼市·境外人士专刊”发行人蔡为民指出，这些境外资金进入中国，一则看中奥运会、世博会在即，政府希望楼市稳定成长，不会令房价重挫；二则认为人民币及内地楼市升值可能性大，于是购买房地产，既可套取汇价差，又可套取房价差。

曾经历过台湾“楼灾”的不动产专业人士蔡为民说，境外资金炒楼的影响具有“点火”功效，一般说1亿元热钱往往能带动10亿元国内游资的跟进。

东渡国际金融事业部总经理吴荣国认为，境外投资机构大举进入楼市的危害之一就是可能加剧房地产泡沫。

国家外汇管理局资料显示，去年外资机构在内地收购房总额达34亿美元，从境外流入的侨汇达174亿美元。侨汇流入剧增的上海、浙江的房价波动比流入增幅平稳的广东、福建明显要大。

银河证券公司首席经济学家左小蕾认为，外资拉动高端房价，会导致周边房价上涨，最终导致平均房价的升高，大众需求必受其害。

过江龙：境外资金兴风作浪？

左小蕾分析认为，外资大举进入内地楼市缘于对人民币升值预期，一旦认为升值空间已经见顶，就会出现集体撤离，那时会使中国经济面临艰难的调整。

台湾和香港等地的"楼灾"历史显示，"点火—吹泡—吸血—撤退"是外资炒楼的一贯轨迹。蔡为民指出，眼下内地游资已有被海外热钱调动起来的迹象，在一段时间里形成楼市人气的陡涨，比如北京楼市去年以来的状况。

他回忆说，1988年，新台币出现阶段性升值，引发国际热钱大举进入台湾，先炒作股市，后转入楼市，景气热度空前高涨，许多人辞职专心炒股、买楼。当新台币由38元兑换1美元时，国际热钱无利可图纷纷撤退，台湾房价顿失依托，缩水一半乃至三分之二。投资者血本无归，不少人因而自杀。台湾房地产陷入"黑暗期"。

据业内人士分析，上海、北京、广州与台北或许有本质差异，但热钱的"长相"是一样的：有利则万马奔腾而来，卷起千重浪花，无利则呼啸而去，"不留下一片云彩"，到那时如梦方醒、收拾残局的只有跟风者。

蔡为民告诫说，日本楼市为此低迷了15年，台湾低迷了13年，香港阵痛了6年。在规律面前，不要侥幸以为自己可能例外！

有关专家建议，对外资进入内地楼市应有所管制，通过开征特别物业税制止外资在楼市的炒作行为。

"新华视点"记者徐寿松、黄玫　（新华社上海2006年6月1日电）

（注：这是一篇以预测为主的深度报道。外资大量涌入楼市，利耶？弊耶？文中重点对外资大量涌入致楼价攀升的推波助澜作用进行了层层深入的剖析，特别是对中国未来楼市可能带来的不可估量的危害，在借他山之石一一举证之后，提出了庄严的告诫：万万不可重演外资"有利则万马奔腾而来，卷起千重浪花，无利则呼啸而去，'不留一片云彩'"的历史闹剧。如到那时再如梦方醒，收拾残局，为时晚矣！需要注意的

是:这样的预测性深度报道一定要把握住历史、现实与未来的理性认识,一定要高瞻远瞩,建立在专家学者深入调查及研究分析的基础之上,切不可随意地去推测。)

例四(调查性深度报道):

谎言是如何炮制出来的

——左云矿难瞒骗事件追踪

2006年5月18日20时30分左右,山西省左云县张家场乡新井煤矿发生透水事故,当初矿方上报5人被困,后经有关部门初步核实为44人;随后,调查人员进一步核查又发现13名矿工被困,被困矿工人数升至57人。

国家安监总局局长李毅中义愤填膺:这是一起性质恶劣、损失严重、影响极坏、特别重大的煤矿透水和瞒报事故。

目前,事故仍处在抢险阶段,但瞒报的轮廓已被初步勾勒出来。

精心炮制　谎言"出笼"

据初步调查,事故发生后,矿主根本没有上报。19日零时前后,接群众举报,当地公安部门来到现场调查,矿主汇报只有5人被困井下。5月19日14时,左云县向山西省、大同市及省、市安监部门报告说,初步核实有5人被困或失踪。

国家安监总局和山西省有关部门接到群众举报后,责令相关部门核实。随着核查的深入,井下被困人数从5人升至44人、57人,矿方瞒报的"盖子"被一步步揭开。

5人被困的数字是如何得来的呢?据了解,矿主李付元事发后曾与两个包工头达成"攻守同盟",商定按以下口径上报入井、出井和被困人数:

兰仁伙包工队入井8人,出井6人,被困2人;郭永奇包工队入井11人,出井8人,被困3人。加上其他包工队,"下井42人,升井37人,被困5人"的事故情况报告,就这样"出笼"了。

而这两个队当班时的真实情况如何呢?据初步核查统计,兰仁伙包工队当班实际入井33人,出井17人,被困16人;郭永奇包工队当班实际入井46人,出井6人,被困40人。仅这两个队实际被困人数就达56

人，煤矿却仅仅上报了5人。

为了达到瞒报目的，事故发生后，矿方将井下工人的上岗证全部拿走，只留下5个证件，企图制造假象配合“5人被困”的谎言。

谎言编完后，几个责任人逃匿。

被警方控制后，李付元面对调查人员的询问仍然满口胡言，一再隐瞒，说矿上总人数三百五六十人，每班下井人数一百二三十人。而据抢险指挥部初步核实，新井煤矿共有1471名职工，每班下井人数多则300多人，少则200多人，事故发生前井下人员多达260人。

事故发生后，李付元曾威吓过一个包工头，要是有人问起井下情况，只能报他定的数字。他许诺说，等事情过后，要是政府给每一位遇难者家属赔20万元，他就给每个人出40万元。

50多名矿工兄弟的生命，在矿主“嘴巴一动、信口雌黄”的谎言中，被无情地深埋在几百米深的矿井下。因为矿主瞒报，贻误了抢救的最佳时机，使抢险善后工作难上加难。

井下瞒报　地上转移

矿难发生后，矿方不仅不如实上报被困井下的矿工人数，积极组织抢救，反而雇人雇车转移家属。据有关部门和记者初步调查，事故发生后，矿方一共出动了5辆面包车，企图将6户被困矿工的28名家属转移至内蒙古，后被家属识破没有得逞。

据新井煤矿部分矿工家属说，井下透水后第二天凌晨，矿方指使人采取哄骗或强行手段，将被困矿工家属分批用车拉走，试图将他们转移，但矿工家属发现疑点后强烈反对，司机被迫开车回到矿上，矿方雇的司机还被愤怒的矿工打了一顿。

“19号四五点钟，天才刚刚放亮，我和几个家属上了辆面包车，说是去旁边的燕子山宾馆先住下，那儿安静。当时我们就上车了，一共有5辆车，前面一辆桑塔那轿车带路。大约走了两个小时，我们发现不对劲，车越走越远，就让司机调头。”一名四川籍被困矿工的妻子告诉记者。

除了转移矿工家属，矿方还在事故发生后第二天转移了五六百万元资金。

目前，警方已冻结了矿主及有关人员的11个账户，涉及资金1100万元，并已追回现金800万元。

瞒报背后　还有什么

矿主为什么要瞒报？由于目前仍处在调查阶段，记者还无法从矿主李付元口中找出答案。

一位在事故现场的专家分析说，矿主在发生矿难事故后选择瞒报，并雇人转移家属，“利”的刺激是最根本原因。在矿主眼里，地下的煤就是成捆成捆的钱，只要能挖出来，什么险都值得冒，哪怕以身试法。

究竟矿主能赚多少钱？新井煤矿核准年产能为9万吨，但今年仅从3月初至事故发生前短短2个半月时间，就生产原煤约10万吨。依此计算，该矿一年产量将近50万吨，由于煤质好，吨煤坑口价高达280元，除去成本，吨煤可净赚200元，煤矿一年的利润就近亿元。

按规定，发生重特大事故的煤矿将被关闭，资源也将被收回拍卖。面对高额利润，矿主自然不愿因事故而断了财路。于是，他把矿工的生命当成赌注，心存侥幸希望能蒙混过关，企图瞒报后私了事故，继续开矿，继续发财。

多年从事非法违法生产，事故煤矿矿主的“能耐”可想而知；事故发生后，矿主胆敢隐瞒不报，事情败露后又不配合，满口谎言，除了利益驱动，背后肯定有支持他的“理由”。

李毅中在抢险现场表示，事故调查组成立后将重点围绕是否有渎职失职、官商勾结、权钱交易等问题展开调查。

目前，当地警方已经成立专案组，调查瞒报问题。大同市委书记郭良孝表示，瞒报不论牵扯到谁，都将一查到底。

抢险工作正在紧张进行，被困矿工依然生死不明。井下的水总有一天会抽干，而随着调查的不断深入，关于瞒报的细节也将被一一查清，相信过不了多久，其背后可能存在的深层次问题就将水落石出。

“新华视点”记者冯瑛冰、陈忠华、刘砺平（新华社2006年5月26日电）

（注：这是一篇矿难后死亡人数瞒骗事件的阶段性调查。调查从谎言“出笼”、瞒骗实施、瞒骗背后等几个方面展开，每一个过程的前前后

后都交待得非常具体、非常清楚。如下井人数的调查、矿难死者家属转移之举、矿难背后的利益驱动，等等。当然事件还有隐情，甚至存在更深层次的问题，这将有待随着调查的步步深入和案情的审理逐一浮出水面。）

例五（问题性深度报道·带有综合性）

一个茶壶卅个杯

——透视研究生扩招下的师生比例失调

2004年硕士研究生招生考试的硝烟刚刚淡去，根据教育部公布的信息，今年全国研究生招生人数将达到33万，比2003年增长22%。连年大幅度的研究生扩招，已导致师资力量严重不足，随之而来的教师负担过重、研究生质量下滑等一系列"副作用"，也成为高校和教育部门苦苦求解的难题。

1个茶壶有能力将30个茶杯灌满吗

根据江苏省教育厅提供的资料，2003～2004年度全省高校有全日制在校研究生4.87万人，另有在职攻读硕士学位人员1.2万人，全省高校共有研究生导师7846人，师生比达到1∶7.74。

事实上，一些热门专业的热门导师带二三十个研究生根本不足为奇，有的导师甚至一届就带十几个。工科院系由于围绕项目开展研究生教学，组成一定规模的团队或者实验室是客观需要，但在文理学科，三四十个学生显然是导师不能承受之重。有人将研究生和导师之间的关系比喻为茶杯和茶壶，那么当30个茶杯围绕着1个茶壶的时候，茶壶有能力将他们都灌满水吗？

小张在一所知名大学读研究生，在三年级以前，他经常两三个星期也见不上导师一面。他抱怨说，导师既不关心他们的基础素养，也不关心他们的研究创新能力，只要求他们出论文。"最头痛的是培养方向和目的不明确，就业和理论研究两头不着靠。我身边有许多师兄都不知道将来干什么，他们读完硕士读博士，读完博士读博士后，许多研究生毕业后唯一的出路就是出国。"

一位博士生导师对此颇有微词："现在有些导师简直是胡搞！某些文科专业甚至出现了一个导师带三四十个博士（包括在职博士生）的现

象。按规定博士论文字数不得少于10万字，而每个学生的论文在答辩前老师至少也应该看二三遍。这样的话，导师所有的时间都用来看论文也显紧张，更何况他自己还要学习、授课，加上科研项目、研讨会和行政职务，精力显然不够，对学生的指导和监督也就力不从心，于是研究生质量下降、论文剽窃等问题都冒出来了。”

南京大学物理系教授马余强说：“我每星期组织学生做两次讨论，其实也是因为没有时间做个别指导。老师的精力有限，只能挑选出优秀的学生重点培养，而对那些能力一般或者对研究没有什么兴趣的学生关心就少一点，这部分学生的素质可能就要打折扣。”

另一个招致非议的现象是“30个茶杯”中有不少是在职的党政官员。当终身学习成为社会共识、高学历成为官员升迁考虑因素之一的时候，政府和高校之间、官员与导师之间的利益交换也就在所难免，于是出现了一些“真文凭假博士”，也挤占了很大一部分教育资源。

就业压力下的扩招和扩招压力下的师资

许多人把高校扩招归之于缓解社会就业压力，但事实上，就业的高门槛本身对学历的压力才是近年研究生考试异常火爆的根本原因。高职高薪的工作岗位一般都需要高学历，甚至连公务员招考也越来越多地把拥有硕士学历作为必要条件。高层次教育人才与人口总量的比例依然偏低。

问题在于高层次人才培养不是商品批量生产，大幅度扩招的直接影响就是高校教育资源的紧缺。前段时间在河北省石家庄市出现的“收费自习室”，以及山东某快餐店以晚间免费提供自习座位为促销手段，都直接反映出扩招给高校带来的压力。

研究生扩招不仅为名校“锦上添花”，更为一些原本招不到学生的学校解了“生源之渴”。同时，师生比例失调也使得一些水平不高的老师得以广收门徒。南京师范大学的一位教授告诉记者：“现在有些老师能担任博导仅仅因为他们读博士早，年龄长，其素质可能跟研究生差不多。所以有人说‘不是博导指导研究生，而是研究生指导博导’，许多博导接了课题都由研究生来完成，研究生成了廉价打工仔，许多导师不是嫌带的学生多了，而是嫌少了。”

师资力量的紧缺使得高校间掀起了一场引才热潮。以南京航空航天大学为例，2000年起平均每年的研究生增招幅度在40%左右，为缓解其对师资需求的巨大压力，学校每年拨3000万元专项资金用于引人和安置。仅2003年1～9月份就引进了100多人，其中包括十几位教授。

高校间对优秀教师资源的争夺导致了人才价格的攀升。如西部某大学为了留住人才推出了一系列措施，被戏称为“五子工程”——房子、车子、票子、帽子(职称)、儿子(入学)，而许多学校的措施中还包括了“妻子”(配偶就业)这一项。在市场经济大环境下，人才流动有利于资源优化配置，值得鼓励。但许多专家担心，就我国目前的人才布局而言，“引才大战”会引发恶性竞争，且进一步加剧东部对西部的“人才掠夺”。

南京航空航天大学研究生院常务副院长温卫东说：“现在有些规模小的学校急于拓展生存空间，‘挖人’的力度很大，不顾自己的实际需要和承受能力盲目提高价码，往往导致双方学校和教师的‘三输’。在充实师资力量的时候，学校应首先明确自身的办学定位和层次，对未来人才资源的方向、特色全面规划，以此决定师资结构和规模。”

江苏省教育厅研究生教育处处长徐子敏认为，解决师资不足的问题需要建立开放的研究生教育资源体系，一是促进教育体系内部的资源共享，二是吸纳社会优质资源，为培养研究生服务。

研究生培养模式：可否尝试不同类型

一些学校已经意识到以上种种问题，开始限制每位导师所带学生的数量。但对于大多数高校来说，借扩招这个机遇争取国家的资源投入，做大学校的“盘子”才是当务之急。温卫东说：“国内对大学的评价体系仍然主要着重于数量统计，根据师资、学科点、招生量、院士数量等来考核排名。而排名就是学校的品牌和附加值，这种隐形效益影响着学校的生源、号召力等各方面发展因素，将来如果学校实行收费制，更成为价格的决定因素。所以各校都紧抓扩招这个机遇，发展规模，争设硕士点、博士点。”

目前的研究生质量评价标准和培养模式遭到了学者质疑。温卫东说：“许多导师抱怨研究生素质一代不如一代，这是就学术能力而言。客观地说，现在学生把大量精力投到英语、计算机等专业，受考研、出国、考证等'俗务'干扰很大，研究素养肯定要打折扣。但这些学生就业率高，受到市场肯定，那么这种应用型的培养思路也没有错。"

一些教育界人士认为，应该建立适应不同需求的研究生培养模式。比如我们是否可以尝试将研究生教育分为两种类型：一种以课程为主，扩展知识量和知识面，弱化论文，而加强文献综述、社会调查等应用能力的培训和作业；另一种要求研究和课程并重，注重理论研究能力，并鼓励他们继续攻读博士。

徐子敏认为，传统的"师傅带徒弟"的研究生培养方式已经不能适应招生规模的发展和教育观念的改变，而代之以小组式和团队型的培养模式。市场需要的并不都是研究型人才，高校只有优化师资结构和资源配置，建立多样化的培养模式，才能满足社会发展的多元化需求，这不仅有利于解决研究生扩招和师资力量不足的矛盾，也符合世界教育发展的方向。

"新华视点"记者　姚玉洁　(新华社南京 2004 年 1 月 29 日电)

(注：作为一篇问题性深度报道，既提出了问题，又分析了原因，也提出了某些解决的办法，写法上兼有调查性、解释性，也少许带有一点预测性，比较综合。报道一开头，开门见山，直奔主题——研究生过度扩招造成师生比例严重失调，随之而来的是教师负担过重、研究生质量下滑；接下来，第一个小题重在调查，运用背景资料和访谈，道出"怎么样"；第二个小题重在解释，通过运用背景资料和有力的分析，进一步点明问题的严重性，并回答了"为什么"会这样；第三个小题重在解决，即从体制上，也从方向上及方式方法上，提到了"怎么办"才能走出现状。以上模式，也是许多问题性深度报道的惯常写法。)

第五章　如何写好通讯

第一节　什么是通讯

通讯，是比消息更能详尽、生动报道新闻事实的一种新闻体裁。它与消息、评论一起，共同构成了记者、通讯员手中最常用的三大“常规武器”。依据报道内容不同，通讯可分为人物通讯、事件通讯、工作通讯、风貌通讯等，还可通过截取一个镜头或一个横断面的方式，写出新闻事实中最精彩的一瞬，如特写、速写、小故事等。

第二节　通讯与消息的区别

通讯和消息都是新闻报道的重要体裁，而且各具特色，分清它们之间的共同点与不同点，可以更好地运用这两种新闻体裁，来为我们的宣传工作服务。

通讯与消息的相同点：二者都具有新闻的某些特征——①写真人真事。②注重时效。③体现价值。

通讯与消息的不同点：①从容量上看，通讯容量大，篇幅长；消息容量小，篇幅短。②从写法上看，通讯更详尽、更生动，有更多的细节描写，多以描述为主；消息写作直接简明，多以概述为主。③从时间上看，通讯的时效性相对消息而言更宽泛一些，没有消息“抢”得那么急。④从报道对象上看，通讯写人居多，消息写事居多。⑤从结构上看，通讯更灵活多变，没有“倒金字塔式”等要求，写作技巧也运用得较多；消息则比较稳定，更格式化一些。

在新闻报道中，通讯与消息，不能说谁重要谁不重要，或者说，谁是主角谁不是主角，因为二者承担的责任、发挥的作用不一样。在数量上，消息肯定比通讯多，但在需要的时候，消息又不能替代通讯。新闻发生后，一般都是消息打头，冲在前面，而篇幅较长的通讯则紧随其后，进而让人们看到了更多、更详尽的内容。如果没有《谁是最可爱的人》、《歌德巴赫猜想》、《县委书记的好榜样——焦裕禄》这些通讯名篇，仅仅凭一两条消息，是绝对不会产生这样具有震撼力的效果的，也不会让志愿军战士、陈景润、焦裕禄这些可敬可爱的形象永远留在了人们的心里。

为了对通讯与消息的异同有更具体的了解，下面就举几个相近题材的例子作一下比较。

例一（消息）：

老妇斗豹

据新华社西安电 陕西省商县牛槽公社西联大队六十七岁的女社员齐德英和侄孙、孙女打死一只凶恶的豹子，由此闻名乡里。

6月5日下午，小脚老太太齐德英和侄媳、侄孙、孙女等到离村七八里外的车耙沟挖草药。这时，一只五尺多长、白身黑斑的豹子，一声吼叫，从青桐树丛猛窜出来，吓得侄媳、侄孙、孙女都跑的跑，躲的躲。凶豹一下子扑向齐德英，并咬住她的右臂。齐德英临危不惧，用双手揪住豹子的双耳，并用右肩顶住豹子的下巴，展开搏斗，并高声呼叫。这时，侄孙、孙女听到奶奶呼喊，拿着树棍一起打豹子，使凶豹一命呜呼！

（注：《老妇斗豹》是以消息的形式报道了六十七岁女社员齐德英临危不惧、勇斗凶豹的无畏壮举，文中叙事简洁，不枝不蔓，意在言明“何事”，而未就“如何”作更多展开。）

例二（通讯）：

女民兵陈传香勇打金钱豹

最近，在鄂西北神农架山区里，人们交口称赞二十岁的女民兵陈传香为抢救同村姐妹，赤手空拳与凶豹搏斗的英雄事迹。

今年3月29日上午，神农架林区盘龙公社前进大队第三生产队女民兵陈传香和女社员科正玉在屋旁洋芋窖里选种。突然，从屋后的山坡上传来小羊的惊叫声。她们抬头望去，只见一只七尺多长的金钱豹正在追捕一只小羊。狂奔的小羊恰巧跑到科正玉的一个不满三岁的小孩面前。意外的情况发生了，金钱豹丢下小羊向小孩扑去，情况十分危险。陈传香为了抢救孩子，竭尽全力猛向金钱豹冲去。豹子一见人来，昂首翘尾，吼叫一声，一跃而起向她扑来。陈传香机灵地一闪，豹子擦身而过，扑了个空。陈传香心想，人人都说豹子比老虎凶，今天也不过这个样，更增强了打豹的信心。她手疾眼快，拾起一块石头趁豹子还未回过头来的机会猛砸过去，正砸在凶豹的身上。豹子大怒，嘴里呼呼喷着热腥气，反剪过来猛地窜起一人多高，陈传香正要躲避，突然发现科正玉站在她身旁准备帮忙。她马上意识到自己一躲开就有伤着科正玉的危险，急忙转回身保护科正玉，乘豹子扑过来时狠狠地踢了它一脚。当她再要拾石头时，金钱豹又反剪过来，把科正玉扑倒在地，张开血盆大口就向她头部咬去。就在这十分紧急的关头，陈传香急中生智，起身一跃，骑在凶豹的背上，用尽全身力气把豹的脖子向上勒起。这时凶豹丢下科正玉，大吼一声，又是一个反剪，窜出一丈多远，企图甩掉骑在它身上的陈传香。陈传香双手紧紧卡住豹的脖子，迫使豹子喘不过气来，张着大嘴，吐着白沫。这时，闻讯赶来的民兵和社员，对准豹子的天灵盖猛击数棒，凶豹顿时口鼻流血，躺倒在地。

前进大队党支部、民兵连表扬了陈传香不畏猛兽、舍己救人的革命精神，号召全连民兵向她学习。

（原载《解放军报》）

（注：这是一篇通讯。和前一篇《老妇斗豹》相比，尽管题材相似，但写法大不相同。《老妇斗豹》重在“何事”，叙述简洁概括，是典型的消息写法。而《女民兵陈传香勇打金钱豹》则重在“如何”，叙述中有较多细节刻画和较完整的事件过程，是典型的通讯写法。只是篇幅短一些，且比较集中地写了一个片断，我们可以将其视为“小通讯”，或称“特写”也未尝不可。）

至于通讯与文学作品的区别就不多说了，这里只想附带提一提，其实根本一点就是真实性问题。

尽管在情节、结构、语言等方面，通讯与文学作品有许多相似之处。但是，通讯只能选择典型，而不能塑造典型；通讯只能挖掘故事情节，而不能虚构故事情节。文学作品中被典型化了的人物可以“嘴在浙江，脸在北京，衣服在山西，是一个拼凑起来的角色”（鲁迅语），而通讯则必须实有其人，确有其事。

第三节　写好通讯应把握的几点

一、深入采访

由于通讯的篇幅长、内容多，因而需要的写作材料也比较多。没有足够的材料，写通讯将如同“无米之炊”，但这些材料从哪里来？别无他求，只有靠亲身采访，而且是深入的亲身采访。

深入采访之前，有两项工作是必须要做的。

首先是准备工作务要充分。俗话说：“不打无准备之仗”。采访要想顺利，并能达到预期效果，准备工作十分重要。其中先要明确采访意图。宣传谁或什么事？报道主题？主要思路？重点何在？注意些啥？知道该找谁谈？该问什么问题？该参观什么？该要哪些材料？这些，在采访前必须做到心中有数。不能盲目地去，也不能丢三落四地去。往往有些人，由于准备不充分，虽然采访了，过程也热热闹闹．但回来后，到了提笔的时候才发现，有用的东西并不多。因此，在采访之前，若有可能的话，一定要将已掌握的材料多看一些，除了自己捋出个思路或拟个提纲之外，重要的采访还应征求一下领导的意见，也可与大家商量一下。记住：绝不打无准备之仗。

再者就是明确采访途径。一般的采访途经大致有如下几种：①与当事人谈，面对面接触采访。②与领导谈，从上面了解情况。③与知情者和周围的人谈，从下面了解情况。④现场观察，亲眼目睹事发地及周边环境是一个什么样子。⑤体验式采访，深入实际，呆上一段时间，这样会观察得更细,感受也更深。⑥索要材料。比如相关的总结、讲话、其他媒体的报道,及一些背景材料、历史材料、数字、荣誉等。⑦隐性采访,也称“暗访”。是指不公开身份、不暴露采访目的的采访。这样也许会得到一些更真实的东西。⑧电话采访与网上采访(QQ)。这种采访方式,采访者与被采访者双方不见面,没有面对面的忌讳及可能造成的尴尬,说话会更随便一些。还有就是由于被采访者距离较远,或不轻易出面,难以约见等,一般也均采用此种方式。

深入采访,是写好通讯的一个大前提。在这诸多采访方式中,我觉得,现场直观的采访最为关键。因为,通讯的写作需要很多细节,需要很多刻画,这“细节”与“刻画”从哪儿来?只能凭亲身的观察与体验。

二、提炼主题

1. 什么是通讯主题

主题是通讯的中心思想,也是统领全篇的灵魂。有没有一个好的主题,是决定通讯值不值得写首先要考虑的因素。从某个角度说,主题就是通讯的新闻价值和宣传价值所在。

通讯主题也是贯穿全篇的一条主线,材料的取舍,题目的确定,哪个地方该详写,哪个地方该略写,语言的表达,感慨的抒发,都取决于主题。如果一篇通讯没有一个明确的主题统领,那这方方面面的若干材料将会成为一盘散沙。自始至终的整个写作过程也将无法展开。

通讯写作,是主题在先,还是采访在先,应该说,实践中这两种情况都有。更多的时候,主题(或者说“典型”)是在深入实际、深入采访中发现的,这便是先有采访,后有主题。也有的时候,是带着主题下去的,有了主题然后再深入采访,但这时的主题,也是浅层次和初步的,只有在深入的采访过后,有了亲身的感受和大量的材料作依托,通讯主题才能在脑海里渐渐明确起来,深刻起来。这,看似是先有主题,后有采访,实际上还是经过了“模糊的主题——深入采访——明确的主题”这样一个跨越过程。

谈到主题的形成,一位学者的一番讲述颇能发人深省,经常写作的人也都会有同感,现抄录如下:

很多人认为，主题的形成是从写作时开始的。这话不尽正确。其实主题形成于研究材料。不少记者回顾他们的通讯写作历程时，都说通讯主题的形成开始于对材料的研究。这种对于材料的研究，并不是等到采访以后才开始的，而是在采访前进行准备时开始的，或是因为自己以前对这一事件(这一人物)有一定的了解，从而先形成了主题。在得知新闻线索以后，记者把新闻线索与当前的形势联系起来考虑，其实已经模模糊糊地对新闻事件(新闻人物)的意义有了一个假设。这个假设可以说是主题的雏形。

从雏形到主题的形成是一个复杂的过程……这一过程几乎贯穿了整个通讯的采访过程。通讯的采访过程，就是一个主题的形成过程，带着这个假设，记者制定采访计划，并在采访过程中获得大量材料来补充和修改这个假设，并不断地挖掘更深层次的更有新闻价值的内容，最后初步形成主题。其中，在采访过程中不断地修正和充实对于主题的形成很重要，如果缺少了这一步，记者就会带着一个粗陋的、肤浅的，甚至是错误的主题去写作，其后果是可想而知的。

主题形成以后，接下来的步骤就是在“写作——再采访——写作”时进一步深化主题。在采访中形成的主题，往往到了写作中就又必须加以改动了，因为写作与采访的视角不同。运用协作的思维方式来看待采访后形成的主题，就会发现其中的许多不足之处，而且在写作时，思维容易层层深入，考虑的比采访时要更深一些。

发表于1963年3月24日《人民日报》的通讯名篇《“一厘钱”精神》主题的提炼就曾经历过两次飞跃。作者说，开始采访到有关材料时，只是作为一个从点滴做起的节约方法。后来在研究材料和写作中又感到，工人们重视节约一厘钱，体现了一种主人翁精神，若把这种精神报道出去，可能会引起较大反响。于是把这篇通讯的主题从原定的一种节约方法提高到一种精神，这是第一次飞跃。而通讯的第二次飞跃则是把主题思想同当时执行的建设社会主义总路线中的“多快好省”紧密联系在了一起。从一个厂节约“一厘钱”所体现的精神，扩展到节约时间、提高效率、提高质量方面，这，不但延伸了“多快好省”的内涵，且又回答了工人们为什么会有这种精神，进而也增强、深化了通讯的普遍意义。文中结尾，还从“一厘钱”精神中归纳出一个更具广义的颠扑不破的真理：伟大的事业要从最小的事情做起。通讯主题时代感和深度挖掘与提炼过程中的“两次飞跃”，或许会给人一点启示。

2.通讯主题的确立原则

深入采访的过程，既是一个丰富材料的过程，也是一个不断提炼与确立主题的过程。主题的确立，是通讯写作中与采访同步，或在采访之后务要完成的一个首要环节，通讯主题确立不下来，你的写作便将无法进行。那么，通讯主题的确立应本着哪几个原则呢？

一是准确鲜明。准确是指通讯主题的确立必须建立在新闻事实的基础之上，与你所采访的材料相符。不能牵强，不能拔高，更不能无中生有、生搬硬套。你手中的材料能够充分印证你所确立的主题，这样写起来才顺手。

通讯主题鲜明就是说，作者的态度要在通讯中得到鲜明体现，爱什么，恨什么；倡导什么，反对什么；歌颂什么，鞭挞什么，读者应一看便知。但作者的这种鲜明态度，又不是靠自己去直接发言，或大发议论，而是通过你的立意、你的选材、你的主人公、你的新闻事实表述来实现的，是通过多种灵活的写法及表达方式来实现的。

二是合乎时宜。通讯，作为顺时而动的一种新闻体裁，其主题的确立也须合乎时宜。当前宣传工作的集中点、人们普遍关注的焦点、具有轰动效应的新闻热点，这都是通讯主题确立的出发点和着眼点。除了突发的重大新闻事件之外，很多通讯主题的确立都有一定的社会背景和宣传背景。《谁是最可爱的人》诞生于“抗美援朝战争”之际，宣传讴歌志愿军战士是当时的社会大背景；《“一厘钱”精神》诞生于1963年，多年的自然灾害之后，倡导全民点滴节约是当时的社会大背景；描写孔繁森、郑培民的《领导干部的楷模》、《公仆本色》分别诞生于上个世纪90年代和2000年以后，市场经济致使一些领导干部的价值观、人生观、世界观发生扭曲，急需树立一批清正廉洁、无私奉献的典型，这便是当时的社会大背景；这几年，随着一线技术工人许振超、孔祥瑞、窦铁成的涌现，中央及地方多家媒体也先后发表了长篇通讯。一段时间以来，许多年轻人不愿到一线当工人，不愿学生产技术，造成技术人才极度匮缺，甚至后继乏人，这又是一个需要权拉宣传技术工人杰出代表的社会大背景。

三是集中。一些材料，从不同的角度看，会有不同的主题。但通讯的写作只能突出一个主题、一个中心，不可同时有两个主题、两个中心。即使材料再多，涉及方方面面，也只能是围绕着一个主题、一个中心来选择和展开。这一点，务必记住。通讯一般都有大题目和小题目。大题目是主题的集中体现，而小题目则是从不同的侧面、不同的角度来说明大题目的。应该说，二者的目标完全一致。

四是新颖。新闻主题是从客观新闻事实中提炼出来的，它不能随着人的意志而改变。但是，同样的新闻事实，站在不同的角度去看，也可能会有不同的认识，主题未必就是唯一的。主题不能强加，选择总还是可以的。为什么不将最具时代特色、更富创新精神的一面挖掘出来，体现出更多新思想、新理念，为什么不在选择中，令其脱离俗套，更新颖、更独特一点呢？因此，新闻主题的提炼，也包括“新颖”在内。

三、精选材料

没有材料不行；材料多了，不精选也不行。切忌不分主次，任其堆砌。

精选材料的过程主要有两步：

第一步：反复阅读。凡是采访带回来的材料，在没有决定取舍之前，都要先反反复复、仔仔细细地看上几遍，看的过程是一个熟悉的过程，是一个主题再明确的过程，也是一个分辨主次、逐步决定取舍的过程。看的当中，可以适当作一点提要性的记录，哪一部分重要，应再看，哪一部分不重要，可以略看或不看。也可对下一步写作中有可能用得上的某些做法、事例、话语、理念、数字、荣誉称号等，在材料旁用红笔留个只言片语的提示，以备好找。

第二步：认真筛选。在主题明确、材料熟悉之后，不妨列出一个初步的写作提纲，比如：大致确定主题，草拟出大题及小题，然后再依据这个提纲，认真辨别选取所需的材料。对于写好一篇通讯来说，选什么，不选什么，可以遵循下面几条原则：

一是材料典型。典型材料即是能够紧扣主题并充分说明主题、印证主题的哪一部分最有说服力、最有代表性的内容。典型材料要有特点，不一般化，尽量避免雷同和过于司空见惯。当然，典型材料也许未必都那么惊天动地，催人泪下，平凡中同样蕴含着非凡，只要主题需要，就是典型。前些年曾发表过关于上海某房管站维修工徐虎和北京公交车售票员李素丽的《把党和政府的温暖送到千家万户》、《北京有个李素丽》两篇通讯，应该说，文中所选都是一些平凡之举，但他们能够多年如一日地坚持下来，这种持之以恒的默默奉献却又透示出一种精神、一种一般人难以达到的境界。因此，这两篇通讯都获得了第七届“中国新闻奖”特别奖。

二是关注细节。通讯选材应更多关注细节。因为，通讯的写作离不开细节，离不开生动的描述与刻画。从这一点讲，所选涉及情节、细节等方面的材料是越具体越好，不怕冗长，不怕啰嗦，就怕太笼统、太概括。需要细节，却没有细节，又想象编造不得。即使你有生花妙笔，也让你无能为力。这些细节从哪儿来，只有源自采访与选材。

三是宁多毋缺。这也是许多长期从事写作之人的共同体会。材料多一点、杂一点没关系，我们可以慢慢去筛选与梳理。暂时用不上的，可以放在一边，顶多是多费点时间和心思，但总比要什么没什么强，如若没有，到了该动笔的时候，那才真叫“书到用时方恨少”、“巧妇难为无米之炊”了。当然，这所谓“多”，也不是漫无目的、不加选择地都敛过来。

四、力求生动

通讯生动的表现力，也是其特点之一。通讯的生动主要体现在四个方面，即：语言表达、情节与细节、抒情与议论、谋篇布局。

语言表达。除了准确简洁之外，通讯的语言表达更讲究文采，也向文学性又靠近了一步。该俗的俗，该雅的雅，该个性化的个性化。多用动词，少用形容词。所指越具体、越明确越好。要显现出文字功底的深厚。

情节与细节。因为通讯特别注重情节与细节的叙述与描绘。这也是通讯更具表现力的关键所在。在叙述、描绘的情节与细节中是否抓住了特征，是否充分展现了该展现的地方，达到了一个最佳点。

抒情与议论。没有抒情与议论，通讯的高度和延伸度往往不够，通讯的感人至深也难免欠点火候，通讯的爱与恨也难力透纸背。情与论，要真诚与贴切，要少而精，要能唤起心灵的交汇与共鸣。

五、巧于谋篇

巧于谋篇也是"力求生动"的一个重要方面。对于文章，有人曾这样打比方：主题是灵魂，材料是血肉，结构是骨骼。再好的灵魂与血肉也必须依附于骨骼之上。通讯的骨骼就是指谋篇布局，谋篇布局好与坏，直接影响到灵魂与血肉的依附。如果骨架没搭好，不管再去怎么依附，也是个不完美、不出色的整体。

在通讯谋篇方面，初学者常犯的毛病主要有两点：一是"平"，二是"散"。

所谓"平"，即是指结构平平淡淡，没有波澜，太一般化。古诗云：文似看山不喜平。山，只有高低起伏、峰峦叠嶂，才让人有妙不可言之感。通讯，若从头到尾都平铺直叙，像流水账一般，那还有啥看头。

所谓"散"，即是指结构松散而不严谨，拼凑的迹象明显，前后也没有很好的衔接与过渡，加之层次不清，逻辑不明，杂乱无章，该呼应的地方也没有呼应到，更缺乏浑然一体、引人入胜的巧妙构思。

通讯的谋篇，不仅要有利于展现主题，有利于填充材料，有利于读者阅读。同时，还要在"巧"字上做好文章，创新构思，独特布局，设法抓住读者的眼球，即"慧"中，又"秀"外、"炫"外。

第四节　常见的几种通讯结构类型

通讯常见的结构类型包括：纵式结构、横式结构和纵横结合式结构。

一、纵式结构

这是一种按时间顺序、事物发展顺序或对事物认识顺序来谋篇布局的结构方式。具体说来又包括：时间顺序式和逻辑顺序式两种：

1.时间顺序式

就是以时间先后为顺序来安排层次。发生时间在前的先写，发生时间在后的后写。这种结构方式条理清晰，读者一看便知来龙去脉。当然，这一结构形式如果处理不好，一段一段放在那里，没有波澜，没有详略，有时会给人一种"流水账"的感觉。下面有两篇获奖佳作采用的就是这种结构方式：

第一篇：如获得第四届"中国新闻奖"一等奖的通讯《三次"上书"总书记的普通农民》，就是按三次"上书"时间的先后顺序来安排结构的：第一次"上书"是1990年，第二次"上书"是1992年，第三次"上书"是1993年。三次"上书"，表现了一个农民"位卑未敢忘忧国"的主人翁精神。三次"上书"都有回音，也深刻反映了党和政府善于倾听百姓呼声、与百姓水乳交融的和谐关系。通讯环环相扣，脉络分明，层次感中有整体感，整体感中又有层次感。

第二篇：获得第十四届"中国新闻奖"一等奖的通讯《目击杨利伟飞天归来》，在运用倒叙法开头之后，也是按时间顺序式来展开通讯结构的：

今天清晨6时23分，中国首飞航天员杨利伟乘坐"神舟"五号载人飞船从太空归来，平稳着陆于内蒙古中部草原。

……

真是天公作美，昨天这里还刮着大风，而今夜却是明月星空，几乎感觉不到风吹，一望无垠的大草原敞开胸怀，与我们一起静静等待着从太空归来的中国首位航天员。

6时左右，有人喊起来："看，天上有颗星在飞！"

搜救人员纷纷下车，在－4℃的旷野上抬头仰望。只见一颗明亮的"流星"正从月亮边划过。一位技术人员告诉记者："这是与返回舱分离后的轨道舱在运行。减速制动后的返回舱马上就要进入大气层了！"

6时07分，一团火球在西南方的天空向我们飞近，那是进入稠密大气层的返回舱，正在与大气摩擦燃烧中飞来。

6时12分，空中传来“嘭”的一声震响，表明面积达1200平方米的主降落伞已打开。人们更加急切地向空中眺望。

“来了，来了，在那儿！”6时17分，一个黑点在已泛出曙光的东方天空出现，并且越来越大。

“杨利伟回来啦！”大家旋即跳上车，向返回舱飘落的方向追去。

降落伞悬挂着返回舱，在我们的车头前缓缓飘落。记者抬腕看表，正是6时23分。

我们脚下的这片土地，当地牧民称之为“阿木古朗”草原，在蒙古语中是“平安”的意思。这真是个好地名！

8时15分，杨利伟乘坐的直升机从沸腾的内蒙古大草原起飞，向附近的机场飞去。他将在那里换乘专机飞回北京。

……

（原载2003年10月17日《解放军报》）

（注：几点几分，六个时间段，把杨利伟飞天归来的每一个过程，都交待得一清二楚。）

2. 逻辑顺序式

这是按照新闻事件发展的逻辑及认识顺序来安排通讯内容的一种结构方式。表达上可以明显看出溯本求源、由浅入深的层层递进过程。

如获第五届“中国新闻奖”一等奖通讯《菜价追踪》，采用的就是这种逻辑顺序式结构。通讯抓住北京菜价上涨这一社会关注热点，从山东寿光产地开始，经过运输与批发，直至京城街头的菜摊，顺藤摸瓜，层层追踪，最后找到了菜价上涨的真正原因，并就如何解决这一难题提出了见解。“菜价”一路涨来，个中原因，清晰可见。

而获第九届“中国新闻奖”二等奖的通讯《他们为何争“黄牌”?》，则是按照对新闻事实剖析认识的顺序来安排结构的。“黄牌”从足球场引入经济领域。某主管部门对下属不景气企业亮“黄牌”，原本是想起个“敲警钟”的作用，最初人们也确实都怕“黄牌”临头，可没过多久，却引来人们对“黄牌”的纷纷争抢，这到底是为什么呢？

“黄牌”不臭，反而成了“香饽饽”。带着这个疑问，记者决定探个究竟。原来“黄牌”会给企业带来多多实惠：低息贷款、免交多种税收、暂缓偿还外债、可获无偿技术服务……再深究下去，发现此举背后乃是人们的惰性在作怪：不愿拼搏，只想靠“黄牌”苟延残喘，多蹭几天饭吃。最后，从体制改革的层面上分析：一些困难企业仍存有吃“大锅饭”思想，而主管部门“亮黄牌”的做法也有弊端，从某个方面讲，无异于用“大锅饭”救“大锅饭”。由此而指出：“亮黄牌”不是解决问题的根本办法，改变面貌还得靠困难企业自己奋发图强。

认识步步深入，通讯的结构也随之展开。这一结构方式具有较强的逻辑关系与思辨性。况且，通讯又以悬念开篇，所以读起来更加引人。

二、横式结构

此种方式以横向布局为其结构特征，主要有空间变换式和并列式两种。写作上一要注意前后变换之间的衔接、过渡；二要注意分散的材料和主题之间个性与共性的统一；三要注意克服七拼八凑的做法，起码不要给人留下这样的感觉。

1. 空间变换式

即以新闻事实发生空间方位的变换来组织安排材料的一种通讯结构，也称为“分镜头”式。如获奖作品《爱心无价》就是通过横向三个不同方位献爱心救治身患重病好军嫂的感人故事，来组织全篇的。爱心镜头一：治疗室，医院无偿治病；爱心镜头二：病房，一个用爱心筑起的“家”；爱心镜头三：社会，来自方方面面的关爱。

新华社集体采写的通讯《当你们熟睡的时候》用的也是这种结构方式。全文选取了深夜还在工作的十个行业：①托儿所；②电、汽车公司；③急救站；④电报局；⑤菜市场；⑥电影制片厂；⑦清洁工人；⑧报社；⑨夜宵摊；⑩医院妇产科。由此展现了这些劳动者在各自岗位上默默奉献的动人事迹。选材是横向的，时间大致相近，只有空间的变换，他们组合在一起，说明了同一主题。

2. 并列式

把一篇通讯里包含的几个并列关系的新闻事实横向地组合起来。

和空间变换式的区别：空间变换式结构选取的新闻事实一定要发生在同一时间段内，注重的多为不同场景。而并列式结构选取的新闻事实则未必发生在同一时间段内，注重的多为事物的不同侧面。

如《人民日报》通讯《变化就在你身边——从衣食住行看中国》，就是比较典型的并列式结构。通讯从与人们生活密切相关的衣、食、住、行四个方面入手，反映出改革开放给人民生活带来的巨大变化。这四个方面的小标题分别是：①从服装看变化：色彩缤纷的世界；②从餐桌看市场：丰富多样的选择；③千万间广厦的诉说；④一个新的挑战——速度快者得生存。

还有通讯名篇《“一厘钱”精神》，也是这样一种横向的并列式结构，请看全文：

“一厘钱”精神

一厘钱，最勤俭的家庭也早已不放在眼里，可是却有手经百万元的厂长、会计、供销人员和长年给国家创造财富的工人，为少花一厘钱，给国家多积攒一厘钱，算盘打了又打，潜力挖了又挖。

这儿写的，都是工业生产中的这类一鳞半爪。但是，它闪烁着社会主义建设真理的火花。

一厘钱

用过高级“北京墨水”的人，也许以为，制造这种第一流墨水的费用，会比包装费用大得多。其实相反，包装墨水的费月比制造墨水的费用大3倍。因此，要当好墨水厂这个家，给国家多积累资金，大头是降低包装材料的成本。可是墨水不能不用瓶装，商标不能不贴，纸盒不能不用。而且还要分量准，包得牢，外观美。更难的是，这些包装材料，墨水厂不产，全靠外厂加工。一个小小的墨水瓶盖，去年是由北京、太原和淮阴等地的11个工厂加工的，今年还要6个厂加工。墨水瓶盖里面的纸垫，也要由上海生产。如果北京墨水厂说自己无法降低成本，那也很难怪它，可是这家工厂的包装成本，去年减少了，今年又减少了。

他们是用珍惜“一厘钱”的精神减少的。

那是在去年春天，厂长李健刚提请党支部委员会讨论他打算在全厂提出的一个口号：每件包装材料降低一厘钱。

为什么提降低一厘钱呢？我们将在最后回答。

厂长的提议被支委会通过了，接着在全厂职工大会上正式提出。于是全厂行动起来了。

管瓶盖的供应人员，把11个制造瓶盖厂的代表请来，把11个厂造的瓶盖摆出来，把天津造、上海造、美国造、德国造的墨水瓶盖也摆出来，同各厂代表一起，比质量，称重量，算成本，评美观。他们把11个厂瓶盖的17项费用指标排成队，逐项比较，精密计算，彼此取长补短。这些似乎是“份外”的工作，促使一些厂把瓶盖的成本降低了，全厂购买每个瓶盖就少花了4厘多钱。就在这小小的瓶盖上，去年节约了10万元！

管纸盒的孙树德，在自己的办公桌上，摊开一大张纸，拿来一个印好未糊的装墨水瓶的盒，左比右量。他眼前出现了希望：几年来只裁15个盒的那种纸，有可能再多出一个。他抱着这种希望到东家印纸盒的工厂，找工人商量；到西家印纸盒的工厂，向厂长“游说”。他的希望在4个月前终于变成了现实。原来每张纸裁15个纸盒，要废掉一小块。经过他和工人们研究改了裁纸方法，每个盒盖插进盒里的那个“舌头”比原先短一韭菜叶，一张纸就多出了一个盒。这样，每个盒的纸张费用就减少了一厘钱，全厂一个月节省了8令纸，不！还有，裁盒方法一改，印盒效率也提高了，每个盒的印刷费用又因此从刀缝里减少了一厘五毫钱。一年要用近两千万个盒呢！

厂长也早在人们不注意的地方设了“关卡”。他告诉回收废瓶子的老人，发现废瓶中有好瓶，要立刻向他报告。一天，那老人果然在车间交回去的废瓶中发现有两个好瓶子，忙去报告了厂长。厂长立刻叫上班组长，叫上科室人员，来到现场。他拿起那两个瓶子说：“丢一个瓶子国家损失6分钱，没人拣，为什么自己掉个一分钱的小‘钢崩’，就赶紧拣起来呢？”这种爱护国家财产的教育真能打动人心，从此瓶子的损失率大大下降了。

工人和参加辅助工作的工人家属也行动起来了！常用北京墨水的人，你也许没有留意，在瓶盖同盖里涂有蜡和蓝漆的纸垫之间，还有个小小的黄纸片。每个纸片才值一厘一毫钱。过去垫这个纸垫的工人家属和管理纸垫的人员领发无数，丢多少不知，计成本照例按10%的损失算账。现在她们手缝里掉下一片,也要拣起来,遇到废片,也交回工厂。

“一厘钱”精神,使北京墨水厂改变了原来的亏本状况,为国家积累了大批资金。“一厘钱”精神,也在有关工厂发生了连锁反应。如果这种精神在全国每个企业都发生连锁反应,该能为国家积累多少资金啊!

一分钟

时间是财富中最珍贵的财富。劝人们珍惜岁月的人,曾用古今中外伟人名家爱惜时间的范例和训导,写成过各种各样的“时间篇”。

我们在北京市制药二厂,看到了普通工人用社会主义劳动热情写成的“时间篇”。这也可以说是利用工时的“一厘钱”精神。

这是一个原有27个人的包装组。如果说这些工人和最普通的工人也有点不同,那就是“啰嗦事”多。全组有25个是女工。她们之中有21人是一至七个孩子的母亲。全组女工大部分是1958年前后参加工作的家庭妇女。她们的平均年龄是36岁,她们诙谐地自称是“老太婆”组。曾有一个时期,她们组的缺勤情况在全车间占“优势”。这算是这个“时间篇”的背景材料吧!

从去年4月开展创财富竞赛起,情况不同了。职工们算了个账,如果每人浪费一分钟,这一分钟不仅没有给国家创造财富,还给国家浪费3分钱(包括设备、水电等各种消耗和工资开支)。这么一来,像一厘钱那样不被人放在眼里的一分钟,在工人们心里,同个人对国家对社会主义建设的态度发生了联系。

全组为充分利用每一分钟而动员起来了。

那位组长、共产党员赵玉珍,同工人们商量,建立了工时利用账。她们用这个观测全组工时潜力的“显微镜”一看,全组每天占用非生产时间的名目有十几种。赵玉珍根据这种观测,改进了生产的组织工作。工人生产的潜力常和思想、生活相连。星期天,她又常出现在家务事多的姊妹们家里,谈谈私下里话,帮助安排安排生活,巩固小组的“后方”。

那位做事不吭声的李庆珍,家离工厂远,坐汽车也得40分钟。可是无论刮风下雨或奇冷天,她总是第一个到车间,把全组用的浆糊调拌好,把包装纸、说明书摆在每个人的工作台上,把地下扫干净,为的是每个人每天多利用几分钟。

那位7个孩子的妈妈江玉华，家庭收入少，家务事情多，可是她安排得巧，每天也总是坐在工作岗位上听着上班的铃声响。

那位钉箱男工刘凤祥，任务是往装满药品的木箱上封口钉钉子。他钉完钉子，就给全组当义务服务员。这个要喝冷汽水，他去拿，那个要喝茶，他到茶炉上去冲，为的是让每个人多利用停工取水的三两分钟。印好字的药瓶供不上包装了，包装工人也不再等，主动给印字的人当辅助工。印字工人上厕所了，包装工人也赶紧接过机器，不让机器停。

一分钟长短对谁都一样，可是每人每分钟如何使用不相同，生产的产品数量和质量也不同，关键在劳动的态度和技能。从去年4月起，赵玉珍小组每月出勤率最低保持在95%，全组多数工人的技术也有了提高。今天，她们的每一分钟比过去的每一分钟就“长”多了。同样的设备，同样多的任务，原来27个人干，现在18个人干，多数人月月还拿超额奖。

如果说社会主义的大厦归根结底要靠提高劳动生产率盖起来，那么像赵玉珍小组，领导者用一分钟这个时间概念去组织生产，劳动者用一分钟这个概念计算自己的劳动，这该是提高劳动生产率的起点。

一根火柴

北京火柴厂第一季度有一个奋斗目标：每盒火柴里减少一根废火柴.这件事又是“一厘钱”精神在提高产品质量领域里的再现。

一根废火柴（工厂叫废支）的标准有八条：无头、小头、破头、双头、半支、牙签，等等。在北京火柴厂，一根火柴从它的母胎大树干里脱生出来，要经过3个车间，40多道工序，走将近一里长的路程。机械化程度不高，木材又不理想，它每移动一步，每经过一道工序，都有出废支的可能。去年上半年，每盒火柴的废支曾达到10%左右。

于是，减少废支的严重斗争展开了。车间里，挂起了“为减少废支而奋斗”的大字标语，贴上了防止出废支的操作规程，时刻鼓舞和督促着工人。机器旁，增加了扫把，工人们不时清扫脚下，以减少踩断的火柴梗。主要工序设了关卡，警觉的质量检查员每小时都要抽查。下班了，工人们减少废支的心事还放不下，他们聚拢在一起，评比本班减少废支的成绩，检查生产中发生的问题。不利于减少废支的操作技术在改，不利于减少废支的设备也在革新。

减少废支的斗争并不只限于技术领域。排梗工段长陈凤林说，他们干的活，是把火柴梗排立在一块块的加板上，排一块板，拿一块板的钱。在以往，有的加板上火柴梗倒一片也没人管，为的是多拿计件工资。现在，加板上那三千支火柴梗倒几根，工人们就宁肯不拿这份工资，也要把整块板当“废品”剔出来，防止在下一段沾不上药头，出废支。一百多个装盒的女工也是“拿计件”。她们装一盒（一百支）火柴用5秒钟，剔出一根废支的时间同装一盒火柴的时间相比，当然就显得不太短。可是，每天下班时，她们手边那放废支的纸盒里，总是有五六百支。可以看出，党的思想工作在这场减少废支的斗争中发生了巨大的作用。

这场斗争从去年7月持续到今年1月，每盒火柴的废支由10根左右减到了5根。这同轻工业部规定的两根半这个指标还相差一大段。厂里的干部也承认，他们还有不少工作要抓紧干。

斗争在继续着。2月中旬我们来厂访问的前两天，生产报表中统计每盒废支的那一格里写的数字，已接近4根。

斗争不能不继续。接待我们的副厂长说：“每盒火柴多一根废支，全厂一年等于把几百万盒废木根卖给了人民，这就有个为人民服务的态度问题。拿国家的木材国家的钱，造出那么多废木棍，这又是个对国家资财的态度问题。”

何止是一根火柴，每个人生产的产品，每个人做的工作，何尝没有这个问题！

一个真理

平凡的事物常常包含着真理。正如北京墨水厂厂长李健刚所说：“一厘钱，是个精神，因为工厂家业大，产品多，所以更要从小处打算盘。”是的，这是一种非常讲实际的精神，是能够动员所有群众行动的精神。这种精神，也可以说是我们的工厂、人民公社、商店和机关的理财之道，也是做好一切社会主义建设事业之理。不是吗？要实现党的多快好省地建设社会主义的总路线，就要有这种“一厘钱”精神，从节省一厘钱做起，从提高每一分钟的劳动效率做起，从提高每一件产品、每一项工作的质量做起。

“一厘钱”精神显示了一个颠扑不破的真理;伟大的事业要从最小的事情做起。

亲爱的读者,当你抱着雄心壮志要建设好我们伟大社会主义祖国的时候,你就从自己经管的一厘钱、一个产品和自己的每一分钟做起吧!

李峰　余辉音　(原载 1963 年 3 月 24 日《人民日报》)

(注:除开头外,通讯共分四个部分,前三个部分是横向并列的三个事实(北京墨水厂节约一厘钱、北京制药二厂节省一分钟、北京火柴厂不浪费一根火柴),包含着金钱、时间、质量几个方面,然而折射出的却都是“一厘钱”精神。在此基础上,通讯的第四个部分再度升华,即由三个事实总结出的一个真理:伟大的事业要从最小的事情做起。

这种并列式结构的运用,很好地承担起了通讯要表达的内容,加之语言的朴实无华、描写的细致入微,从而共同成就了这一名篇的诞生。)

三、纵横交叉式结构

这种纵与横交叉运用的结构方式,可以吸纳二者的特点。既有时间顺序,又有空间变换。其中,以纵式为主线的比较多见,少数也有以横式为主线的。若以纵式的时间顺序为主线,则在每一时间段内,按空间转换进行构架;若以横式的空间变换为主线,则在每一时间段内,按时间顺序进行构架。此类通讯多用于时间及场面较为复杂,单一的纵式或横式结构不足以充分展现新闻事实,并说明新闻主题的。

发表于 1960 年《人民日报》的通讯名篇《为了六十一个阶级弟兄》,便是采用这种结构方式来谋篇布局的。

通讯讲述的是发生在山西省平陆县 61 名民工食物中毒后,经多方紧急救助,最终脱险的感人故事。通讯的结构安排是以事件进展的时间顺序为主线:从 2 月 2 日至 2 月 5 日,按照时间顺序,从镇医院——平陆县委——国家卫生部——北京特药商店——空军某部——再到镇医院,纵向展开,写了完整的一个救治过程。但在某一时段内,又有横向的展开,描述了更细的详情。比如文中写到准备接应空军晚间空投一段,就是这样:县委书记县长如何亲自指挥,附近村民如何快速堆起四座柴草小山,几千人又是如何为了搜寻飞机踪影而久久不肯离去……《为了六十一个阶级弟兄》尽管所写事件情况紧急,材料又多,但一气读来,却感到既紧张,又紧凑,不散不乱,整体感很强。主题也特别鲜明——突出了在社会主义大家庭里,人们对生命的共同关爱。(通讯原文见第五章第六节事件通讯后“附录”)

还有20世纪80年代初获“全国好新闻”的通讯《他 她 她》也是纵横交叉式结构。该通讯篇幅超短,我们不妨抄录如下:

他 她 她

(一)

时间:3月20日。

地点:安陆县新华书店门市部。

营业员刘宪群接待一位想买全套数理化自学丛书的顾客。不巧,存书已不成套了。小刘听说对方是孝感县高压线路的巡线工,工作岗位随时流动,就立即去找在县百货商店工作的老同学王小莉,动员她把刚买到手的一套丛书转让出来。助人为乐的小王二话不说,就把丛书交由小刘转让给那位巡线工。

(二)

时间:当晚。

地点:巡线工驻地。

捧着自学丛书,如获至宝的巡线工,如饥似渴地翻阅着。忽然,书中掉下一张“书签”,拣起来一看,却是一张190元的存款折。第二天一早,他赶紧花了2元1角8分钱的邮费,用保价信函寄回了书店。

(三)

时间:两天后。

地点:(同一)。

营业员小刘接到保价信函,立即将存款折交还割爱让书的老同学王小莉。但发信人是谁呢?信封上只写着“巡线工”三个字。经过打听,才知道他是孝感县电力局电力工区职工李润德。

赵金禾　(选自《中国优秀通讯选》)

[注:通过三个普通人——巡线工(他)和书店及百货商店营业员(她和她),买书、让书,外加穿插“归还存折”的一些平凡之举,展现了“助人为乐”、“急他人所急”的主题。通讯主题不大,题材不大,人物不大,篇幅不大,但却让人感到了“非比寻常”。

结构方面:纵向以买书、让书、归还存折的时间顺序为主线展开故事情节,前后连贯;横向则分别在这三个平面上又有所扩充。作为通讯,《他 她 她》谋篇别致,或许也是其获奖的原因之一。]

四、其他结构方式

除纵式、横式、纵横交叉几种基本的结构方式之外,在此基础上,有的还融入了其他的表现手法,用起来亦觉别致。如悬念式、彩线穿珠式、对比式、日记式等。当然,形式总是为内容服务的,绝不能生搬硬套,刻意去追求某种形式。形式只能在最有利于服务内容的前提下方可创新,创新的目的也是为了更好地服务于内容。

1. 悬念式结构

悬念式结构就是在通讯的开头设置一悬念,让读者感到不解和纳闷,然后再逐步解开悬念,以吸引读者读下去。但,悬念的设置一定要依据新闻事实。

如《人民日报》好通讯《十亿元大骗局的破产》运用的就是悬念式结构,通讯的开头是这样写的:

1993年3月31日下午7时许,一名西装革履的中年男子手提密码箱,从一辆小轿车中钻出来,行色匆匆地走向北京首都机场入口处。

“这是你的身份证吗?”机场工作人员一边检查他的证件,一边说,“这个身份证是假的!”

“这……这……不可能。”中年男子的神情中流露出一阵惊慌。

“你到底叫什么名字?”

在安全保卫人员的严厉盘问下,这位急于离京出走的男子终于低下了头:“我叫沈太福……”事后发现,此人随身携带了三张身份证,其中两张为化名的假身份证。

沈太福到底是什么人?他究竟干了什么事?他为什么早就准备好

多张假身份证？又为什么要用假身份证匆忙逃离北京呢？

……

四个问题构成的悬念，相信每一个读到这里的人，都会产生急切想读下去的愿望。让通讯增添了可读性，这也便是悬念式结构的作用所在。

悬念式开头以后的展开部分，很可能又回到了纵式或横式的基本结构之中，那就要依据新闻事实来确定了。

2. **彩线穿珠式结构**

主题统领全篇，是一个内在的统领，并非要时时体现在通讯的字里行间。彩珠穿线式，顾名思义，似乎也是在统领，但它的作用不同于主题，更多为形式上的，只作为线索，把散乱的材料贯穿起来，以达到表现主题的目的。这根"彩线"（或叫"线索"），有的是一种行动，有的是一种实物，有的是一种精神……

如《追老姚——记全国先进生产者代表会议代表姚濯新》（上个世纪50年代中期的通讯名篇）就是这样一种结构方式。同时，《追老姚》也是典型的纵向时间顺序式结构。《追老姚》的"线"是一种行动——追。"珠"则是老姚的先进事迹，即新闻事实。老姚是个乡村邮递员，也是全国先进生产者代表会议代表，他在平凡的乡邮工作中爱岗敬业，做出了不平凡的成绩。故事情节是这样的：因采访老姚的稿子要的急，记者一大早就来到其工作单位，不凑巧，老姚却先他一步下乡了。记者于是按照领导画的路线图，一路追去，从一个地方到另一个地方，虽说"追"了整整一天也没追上，但在从一地到另一个地的短暂逗留过程中，记者有机会听到了大家对老姚方方面面的介绍与赞扬，老姚这个先进生产者的形象也渐次充实与鲜活起来。实际上，"追"的过程也便成了一个间接的采访过程，以"追"为彩线，纵贯全文，把老姚的言行"穿"在了一起。通讯就此成篇，不禁令人叫绝。

3. **对比式结构**

就是运用一反一正的鲜明对比，形成强烈反差，进而更深刻地说明一个通讯的主题。对比式只是一种结构技巧，但其基本结构还应归属于纵式、横式或纵横交叉式等。

发表于1947年的著名短通讯《西瓜兄弟》采用的就是这样一种结构。

西瓜兄弟

记者随军路过濉阳县李楼村时，听到群众间流传着西瓜的故事.当地有李姓西瓜兄弟两人，每年每人种亩把好西瓜，这方圆一二十里地内，也只有他们兄弟俩种西瓜，因此大家就叫他们“西瓜兄弟”。西瓜老大的地在村东大路边上，西瓜老二的地在村西南小路边上，今年虽然雨水多，可是他们的瓜地高，西瓜还是长得又大又甜。

瓜刚熟的时候，村东走过了一队蒋匪保安团，那些饿狼一看见老大的瓜，顿时你抢我夺的，不一会，一亩多地西瓜就一个也不剩了，地里只留下一片踩烂的瓜藤瓜叶与吃剩的瓜皮瓜子。

在蒋匪过去20天后，村里忽然来了八路军，巧的是这回八路军从村西南西瓜老二的瓜地边过。“我这瓜地完了！”西瓜老二想：“我这命也不要啦，我就躺在瓜地里，看他八路军摘我的瓜吧。”西瓜老二灰心丧气地往西瓜棚底下一坐，看着八路军过来。谁知道队伍有多少呢？往北看不见尾。“这西瓜长得好呀！”领头的一个兵说。“还有三白瓜哇！”“这瓜一个怕有30斤。”“吃上两个才解渴呢。”路过的兵你一句我一句地接着赞叹不止。一听见说西瓜两个字，西瓜老二的心就痛得像刀扎；但是他却奇怪，这些人说说就完啦，连脚都不停，一股劲往前走。西瓜老二把头偏西边一看，南已看不见队伍的头，北还不见队伍的尾，他自言自语地说：“这八路军就是怪呀！”说着就站起身，提着瓜刀，跑到地里抱起一个大西瓜，往路边一放，刺刺地切开了，“吃西瓜，弟兄们！”西瓜老二向八路军叫，但都没有人答应他。“走路渴啦，来吃块瓜！”西瓜老二又向另外一些兵士叫着，但回答都是：“谢谢你，老乡！俺不吃。”这一下西瓜老二可急了，大声嚷起来：“看你们八路军！把瓜切开了怎的不吃呀？”这时有个16岁的小司号员向他问：“老乡！你这西瓜多少钱一个？”“不要钱，随便吃吧。”西瓜老二边说，边拿起瓜往小司号员跟前送，小司号员连说：“俺不吃，俺不吃！”脚不停地就朝前走了。西瓜老二捧着瓜，直愣愣的在西瓜地边站着。队伍还是肩并肩地往南走，前不见头，后不见尾。

黎　辛　（新华社中原1947年10月15日电）

（注：通讯《西瓜兄弟》，从发表年代到写作题材，距今都已很久远了，但是其对比式的独特结构方式，其朴实无华的语言，还是非常值得借鉴的。）

4. 日记式结构

以日记方式来安排通讯结构，尽管不常用，却也颇有可取之处。像游记、考察、探险及某些片断性、断裂性的内容，历经数日，且材料零散，便均可采用此种写法。需要注意的是：不可脱离主题，不可因为是日记体，就东一榔头西一棒子，散乱的新闻事实间，一定要始终保持其内在的一致与关联。荣获 1987 年"全国好新闻"一等奖通讯《公开的新闻内幕——记者团西北之行日记》，采用的就是这样一种结构方式。

公开的新闻内幕

——记者团西北之行日记

首都十几家新闻单位结伴的一个记者团近日将到达兰州，结束 40 多天的西北之行。此文记述的是这支记者团及他的牵头者——中国广告报西北记者站的故事。虽然这类事早已是公开的秘密，人们却掩口不提，其间有什么"猫儿腻"？

6 月 4 日

有一个记者团，说是什么笔会，大西北转一圈，吃住行全管——这美差摊给了我。

我去取飞西安的机票。中国广告报西北记者站的张东升握住我的手，话带着甜音："怎么样，二十多天没问题吧？将在外君命有所不受！还请多帮忙。"

"好说，扛包提箱的事只管叫我。"

6 月 6 日

凌晨一点到西安，住小寨饭店。

上午去西安石油勘探仪器总厂。接待室里挂着一片锦旗和奖状，双方互通姓名后，厂方介绍情况，下午参观。这是个技术密集型的企业，贴墙纸防火地毯日本冷风机，相当现代化。

晚上逛西安夜市。中国广告报西北记者站记者张波说："我干新闻时间不长，可总觉得这样干不对味。"他是指由企业摊钱请新闻单位采访。

我是第一次参加记者团，这类事还没想透。实业界与新闻界相互融通，也许是商品经济发展的必然趋势？不过，记者团难出好稿，这倒早有所闻。回到饭店，我给报社发了封信，说："我好像入了个套子。"

6月7日

老吕离团走了，我一直以为他是中央电视台的，现在才听说是某学院电教室的。他带的录像机是租的，一天要100元。拍不了片子，也拖不起，只好走了。这样，记者团只剩11个人了。

去西安石油勘探仪器总厂的检波器分厂，还是老一套：介绍情况，参观车间食堂宿舍幼儿园，座谈照相吃饭上车回饭店。

又是一天。回想起来，好像只是贴墙纸防火地毯日本冷风机。今儿的厂与昨儿的厂，与明儿的后儿的厂（明天干什么我还真不知道）有什么区别？比如党政关系，介绍得都不错，写哪个厂都行。可眼下我为什么要采访这个厂呢？很明白，跟了团，跟了饭票走。

6月8日

厂家派车拉我们游了半坡遗址、兵马俑和华清池。

下午看到一份协议书，主要内容是：甲方（中国广告报西北记者站）保证按乙方要求的报纸（人民日报、经济日报、工人日报、中国机械报）的上稿质量；乙方（甘肃天水长城电工合金材料厂）在5月15日前汇款5000元到甲方银行账户；如甲方没按协议办，全部退款。

我总惦着协议书的事，以致当听到一则电视广告"……可以赊购"时，我马上想到我自己：我正在赊吃赊住赊玩呢！

6月9日

参观陕西重型机器厂，程序照旧。

晚饭前，我们几个人聚在一起，商议进行"兵谏"（昨天刚去了张学良兵谏蒋介石的华清池）。混了几天，大家已不耐烦。

正说间，张东升进来了。他走到哪哪就热闹："北京某报社在新闻界最臭，走到哪吃到哪，威力无比！……"张东升就有这本事，把一些并不新鲜的新闻界情形串在一块，让你北京来的记者都插不上嘴。刚见面时我以为他有30多岁，其实只有23岁，真是个人才。这么热闹，大家也不好“谏”个什么了，且罢。

晚饭后，大家硬请张东升介绍行程安排。张东升说：“明天去西安电影制片厂，他们新拍了《老井》。西安完了去延安、宝鸡，我们可以去扶风县法门寺看佛指舍利。还有天水、西宁、麦积山、青海湖、格尔木、敦煌……这样算下来，时间可能出了月底。”

虽然时间含糊了些，但那些好去处令人神往，大家心里稍安。

6月10日

上午去西安电影制片厂。

中午在黎明泡馍馆吃陕西名吃羊肉泡馍。席间，西安冷冻机厂厂长来敬酒，方知这一餐是他们厂请的。

这么多天了，我还一字没写。记者团第一篇成稿是《双增双节的新阵地——西安石油仪器厂职工食堂餐馆化的启示》。

6月11日

早晨去国营262厂。进门一横幅：“热烈欢迎中央新闻采访团来我厂莅临指导”，众人大惊。

晚饭桌上厂里一位同志说：“诸位一定能有几篇杰作吧？”众人忙说：“发稿权不在我们手里。”

张东升拿来他去青海湖的照片给大家看，云白水蓝——青海湖在召唤。

……

6月13日

……

原定今天去西安仪表厂，不知为什么没去。大家只好憋在屋里。上午10点钟，团里三位老同志提请与中国广告报西北记者站薛主任等一班人会谈，我私下称之为“第二次兵谏”。

中午，“兵谏”结果出来了，新华社丁曼约法三章：1. 不要对外叫记者团；2. 不承担宣传义务，不是参观了工厂就一定要宣传，遇到不好的事我们可能还要批评，我们有我们的原则，不能违背新闻工作者的职业道德；3. 不接受礼品。

6月14日

早上6点被叫醒了，铜川东风机械厂的车在楼下等着，后天去延安卷烟厂。

忽听说张东升不去延安了，要回北京再去请记者。记者团里已有几个人说要中途离团。

一听说张东升回北京，几个人连声说"我们也走"。这样，《经济日报》郑波、《光明日报》彭程和我三人离了团，冒雨去车站买票，张波送我们。一下子剩了我们几个，怪冷落的。看着灰色的天，我想，可能张东升正在天上飞。

在火车站，见一女同志，好眼熟，擦肩而过。我们都回头看她，她也回头看我们。我们努力回想，才想起她是我们去过的一个厂的人。

人海茫茫，也许我们永远不会再见到她了，但她可能会记得我们——那天来了帮记者转了转，吃了饭就走了。可能她还知道记者团拿了厂里的钱。他们，所有接待过我们看到过我们听说过我们的人，就是从我们身上获得记者的概念的。

6月25日

《人民日报》吴以荣19日，《科技日报》许善斌20日，新华社刘齐鸣23日回到北京。张东升17日带着《中国日报》、《北京周报》等6家报社的记者回到西安，正好补上空缺。

6月29日

看到了中国广告报西北记者站的《新闻采访团组织计划(草稿)》，预计行期50天。时间才三分之一，已有一半人马离了团。

另外，计划参观23个企业，预计支出50000元(包括摄制电视片费用10000元)；而《组织新闻采访团情况一览表》预计收入110500元——净赚60500元！

我想起一个词：掮客。《现代汉语词典》这样解释："旧社会替人介绍买卖，从中赚取佣金的人。"

这六七万元算不算"佣金"？"佣金"是不是组织记者团的主要目的之一？

在"买卖"的一方厂家方面，有些厂家是自愿搞这"买卖"的："这要比自己登广告好”;也有一些厂家不愿意。在去延安的路上,司机对记者团说:“转一天就走?你们知道你们吃的鱼和干贝是从哪来的?是我们前几天从西安拉的!”而陕西广播电视设备厂干脆不接待我们这个记者团,因为“要钱太狠”。

7月1日

变革的年代,一切事物都在重新估量。我且把“掮客”当作中性词。

眼下,经济领域里的掮客声誉日好,文艺界的掮客褒贬不一,而新闻掮客该怎么评价呢?

也许,没有掮客,西北这些偏远地区的厂家就会永不为人知,西北地区就难以搞活。——假如宣传有如此大功效。

但是有一条是肯定的:在读者心目中,作为党的宣传工具的新闻单位,由于掮客介入,以党和国家利益为重这条原则,极易大打折扣。

那么,新闻掮客存在的基础是什么呢?

……(内容有删节)

王安　(原载1987年7月14日《中国青年报》)

(注:亲身经历的事实,以日记体形式有叙有评一段一段地展现在读者面前,既真实又可读。见报不久,《人民日报》就此发表评论员文章《新闻界要有个好作风》。《中国记者》杂志将此事件评为1987年全国十大新闻之一。本文发表后,在当时新闻界及社会上都产生了较为强烈的反响。应该说,除了内容之外,这种恰到好处的日记体写作形式也为该通讯的成功立了一功。)

第五节　人物通讯

一、什么是人物通讯

人物通讯,是一种能详尽、生动报道更具典型意义新闻人物的通讯类型。人物通讯反映的是人的思想、行为、事迹、经历等。在各类通讯中,人物通讯所占比重最大。

人物通讯有多种类型：

——可以写一个人，也可以写群像；

——可以写人的一件事、一个侧面或几个片断，也可以写人的一生；

——可以写先进典型或新闻人物，也可以根据主题需要写那些平凡的普通人，甚至可以写有新闻价值的反面典型。

下面所列一些通讯名篇及“中国新闻奖”的获奖作品，便都是如上所说的种种类型：

●《县委书记的榜样——焦裕禄》（写了一个人的某一侧面——焦裕禄鞠躬尽瘁带领全县人民治理涝、沙、碱，改变兰考落后面貌的事迹。）

●《毛主席关怀警卫战士学文化》（写了一个人的某一侧面——伟大领袖日理万机中如何关怀警卫战士学文化。该文曾入选中学语文课本。）

●《百姓心中的丰碑》（写的是一个人的某一侧面——公安局长任长霞为确保一方百姓平安而敢做敢为的事迹。）

●《共产主义战士欧阳海》（写了一个人的一生——欧阳海短暂一生的成长历程。）

●《在考场外交出合格答卷》（写了一个人的一件事——女中学生在赶赴高考考场途中，路遇歹徒，见义勇为，因而失去了高考机会。）

●《谁是最可爱的人》（写的是人物群像——文中选取了三个、当然也是发生在朝鲜志愿军战士身上三个方面的感人故事，并以此来讴歌和回答“谁是最可爱的人”。该篇曾入选中学语文课本。）

●《迫害狂——江青》（写的是一个反面的典型人物。）

雷锋、焦裕禄、王进喜、陈景润、张海迪、孔繁森、李素丽、任长霞、许振超等，各条战线一个又一个先进典型涌现出来之后，都有长篇通讯紧随其后，将他们的事迹广泛传扬开来，成为人们学习的榜样。

由于报道力度深、影响大，所以先进典型人物类通讯，在通讯家族中一直居于首位。

二、怎样写好人物通讯

1. 抓住亮点，彰显时代精神

任何人都不可能生活在真空里。要写好人物通讯，首先要考虑的就是你所写的这个人不能脱离时代背景与时代精神，发现亮点，抓住亮点，这是个大前提。许多通讯名篇之所以成功，也都是准确把握住了这一点。不然，既失去了写作的基础，也失去了写作的意义。

远的不提，就以近年来发表的一些领导干部中的先进典型、并曾产生过强烈反响的通讯来说吧，如像《领导干部的楷模——孔繁森》（获第6届“中国新闻奖”特等奖）、《公仆本色——追记湖南省委原副书记、省人大常委会副主任郑培民同志》（获第13届“中国新闻奖”特等奖）、《百姓心中的丰碑——追记公安局长的楷模任长霞》（获第15届“中国新闻奖”通讯类一等奖），等等，这些自觉抵制拜金主义、利己主义思想侵蚀，一心一意“情为民所系、利为民所谋、权为民所用”的思想与行为，也正是我们当下最最需要的时代精神之一。能够抓住如此合乎时宜的亮点与主题，一篇好通讯写作基础中的第一步就算有了。

2. 写出个性，让人物活起来

通讯中的人物若想活起来，就要写出“个性”。但这个“个性”又该如何去抓呢？三个“着力点”，缺一不可。

第一个着力点：着力于典型事例。一个人好，光嘴上说不行，得用他自己的所作所为来印证。没有具体的事迹，仅靠空泛的溢美之词，好人的形象永远也充实不起来，就更别提感动人、激励人了。比如像《谁是最可爱的人》，为了说明在朝鲜的志愿军战士是最可爱的人，通讯选取了三个故事：一是志愿军战士与敌人殊死肉搏战的场面；二是志愿军战士从烈火中救出朝鲜儿童；三是志愿军战士一口炒面一口雪的生活情景。三个故事分别反映了志愿军战士英勇战斗、热爱朝鲜人民和甘于吃苦的崇高精神。进而也回答了“谁是最可爱的人”。如果没有这三个典型故事托着这篇通讯，“谁是最可爱的人”就会变得那样干瘪与空洞。《公仆本色》中也有许多这样感人至深的实例。如下面一段：

李德胜身有残疾，虽为“老板”，日子仍显艰难。每次往来湘西州与长沙，只要是坐汽车，郑培民一行人准会到李老板的“鸡毛小店”吃饭。每次，郑培民都要从包包里扯出一条特意带来的香烟：“给，拿着抽！”李老板也有礼物回赠：自家渍的酸萝卜泡菜。就是当上了省里的领导，只要路过，郑培民的笑脸还是不改，照样交钱吃饭。其实，李德胜的小饭馆所处的位置并非前不着村后不着店，饭菜手艺也没有什么特殊之处。郑培民的秘书、司机都明白，培民书记用这种办法既可了解民情，又不给当地政府添麻烦，也照顾了李德胜一家的生计。可郑培民却又从不说破，他顾及的，是残疾人既要养家糊口，又不轻易受人施舍的尊严。

一件小事，既具体，又典型，道出了一位党的高级干部竟能如此体贴百姓，善解人意，实在令人钦佩。

第二个着力点：着力于细节刻画。有了典型事例，只是第一步，还要注意抓细节，着力刻画动人之处。使人读罢，有“如临其境、如见其人”之感。著名新闻工作者穆青认为，细节最具表现力。

古书中，蒲松龄所写的《狼》就很典型，现抄录一段在此：

一屠晚归，担中肉尽，止有剩骨。途中两狼，缀行甚远。屠惧，投以骨。一狼得骨止，一狼仍从；复投之，后狼止而前狼又至；骨已尽，而两狼之并驱如故。屠大窘，恐前后受其敌。顾野有麦场，场主积薪其中，苫蔽成丘。屠乃奔倚其下，弛担持刀。狼不敢前，眈眈相向。少时，一狼径去，其一犬坐于前，久之，目似瞑，意暇甚。屠暴起，以刀劈狼首，又数刀毙之。方欲行，转视积薪后，一狼洞其中，意将隧入以攻其后也。身已半入，止露尻尾。屠自后断其股，亦毙之。乃悟前狼假寐，盖以诱敌。狼亦黠矣！而顷刻两毙，禽兽之变诈几何哉，止增笑耳！

（注：200字小文，简洁细腻，动作、神态、心理，无不维妙维肖，颇值得玩味。）

在《谁是最可爱的人》里有一段细节刻画，写的是志愿军战士在松骨峰战斗中与敌人肉搏战战后的情景，非常惨烈：

……据这个营的营长告诉我，战后，这个连的阵地上，枪支完全摔碎了，机枪零件扔得满山都是。烈士们的尸体，保留着各种各样的姿势，有抱住敌人腰的，有抱住敌人头的，有掐住敌人脖子把敌人摁倒在地上的，和敌人倒在一起，烧在一起。有一个战士，他手里还紧握着一个手榴弹，弹体上沾满脑浆，和他死在一起的美国鬼子，脑浆迸裂，涂了一地。另一个战士，嘴里还衔着敌人的半块耳朵。在掩埋烈士们遗体的时候，由于他们两手扣着，把敌人抱得这样紧，分都分不开，以致把有些人的手指都掰断了。……这个连虽然伤亡很大，但他们却打死了三百多敌人，更重要的，他们使得我们部队的主力赶上来，聚歼了敌人。

（注：看到这里，谁还能说我们的战士不可爱，正是因为有了这些催人泪下的细节刻画（主要是动作），才会有那样深切的内心感受。）

《领导干部的楷模——孔繁森》中有一个情节，读后也会让人心里有一种酸酸的感觉：

……从北京回到聊城后，孔繁森一直在想怎样对妻子开口。一天夜里，他终于鼓起勇气说："庆芝，组织上又安排我进藏了……"话还没说完，王庆芝的眼泪已像断了线的珠子滚落下来。看着妻子难过的样子，孔繁森的心里也一阵阵发酸。他动情地说：

"庆芝，我欠你的太多太多了！等从西藏回来，我一定会加倍地补偿。"

"你就放心去吧"，王庆芝抽泣着说，"一个人出门在外，好好保重身子。"在那些日子里，王庆芝一边为丈夫收拾行装，一边悄悄地抹泪。要走了，孔繁森默默地站在母亲面前，用手轻轻梳理着母亲那稀疏的白发，然后贴在老人的耳朵旁，声音颤抖地说：

"娘，儿又要出远门了，到很远很远的地方去，要翻好几座山，过好多条河。"

"不去不行吗？"年迈的母亲抚摸着他的头舍不得地问。

"不行啊，娘，咱是党的人。"孔繁森的声音哽咽了。

"那就去吧，公家的事误了不行。多带些衣服、干粮，路上可别喝冷水……"

想到也许这是同年迈多病的老母亲的最后一面，孔繁森再也抑制不住内心的感情，"扑通"跪在母亲面前："自古忠孝不能两全，娘，您要多保重！"说完，流着眼泪给母亲深深磕了一个头。

（注：一句句饱含深情的语言，一个个温情脉脉的动作，一缕缕难以割舍的心灵传递，无不是通过细节刻画再现的，是细节把人们带到了妻

离母别的人间真情当中，这也恰恰表现了孔繁森，作为领导干部，顾全大局，以党的事业为重的思想境界。）

在写人物通讯时，细节刻画，除了经常用于描写人的言行与情感之外，也经常用于写环境。当然，写环境其实也是为了写人，即用环境衬托人，或凄凉，或热闹，或险恶，或优美……

如《县委书记的榜样——焦裕禄》的开头部分就有这样一段环境描写："展现在焦裕禄面前的兰考大地，是一幅多么严重的灾荒的景象啊！横贯全境的两条黄河故道，是一眼看不到边的黄沙；片片内涝的洼窝里，结着青色的冰凌；白茫茫的盐碱地上，枯草在寒风中抖动。"以此预示，摆在这位新来县委书记面前的，困难有多大，担子有多重，道路有多难。

第三个着力点：着力于摆正四种关系。有人一写到先进典型，往往会出现"拔高"、"写过了头"等"失真"现象，做了"一分"，说成"二分"；一点小事也要提到多么崇高的思想境界上去。这样的典型写出来，往往会适得其反。因此，要写好先进典型，还必须正确处理好以下四种关系。即：一是正确处理好与上级领导的关系，不可牵强附会，凡事先归功于领导，也不要割断关联。二是正确处理好与周围群众的关系，不要给人以"羊群里出骆驼"的感觉，"英雄"、"先进"永远是人民群众中的一员，也永远离不开大家的支持与帮助。不可将其孤立开来，把好事都记在先进人物一个人的功劳簿上。三是正确处理好与社会的关系。一些先进人物往往会遭遇坎坷，也往往会有与不良风气、丑恶行为作斗争的情况。这时，很可能涉及社会。尽管在个别地方、个别时候，曾经坏人当道，但我们还是要多看整体，切勿把社会写得过于消极与黑暗，甚至流露出不满情绪。四是正确处理好与个人生活的关系。先进人物也有家庭，也有父母家人，切莫为了彰显其先进的一面，而把"亲情"、"人情"写没了。什么"孩子大了，都没见过父亲一面"，什么"老母病危，也不能去看最后一眼"，什么"数十载不能和妻儿团聚"等等，诸如此类。还有的人，一写到先进典型，就将其写成"拼命三郎"，什么"几天几夜不合眼"，什么"发烧40多度还坚持工作"，什么"为了某项研究多日不出门，天天都以方便面充饥"，什么"手术后没几天，又偷偷溜回了工作岗位"……这样的

"先进"，最好不要提倡，因为我们不能不讲科学，人是血肉之躯，不能为了工作而连命都不要了。

曾有一篇写"中国杂交水稻之父"袁隆平的文章，说袁隆平一次与武汉市中小学生面对面交流，有学生讲，他看过一篇报道，说袁院士累倒在稻田里还不放弃科研，非常敬仰。袁隆平连忙澄清："一定别受误导，累倒了还工作不值得提倡。身体才是最重要的。另外，我也从来没有累倒在田里，那是要笔杆子人的杜撰……"可见，我们的科学家，不是工作起来不要命的，健康是为了更好地工作。同时，健康也是一门科学。

3. 夹叙夹议，含真情见高度

人物通讯，不能仅仅是事实的罗列与堆积，尽管也很感人，但却见不到高度，或许还缺一点什么感怀动情、唤起共鸣的东西，这便是议论与抒情。

议论与抒情，穿插使用时需注意以下几点：一是恰到好处。议当所议，不可太多太滥，过于勉强。二是言简意赅。起到画龙点睛作用即可，不要扯得太远。三是入情入理，少说空话、套话，应以理服人，以情感人。

《谁是最可爱的人》就是采用了这种夹叙夹议的写法，从开头一直到最后，不断强化和回答"谁是最可爱的人"这一中心，而且前后呼应得很自然、贴切。请看：

（开头）

在朝鲜的每一天，我都被一些东西感动着；我的思想感情的潮水，在放纵奔流着；我想把一切东西，都告诉给我祖国的朋友们。但我最急于告诉你们的，是我思想感情的一段重要经历，这就是：我越来越深刻地感觉到谁是我们最可爱的人！

（中间）

也许还有人心里隐隐约约地说：你说的就是那些"兵"吗？他们看来是很平凡、很简单的哩，既看不出他们有什么高明的知识，又看不出他们有什么丰富细致的感情。可是，我要说，这是由于他跟我们的战士接触太少，还没有了解我们的战士：他们的品质是那样的纯洁和高尚，他们的意志是那样的坚韧和刚强，他们的气质是那样的淳朴和谦逊，他们的胸怀是那样的美丽和宽广！

……

朋友们，当你听到这段英雄事迹的时候，你的感想如何呢？你不觉得我们的战士是可爱的吗？你不以我们的祖国有着这样的英雄而自豪吗？

我们的战士，对敌人这样狠，而对朝鲜人民却是那样的爱，充满国际主义的深厚热情。”

……

朋友，当你听到这段事迹的时候，你的感觉又是如何呢？你不觉得我们的战士是最可爱的人吗？

……

（结尾）

朋友们，用不着多举例，你们已经可以了解我们的战士是怎样一种人，这种人是怎么一种品质，他们的灵魂是多么的美丽和宽广。他们是历史上、世界上第一流的战士，第一流的人！他们是世界上一切伟大人民的优秀之花！是我们值得骄傲的祖国之花！我们以我们的祖国有这样的英雄而骄傲，我们以生在这个英雄的国度而自豪！

亲爱的朋友们，当你坐上早晨第一列电车走向工厂的时候，当你扛上犁耙走向田野的时候，当你喝完一杯豆浆、提着书包走向学校的时候，当你坐到办公桌前开始这一天工作的时候……朋友，你是否意识到你是在幸福之中呢？你也许很惊讶地说："这是很平常的呀！"可是，从朝鲜归来的人，会知道你正生活在幸福中。请你意识到这是一种幸福吧，因为只有你意识到这一点，你才能更深刻了解我们的战士在朝鲜奋不顾身的原因。朋友！你是这么爱我们的祖国，爱我们的伟大领袖毛主席，你一定会深深地爱我们的战士，——他们确实是我们最可爱的人！

议论与抒情也常常用于通讯的开头和结尾，用在开头，既是统领，也是升华。用在结尾，既是篇末，也是点题。

《领导干部的楷模——孔繁森》的开头就是这样写的：

也许，岁月能改变山河，但历史将不断证明，有一种精神永远不会失落。崇高、忠诚和无私，将超越时空，成为人类永恒的追求。

也许，时间会冲淡记忆，但人们绝不会忘记，20 世纪 90 年代，有这样一位共产党员,他的理想,他的信念,他的人格,他的情操,使千万人的心灵为之震撼。

他,就是原中共阿里地委书记孔繁森。他把自己的一腔热血洒在西藏高原。

《地阔几许　心宽几许——记"杂交水稻之父"袁隆平》也有这样一段开头,由写轻松下棋开篇,转而引发议论与抒情,点题"地阔几许　心宽几许",颇为巧妙:

袁隆平喜欢下象棋,也喜欢看人下棋。

闲暇时,两个人下棋,周围十几个人围着指手画脚,其中就有袁隆平。

袁隆平输了,会一巴掌拍在出招人的脑袋上:"臭小子,乱支招!"然后仰面大笑,笑声穿透房间在走廊中回响,满屋的人情不自禁地会被感染着浮现出笑容。

下棋时,没有人把袁隆平当大科学家。他的学生说,对别的大专家是敬畏,对袁隆平是敬爱。但,谁都知道,这位受人敬爱的、笑得如同老顽童的人,心里装着的,不仅仅是小小棋盘的几多疆土,甚至是中国960万平方公里众多良田的阡陌纵横及世界杂交水稻界的恢弘格局。

下面,还有一段议论与抒情是用于结尾的,这也是通讯《迫害狂——江青》的篇末总结与点题:

历史是公正的。善有善报,恶有恶报,不是不报,时候不到。现在,迫害成性、恶贯满盈的江青终于被人民押上了被告席,得到了她应有的恶报!

附　录

以下是从20世纪50年代至2007年几个时间段的优秀人物通讯中筛选出来的三篇较有代表性的佳作,供大家学习欣赏。

第一篇:

谁是最可爱的人

在朝鲜的每一天,我都被一些东西感动着;我的思想感情的潮水,在放纵奔流着；我想把一切东西，都告诉给我祖国的朋友们。但我最急于告诉你们的，是我思想感情的一段重要经历，这就是：我越来越深刻地感觉到谁是我们最可爱的人！

谁是我们最可爱的人呢？当然，我们的工农群众就是无比可爱的；可是这里我想说的是他们的子弟，那些拿起枪来献身革命的工农子弟，那些为毛泽东思想武装起来的战士们，我感到他们是最可爱的人。

也许还有人心里隐隐约约地说：你说的就是那些“兵”吗？他们看来是很平凡、很简单的哩，既看不出他们有什么高明的知识，又看不出他们有什么丰富细致的感情。可是，我要说，这是由于他跟我们的战士接触太少，还没有了解我们的战士：他们的品质是那样的纯洁和高尚，他们的意志是那样的坚韧和刚强，他们的气质是那样的淳朴和谦逊，他们的胸怀是那样的美丽和宽广！

让我还是来说一段故事吧。

还是在二次战役的时候，有一支志愿军的部队向敌后猛插，去切断军隅里敌人的逃路。当他们赶到书堂站时，逃敌也恰恰赶到那里，眼看就要从汽车路上开过去。这支部队的先头连就匆匆占领了汽车路边一个很低的光光的小山冈，阻住敌人。一场壮烈的搏斗就开始了。敌人为了逃命，用了 32 架飞机、10 多辆坦克和集团冲锋向这个连的阵地汹涌卷来。整个山顶的土都被打翻了，汽油弹的火焰把这个阵地烧红了。但勇士们在这烟与火的山冈上，高喊着口号，一次又一次地把敌人打死在阵地前面。敌人的死尸像谷个子似的在山前堆满了，血也把这山冈流红了。可是敌人还是要拼死争夺，好使自己的主力不致覆灭。这场激战整整持续了八个小时。最后，勇士们的子弹打光了。蜂拥上来的敌人占领了山头，把他们压到山脚。飞机掷下的汽油弹把他们的身上烧着了火。这时候，勇士们是仍然不会后退的呀，他们把枪一摔，向敌人扑去，身上帽子上呼呼地冒着火苗，向敌人扑去，把敌人抱住，让身上的火，也把占领阵地的敌人烧死。……据这个营的营长告诉我，战后，这个连的阵地上，枪支完全摔碎了，机枪零件扔得满山都是。烈士们的尸体，保留着各种各样的姿势，有抱住敌人腰的，有抱住敌人头的，有掐住敌人脖子把敌人摁倒在地上的，和敌人倒在一起，烧在一起。有一个战士，他手里还紧握着一个手榴弹，弹体上沾满脑浆；和他死在一起的美国鬼子，脑浆迸裂，涂了一地。另一个战士，嘴里还衔着敌人的半块耳朵。在掩埋烈士遗体的时候，由于他们两手扣着，把敌人抱得这样紧，分都分不开，以致把有些人的手指都掰断了。……这个连虽然伤亡很大，但他们却打死了三百多敌人，更重要的，他们使得我们部队的主力赶上来，聚歼了敌人。

这就是朝鲜战场上一次最壮烈的战斗——松骨峰战斗，或者叫书堂站战斗。假若需要立纪念碑的话，让我把带火扑敌和用刺刀跟敌人拼死在一起的烈士们的名字记下吧。他们的名字是：王金传、邢玉堂、井玉琢、王文英、熊官全、王金侯、赵锡杰、隋金山、李玉安、丁振岱、张贵生、崔玉亮、李树国。还有一个战士，已经不可能知道他的名字了。让我们的烈士们千载万世永垂不朽吧！

这个营的营长向我说了以上的情形，他的声调是缓慢的，他的感情是沉重的。他说在阵地上掩埋烈士的时候，他掉了眼泪。但他接着说："你不要以为我是为他们伤心，我是为他们骄傲！我觉得我们的战士太伟大了，太可爱了，我不能不被他们感动得掉下泪来。"

朋友们，当你听到这段英雄事迹的时候，你的感想如何呢？你不觉得我们的战士是可爱的吗？你不以我们的祖国有着这样的英雄而自豪吗？

我们的战士，对敌人这样狠，而对朝鲜人民却是那样的爱，充满国际主义的深厚热情。

在汉江北岸，我遇到一个青年战士，他今年才 21 岁，名叫马玉祥，是黑龙江青岗县人。他长着一副微黑透红的脸膛，稍高的个儿，站在那儿，像秋天田野里一株红高粱那样淳朴可爱。不过因为他才从阵地上下来，显得稍微疲劳些，眼里的红丝还没有退净。他原来是炮兵连的。有一天夜里，他被一阵哭声惊醒了，出去一看，是一个朝鲜老妈妈坐在山岗上哭。原来她的房子被炸毁了，她在山里搭了个窝棚，窝棚又被炸毁了。回来，他马上到连部要求调到步兵连去，正好步兵连也需要人，就批准了他。我说："在炮兵连不是一样打敌人吗？""那，不同！"他说，"离敌人越近，越觉着打得过瘾，越觉着打得解恨！"

在汉江南岸的日日夜夜里，有一天他从阵地上下来做饭。刚一进村，有几架敌机袭过来，打了一阵机关炮，接着就扔下了两个大燃烧弹。有几间房子着了火，火又盛，烟又大，使人不敢到跟前去。这时候，他听见烟火里有一个小孩子哇哇哭叫的声音。他马上穿过浓烟到近处一看，一个朝鲜的中年男人在院子里倒着，小孩子的哭声还在屋里。他走到屋门口，屋门口的火苗呼呼的，已经进不去人，门窗的纸已经烧着。小孩子的哭声随着那滚滚的浓烟传出来，听得真真切切。当他叙述到这里的时候，他说："我能够不进去吗？我不能！我想，要在祖国遇见这样情形，我能够进去，那么，在朝鲜我就可以不进去吗？朝鲜人民和我们祖国的人民不是一样的吗？我就踹开门，扑了进去。呀！满屋子灰洞洞的烟，只能听见小孩哭，看不见人。我的眼也睁不开，脸烫得像刀割一般。我也不知道自己的身上着了火没有，我也不管它了，只是在地上乱摸。先摸着一个大人，拉了拉没拉动；又向大人的身后摸，才摸着小孩的腿，我就一把抓着抱起来，跳出门去。我一看小孩子，是挺好的一个小孩子啊。他穿着个小短褂儿，光着两条小腿儿，小腿儿乱蹬着，哇哇地哭。我心想：'不管你哭不哭，不救活你家大人，谁养活你哩！'这时候，火更大了，屋子里的家具什物也烧着了。我就把他往地上一放，就又从那火门里钻了进去，一拉那个大人，她哼了一声，我就使劲往外拉，见她又不动了。凑近一看，见她脸上流下来的血，已经把她胸前的白衣染红了，眼睛已经闭上。我知道她不行了，才赶忙跳出门外，扑灭身上的火苗，抱起这个无父无母的孩子。……"

朋友，当你听到这段事迹的时候，你的感觉又是如何呢？你不觉得我们的战士是最可爱的人吗？

谁都知道，朝鲜战场是艰苦些。但战士们是怎样想的呢？有一次，我见到一个战士，在防空洞里，吃一口炒面，就一口雪。我问他："你不觉得苦吗？"他把正送往嘴里的一勺雪收回来，笑了笑，说："怎么能不觉得？咱们革命军队又不是个怪物。不过咱们的光荣也就在这里。"他把小勺儿干脆放下，兴奋地说："就拿吃雪来说吧。我在这里吃雪，正是为了我们祖国的人民不吃雪。他们可以坐在挺豁亮的屋子里，泡上一壶茶，守住个小火炉子，想吃点什么就做点什么。"他又指了指狭小潮湿的防空洞，说："再比如蹲防空洞吧，多憋闷得慌哩，眼看着外面好好的太阳不能晒，光光的马路不能走。可是我在这里蹲防空洞，祖国的人民就可以不蹲防空洞呀，他们就可以在马路上不慌不忙地走呀。他们想骑车子也行，想走路也行，边遛达边说话也行。只要能使人民得到幸福，也就是我们最大的幸福。所以，他又把雪放到嘴里，像总结似的说"我在这里流点血不算什么，吃这点苦又算什么哩！"我又问："你想不想祖国啊？"他笑起来："谁不想哩，说不想，那是假话，可是我不愿意回去。如果回去，祖国的老百姓问：'我们托付给你们的任务完成得怎么样啦？'我怎么答对呢？我说'朝鲜半边红，半边黑'，这算什么话呢？"我接着问："你们经历了这么多危险，吃了这么多苦，你们对祖国对朝鲜有什么要求吗？"他想了一下，才回答我："我们什么也不要。可是说心里话，我这话可不一定恰当呀，我们是想要这么大的一个东西……"他笑着，用手指比个铜子儿大小，怕我不明白，又说："一块'朝鲜解放纪念章'我们愿意戴在胸脯上，回到咱们的祖国去。"

朋友们，用不着多举例，你们已经可以了解我们的战士是怎样一种人，这种人是怎么一种品质，他们的灵魂多么的美丽和宽广。他们是历史上、世界上第一流的战士，第一流的人！他们是世界上一切伟大人民的优秀之花！是我们值得骄傲的祖国之花，我们以我们的祖国有这样的英雄而骄傲，我们以生在这个英雄的国度而自豪！

亲爱的朋友们，当你坐上早晨第一列电车走向工厂的时候，当你扛上犁耙走向田野的时候，当你喝完一杯豆浆、提着书包走向学校的时候，当你坐到办公桌前开始这一天工作的时候……朋友，你是否意识到你是在幸福之中呢？你也许很惊讶地说："这是很平常的呀！"可是，从朝鲜归来的人，会知道你正生活在幸福中。请你意识到这是一种幸福吧，因为只有你意识到这一点，你才能更深刻了解我们的战士在朝鲜奋不顾身的原因。朋友！你是这么爱我们的祖国，爱我们的伟大领袖毛主席，你一定会深深地爱我们的战士，——他们确实是我们最可爱的人！

（魏巍）

第二篇：

领导干部的楷模——孔繁森

也许，岁月能改变山河，但历史将不断证明，有一种精神永远不会失落。崇高、忠诚和无私,将超越时空,成为人类永恒的追求。

也许,时间会冲淡记忆,但人们绝不会忘记,20世纪90年代,有这样一位共产党员,他的理想,他的信念,他的人格,他的情操,使千万人的心灵为之震撼。

他,就是原中共阿里地委书记孔繁森。他把自己的一腔热血洒在西藏高原。

两次进藏,历时十载。在党的召唤面前,在人生的选择中,他的精神境界一次次得到升华。

1993年4月4日,孔繁森告别拉萨赴阿里上任。

越野车载着他,向西急驶而去。车窗外,油画般的高原景色一幕幕掠过:清澈的拉萨河,奔腾的雅鲁藏布江,高耸的雪山,明镜般的湖水……孔繁森热爱西藏的山山水水,但此时却顾不上欣赏这高原美景。伸向远方的莽莽苍苍的路,多么像人生之路。回顾过去的路,思谋未来的路,他的心早已飞向了阿里。

孔繁森先后两次进藏,这时已在高原工作6年。按说,他现在应该东进返乡。然而,他却接受了一项更艰巨的任务,驱车向西,奔赴自然条件更恶劣的地区,挑起阿里地委书记的重担。

号称"世界屋脊"的西藏高原,高寒缺氧,气候恶劣,而阿里又是西藏最艰苦的地区。那里平均海拔4500米,空气中的含氧量不足海平面的一半,最低气温零下40多摄氏度。民主改革前,野蛮的封建农奴制严重束缚了当地生产力的发展,藏族群众的生产与生活长期处于原始状态。民主改革后特别是党的十一届三中全会以来,阿里发生了巨大变化,但由于历史和自然的原因,当地的经济发展仍比其他地区缓慢,群众生活仍比较贫困。那里更需要像孔繁森这样年富力强的优秀干部。自治区领导同志征求孔繁森的意见时,他坚决而干脆地回答:"我是党的干部,服从组织安排。"

像这样的工作调动,孔繁森经历过多次。每一次,他都把党和人民的需要作为自己的唯一选择。

孔繁森1944年出生在山东聊城一个贫苦的农民家庭。在党的培养教育下,他参军、入党,后来转业到地方工作。1979年,国家要从内地抽调一批干部到西藏工作，当时担任中共聊城地委宣传部副部长的孔繁森欣然赴藏。他并非不知道西藏天高地远，并非不知道那里生活艰苦，并非不知道远离家乡和亲人意味着什么。但他更清楚地知道，这是祖国和人民的需要，这是党的召唤。

从踏上西藏高原那天起，孔繁森就暗下决心：把自己的一切献给祖国这块神圣的土地，献给勤劳、勇敢的藏族人民。孔繁森进藏本来是作为日喀则地委宣传部副部长选调的，报到后，区党委见他年轻体壮、意气风发，决定改派他到海拔4700多米的岗巴县担任县委副书记。征询他的意见，回答仍很痛快："我年纪轻，没问题，大不了多喘几口粗气。"那时，党的十一届三中全会刚刚开过，为了在农牧区推广家庭联产承包责任制，带领群众脱贫致富，他亲自到一个乡试点，又把经验在全县推广。在岗巴3年，他几乎跑遍了全县的乡村牧区，每到一地就访贫问苦，宣传党的政策，和群众一起收割、打场、挖泥塘，与当地群众结下了深厚的情谊。有一次，他骑马下乡，从马背上摔下来，昏迷不醒。当地的藏族群众抬着他走了30里山路，把他送到医院抢救。当他从昏迷中醒来时，看到很多藏族群众守护在身边。1981年，孔繁森奉命调回山东离开岗巴时，藏族同胞依依不舍地含泪为他送行。

在西藏工作3年，孔繁森深深爱上了这片壮丽、神奇的高原，深深爱上了这里的藏族人民。同时，他也深深感受到当地群众要求改变贫穷面貌的迫切愿望。回到山东后，他曾表示："我这条命，是藏族老百姓给捡回来的。如果有机会，我愿再次踏上那片令人终生难忘的土地，去工作，去奋斗！"

光阴似箭。1988年，工作几经调动的孔繁森已担任聊城地区行署副专员。这时，又一次严峻的考验摆在他面前。

这一年，山东省在选派进藏干部时，认为孔繁森政治上成熟，又有在西藏工作的经验，便准备让他带队。组织上问他有什么困难，他还是那句话："我是党的干部，服从组织安排。"其实，孔繁森心里很清楚，家里确有不少困难：自己的身体状况不如从前了；年近九旬的老母，生活已不能自理；三个孩子尚未成年，需要有人照看；妻子动过几次大手术，体弱多病。自己一走，全家的生活重担又要压在妻子一人肩上。他不会忘记第一次进藏时家里的情景,里里外外都是妻子操劳。有一次,她去刨地瓜,五岁的儿子没人照看,掉进地窖里爬不上来……孔繁森觉得对不起妻子,对不起孩子。

一天,孔繁森对妻子王庆芝说:“我带你和孩子们到北京玩几天吧!”妻子感到很奇怪:别说是去北京,就是在聊城,繁森也从来没闲空陪自己和孩子们出过门,这一次是怎么了?带着疑惑的心情,王庆芝和孩子们跟着他到了北京,游览了天安门和长城。途中,孔繁森话里有话地对妻子说:“到了北京,就等于走遍了全国。以后我无论走到哪里就像到北京一样,你和孩子们别牵挂。”听了这番话,王庆芝似乎有了某种预感。从北京回到聊城后,孔繁森一直在想怎样对妻子开口。一天夜里,他终于鼓起勇气说:“庆芝,组织上又安排我进藏了……”话还没说完,王庆芝的眼泪已像断了线的珠子滚落下来。看着妻子难过的样子,孔繁森的心里也一阵阵发酸。他动情地说:

“庆芝,我欠你的太多太多了!等从西藏回来,我一定会加倍地补偿。”

“你就放心去吧”,王庆芝抽泣着说,“一个人出门在外,好好保重身子。”在那些日子里,王庆芝一边为丈夫收拾行装,一边悄悄地抹泪。要走了,孔繁森默默地站在母亲面前,用手轻轻梳理着母亲那稀疏的白发,然后贴在老人的耳朵旁,声音颤抖地说:

“娘,儿又要出远门了,到很远很远的地方去,要翻好几座山,过好多条河。”

“不去不行吗?”年迈的母亲抚摸着他的头舍不得地问。

“不行啊,娘,咱是党的人。”孔繁森的声音哽咽了。

“那就去吧,公家的事误了不行。多带些衣服、干粮,路上可别喝冷水……”

想到也许这是同年迈多病的老母亲的最后一面,孔繁森再也抑制不住内心的感情,“扑通”跪在母亲面前:“自古忠孝不能两全,娘,您要多保重!”说完,流着眼泪给母亲深深磕了一个头。

无情未必真豪杰。为了党的事业,孔繁森把对家乡、对亲人的爱深深地埋在心底,把博大无私的爱献给了祖国和人民。

1988年，孔繁森第二次进藏后任拉萨市副市长，分管文教、卫生和民政工作。任职期间，他跑遍了全市8个县区的所有公办学校和一半以上乡办、村办小学，为发展少数民族教育事业殚精竭虑。1991年，一次车祸把他摔成了严重的脑震荡，颅骨骨折，高烧昏迷。住院治疗期间，一天，他得知一所学校发生了问题时，便不顾高烧未退、眼睛充血，骑着自行车赶到学校现场处理。在他和全市教育工作者的共同努力下，拉萨的适龄儿童入学率从45%提高到80%。这一次，听说孔繁森要延长在藏时间到阿里工作，有的同志劝他：你是山东的干部，已经先后两次进藏，该吃的苦也吃了。凭你的政绩和能力，回去一定可以干得更好、进步得更快。听了这话，孔繁森的神情顿时严肃起来："怎么能说我是山东的干部呢？我们共产党员无论在哪里工作都是党的干部。越是边远贫穷的地方，越需要我们为之去拚搏、奋斗、付出，否则，就有愧于党，有愧于群众。"

从拉萨到阿里地委、行署所在地狮泉河镇，有将近2000公里坎坷不平的路程。孔繁森离开拉萨两天后，进入阿里地区措勤县境。藏北大草原那雄浑、壮美的景色展现在他面前：远方，绵延起伏的雪山在蓝天的映衬下格外壮丽，广袤无垠的草原一直伸展到遥远的天际。近旁，一座座用石块垒成的玛尼堆披挂着祈祷吉祥的五彩经幡，一堆堆高寒地带特有的红柳丛在阳光下像火一样耀眼。天空，时而白云朵朵，时而乌云密布；原野，时而大雪纷飞，时而风沙弥漫……

孔繁森是一个感情丰富、兴趣广泛的人，喜爱读书、写诗和摄影。眼前这一切，使他激动不已。为了祖国西南边陲这神圣的土地，多少先辈曾在这里奋斗拚搏、流血牺牲。如今，党把自己派到这里，这是多么光荣而又艰巨的使命。一种崇高的责任感和神圣的使命感在他心中油然而生。

进入阿里地界，孔繁森的调查研究也开始了。当天夜里，他风尘仆仆地到达措勤县委所在地。第二天上午，他不顾旅途劳累，召集县委、县政府的干部开会，听取汇报，并结合贯彻党的十四大会议精神，商讨如何发挥当地优势，探索适应社会主义市场经济体制的发展途径。随后，他又去看望和慰问驻当地的武警部队官兵。

经过对沿途措勤、改则和革吉三个县的实地调查，孔繁森透过这些地方贫困落后的现状，看到了当地蕴藏的巨大优势，即：丰富的畜产品和矿产品资源。他兴奋地对同行的同志说："随着社会主义市场经济体制的建立，我国的经济必将进入一个新的快速发展时期，对原材料的需求将进一步增长。这对有着丰富资源的阿里来说，无疑是一个极好的发展契机。我们一定要抓住这个有利时机，加快阿里经济发展的步伐。"

为了寻找阿里的发展优势，全地区 106 个乡，他跑了 98 个，雪域高原上留下了他的深深足迹。风雪中，他把自己的毛衣脱给一位藏族老阿妈……

孔繁森到阿里后，40 多封请求调离的报告摆在了他面前。这对人才奇缺的阿里来说，无疑是雪上加霜。

重重心事加上高山反应，使孔繁森彻夜难眠。他索性把住在近旁的地委秘书长叫了过来。没有电，两人就借着手电筒微弱的光亮聊了起来。

孔繁森说："要求调走的那些同志在阿里工作了多年，这本身就是一种奉献。现在，他们申请调离，主要是对阿里的前途缺乏信心。我看，问题的关键是要找到阿里发展的突破口。小平同志说过，发展是硬道理。只要我们用发展这个硬道理来凝聚人心，调动干部们的积极性，为他们提供施展才干的舞台，就一定能把阿里的经济和各项事业搞上去。"

这一夜，他俩谈地区的工作，谈当地的优势，谈阿里的未来，越谈越兴奋。电池用完了再换上一节，炉火不旺了再添上几块焦炭，一直到曙光初露。

4 月 25 日，孔繁森主持召开地委、行署联席会议。他给大家布置的第一项工作就是：解放思想，转变观念，在原有基础上进一步寻找阿里发展的优势，从困难中寻找光明的前途。会后，孔繁森和地委、行署其他领导成员分头带队到基层调查研究。

到阿里赴任前，孔繁森已把自治区的各有关部门跑了个遍，将阿里地区的自然概况和历年来经济统计数字都抄在笔记本上。为了进一步摸清阿里的情况，他一个县、一个区、一个乡地跑。从措勤到札达，从普兰到日土，实地考察，求计问策，寻找带领群众脱贫致富的路子。在阿里不到两年的时间里，从南方的边境口岸到藏北大草原，从班公湖到喜马拉雅山谷地，全地区106个乡，他跑了98个，行程8万多公里。阿里地广人稀，面积30.5万平方公里，相当于两个山东省，而人口只有6万多。有时，开着越野车在空旷的荒野上奔波一天也看不到一户人家、一顶帐篷。饿了，他们就吃口风干的牛羊肉；渴了，就喝口山上流下来的雪水。旅途虽然艰苦，但孔繁森却风趣地对随行的同志说："高原上的水绝对没有污染，是世界上最优质的矿泉水，等开发出来得用美元来买呢！"他那乐观的情绪，常常感染着周围的同志。

有经验的人都知道，在高原生活，一场严重的感冒有时也会夺去一个人的生命。而孔繁森恰恰一到阿里就感冒了，咳嗽不止。为了不耽误工作，他就大剂量地服药。病情重了，就一边输液，一边工作。一个多月下来，体重减轻了14公斤。由于过度劳累，他的直肠纤维瘤复发，鲜血浸透内裤，可他一直瞒着别人。等大家都入睡后，他才把内裤换下，悄悄洗干净。

在广泛深入调查研究的基础上，阿里经济发展的思路在孔繁森的脑海中渐渐清晰起来。在地委、行署联席会议上，孔繁森列举了阿里发展的六大优势：畜产品优势、矿产品优势、旅游优势、边贸优势、政策优势、人口少的优势。

"率领群众致富，是我们的天职。每一个党员干部，都应当与人民同甘苦、共命运。这样，我们党才有威信，国家才有希望。阿里虽说偏僻落后，但发展潜力也很大。关键是要带领群众真抓实干。我有信心和全地区人民同舟共济、艰苦创业，共同建设一个文明、富裕的新阿里。"

孔繁森激情满怀的讲话，使在场的干部热血沸腾。

艰难困苦，对于弱者来说是可怕的，而对于坚强的共产党人来说，则往往是一种无声的召唤。沧海横流，方显英雄本色。

1994年初，正当孔繁森带领全地区人民为实现阿里发展的宏伟蓝图而奋斗时，一场罕见的特大暴风雪席卷了阿里高原。

漫天大雪，吞没了农田、牧场和村庄。凛冽的寒风，把各县受灾的消息传到狮泉河。

“立即行动起来！到灾区去，到群众中去，组织抗灾，恢复生产，重建家园。”在孔繁森的带领下，地委、行署迅速组织了十多个工作组分赴各灾区。厚厚的积雪封死了道路，他们就用铁锹挖，用汽车碾。大家只有一个信念：尽快把党和政府的关怀送到灾区。

在革吉县和改则县，孔繁森目睹了暴风雪给牧民造成的严重危害：大片大片的牧草被冰雪覆盖，成群成群的牲畜因冻饿而死，许多群众陷入缺衣少粮的困境。

孔繁森的心在颤抖！

他挨家挨户地走访灾民，分发救济粮和救济款。风雪中，他高声地鼓励大家：“有党和政府在，再大的灾害也压不垮我们。我们一定能帮助大家渡过难关！”

2 月 26 日，孔繁森来到受灾最严重的革吉县亚热区曲仓乡。这里海拔 5800 米，是阿里最高的一个牧业点。乡党委书记嘎玛钦尧愁眉不展地说：“大雪连续下了一个星期，最深的地方没到膝盖。全乡有 8 人被冻伤，牲畜大部分死亡。”

孔繁森心情沉重地把全乡每户牧民的损失情况一一记在笔记本上，然后用坚定的语气对嘎玛钦尧说：“现在的首要任务是保护人。先保人，再保畜，一定要把群众的情绪稳住，团结起来同灾害作斗争，尽量把损失减少到最低限度。”

雪花在凛冽的寒风中狂飞乱舞。一会儿工夫，大家都变成了雪人。人们穿着大衣，还是感到阵阵发冷。脸、手和脚都被冻得失去了知觉。孔繁森看到一位藏族老阿妈把外衣脱给了在风雪中哀嚎的小羊羔，自己却在零下 20 多摄氏度的严寒中冻得瑟瑟发抖，他的眼睛湿润了。他用手捂住脸，强忍着不让泪水流出来，猛地转身回到越野车上脱下自己的一套毛衣毛裤，递给那位老阿妈。老阿妈伸出已经冻僵的双手，接过那还带着体温的毛衣，嘴唇颤抖着久久说不出一句话。

顶风冒雪，孔繁森背着他每次下乡都随身携带的小药箱，走村串户，慰问受灾群众，给被冻伤的牧民们看病。他早年在部队医院当过兵，粗通医术。来西藏工作后，为了解决当地缺医少药的困难，他做了大量工作。每次下乡前，他都要买上几百块钱的药，为农牧民看病治病。一次，有位70多岁的藏族老人肺病发作，浓痰堵塞了咽喉，危在旦夕。当时，没有其他医疗器械可用，孔繁森就将听诊器的胶管伸进老人嘴里，又对着胶管将痰一口一口地吸出来，然后又为老人打针服药，直到转危为安。雪越下越大，风越刮越紧。长时间的高山反应、持续不断的超负荷工作，使孔繁森本来就带病的身体更加虚弱。他感到眼前阵阵发黑，身上不住地冒虚汗，但还是坚持着给冻伤的牧民一一做了检查。尔后，又把解决曲仓乡受灾牧民的搬迁、转场和买牛的资金及口粮、油料等问题一一研究落实，直忙到凌晨2点多钟，才躺下休息。

夜，很深很深了。狂风仍在不停地呼啸。奔波劳累了一天的孔繁森躺在帐篷里，剧烈的头疼使他怎么也睡不着。凌晨3时许，他感到心跳加快，胸闷气短，天旋地转。有高原生活经验和医学常识的孔繁森，预感到死神正向自己逼近……

对孔繁森来说，生与死早已置之度外。在赴藏前，他就请人写过"是七尺男儿生能舍己，作千秋鬼雄死不还乡"的条幅。进西藏后，他又写下了"青山处处埋忠骨，一腔热血洒高原"的豪迈誓言。让他放心不下的，是那远在家乡的老母亲和妻子、儿女。昏昏沉沉中，他默念着亲人的名字……想着，想着，泪水挂满了脸颊。他强支起虚弱的身体，打开手电筒，在笔记本上给同行的小梁写下了这样的交代：

小梁：

不知为什么我头痛得怎么也睡不着。人有旦夕祸福。万一我发生了不幸，千万不能让我母亲和家属、孩子知道。请你每月以我的名义给我家写一封平安信。我在哪里发生不幸，就把我埋在哪里……

这一夜，孔繁森终于挺过来了。他，没有倒下。

经过两个月的艰苦奋战，阿里地区的各族干部群众在地委和行署的领导下，终于战胜了雪灾，全地区没有冻死、饿死一个人。但这场雪灾毕竟也给阿里造成了严重的经济损失。雪灾和连续几年的旱灾、风灾，使孔繁森深深感到：光靠救济不能从根本上消除自然灾害的威胁，只有尽快建立起抗灾防灾基地，才能使群众具有抵御自然灾害的能力。他在地委、行署联席会议上提出了这一想法，得到大家一致赞同。

这一年7月，孔繁森在北京参加中央召开的第三次西藏工作会议后，没有立即返回，他要利用这个机会当面向中央有关部门的负责同志陈述想法，争取支持。当时，他母亲正卧病在床，水米不进，家里几次催他回去，可为了阿里地区6万多群众，他只好在心里默默地为母亲祈祷、祝福。

7、8月份的北京，正是酷暑季节，孔繁森顶着似火的烈日，一个部委一个部委地汇报灾情。中午实在热得不行，就到有空调的商店里避一避。饿了，就在附近的小摊上吃碗面条。次数多了，随行的同志难免有些抱怨：在摊上吃，既不卫生，也太简单，而且有失地委书记的身份。孔繁森很动感情地说："想想灾区那些还在饿肚子的群众，大鱼大肉咱能吃得下吗！"

在北京的二十多天里，孔繁森先后跑了十多个部门，每到一处，他都把记录阿里灾情的录像带放给有关同志看，一边放一边讲灾区群众的困难，说那里条件的艰苦，谈建设防灾抗灾基地对阿里的特殊意义，人们无不为他的一片赤诚所感动。

阿里的灾情引起有关负责同志的重视，破例为阿里解决了一大笔救灾款和项目资金。资金落实后，孔繁森的心情却久久不能平静。他知道，西藏和平解放40多年来，中央对西藏的财政补贴和基本建设投资累计达200多亿元。这次西藏工作会议上，又确定了总投资23.8亿元的62个援藏项目。他感到肩上的担子更重了：中央对西藏这样关心和支持，如果自己做不好工作，怎能对得起党，对得起藏族群众？

返回阿里后，孔繁森向地委和行署干部迅速传达了中央第三次西藏工作会议和自治区党委四届六次全会的精神。他说："中央关心西藏，全国人民支援西藏，我们怎么办？"他和地委、行署一班人提出，要以"新的精神面貌，新的思维方式，新的工作思路，新的行动姿态，抓住机遇，加快发展，努力开创阿里工作新局面"。

在孔繁森等地委、行署一班人的带领下，阿里的经济有了较快发展。1994年，全地区国民生产总值超过1.8亿元，比1993年增长37.5%；国民收入超过1.1亿元，比上年增长6.87%。一幅全面振兴阿里经济的宏伟蓝图，正在这雪域高原上成为现实：

——2000千瓦的朗久地热电厂重新发电，高原的夜晚不再漆黑，明亮的灯光同天上的星星交相辉映；

——年产值可达上亿元的山羊绒梳绒厂和鱼骨粉加工厂、硼矿脱水厂、水泥厂等相继在空旷的荒原上拔地而起，隆隆的机器轰鸣声打破了千年的沉寂；

——随着普兰、什布奇口岸的开通，至边境强拉山口公路的竣工，阿里高原向世界进一步敞开了开放的大门……

三个藏族孤儿，900毫升鲜血。他向人民奉献的是比血还浓的炽热情感，是博大、深沉和无私的爱摆在记者面前的，是解放军西藏军区总医院血库一张献血证明，上面写着：兹有孔繁森同志于1993年曾先后三次来我库自愿献血900毫升，已按医院规定付给献血营养费900元整。

在这张献血证明的背后，是一个催人泪下的故事——

1992年，拉萨市墨竹工卡等县发生地震。当时在拉萨任副市长的孔繁森立即赶赴灾区。在羊日岗乡的地震废墟上，三个失去父母、无家可归的藏族孤儿曲尼、曲印和贡桑哭喊着扑到他的怀里。孔繁森抚慰着三个孩子：党，就是你们的亲人。一定会让你们有饭吃，有衣穿，有房子住，还要送你们上学。他嘱咐当地干部务必要安置好这三个孩子。孔繁森紧张地忙于救灾，也一直牵挂着三个孩子。不久，他再次来到羊日岗乡，决定亲自承担起抚养这三个孤儿的责任。

一个人孤身在外，又要工作，又要带孩子，辛苦和劳累可想而知。晚上，工作了一天的孔繁森回到家，先要给孩子们做好饭菜，然后再教他们读书认字。夜里，就和孩子们挤在同一张床上。那时，曲尼12岁，曲印7岁，贡桑只有5岁，睡觉时经常把尿撒在床上，他就不厌其烦地换洗床单。节假日，只要有空，他总要带孩子们去商店、逛公园，给他们买衣物，陪他们玩，就像对待他自己的亲生儿女一样。

一天深夜，曲印突然肚子疼得“唉哟，唉哟”叫个不停。孔繁森从睡梦中被吵醒，他爬起来给曲印吃了药，可还是不行。孔繁森着急了，背起孩子直奔医院，整整忙了一夜，直到第二天早上才疲惫不堪地回来。看到孔繁森一人抚养三个孩子负担太重，拉萨市市长洛桑顿珠领走了曲尼。

生活条件变了，曲印和贡桑吃东西也开始挑剔起来。孔繁森觉察到孩子的这一细微变化，就对办公室的小崔说：

"我想请你把孩子们带回羊日岗乡去看一看。"

"他们的父母都不在了，看个啥呀？"小崔不解地问。

"让孩子们走一走家乡的土路，看一看家乡的山水，再过几天家乡父老乡亲的生活。"说着，孔繁森把曲印和贡桑喊了过来，他抚摸着兄妹俩的头语重心长地说："记住，永远别忘了自己的家乡，将来长大了，好好建设自己的家乡。"

兄妹俩回家乡生活了5天，回来后好像长大了许多。

尽管孔繁森自己的家庭负担比较重，但每次下乡，他总要把钱分给那些生活贫困的藏族群众，往往刚过半个月，工资就花得所剩无几，有时连交伙食费的钱都不够了。收养孤儿后，经济上更加拮据。过去他一个人，生活上能凑合就凑合，可他不能让孩子们受委屈。

1993年春的一天，孔繁森悄悄来到西藏军区总医院血库，要求献血。护士看着他那已经斑白的鬓角，婉言劝道："您这么大年纪了，不适合献血。"

孔繁森连忙恳求道："我家里孩子多，负担重，急需要钱。请帮个忙吧！"

护士见孔繁森如此恳切，只好同意他的请求。

殷红的鲜血，从孔繁森的体内缓缓流进针管。这是一位共产党员的鲜血，是从一位日夜操劳的领导干部的血管里流出来的血！

孔繁森生活极其节俭，经常吃的是白饭就榨菜，工作一忙，开水泡馒头和方便面也是常有的事。他穿的许多内衣打着补丁，连块香皂都舍不得买。每次去拉萨回阿里，他总要买上一些价格低廉的生活日用品，因为有地区差价，这样可以省点钱。孔繁森对自己，就是这样节俭、吝啬，而对他人、对藏族同胞，却是那么慷慨大方。在西藏工作的近10年时间，他几乎没有往家里寄过钱，省下的工资，大部分花在藏族群众身上。为此，他曾多次流露出对家人的内疚之情。但为了帮助那些有困难的藏族同胞，他只好委屈自己的家人。孔繁森是清贫的，同时也是富有的。他拥有人世间最美好的心灵，最丰富的情感，最高尚的精神境界。

“太阳和月亮有着同一个母亲，她的名字叫光明；汉族和藏族拥有同一个母亲，她的名字叫中国”——这是孔繁森非常喜爱的一首歌。他曾多次对人这样讲，每当看到藏族的老人，就会想到自己的父母；每当看到藏族的孩子，就仿佛见到自己的儿女。在拉萨当副市长期间，全市 56 所敬老院和社会福利院，他走访过 48 所，把党和政府的关怀、温暖送到孤寡老人和孩子们的心田。

在拉萨市堆龙德庆县桑达乡敬老院里，有个叫琼宗的老人，至今保存着孔繁森送给她的一双棉鞋。老人永远不会忘记那个隆冬的早晨，孔繁森副市长冒着寒风来到敬老院，发现老人的鞋子破了，脚被冻得又红又肿，便心疼地把老人的双脚抱在自己的怀里。第二天，他又托人给老人送去了一双新棉鞋。不久，他又给敬老院的老人们送去了半导体收音机。接过孔繁森自己掏钱买的收音机，老人们的眼睛湿润了。一个叫旺姆的老人激动地对孔繁森说：“还是新社会好哇！要是在解放前，像您这样的崩布拉（当官的）连见都见不到呀！”离开敬老院时，老人们自动站成一排，依依不舍地为他送行。

有一次，孔繁森到拉萨市林周县阿朗乡敬老院看望孤寡老人。走进一个房间，他看到一位藏族老阿爸的脚因烫伤溃烂发炎了，便打开随身携带的药箱，为老人擦洗涂药，然后用纱布把脚裹好，还把自己穿的灰色风衣脱下来披在老人身上。临走时，他又掏出身上仅有的 30 多块钱塞到老人手里。老人感动得直掉眼泪，口中不住地念叨：“活菩萨，活菩萨！”

孔繁森在阿里工作时，一天，他到噶尔县门士区检查工作，看到草滩上有几间土坯房，听说那儿住着两位孤寡老人，便走了过去。他推开门，借着火塘的光亮，看见一位藏族老阿妈有气无力地靠在墙上。“阿妈啦，党派我看您老人家来了！”说着，他随手摸了摸放在地上的口袋，糌粑不多了；又摇了摇一旁的酥油茶壶，也快空了。原来，政府给老人的这个月的生活费已经花光了。孔繁森马上掏出 200 元钱给随行的同志：“快去给老人买些茶叶、食盐、酥油和大米来。”说着，他又转身走进另一位孤寡老人的家，只见老人病着躺在一张破羊皮上。孔繁森心情沉重地对区里的干部说：“马上请医生来给老人看看病，另外再买块床垫来，要厚,要暖和。”从那以后,只要有人去噶尔县,孔繁森必定要托人给这两位孤寡老人捎些钱、粮食和衣物。

没人能说得清,像这样的事孔繁森做了多少件。有人说,他做的好事就像盛开的邦锦花,洒满草原。也许在有些人看来,这些事太普通,太平凡了。然而,就像那奔腾浩荡的雅鲁藏布江,最初的源头不过是阿里高原上的一条小溪,正是这点点滴滴的平凡小事,铸就了一个共产党员品格的崇高和伟大。

“冰山愈冷情愈热,耿耿忠心照雪山。”正如孔繁森在一首诗中所写,他把自己一颗火热的心献给了西藏高原,献给了党的事业。他对藏族同胞的爱、对祖国人民的爱,就像高原上的蓝天一样,那样地纯洁,那样地深沉,那样地博大。他始终在努力实践着自己最喜爱的那句名言:“一个人爱的最高境界是爱别人,一个共产党员爱的最高境界是爱人民。”

令人痛惜的意外事情发生了。

1994 年 11 月 29 日,孔繁森在去新疆塔城考察边贸的途中,在一场车祸中不幸殉职,时年 50 岁。噩耗传到阿里,传到拉萨,传到山东,人们简直不敢相信。

“出师未捷身先死,长使英雄泪满襟。”

人们在料理孔繁森的后事时,看到两件令人心碎的遗物:一是他仅有的钱款——8.6 元;一是他的“绝笔”——去世前 4 天写的关于发展阿里经济的 12 条建议。

这就是孔繁森留下的遗产,这就是一个共产党员的高尚情怀!

雪山含悲,江河呜咽。

许多人站在孔繁森的遗像前泣不成声,泪如雨下。数不清的哈达敬献在他的灵前,堆得像洁白的雪山。

在阿里,在拉萨,在聊城……成千上万的人在呼唤着同一个名字——孔繁森。

“波拉,波拉(爷爷)!您不能走,我们舍不得您哪!”孔繁森收养的两个藏族孤儿,捧着他的遗像哭干了眼泪,哭哑了喉咙。

“孔书记,我的好书记,让我替您去死吧!”孔繁森身边的一位工作人员双膝跪地，两手深深插进墓穴的黄土，嚎啕大哭，悲痛欲绝。

一位藏族老人匍匐在孔繁森的灵前，大声哭喊："孔书记，您不该去呀！您对阿里恩重如山，我们不能没有您啊！"

阿里的一个画家虔诚地跪在孔繁森的遗像前，一边落泪，一边为他画像。画了一夜，也哭了一夜。当画稿完成后，他将画笔折成两截……

"一尘不染，两袖清风，视名利安危淡似狮泉河水。二离桑梓，独恋雪域，置民族团结重如冈底斯山。"

——一幅幅低垂的挽联，诉说着人们的巨大悲痛，倾吐着人们的无限哀思和崇敬之情。

就像那许许多多把自己的青春、热血和生命都献给了西藏高原的先辈那样，党和人民的好儿子孔繁森，也把他那高大的身躯融入这片壮丽、神奇的土地，在无数人的心中树起一座不朽的丰碑。

第三篇：

地阔几许　心宽几许

——记"杂交水稻之父"袁隆平

袁隆平喜欢下象棋，也喜欢看人下棋。

闲暇时，两个人下棋，周围十几个人围着指手画脚，其中就有袁隆平。

袁隆平输了，会一巴掌拍在出招人的脑袋上："臭小子，乱支招！"然后仰面大笑，笑声穿透房间在走廊中回响，满屋的人情不自禁地会被感染着浮现出笑容。

下棋时，没有人把袁隆平当大科学家。他的学生说，对别的大专家是敬畏，对袁隆平是敬爱。但，谁都知道，这位受人敬爱的、笑得如同老顽童的人，心里装着的，不仅仅是小小棋盘的几多疆土，甚至是中国960万平方公里众多良田的阡陌纵横及世界杂交水稻界的恢弘格局。

三十而立

1961年，袁隆平身为湖南省安江农校的一位教师。

盛夏七月，他在田中发现一株鹤立鸡群的稻子，后来被确认为天然杂交稻，触动了袁隆平的灵感。

其时，中国大地上，正横卷着一场时达3年的饥馑。天灾人祸，让学农出身，既拿着国家工资又守着农业试验田的袁隆平同样吃不饱肚子。

时隔近50年，现在的袁隆平回忆当年时还说，刚吃完饭就饿了，为了能多吃一点，饭里放上糠，但粗纤维反而让人消化得更快。

饥饿让这些从事着农业科研和教学的知识分子们同样不能超脱，他们在一起闲聊时，所有的话题都围绕着吃。

袁隆平在学校教过遗传育种、作物栽培等学科。当时，身在穷山沟里的袁隆平根本没有途径去了解世界农业科技和生物学的发展走向，即便求知若渴，袁隆平也只能用《人民日报》包住一些外文杂志，偷偷阅读。

袁隆平认为，杂种优势是自然界中存在的普遍现象，可是在传统理论中，水稻，这种在袁隆平身边最多，也是中国人最主要食物的作物，恰恰没有杂交优势，它是一种自花授粉作物。一株水稻只要一开花，雄花自然就会给同株上同时开放的雌蕊柱头授粉。

难道水稻真的不能杂交？袁隆平对这种理论产生怀疑。他开始去稻田中寻找突破。

袁隆平降生在中国最为动荡的20世纪30年代。在日军轰炸的炮火中成长起来的袁隆平，目睹了当时中国的山河破碎，身经了战乱的风雨飘零。这一代经历了国土沦丧、战争及频繁政治运动的中国知识分子，爱国情怀却被动荡打磨得越发炽热，在所有黯淡的日子里熠熠生辉：代表性的就是袁隆平这样的人，哪怕腹中饥、衣衫破，哪怕是在没有科研资料、没有科研环境甚至挨批挨整的情况下，但有一口气在，总是想为国家和人民做点事。不为此道，觉得枉生一世。

事隔多年，袁隆平在接受外国记者采访时回答，对他来说，研究的水稻只有一个含义，那就是——生命。

民以食为天，湘西普通的中专教师，把天大的担子，在支持者寥寥、科研环境险恶的情况下，揽在了自己肩头。

责任、道义、知识、对过时理论的质疑、勤奋、灵感，一个个成功因素悄悄地出现在袁隆平身上。

很多人对当年的农校教师，转而自觉自愿地研究杂交水稻百思不得其解。他的学生李必湖说："当时我国大学和科研院所有许多水稻方面的鸿儒，为什么对杂交水稻想也不敢想，不敢去动那个禁区，而一个普通的中专教师敢于提出这一问题，这正是袁隆平老师的高明可贵之处。”

今天的袁隆平，回顾往日，把成功的因素归为8个字：知识、汗水、灵感、机遇。还特地解释说，灵感很重要，你找找不到。灵感是知识、经验、追求、思索、智慧综合在一起的升华了的产物。灵感要有外界东西刺激，灵感来了，一首好诗、一个好曲子就来了，没有灵感，挖空心思，搜肠刮肚也写不出一首好诗。

手捧着那棵偶然得之的天然杂交稻，袁隆平用实践推翻了原本的经典理论。这一年，他31岁。

如果想让水稻杂交，必须找到一种自身雄花不能授粉的品种，雌花才能接受来自异株的花粉。4年后，袁隆平又在这片稻田里，在国内首次找到了第一株天然不育雄性株，经过人工授粉，结实数百粒，为杂交水稻育种试验找到了最初的物质基础。

袁隆平的第一篇论文发表在《科学通报》杂志上，事有凑巧，这期杂志变成了“文革”到来时的最后一期，随后杂志停刊。

“文革”到来了，在全国一片狂热中，袁隆平为首的杂交水稻研究小组悄然诞生。

高屋建瓴

袁隆平被称为“战略科学家”。

他的同行们心服口服地多次强调：袁隆平是战略科学家，而不是战术科学家。

同行们的意指，因为袁隆平不仅是杂交水稻事业的开创者，始终是这一研究领域的领军人物，而且创建了一门系统的新兴学科——杂交水稻学，让中国的杂交水稻研究将世界各国远远留在身后，甚至领先美国20多年。

不，仅仅这些都还不够。

以上的所有都让同行们敬佩，但让他们敬仰的，是袁隆平从不局限于在一城一池上的攻城掠地，而是在科学发展上的敏感和不断进取，及站在全社会的高度考虑人类生存问题的大器宇，而这，确实是一般的科学家望尘莫及的。在很多学生和同行看来，袁隆平是世界级的大科学家，他对科学的理解，已经上升到了哲学的层面。

水稻是重要的粮食作物，全世界吃大米的人占总人口的60%，而中国的水稻种植面积占全世界的50%。

袁隆平说到粮食安全时，只淡淡地说了一句：中国多一点粮食不怕，若少一点粮食，你试试看？

不知内情的人可能会回答：粮食少了不怕，中国经济发展了，可以拿钱去世界上买粮食。中国加入世贸组织后，国内外粮食市场联系比以前紧密，但一旦国内市场出现粮食市场的大面积短缺时，国际粮食进入中国市场"远水难解近渴"；同时，中国人口众多，消费量巨大，如果一旦进口，就会迅速拉动国际市场粮价大幅上升，有资料显示，中国只要有5%的粮食供给波动，就会对国际粮食市场产生重大冲击。而且，但凡有点国家安全意识的人都会明白，粮食在某种程度上不单单是商品，它是一种重要的军事和政治意义上的战略物资，过分依赖国际市场，就会受制于人，关键时刻，一粒小小的粮食也会绊倒巨大的中国。

此外，袁隆平还看出了一步棋。在中国当前工业化、城镇化和现代化加快发展的时期，保护耕地与发展用地的矛盾已十分尖锐，中国的科学家必须要研究出办法，让农民在中国因城镇化日益减少的耕地上，用更少的田种出让更多人吃的粮食。

现在看来，袁隆平研究杂交水稻，是找到了一个最合理的支点，发力研究中国发展中最重要、最需要解决，却在平安的日子里最不引人注目的问题。

1964年，袁隆平提出，通过培育雄性不育系、雄性不育保持系和雄性不育恢复系的三系法途径来培育杂交水稻，以大幅度提高水稻产量。

1972年，袁隆平与同事们一起率先育成我国第一个实用水稻雄性不育系及保持系"二九南1号"，并于1973年实现"三系"配套，1974年育成第一个强优势组合"南优2号"，1975年研究出一整套生产杂交种子的制种技术，1976年三系杂交稻开始在全国大面积推广。袁隆平并不满足业已取得的成绩，他提出"杂交水稻的发展战略"，展开两系法杂交稻的研究。1995年，两系法杂交水稻研究成功，普遍比同熟期的三系杂交稻每亩增产5%～10%。1997年，袁隆平再次发起研究超级杂交稻。

2000年，超级杂交稻实现百亩示范片亩产700公斤的第一期目标，2004年，超级杂交稻实现百亩示范片亩产800公斤的第二期目标，现在正朝着百亩示范片亩产900公斤的第三期目标努力。

因为杂交水稻的研究前无古人，后虽有来者，但毕竟水平与中国的研究相距甚远，所以，袁隆平主要的精力是超越自己，而且不但动手自己研究，更重要的是，在前进目标一片迷茫中，向中国杂交水稻界指点科研方向。

有人曾说，中国农民吃饭靠“两平”，一靠邓小平的责任制，二靠袁隆平的杂交水稻。1976年开始，杂交水稻在全国大面积推广，比常规稻平均增产20%。

据统计，到2006年止，我国累计推广种植杂交水稻56亿多亩，增加亩产5200多亿公斤。近年来，全国杂交水稻年种植面积2.4亿亩左右，全中国年增产的稻谷可以养活7000多万人口。

7000多万，这个数字意味着什么呢？它是全世界每年新出生的人口数量的总和。

袁隆平对中国和世界的贡献，用“伟大”二字并不过分。

能力为先

袁隆平小时功课不太差，可也不太好。

但他有一个特点：喜欢刨根问底。上数学课，他发问：为什么负负得正？老师不耐烦解释说，你只需要背就行了。

一句话挫伤了袁隆平的积极性，据他说，从此他的数学就没有学好。

但袁隆平的学生纷纷“揭露”他：他数学好得很，算水稻产量，我们谁都算不过他，又快又准。

袁隆平并不看重分数，他带的博士生中，甚至有两个原来是中专毕业生。他对别人放话：要看这个人的科研素质，就看他肯不肯下田。实验室和电脑前的工作，袁隆平认为也重要，但最重要的是下田，顶着太阳，趟着泥水，下田。

田，是试验田，田里有袁隆平他们一口一个的“材料”——稻株。懂行的人说，每天下田，才能了解自己研究的项目，秧苗认得人，也会说话。

袁隆平七十多岁的高龄还下田。一天两次，上午一次，下午一次。他的学生们说，不敢偷懒，因为老师自己都下田。

于是，袁隆平工作的国家杂交水稻工程技术研究中心，几乎所有的人都被田间毒辣的太阳弄成一样的风格：瘦削，黧黑。

袁隆平说，下田好啊，看绿色，晒太阳，呼吸新鲜空气。

因为勤下田又爱运动，身材精干的袁隆平被美国人认为不超过六十岁，他非常得意。袁隆平有一张很得意的游泳照，见到的人夸他身材好，用了一个时尚的词：性感。袁隆平更是忍不住心中的高兴，开始自夸：我七十多岁人了，还像个健美运动员。

大学毕业时，同学给袁隆平总结了两条：爱好——自由；特长——散漫。加在一起，就是自由散漫。

在杂交水稻名扬天下、造福众生后，他的学生和同行说，也许，就是自由自在、无拘无束的性格成就了今天的袁隆平。因为，科学需要众多的思想火花，思想火花必须点燃在毫无羁绊的头脑中。活跃的大脑，才是科学生长的最肥沃良田。

袁隆平最怕开没有实质内容的会。就是专门为他举办的新闻见面会上，他一上来照样没有客套话："人怕出名猪怕壮，出名的滋味不好受哇！出名了以后，自由度越来越小，隐私权越来越少……"

台下的记者们早已笑成一团。

禾下乘凉

日有所思，夜有所梦。袁隆平曾梦见试验田中超级杂交稻长得比高粱还高，稻穗比扫帚还长，谷粒就有花生米那么大，沉甸甸下垂着，千万个穗子，好似气势磅礴的大瀑布，袁隆平和助手就坐在禾下乘凉。

这个梦境被袁隆平在不同的场合讲过许多遍。甚至，一个超级杂交稻的新品种就被他命名为"瀑布稻"。

即使在袁隆平功成名就，得到了很多人一辈子追求都不能得到的名气、地位和富裕时，袁隆平仍不满足："水稻产量还有潜力，身体还好，脑瓜子还没有糊。"

袁隆平为自己确定了新的目标，第一个是超级稻第三期大面积亩产900公斤目标，第二个目标是，把杂交水稻推广到全世界，在三五年时间内，把国外杂交水稻的种植面积从现在的200万公顷提高到1500万公顷，增加3000万吨稻谷的产量。

达到了这个目标后，袁隆平还做了准备，要杂交水稻向亩产1000公斤进发，这个目标将借助生物技术完成。

记者让袁隆平谈一生中遇到的最大坎坷和困难，袁隆平举了个例子："文革"中在安江农校时，他种的秧苗一夜之间被人拔个精光，直到现在还不知道是谁干的。袁隆平到处寻找，最后在一口井里救出了仅存的五六根"材料"，其余的都被毁掉了。袁隆平说，当时没有掉眼泪，但很痛苦。

另一次在别人眼中的坎坷，却不被袁隆平认为是回事儿：20世纪90年代初，中国在评选科学院学部委员即现在的院士时，作为候选人的袁隆平曾被湖南省人民政府4次提名，却3次落选。

此时，袁隆平已在国际、国内成就斐然，连获多次国际大奖，已被国际水稻研究所所长以"杂交水稻之父"的名称，介绍给全世界的水稻界同行。

袁隆平把没有当选的原因归咎于自己：年轻时血气方刚，做了一件对不起两位老院士的事。在一次学术讨论会上，认为自己科学真理在手的袁隆平咄咄逼人地与主持会议的两位专家辩论，多少有些盛气凌人的态度，让两位专家当场气得拂袖而去。

今天，已当选为中国工程院院士和美国科学院外籍院士的袁隆平说，我有道理，也应该慢慢讲。这是做人的道理。

记者找他，当时的袁隆平回答：我没当选，说明水平不够，需要加强学习，但我努力学习提高自己的目的，不是为了当院士，而是为了多出成果。

袁隆平说自己："我不是没有名利思想，一个人真正做到没有名利思想是很难的。关键是要淡泊名利，把事业放在第一位。"

朱玉、丁文杰　（新华社北京2007年5月22日电）

第六节　事件通讯

一、什么是事件通讯

事件通讯，是一种能详尽、生动报道更具典型意义新闻事件的通讯类型。

类型主要有：

——突发事件类。特别是一些重大突发事件，除发消息之外，为了满足受众的需求，往往还会有更详尽、更深入的事件通讯见诸报端。如《为了六十一个阶级弟兄》所载民工中毒事件、2008 年汶川 5.12 大地震等。

——重要活动类。如重大工程、重要会议、文体盛会等，以及备受世人瞩目之大事。作为记录者和见证者，记者会有浓墨重笔。具体说来，像 1997 年香港回归、2008 年北京奥运申办成功及召开、青藏铁路建设……

——特色故事类。有些新闻事件，事儿虽不大，但却能小中见大，有新意，有特色，这样的内容也颇值得一写。像前面列举过的《西瓜兄弟》便是，从在“吃瓜”上的两种截然不同的态度，透视出两支部队的两种精神。还有《商业部长买鞋上当记》亦属此类。

——揭示披露类。为了对一些新闻事件进行探秘、追踪，揭示真相，披露始末，包括大案要案纪实等，也常以事件通讯形式来反映，文中还多带有揭露性和警示性。

二、怎样写好事件通讯

在第五章第三节“写好通讯应把握的几点”中所讲的一些有关通讯写作共性的东西(当然也包括“事件通讯”在内)，这里就不再重复了。下面仅就“怎样写好事件通讯”应该特别注意的几点，来分别作一说明。

1. 重在记事，以人说事

既然是事件通讯，不论事件的大与小，也不论事件的复杂与简单，都应把写作的着眼点放在记事上。事件通讯的主题，主要是围绕事件这一主线而展开的。当然写任何事都离不开人，事件通讯中写人，是借人说事，人是为事服务的。而人物通讯中写人，则是以事显人。事是为人服务的。尽管人物通讯与事件通讯都得见人见事，但侧重点大不一样。如《为了六十一个阶级弟兄》就是一篇典型的事件通讯。文中虽说也写到了当地县、镇领导、医院医生，写到了国家卫生部和空军的相关同志，写到了北京特种药店及事发地的众多普通群众，但最终都是为了说事：即救人——尽快夺回六十一个阶级弟兄的宝贵生命。

2. 事件完整，主线清晰

事件完整，脉络清晰，是事件通讯写作的基本要求之一。事件通讯中所涉及的事件也会有多种情况，有的情节完整，开始、发展、高潮、结局，一应俱全，有的则只是其中最精彩的那一部分；有的情节较为复杂，甚至多头交叉并进，有的则很单一；有的故事性极强，甚至有点传奇色彩，有的则几乎没有多少情节，只是一些现场的实录。但不管属于哪种情况，都须事件完整，不能残缺不全或有头无尾。都须主线清晰，不能看不到主线的贯穿作用。比如《为了六十一个阶级弟兄》，尽管事件涉及众多人物，过程也比较复杂，但通讯抓住了找药、送药、投药几个重要环节，步步推进，事件完整，主线清晰，没有一点凌乱之感。

3. 抓住重点，突出关键

事件通讯行文，不可像记账本一样，不分轻重缓急地全部都写上去，而要善于突出重点，着力抓住写好事件中一个或几个关键场景与情节，因为只有关键之处，才是最感人、最能给人留下深刻印象，也是最能说明主题的。

1987 年全国好新闻一等奖通讯《西德飞机突然降落红场》，是一篇不长的事件通讯。此事当年曾震惊世界，被视为一谜。其中“降落红场一刻”最令人抢眼。于是，通讯恰恰抓住了这一“关键点”作了具体的描述。请看下文：

5 月 28 日傍晚，莫斯科时间 19 时 30 分左右，红场上还有约 300

名游客在悠然散步。突然空中传来飞机引擎声，当人们看清这是一架低飞欲降的飞机时，惊得目瞪口呆。但见这架飞机在红场上绕了三个小圈子，紧擦着列宁墓顶而过，最后降落在那座有9个“洋葱头”屋顶的东正教大教堂旁边。当时从飞机里钻出一个青年，一下飞机，便向周围的游人散发他的签名纸。有人高声问：“你从哪里来？”青年回答：“从赫尔辛基。”红场执勤的苏联士兵如梦方醒。人们看见，这架飞机是美国制造的单引擎“赛斯纳172型”运动飞机。机尾上的旗帜标志表明，飞机来自德国。

还有《西瓜兄弟》中，也有两段关于蒋匪和八路军在“吃瓜一事”上不同表现的“关节点”描述。特别是关于八路军哪一部分，不但写了他们见瓜不吃，还写了让瓜不吃等细节。从而有力印证了人民军队“不拿群众一针一线”的良好作风。

4. **小中见大，内涵深刻**

新闻事件有大有小，重大新闻事件，因其内涵深刻，引人关注，肯定会成为新闻取材的首选。但是，重大新闻事件不会经常出现，相对来说，中小新闻事件可能会多一些。但决定中小事件有无报道价值的关键就在于它是否能小中见大，透视出某种值得弘扬的时代思想与精神。

小中见大，往往更需要“发现”，更需要具备相当的“新闻敏感”，不然，很可能被当作“小事一桩”，与你擦肩而过。

下面，就是这样两篇“小中见大”的事件通讯。

例一：

等一等炊事员

这天，朝阳军分区机关放映电影。开映时间已经超过了十分钟，还不见动静，大家有点沉不住气了。

政治部主任郭义斌站起来，解释说：“等一等炊事员，已经去人找了，马上就到。”司令员高临福也接过话茬说：“炊事员和战士们，为了保证我们机关干部的正常工作和学习，从早忙到晚，看电影把他们拉下就不好了。”没等首长话音落地，想起了一片赞许声。

就在这时，炊事员小李、小骆等赶来了。原来，这场电影离开饭时间只隔半个小时，炊事员的活没有干完，所以迟到一步。他们一进门，见首长和机关干部都在等自己，羞得满脸绯红，扭头就想往回走。高司令员一见这情景，马上风趣地和他们打招呼："快进来吧，不然我们就鼓掌喽！"首长和机关干部的关怀，使炊事员同志深受感动。

（原载1980年11月22日《解放军报》）

（注：全文不到300字，论事，也算不上多大，无非就是"等一等炊事员"一块看电影，但却反映了一个大主题：官兵一致的优良传统，乃至人与人之间不分高低贵贱、互敬互尊的精神文明。该文曾获1980年全国好新闻。）

例二：

"中国名声要紧！"

——农民揭超然千里追瓜记

10月12日夜。"赣—粤"公路。五十铃农用车风驰电掣。

"师傅，请再开快点！"计速器指针早已指向80码，但车上的青年农民——宁都县刘坑乡长木村"西瓜研究会"副理事长揭超然仍不时催促着。

小揭的心里急呀！两天前，县外贸公司在长木村收购无籽西瓜时，错收了外村一些模样相同的有籽瓜。现在这批瓜已到广东省韶关火车站，即将运往香港转销国际市场。

"中国名声要紧呐！"小揭急着要在列车启运前把不能出口的有籽瓜追回来。

13日凌晨3时。飞旋的车轮滚过500公里在韶关火车站嘎然而止。

西瓜正待装车。小揭顾不得长途疲惫，径直走向车站瓜库。库门打开，他傻了眼，700公斤有籽瓜混在60吨5000筐瓜山里。

"怎办？"

"一筐筐翻查！"

然而，要翻查，除小揭外，其他人从瓜的外表是鉴别不出有籽、无籽的。闷热的房里，小揭一人赤膊上阵。一小时，二小时，三小时……一筐瓜，十筐瓜，一百筐瓜……一筐筐检查，一个个鉴别。汗水流淌，腰酸背痛，小揭的十个指头被篾筐划出一道道血口。24小时过去，揭超然终于从5000筐瓜中挑出了63筐有籽瓜。

"呜——"15日黎明，外贸部门的同志目送披着霞光载着无籽西瓜、载着中国声誉的列车开出韶关，欣然地笑了。两天两夜未合眼的揭超然此刻靠在农用车里打起了呼噜！

（原载1987年8月4日《赣南日报》）

（注：又是一个小巧玲珑，小中见大。700公斤西瓜，仅就"钱"而言，的确算不上多大，但"中国名声要紧"——这一崇高的思想境界可歌可泣。该文获1987年"全国好新闻"通讯类二等奖。）

附　录

下面是两篇一长一短的事件通讯，可供大家学习。《为了六十一个阶级弟兄》是历史名篇；《商业部长买鞋上当记》为发生在典型人物身上、又有典型意义的"小中见大"的小通讯。

第一篇：

为了六十一个阶级弟兄

1960年2月3日，农历正月初七

现在，整整是下午四点钟

在首都王府井大街，车水马龙，热闹繁忙，商店穿戴着节日的盛装，人们满面春风地东来西往。就在这王府井北口八面槽的路东，有一家门市很小的国营特种药品商店。这时候，营业员们在笑盈盈地答对顾客。办公室里，算珠响个不停，快下班了，正忙着结账。忽然，有人兴致勃勃地拿来一大把红红绿绿的票子：

"同志们，今晚政协礼堂有精彩晚会，首都商业职工春节大联欢！"

"好哇！"大伙乐得嘴都合不上了。

原来，在春节放假的日子里，我们大家都休息，可商业职工却还忙在柜台上。为了让我们在假日里买到称心的东西，可真是忙得脚不沾地。所以，这个有首都著名艺术家表演、内容十分精彩的大联欢，只好推到正月初七才举行。大家分到了票子，更是欢喜地忙工作，只等下班以后，带上全家老少，去尽兴欢度六十年代的第一个春节……

陡然，办公桌上的电话，响起了十分急促的铃声。戴近视眼镜的业务员老胡，一把抓起听筒：

“喂，哪里？”

“长途！我是中共山西平陆县委，我们这里有六十一名民工发生食物中毒，急需一千支‘二巯基丙醇’，越快越好，越快越好！”听筒里的声音十分响亮而焦灼。

“我们立刻准备药品！”很怕对方听不清楚，老胡几乎喊起来了：“我们马上设法把药发到太原！”

“不行！太原距平陆尚有一千余里，而且要翻山越岭，交通极为不便，请设法空运……空运！！”

六十一个同志的生命，危在旦夕！一千支注射剂，非得空运！……每一个字，都好似一颗钉，颗颗钉在人们的心上！就在老胡抓耳搔腮地和对方通话时，大家已经都围上来了。商店里好一阵紧张，人们的心里，早已把“精彩晚会”丢得无影无踪。党支部立即召集紧急会议研究，决定全力以赴办好这件事。发动大家想办法，立刻请示领导。于是，全商店的人，把心拧成一股绳，把精力全都集中在这一连串的悬念、一连串的困难上了……

在我们的社会主义大家庭里，亿万劳动人民是一个亲密无间的整体。一根红线贯穿，颗颗红心相连，大家同呼吸，共甘苦……

事情原来是这样发生的：

2月2日，在山西省平陆县

一座新落成的红色大楼里，灯火辉煌。中共平陆县委扩大会议，照常进行着。与会者精神振奋，讨论的是1960年跃进规划。

七点钟时，县人民委员会燕局长匆匆奔进会议室，找到县人民医院王院长说：

“一小时前，风南公路张沟段有六十一名民工，不慎发生食物中毒，请立刻组织医务人员抢救！……”

他们的话还没说完，坐在主席位置上的中共平陆县委第一书记郝世山同志，也已晓得了这紧急情况。这位五十来岁的老书记，立刻站了起来，目光炯炯地把会场扫视了一遍。然后，果决地说：

“同志们，现在要全力处理一件急事，会议暂停！”

说完，郝书记一甩手，披起那件旧棉大衣，立即召集县委常委会议研究，当机立断，全力抢救。片刻，大卡车就载着负责同志，载着县医院全部最好的医生，在茫茫的黑夜里，翻山越岭，向我们的六十一个阶级弟兄身边奔去！

这平陆县与河南省的三门峡市，只隔一条黄河。县北五十里外张村一带，正在修建一条从芮城风陵渡到平陆南沟的省级公路，这条公路是山西全省支援黄河三门峡伟大建设工程的交通命脉。筑路民工都是人民公社社员，干起活来，真叫干劲冲天，有个叫侯永胜的，一个人一天就挑了几百担土。他们展开了对手赛，改革了一系列工具，工效步步提高。甚至春节期间，自愿少休息，打了个开门红的大胜仗。谁想竟发生了这偶然的不幸！这是六十一个多么好的建设社会主义的积极分子，他们的生命有危险，我们能不心疼吗？

县里的汽车来到张沟工地以前，张村公社党委第一书记薛忠令，亲率公社医院二十多名医护人员，早已来到。他们正在忙着给病人洗身、洗脚、消毒。县里的医生跳下汽车，立即插手诊断，立即治疗！

他们使用了各种办法：

给患者喝下了绿豆甘草水解毒，无效！

给患者又注射了吗啡，仍然无效！

……无效！无效！

紧张，无比的紧张！空气窒人，医生、护士挥汗如雨。县人民医院负责医生解克勤等同志，经过紧张详细的会诊后，断定：

"非用特效药'二巯基丙醇'不可！必须在四日黎明前给病人注射这种药，否则无救！赶快派人去找！"

就在同一个时间内

县委会里，不安之夜。

我们的郝书记，不停地吸着烟，守在电话机旁，他嘴角上的皱纹，更加深陷了。参加革命二十多年来，他养成了这样一种习惯：自个生病（他现在还患着关节炎），好像没那么回事，可乡亲们一有个头痛脑热，他就记着放不下，非想个法帮你治好心里才舒坦。何况，现在这六十一个同志，有的是生命危险！郝书记更加坐卧不安了。……这时候，他们接到了患者急需“二巯基丙醇”的电话，马上就派人去找。县人民医院的司药王文明和张寅虎，这两个小伙子连厚衣服也没顾得穿，两步并做一步走，跳过一道道深沟险壑，到三门峡市去找药。你看，这才叫真正的“司药员”：药房里没有的，他愿意经历千辛万苦，跑遍天涯海角，也要给你找到！

他们来到了黄河茅津渡口。在微微的星光底下，只见那黄河翻滚着巨浪，只听那河水拍打岸头，声声震人心碎。这两个小青年，明明知道夜渡黄河容易翻船落水，极其危险。但是，为了挽救六十一位同志的生命，在这重要的时刻，就是天大的险，他们也心甘情愿去冒！他们毫不犹豫地去敲船工的门。船工从酣睡中醒来：

“敲门干什么？”

“请摆我们渡河！”

“黄河渡口，自古以来，夜不行船，等天亮吧！”

“不能等！为了救人今夜非过河不可！”

当船工们听说是为了挽救六十一个祖国建设者，老艄工王希坚，不顾今晚正发喘，猛然从热乎乎的被窝里跳了起来，系上搭袄，吆喝一声：“伙计们，走！”后面王云堂等几个人紧紧跟上。来到岸边，二话不说，驾起船，直奔河心。凭着与黄河巨浪搏斗了几十年的经验，凭着一颗颗赤诚的心，终于打破了黄河不夜渡的老例，把取药人安全送到了对岸。

可是，三门峡市没有这种特效药！

这已经是 2 月 3 日的中午了。时间啊，你停滞一会吧！你为什么老是从人们的身边嗖嗖地疾驰而过，想挽也挽不住你……

郝书记急切而坚定地指示：“我们还是应该就地解决。向运城县去找！向临汾县去找！向附近各地去找！”

就在这时，张村公社医院又来了电话：“如果明晨以前拿不到‘二巯基丙醇’，十四名重患者，将会有死亡！”

找药的电话，不断头地回来了：

运城县没这种药！

临汾县没这种药！

附近各地都没这种药！

郝书记斩钉截铁地说:“为了六十一位同志的生命,现在我们只好麻烦中央,向首都求援。向中央卫生部挂特急电话!向特药商店挂特急电话!”

于是,这场紧张的抢救战,在二千里外的首都,接续着开始了……

人心向北京,北京的心立刻和平陆的心一起跳动……

2月3日,下午四时多,在卫生部

在中华人民共和国卫生部的一所四合院里,药政管理局的许多同志,都停下了别的工作,忙办这件刻不容缓的事。药品器材处长江冰同志,在接到平陆县委打来的电话后,就一面叫人通知八面槽特种药品商店赶快准备药品,一面跑去请示局长和正在开党组会议的几位部长。徐运北副部长指示:一定要把这件事负责办好,立刻找民航局或请空军支援送药!

现在,处里胖胖的老吴同志,头上汗水津津,正在紧张地向特种药品商店催药。共青团员冀钟昌正在与民航局联系。电话里传来的是不匀称的呼吸,显然对方也在焦急:

“明天早晨,才有班机去太原,那太迟了,太迟了!……对啦,请求空军支援!”

真急人,电话一个劲占线。当小冀接通了空军领导机关的电话时,空军已晓得了这件事。原来民航局先一步为此事打来了电话。这时,值班主任向小冀又进一步了解了卫生部的要求,立即跑去请示首长。首长指示:全力支援,要办得又快又好!于是,像开始了一场战斗一样,有关人员各就各位,研究航线,研究空投,向部队发出命令……这一切都办得十分神速,这一切都贯注着人民军队的光荣传统,都贯注着对人民极其深沉的爱!

阶级友爱,情深似海。在我们中间,一个人发生困难,就有上百、上千、上万个素不相识的人,热切地向你伸出手,不遗余力地帮助你……

现在,已经是下午五点多了

从首都广安门外到八面槽的遥远路途中,穿过熙熙攘攘的人群,穿过川流不息的车辆,走过大街走小巷,一位三十来岁的工人,正冒着数九天的寒风,拼命地蹬着一辆载货自行车飞驰。

"同志们,闪道,闪闪道!"

他不断地向行人呼喊着。这车上拉的就是"二巯基丙醇"。骑车的叫王英浦,是位先进工作者。你看,他把车轮蹬得飞转,三十华里的路程,一个小时多就赶来了。干吗要从三十里外运药来?这其中还有段小故事:

这"二巯基丙醇",原本是由国外进口的,算是一种稀有药品。可是去年我们的国营上海第一制药厂的工人,创造性地揭开了它的秘密,现在已能大量生产供应了。它再也不是什么稀罕玩艺,它的身价,已经从特种药品降为普通药品,所以特药商店刚刚把它送到库房去,准备发往各地普通医药公司经售。谁知现在又突然需要它,因此又拉了它回来。

且说王英浦这时正喘吁吁地把药品搬进屋来,大家忽地围住他:

"老王,你真是两条神仙腿呀!"

就在同一个时间内

我们的特种药品商店里,党支部书记田忱和共产党员何思鲁,正拿着电筒,伏在地图上,照啊,找啊,他们干什么呢?屋旦明明亮着太阳灯,往常,针掉到地上都可以找到,可是今天却怎么也不够亮。噢,他们在找:平陆在哪?他们在想:到底如何运送?这些,迄今还都是悬案!

正在这急死人的节骨眼上,卫生部又来了电话:

"空军已热情支援,保证今夜把药品空投到平陆县城!请你们快把一千支药品装进木箱,箱外要装上发光设备……"

有飞机啦!人们的心眼里,真像是久旱逢甘雨,兴奋得都跳起来了!但紧跟着又是一个困难:这发光设备可怎么解决呢?

就在同一个时间内

时间,一秒,一分……一闪而过。现在距离四日清晨已经没几个小时了。

在张村公社医院里,空气仍然异常紧张!张村公社的社员们,给自己的弟兄送来了大量豆腐、粉条、蔬菜、糖、细粮……这些东西堆在那里,有谁能吃呢?我们的弟兄还在危险中!山西省人民医院、临汾人民医院在听到这项紧急消息后,也都迅速派来了医生。现在,四十多位医护人员,头上冒着一串串的汗珠,他们已经二十来个小时没合眼。为了延续这六十一条生命，土法、洋方，各式各样的招，都使尽了，可是病人还不见有何好转！！

突然有人报告："同志们，县委来电话说，中央已决定今晚派飞机送药来！"

这是真的么？是真的！病人们那绝望的眼神，忽地亮了，人人的眼里，都饱含着无限感激的热泪……

现在，时间将近晚上七点

特药商店里，药品箱都快装好了，可是发光设备却还没个着落。这时，一个戴眼镜的姑娘，猛地把辫子一甩说：

"我找五洲电料行去！"这人名叫李玉桥。

她飞也似地来到了五光十色的五洲电料行。吓，这里真是顾客盈门，共青团员贺宜安在忙着给顾客拿这拿那。李玉桥简短地把情况跟小贺说完，问他：

"给你三十分钟，能不能办好？"

"放心吧，李大姐，坚决保证！"

李玉桥帮他搞营业，小贺抬腿就去找人。半路上正好碰见了王明德，小王是北京市的先进生产者，更是一位热心肠的小伙子。他俩急中生智，连跑带研究，真是一个踉跄一个智慧，他们想用四节电池焊在一起，接上灯泡，可亮半个多小时；又研究出用十六节电池、四个灯泡，把药箱的四面都装上灯，空投落地时，这一面的摔灭了，保险那几面的还亮着。说着说着，他们就干起来了。这时，正好门市部主任老杨从外面开会回来，一听说这是急事，也帮他们忙起来。过了一会，李玉桥又来催：

"时间紧迫，不能超过三分钟啦！"

"我们保证两分半钟就弄好！"

果真，李玉桥头脚走回商店，小王就带着焊好的发光设备，一溜风地踩着她的脚跟，也钻了进来，真是二分半钟啊！

现在，是七点半钟以后

一辆胜利牌小轿车，从卫生部大门里疾驰出来，奔向特药商店。

车子来了。这时候，正像老何事后所描绘的：也不知那一箱子药品，到底是怎么拿出去的。只见大家一拥而上，生怕误了一分一秒的时间，生怕有个拿不住摔到地上，许多只手擎着这一千支“二巯基丙醇”，挤出商店那狭小的门，轻轻地把它放在胜利牌小轿车最好的席位上！

胜利牌轿车载着一千支“二巯基丙醇”，正在灯火辉煌的大街上，在静谧的京郊林荫大道上，响着喇叭，箭也似地向机场疾驰。

就在同一个时间内

平陆县邮政局的电话铃声一阵疾响。从下午三点开始，平陆——北京的长途电话已经成为一条极为敏捷的专线。这电话又是空军领导机关打来的。亲自守护在电话机旁的邮政局长董鸿亮同志，忙把电话接到县委会。郝书记接过电话，只听见：

“请赶快物色一块平坦地带，要离河道远些，准备四堆柴草。飞机一到，马上点火，作为空投标志！”

“好！立即准备！”

于是，书记、县长亲自指挥。有线广播站里传出来了最洪亮的声音，向县城附近的机关、学校、人民公社，向几千几万群众，发出了县委、县人民委员会最紧急的号召。声音所到之处，正在学习拼音文字的干部们，撂下了书本跑出来，学生们从温课的教室里拥出来，老人们拄着拐杖走出来，新婚夫妇从温暖的新房中走出来，建设局的工人们，拖着废木碎柴往城外空地上跑；圣人涧那面的山坡上，又有一大群红旗公社的男女社员，抱着大捆大捆的棉柴芦苇，向这块平坦地势上奔来……

眨眼间，岗尖岗尖的四大堆柴草已经准备好了！

几千人林立在这块名叫“圣人涧”的空地上。人们满怀急不可耐的激动心情，向茫茫的夜空，向东北方向，不，向我们伟大的首都，了望着，了望着；人们的心早已经穿过了云层！曾经在部队上做过通讯工作的孙治勤同志，站在高高的山岗上，凭着他的经验，凭着他一双能听出十里以外的耳朵，倾听着飞机的动静……

这是一场共产主义风格大发扬的胜利战斗。舍己为人、友爱互助精神万岁！

现在，是夜里九点零三分

北京，繁星满天。一架军用运输机，满载首都人民的深情厚谊，冲向银光闪闪的夜空，向西南方向风驰电掣地飞去。卫生部的陈寅卿同志随机前往。

这是一次十分困难的飞行。夜间空投，在平陆空投场没有地面指挥和对空联络的情况下，加上地形复杂，山峦重重，空投的又是水剂药品，而且要保证做到万无一失……部队领导对这次空投任务极为重视，政委、大队长、参谋长亲自研究，特别选派了最有经验的机长、领航长、通讯长和机械师，并且是一架飞机，派了两个机组同时前往。就在起飞之前，他们还选择了最好的降落伞，把药箱加了重，一切都筹划得最有把握，大家满怀着信心。

一个飞行员十分激动地请示机长："为了使药箱确保及时送到，我请求批准我跟着药箱一起下去！"

机长说："首长已经指示，人不要下去，我们要保证把药品准确投到！"

现在，我们的雄鹰正在高速航行。下面是茫茫大地，祖国到处是不夜城，繁星与万家灯火交相辉映，这时候，有多少人，还在辛勤地为祖国劳动着！

现在，是夜里11点23分

"请平陆准备！准备！飞机再有七分钟就到你县，马上点火！"

董局长把这空军领导机关的电话通知，立刻传给守候飞机的人群。不知是谁，向每堆柴草上泼了一些煤油，火苗冲天而起，大火把天空和大地都照红了！

这时，飞机已越过黄河，来到平陆上空。现在飞机的高度是二千七百米，为了空投的准确，必须降低，越低越准！机长周连珊压了压操纵杆，飞机迅速下降，二千、一千五、一千、五百米，巍峨的山影从机身旁掠过，好危险哪！这是一场勇敢加技术的搏斗！

飞机上的全部人员，双眼睁得彪圆，心情极不平静！机长突然兴奋地命令：

"准备空投！"

保伞员、机械师，还有小陈，早就把药箱上的电灯接亮了，只听电铃一响，他们嗖地一声准确地把药箱推出机舱，一千支"二巯基丙醇"带着降落伞，向预定空投地点坠下去，坠下去！……由县委打电话向北京求援，到神药从天而降，这其中牵动了多少单位，牵动了多少人。可是这全部复杂辗转的过程，却只用了八个多小时，这是多么惊人的高速度！

我们不是常说："千里送鹅毛，礼轻人意重"么，这一箱从天而降的神药啊，盛满了首都无数人的最美好的感情，它比泰山还重！

就在同一个时间内

在平陆县城外的圣人涧，四大堆火越烧越旺。人流如春潮，数不清的手电光点缀着夜空，活像国庆夜首都天安门的探照灯光。郝书记、郭县长等都亲赴现场来了。

"看，天上有个亮灯下来了！"突然谁叫。

"那是降落伞，那是神药！"

几千双手高高地举起来，谁都想把这一箱药擎住！人们向飞机、向降落伞此起彼伏地欢呼！

降落伞带着闪闪的亮灯向下飘落！人流追踪着降落伞飘落，跑啊！跑啊！郭逢恒县长向降落伞跑去，劈面碰见了蒲剧演员杨果娃，这是个十六岁的女孩，唱小旦的。她的脸上还抹着红红的粉，戏装也没卸，全是舞台上那个打扮呢！

"果娃！你怎么也跑来啦！"郭县长问她。

"看戏的人都来啦，我怎么不来，来接毛主席送来的神药哇！"说着她又赶忙向降落伞跑去。

降落伞带着药箱安全地着陆了，安在药箱四角的电灯闪闪地亮着，寨头管理区的社员最先抱住了药箱！几千人簇拥着这一箱药，你刚扛了两步，他抢过去又扛在肩上……

交通局派来的一辆最好的汽车，最好的司机沈宽亮，早已等在县委会门口。药箱放在车上，车就大开油门，向五十里外的张村医院飞奔。俗话说：平陆不平沟三千。这里的山路狭窄崎岖，极端难行，汽车随时都可能发生故障抛锚。沈宽亮早把汽车做了最好的检修，可是他还在想：

"万一出了毛病，我就扛着它送去！"

2月3日，深夜

盼！盼！——在张村公社医院的大门口，社员们、医护人员们正焦急地盼望着……

汽车开来了！——好！

马上拿下药箱。

马上注射。

注射剂十分灵效，立竿见影，病人立时止住了疼痛，恢复了神智。医生原来规定，药品不能迟于4日黎明找到，但这药品却在黎明之前就送到了。我们的六十一个阶级弟兄化险为夷了！他们新的更强壮的生命，是党给予的，是同志们用真情友爱救活的。狂喜从人们的心底里迸发出来……

不仅仅是这六十一个死而复生的人，不，我们每个人都有两次生命。党用它思想的阳光，帮助我们消除旧时代遗留给我们的思想毒菌，抚育我们成为全新的人。

2月5日

红日高照，春光灿烂。

县委书记处书记兼县长郭逢恒及县里其他几位领导同志，代表县委会和全县人民，率领着县文工团，携带着慰问品，来到了张村公社医院。他们亲自到床边抚慰病人。郭县长见病人已恢复了健康，打心眼里高兴。民工们紧紧地拉住了郭县长的手，不知说啥是好。

民工周满禄，眼眶里噙满滚热的泪。他说：

“万恶的日本鬼子打瞎了咱一只眼，没人管；国民党阎老西杀了咱多少人，苦水往肚里咽！今天，咱这些普通民工闹点病，中央就派飞机救咱们，党和毛主席真是咱贴心的人啊！”

张店公社的老汉吴进喜，从八十里外赶来看他的儿子吴广新。这时他激动得浑身抖动，拉着儿子：

“小子，在咱这偏僻山沟子里，我想你是没救啦！谁想毛主席在北京比咱老汉还关心我儿！小子，毛主席才真是你的亲爹娘！”

当场，大家都再也躺不住，纷纷爬起来，向郭县长请求：

“为了感谢党和毛主席，感谢首都人民的支援，我们明天就上工！”

郭县长慰抚他们说：“你们要听党的话，好好休息几天！”

第一连连长怎么也按不住心里的那股冲劲，攥着两只粗大的拳头，代表全连的民工向郭县长表示：

“我们一连全体向党和毛主席保证：鼓起最大干劲，把第三连的工全部包下来！”

紧跟着，大家在公社医院的里里外外，在工地上，贴出了几百张大字报表决心；写给党中央和毛主席的信，更像雪片般飞来……

民工们真是说到做到，他们一上工，就由过去每天挖 15 方土，增加到挖 30 方，工效提高一倍。有的人，更是一天干了三天的活！大家决心提前三个月修好这条支援三门峡伟大建设工程的公路！无数的奇迹在创造着！……

不仅仅是我们的这些筑路民工，不，十二万平陆人，不，六亿五千万中国人，人人心里都燃着一团烈火，这团烈火越烧越旺：对党和毛主席的深沉热爱，化作无穷无尽的力量，人们正在用它加速建设我们伟大的社会主义祖国！干劲冲天地、高速度地建设她吧，这是咱们的靠山，这是咱们永远幸福的保证！

王石　房树民　（原载 1960 年 2 月 29 日《人民日报》）

第二篇：

商业部长买鞋上当记

商业部长胡平买了双皮鞋，穿上脚不到 24 小时，后跟就掉了一块。这件事最近在商业部机关大楼里广为流传，成为人们痛斥伪劣商品的话题。

7 月 12 日下午，胡平在湖北省调查研究，逛了逛武汉百货商场。在皮鞋柜台前，胡平看中了一双带网眼的棕色牛皮鞋，试了一双，号不合适；又试了一双，正好；于是付款 49.5 元，买下了这双鞋，并当场穿上新鞋，继续参观。

之后，胡平穿着这双鞋走访了粮库、肉联厂和服装学院，13 日下午回到北京，谁知到家一脱鞋，就发现右脚一只鞋的后跟已掉了一块。翻过来，调过去，细看才发现这双鞋既没有商标，也没标明产地和生产厂家，只是鞋底上有“上海”两个字。

17 日，在 11 城市一商局长会上，胡平不点名地讲了这件事，又深有感触地说，劣质产品泛滥，太可恶了。这个问题，生产者有责任，商业企业进货把关不严，也有责任。

会后，武汉市商委的同志主动向胡平要回了那双鞋，经查：鞋底是上海的，鞋是武汉制作的。

21 日，轻工部长曾宪林约见胡平，听说胡平买了双“一日鞋”，便说：“鞋的质量问题是当前消费者反映最强烈的问题，轻工部已打算专门举办一个假冒伪劣鞋的展览会。”

胡平当即表示：“我支持，如果你搞这个展览会，我希望我买的那双鞋也能作为一件展品，曝曝光。”

如今，胡平已经穿上了武汉百货商场为他换的新鞋，可是他的心情并没有轻松。他说：“我是一个部长，买了劣质鞋能及时退换。但若是普通消费者呢？”

陈芸 （新华社北京 1990 年 9 月 11 日电）

第七节 工作通讯

工作通讯是以报道当前某项工作进度、经验及存在问题为主的一种通讯类型。侧重于提出问题、分析问题、解决问题。指导工作是其主要目的。工作通讯是具有中国特色的新闻体裁，西方较少见到。

工作通讯与经验新闻相比，二者有近似之处，但经验新闻属消息类，需遵循消息的写作格式，以总结做法与效果为主，而工作通讯会注入更多过程与分析，写法也相对更宽泛一些。

工作通讯与深度报道相比，工作通讯没有深度报道范围那么大，一般只偏重于工作方面。在报道实践中，有时很难把二者分得那么清，用一两条标准，一下子就能界定出这是工作通讯，那是深度报道。因为在许多科教书里就有例子互用的情况。此书将某某篇列为深度报道，而彼书则将其列入工作通讯。用尽心思去将二者区别开来，其实并无太大意义。从多数篇章看，工作通讯本身就属于深度报道。

工作通讯与工作报告相比，工作通讯是一种新闻体裁，新闻的许多特征，如新鲜、时效、典型等，在它身上全都适用。同时，工作通讯还特别注重夹叙夹议，注重分析与说理。而工作报告仅仅是做法与经验的提炼与归纳，既无新闻特征而言，也较少分析与说理。

工作通讯的写作可灵活多变，不拘一格，不一定非得采取常用的归类法——大题下又列出几个小题。其他如政论式、见闻式、访谈式、随笔式、调查式、札记式（或叫日记式）、故事式、来信式等，均可根据需要灵活采用。

工作通讯的内容大致包括以下正反两个方面：

①结合当前实际工作中取得的成绩，从正面写出具有普遍意义的经验与体会。

②结合当前实际工作中的缺憾，从某一点入手，其实也是面上普遍存在的矛盾或问题。工作通讯成败的关键是抓问题。问题新不新、重要不重要、有无普遍意义是至关重要的；再者是一个深度问题，不可欲触而不及，不可浅尝辄止。

附　录

以下是几篇典范的工作通讯。

第一篇为：

王崇伦抓豆腐

在中共哈尔滨市委副书记王崇伦办公室的墙壁上，挂着一副别具一格的哈尔滨市地图。图上用文字标明的，不是什么重要建筑物，而是分布在全市的所有豆腐生产车间。

全国总工会副主席王崇伦是去年 8 月到哈尔滨兼任市委副书记的。市委分工他负责全市的财贸工作。他就把“抓豆腐”作为自己的一项重要任务。

近十几年来，哈尔滨市群众爱吃的豆腐一直供应短缺。有关部门每年收到许多批评信，而“吃豆腐难”的问题却仍然年复一年地得不到解决。王崇伦一上任，市委第一书记文敏生在向他介绍情况时就建议他先抓好豆腐的生产和供应工作。王崇伦听了介绍，心里激动起来：怎么能让生活在“大豆之乡”的人吃豆腐那么困难！第二天，他就一步跨进了豆腐坊。

整整两个多月，王崇伦清早起来走访豆腐供应站，夜晚出入在各个豆腐生产车间.他一边调查,一边解决豆腐生产和供应中的一个个具体问题。

豆腐生产能力太小,是"吃豆腐难"的一个重要原因.全市29个豆腐生产车间,有13个车间的锅炉"老掉了牙",严重影响生产;有一个车间安装着一条效率很低、浪费大豆严重的"豆腐生产自动线";有的豆腐车间厂房太旧,也影响生产。

王崇伦一一调查清楚后,立即向市委汇报.在市委的支持下,更新了8台旧锅炉,翻修车间厂房的领导小组也在他的过问下成立了起来。他又组织技术人员改装了那条"豆腐生产自动线"。还把一个别的车间改造成生产豆腐。

豆腐的产量上去了.为了提高豆腐质量,王崇伦又和有关部门的同志一起,到车间摸索泡豆、磨浆、过罗、煮浆、点脑、压型等6个生产环节的"优选法",总结推广了在这方面搞得比较好的南岗豆制品厂的经验,建立了标准化的工艺操作规程和质量检查制度,还组织职工选举出18名生产经验丰富的车间主任,做到每个车间都有两名主任轮流值班,严格把住了质量关。

生产车间布局不合理和供应网点少,是造成豆腐供应紧张的另一个原因。王崇伦与市有关部门的领导同志一起,走街串巷,帮助开办起一个又一个新的豆腐供应点。

今年1月下旬,在市委大楼的会议室里,开了一个别开生面的会。十几名从未迈进过市委大楼的"豆腐匠",接受王崇伦的邀请,前来座谈豆腐生产的发展前景。王崇伦泡满一杯杯清茶,热情地招待他们。短短几个月里,王崇伦在雾气腾腾、又湿又热的豆腐生产车间里,已和他们中间的许多人交上了朋友。这些做豆腐的师傅在会上提出的一些建议,后来逐步得到落实。全市豆腐行业还提拔了一批豆腐技师。

现在,哈尔滨市平均每人每月吃豆腐量,已居全国各大城市之冠。

陈坚发　(选自《中国优秀通讯选》)

(注:作为一篇工作通讯,报道的是时任全国总工会副主席的王崇伦,在兼任哈尔滨市委副书记期间亲自抓豆腐生产的事。虽是正面报道,反映的也仅是一个局部,但透视出的却是那一时期全国许多大中城

市普遍存在的副食品供应短缺的问题。因而，该报道具有一定的典型和示范意义。本文曾获1981年全国好新闻一等奖。）

第二篇为：

由邯钢经验引出的话题

——有关劳动消耗转化管理方法试验搁浅的反思

6月26日，记者看过发表在当天《人民日报》头版头条位置的通讯《邯钢经验有多少内涵》之后，马上拨通了武汉大学教授余杭的家庭电话。

记者：余教授，你看了关于邯钢经验的报道了吗？

余杭：看了。邯钢经验和我们的《劳动消耗转化论》确有——

惊人的相似

记者翻出余杭教授发表在本报1993年6月17日"理论周刊"版的《劳动消耗转化论》一文，和《人民日报》报道的邯钢经验进行比较，发现两者之间确有惊人的相似。

其一，报道说，邯钢经验的一个杰出贡献是提出了市场经济的成本核算公式：目标成本＝该产品的市场价格－目标利润。《劳动消耗转化论》表述其基本原理是，"企业可把现行计算利润公式等号两边的成本与利润互换位置，在销售收入中把目标利润事先予以扣除，其公式为：销售收入－税金－利润＝成本"。

其二，报道说，邯钢"倒推"出市场成本后，再层层分解到分厂、车间、班组，直至每个岗位。《劳动消耗转化论》提出，目标成本确立后，"分解到分厂、车间、班组，直至个人"。

其三，报道说，邯钢把按劳分配与市场成本指标结合在一起，完不成成本指标者，否决全部奖金；节约了，按节约额的5％～10％提成奖励。《劳动消耗转化论》提出，目标成本确定后，交给劳动者自己控制，"出现超支，由劳动者负担。如节约则由劳动者、企业和国家三方分成"。

不必再列举了。至少可以说，《劳动消耗转化论》和"邯钢经验"是"英雄所见略同"。不同的是，我们湖北有这种科学见解，但未能在实践中生根开花结果，而邯钢在实践中取得了成功。1984年7月，余杭教授带着这一理论到武汉童车厂搞试验，仅半年多，就取得显著成效。1985

年1月至5月，该厂在主要原料价格平均上涨40%的情况下，完成产量比上年同期增长13%，产值增长15.43%，利润增长87.99%。童车厂也曾因此而红火一时，还引得全国2000多家企业来厂取经。可惜，那只是——

短暂的辉煌

《劳动消耗转化论》(当时称“成本控制法”)在童车厂试验不到一年，就因故而停了下来。这个“故”是什么呢？记者找到了当时任童车厂厂长的周国章同志。

周国章说，童车厂当年试行“成本控制法”，效果的确不错。厂里把根据产品出厂价“倒推”出来的成本分解到车间、班组和劳动者身上之后，职工精神面貌发生了深刻变化，精打细算、勤俭节约蔚然成风。但就在试验逐步深入的关键时刻，有人对使成本和职工收入相互转化的做法在理论上提出了“质疑”，认为这一做法违背了马克思的劳动价值论，他们还把这种观点写成文章，发表在理论刊物上。这，对当时正一门心思抓试验的领导来说，不啻当头一瓢冷水。“反马克思主义”这顶帽子，叫人不寒而栗。在这种情况下，厂领导虽然也想坚持试验中一些行之有效的做法，但毕竟不那么“理直气壮”了。

据周国章介绍，当时厂里有些干部、工人曾自发地写文章，反驳对这一试验的“批判”。余杭教授也曾多次撰文予以反击。但令人心痛的是，宝贵的时光在“争论”中无可挽回地流逝了。

面对这样的结果，我们当然很想知道——

邯钢经验是怎样成“气候”的

7月26日，邯钢第二会议室。忙得不可开交的邯钢总经理刘汉章接受了本报记者的采访。

邯钢建立“模拟市场核算，实行成本否决”的机制，也不是一帆风顺的。刘汉章说，1990年，邯钢连续五个月亏损。厂领导经过分析，认为主要亏在成本高、效益低上。怎么做降低成本的文章？厂里先后搞了几套方案，算下来，还是亏。最后统一意见，按市场价格倒推成本。这个成本大大低于原来的计划成本，有的厂一年要降低几千万元。方案出台后，全厂像开了锅，一些分厂领导死活不干。有人还搬出一条“理论依据”，认为国有企业的生产只需要考虑是否符合社会主义生产的目的，即生产的产品是为了满足人民群众的物质文化生活需要，不需要考虑亏不亏的问题。但厂领导的决心没有被这些思想干扰所左右。通过反复做思想工作，层层算账，终于把领导的意志变成了全厂职工的意志，并在实践中逐步丰富和完善了新的经营机制。

看准了的路，不管阻力多大，困难多大，也要坚持走下去。刘汉章把这称之为邯钢成功的"秘诀"。

也许，我们可以说，湖北的"经验"比"邯钢经验"更早；也许，我们可以和邯钢人争一争成本核算公式的"发明权"。但一个不容争辩的事实是，《劳动消耗转化论》在湖北经济界一直坐着"冷板凳"，而成本否决机制不仅造就了邯钢今日的辉煌，名满天下，而且其经验反哺湖北，给了我们几多的启示、几多的反思！今天，或者说，面向未来——

我们该有怎样的思索

作为《劳动消耗转化论》这一理论的提出者，余杭教授谈了自己的看法。

一个本来具有很强指导意义和经济价值的理论，为什么在湖北这块土地上没能结出丰硕的果实。一个原因是思想解放不够。有些人对改革实践中出现的新事物，总要往姓"资"姓"社"上扯。武汉童车厂在试行成本控制方法时受到的责难就是典型例证。另一个原因是落实不够，"中梗阻"严重。1986 年 1 月，武汉市经委曾正式行文，要求扩大成本控制法试点，但会开了，文件发了，试点不仅没有扩大，而且连原来的"点"也逐渐消失了。1992 年，这一理论也曾先后引起省政府主要领导和武汉市主要领导的重视。他们先后批示有关部门抓好经验，总结经验。但批文在有关部门"揉"过来"揉"过去，终于不了了之。具有指导意义的科学理论，具有经济价值的科研成果只能"落实"在文件上、口头上，这就是我们落后的一个重要原因。

从《劳动消耗转化论》的遭遇，我们不禁又想起了"丽珠得乐"的出走，想起了"三花接骨散"的远离，想起了……这些凝结着我省科技人才的心血，凝结着我省有识之士的才华的优秀成果，为什么就不能用之于湖北的发展实践呢？而且，我们不知道，在我们的"有关部门"里至今还有没有好的理论、好的方案、好的科研成果，在被“揉”着、被“踢”着、被“搁”着？

湖北最大的实际是发展不够，造成发展不够的根本原因是思想解放不够，落实力度不够。去年，我们这样说；今年，我们这样说；明年、后年，我们还要这样说么？

熊家余　（原载1996年8月23日《湖北日报》）

（注：这是一篇问题性的工作通讯，谈的是先于邯钢经验的《劳动消耗转化论》（即“倒计成本”）为什么没有在湖北省开花结果的问题。一个经济管理工作中的问题，原本是很枯燥、纯工作味儿的东西，作者却能打破一般工作通讯的归纳式格局，通过对比——《劳动消耗转化论》与“邯钢经验”的对比；通过步步推进——由《人民日报》报道引出，到《劳动消耗转化论》的内涵及短暂的辉煌，再写到邯钢经验的大获成功，最后是反思；通过巧妙衔接——特别是每一小题的出现，很别致。纵观全文，构思既严谨又灵活，不愧为一等奖作品。该文获第7届“中国新闻奖”通讯类一等奖。）

第三篇为：

贫困户背不动豪华广场

中央三令五申严禁建设沽名钓誉、劳民伤财的“形象工程”，安徽省五河县却要建设一个大型文化休闲广场。拆迁户大多是下岗职工、无业人员和吃低保的城市贫民。最近他们纷纷向记者哭诉，担心被县里强拆后无家可归。

县城要建大广场

五河县城呈“井”字型，是四条主干道的中心，除民居、商店和办公楼外，有一个体育场。这是这个“全国体育先进县”县城里唯一的运动场所。足球场、篮球场、溜冰场等一应俱全，尽管设施老化、建筑简易，但并不妨碍它成为居民们晨练、晚休的聚集地。

6月26日，体育场门口的一则公告使居民施左昌如坠冰谷。这则五河县政府《关于注销青年圩综合开发范围内土地使用权证书的通告》写道：县政府研究决定，注销青年圩综合开发范围内方兆义等户土地使用权证书。施左昌家的房子也在注销之列。他说：“按照《安徽省城市房屋拆迁管理办法》,拆迁人补偿安置被拆迁人后,被拆迁人把被拆迁的房地产权证交给拆迁人,由拆迁人移送负责房产权登记的管理部门予以注销。县里还没和我们谈过补偿、安置,土地使用权证还在我们手里,怎么能一纸公告就注销了呢?”从这一天开始,他就和邻居们多方反映、四处奔走。

这一切,源于五河县的一项重大“形象工程”建设计划。五河县委决定今年实施青年圩文化休闲广场项目,拆迁体育场及周边191户居民、25家单位,占地约5.6公顷,计划投资7000多万元。项目简介上写着,这是“为民办实事工程,是县城的标志性形象工程”,“为体现规划高起点,邀请全国一流设计单位上海同济大学规划设计院编制规划”,“广场构图主要由莲花喷泉和下沉式广场两处主要景观构成”,“建成后将成为皖北地区乃至安徽省内县级城市中最大规模的商务中心和品位最高的中心广场”。

今年3月份,县里和外省一家房地产开发公司签订协议,由这家房地产商开发5.6公顷土地,付给县里土地转让费2900万元,如果开发商在这里建一家三星级或三星级以上酒店,县里将返还200万元出让金。据县建设局局长刘昕介绍,县里计划拿700万元左右建喷泉、沉降式广场等设施,500万元征用城关村的100亩土地建新体育场的一期工程。这个新体育场总投资2000万元左右,除这500万外,其余资金县里还拿不出来。

拆迁户们对这项工程的质疑,除了认为程序违规等具体问题外,更多的是在责问“国家不允许再建大型城市广场这样的形象工程,五河县怎么还在顶风上?”县里一位领导是这样回答的:国家是不允许用财政的钱建广场,而我们这个项目财政没拿钱,用的是“经营土地”的收益,我看过文件,是说禁止建“沽名钓誉、劳民伤财”的形象工程,并不是说所有的形象工程都不允许建。

拆迁户们则对这种说法提出质疑:卖地收入难道不是政府的钱吗?动辄“最大”、“最高品位”,不是沽名钓誉是什么?至于有没有“劳民伤财”,到拆迁户家里看一看、和他们聊一聊就清楚了。

贫困户雪上加霜

五河县领导认为，他们制定的拆迁补偿标准是比较高的，住户平均每平方米达到510元。而众多拆迁户却认为县里的补偿标准很低，因为这一区域是五河县城的黄金地段，由于房屋差距较大，拆迁户们拿到的补偿高的在10万元以上，低的只有几千元。而拿低补偿的，恰恰绝大多数都是承受能力极低的贫困户。据了解，拆迁户中大多数人是下岗或没有固定工作的，其中部分人每月只能拿30元的低保金。

原小圩区区委书记张道隆对记者说："我想不通的是，老百姓生活都没头绪，你改造旧城给谁看？按这补偿标准，多数老百姓是买不起房子的。"原物价局局长李景春说，别说这个区域里的大多数是困难户，就我们这样的退休干部都没钱去买房。据了解，五河县商品房均价在每平方米800元左右，开发商们在知道县里要大规模拆迁之后，又纷纷提价，租房的也提高了租金。

居民韩秀英含泪告诉记者："我每月退休金80元钱；老伴80岁，参加过淮海战役、抗美援朝，退休金一个月300多元。前几天单位领导一天几遍逼我们签协议，暗示如果不签退休金就没法保证。签字第二天就有人来拆房，我快叫他们逼疯了。我签字以后吃不下、睡不着，愁这一家老小怎么办？儿子、媳妇4口人都下岗吃低保，日子紧但还有藏身的地方，拿这补的4万多块钱以后怎么过日子啊！"

患有二级肢残的郑献水说："我失业快3年了，没吃上低保，一家三口靠老婆打工每月挣的200块钱过日子，小孩还要上学。县里找我签协议，我把协议书撕了，这9000多块钱补偿费让我上哪买房子？我请拆迁办的人帮我租房子，他们找的是一间破得不成样子、眼看也要拆迁的房子，里面住的人还不愿意让。"

……采访中了解到，居民有的已经签了协议，有的还在"顶着"，但对即将面临的拆迁他们都怀着深深的惶恐。他们几乎每家都有好几个人下岗、吃低保。在他们的心里，根本不奢望"住得好"，只要"住得下"就满足了。

干部们的委屈与困惑

五河县财政非常困难，大量工厂倒闭、停产，农业多次受灾，今年淮河水灾造成全县直接经济损失达15亿元。县委一位工作人员告诉记者，全县乡镇普遍欠发工资，有一段时间县委宣传部靠一位部领导从家里拿了一万多元钱垫办公经费才维持运转。在这种情况下，县里为什么还要耗资建广场？

据主管这项工程的县领导介绍，青年圩广场是五河县的中心地带、黄金地段，但环境非常差，老百姓娱乐休闲也没什么好地方，非改造不可，而且附近有一个商贸城，需要周边环境配套才能提升品位、聚集人气。他认为，这样“经营城市”“经营土地”，还可以带动二、三产业发展，成为五河新的经济增长点，外商要建商贸城、商业步行街和商品房，如果商业发展起来了，有些商品就可以在本地加工。

这些良好的设想在实施中遇到的困难显然出乎他的意料，为这个项目他前后大哭了三次。他不无委屈、困惑地问记者：“我们确实想为群众做点事、为五河县发展使把劲，可群众怎么就不理解？”

记者同县里一些离退休老干部进行座谈。退休干部居文礼说，别说中央早就下文不许再建豪华城市广场这样的“形象工程”，从五河的县情来看也脱离了实际，群众承受不起。退休老人张家銮老泪纵横：“如果县里再不牢记立党为公、执政为民，维护好群众的合法权益，就会有恶性群体性事件的发生。”原县民政局局长曹殿钊认为，对这些拆迁户一定要妥善安排好，让群众作难了，干部受“委屈”就免不了。

周立民　（新华社合肥2003年8月26日电）

（注：作为一篇问题性工作通讯，抓取的是一个财政拮据的贫困县，为了建“豪华广场”而置百姓利益于不顾的典型事例，针对的则是当时一些地方政府“形象工程”、“政绩工程”大行其道的现状。在政府工作层面上，报道有很强的现实意义，堪称是一篇揭问题、刹歪风的力作。）

第八节　风貌通讯

风貌通讯，是记叙社会面貌、生活变化、建设情况、风土人情、名胜古迹及自然景观等的一种通讯类型。但常常见诸报端的，还是以反映一个点或一个面的新发展、新变化、新面貌的为最多。

风貌通讯所记叙的风情是概略的、粗线条的，因而也称之为“概貌通讯”。其中又因不乏旅途中的所见、所闻、所感，有时亦被称为“旅途通讯”。

风貌通讯常见的写作形式主要有：巡礼、纪行、散记、杂记、游记、见闻录、印象记等。

怎样写好风貌通讯呢？

概括起来，主要应注意以下四点：

1. 突出见闻

风貌通讯，展示的是风貌，也是一路走来的所见所闻。如何才能将所见所闻记录得恰到好处、惟妙惟肖，这就需要我们善于观察——抓得住特征与细节。否则，或是该写的地方没写道，或是该具体的地方却抽象空泛，这都不行。再者，记录好所见所闻还必须讲究条理，要依照一定的方位和顺序去写，不能凌乱，不能没有层次。

2. 着力写“变”

着力写“变”，就是力求写出事物在前进中的变化——面貌之变、民风之变、形势之变。变中展示成就，看到时代前进的步伐，变中反映主题，变中蕴含着讴歌与赞颂。此类关于“变好”的报道，应是风貌通讯的主流。

当然也有个别写变的风貌通讯，是写由好变坏的，如战争、灾害、污染所致的一些恶况，还有管理不善、纪律松弛、风气不正等带来的一些不良后果，这些都是通过从反方向写“变”来道出一些值得深思的问题。

写“变”，常常会用到对比，如今昔之比，新旧之比，好坏之比，虚幻与现实之比等。报道中，笔墨着力点，一般当遵循“薄古厚今”的原则。再者，写“变”，也不是凡变皆写，要抓住特征，有选择地去写，要写活，要写出立体感，并做到点面结合，不要像写说明书一样，只求表述清楚，而不求生动形象。

3. 融入情怀

风貌是客观的，风貌通讯是客观事物的记录。但也不能仅仅停留在有一说一、有二说二呆板的纯客观记录上，而应融入主观情怀。使风貌通讯成为既有骨肉又有灵魂、客观与主观完美结合、动人动情的风情画或风景画。

唐代多少名家诗作，都有作者的情怀融入其中，虽已历经千秋，至今仍能令人感同身受。

因此，要写好风貌通讯，必须融入情怀，只有自己深刻感受了的东西，只有带着感情写出的东西，才有味道，美也罢，丑也罢；爱也罢，恨也罢。欲想感染他人，必先自我陶醉。作画，作诗，作文，皆同此理。

还有一点应当提及的，缘物寄情需恰到好处，不可无情，亦不可滥用感情，因为风貌通讯毕竟还属于新闻体裁，而不是文学作品。

4. **蕴含知识**

风貌通讯，特别是写到风土人情、名胜古迹、自然景观等的旅途通讯，涉猎广泛，天南地北无所不包。上至天文，下至地理、历史、风情，乃至自然科学、社会科学的诸多方面，其中蕴含着极为丰富的知识，而知识性、趣味性恰恰又是此类通讯让人们最为惹眼的特征之一。

为了让读者开阔眼界，增长知识，分享情趣，我们往往会有意地在通讯中穿插点缀一些知识和情趣。因而，这就需要我们在写作之前做大量的采访与案头工作，了解掌握各种相关的背景材料，以备不时之需。

下面是几篇不同类型的风貌通讯，有写变化的，有写风情的，也有写名胜古迹的，均为优秀之作，可供大家学习借鉴。

第一篇(写变化)：

大陆探“险”杂记

我在台湾生活三十三年之后，于今年七月回大陆探亲。探亲，心情本应是高兴的，可我回来时，整天忧心忡忡，有如探险。忧从何来？来自台湾当局的宣传。

我带的东西会被没收吗？

我乘坐的客机就要在首都机场降落了，旅客们喜形于色，我却提心吊胆。连日来无数次萦绕耳际的话又出现了：“到大陆要当心海关人员的勒索，多余的东西千万不要带！”想到这里，我不由伸手摸了摸身边的收录机、照相机、彩色电视机，我想，一下飞机，这些身外之物也许就归他人所有了。

“老先生,您从哪儿来?”当我最后一个来到检查站时,一位脸膛红扑扑的姑娘有礼貌地招呼我。

我告诉她,我是从台湾回来探亲的,也许就留下不走了。她听说,高兴得拉住我的手说:“欢迎您回来,祝愿您早日与家人团聚。”这些热乎乎的话,使我紧张的心情暂时平静了。可是她又问:“您都带了些啥东西?”这又使我突然紧张起来。我停了一下,无可奈何地说了所带的东西。她听了,嫣然一笑说:“咱们走吧,我帮您拿东西。”“怎么,不检查了?”她望着我,点了点头。这太出乎我的意料了。到此,我这颗悬着的心算完全放下了。

清晨,在北京街头

我到北京后，住在宣武门饭店。每天清晨我都到街上去散步。大街上车来车往，妇女们都穿着漂亮的花裙子，完全不像台湾所说的那样，大陆汽车很少，人们没衣服穿。但使我感触最深的是大陆老年人的生活。有一天清晨，我看见一位和我年纪差不多的老人一手提着一个鸟笼，笼中的鸟啾啾的叫，老人眯着两眼，醉心地听着。我在台湾常听说，大陆人人都得做事，年岁大了，实在干不动了，也得到托儿所去看孩子，否则就没有饭吃。我回大陆前，曾被这种说法苦恼了好久。我想，我年岁大了，又患冠心病，回大陆后怎么生活呢？因此，当我看见那位玩鸟的老哥，便很感兴趣地迎上去和他攀谈。经他介绍，我才知道，大陆职工实行退休制。退休后根据工龄长短，分别拿原工资的百分之八十五或原工资的百分之八十。男人到六十岁，女人五十五岁就可退休。退休以后，生活很舒畅。愿意做什么就做什么。像上面提到的那位老哥，早晨起来活动活动，午后看看电视，听听广播，看看书报，日子过得悠闲自在。

在山东莱西老家

在北京住了几天后，儿子来接我回山东莱西老家，那是我四十多年来魂牵梦绕的故土。一九三九年我被国民党抓兵离开家乡时，我的儿子刚满八岁，和他母亲两人相依为命，住在三间破漏的茅草房里，这也是我父亲给我留下的唯一遗产。院子里，有一棵我父亲亲手栽种的梨树，当时还是一棵小树。这次我回到老家，又见到了那棵梨树，它虽老了，却长得浓荫遮日，倔强峥嵘。树后面那三间草房被五间漂亮的砖房代替了。里面住着我的侄子葛书兴一家。这是我老伴一九六〇年迁到黑龙江省密山县时转卖给他的。现在房权归他个人所有。我走的时候，庄子村只有六十多户人家，都是破旧的茅草房。如今已经有了二百多户人家，都是砖瓦房。村中有商店、学校、俱乐部，街道整齐，路旁遍植树木，景色优美。若不是县里有人领路，我怎么也想象不到这就是我的家乡。

我在家乡小住三日，乡邻们都来看我，拉起家常没日没夜，那股亲热劲真是没法说。从乡邻们口中，我知道他们现在日子很好过。去年，平均每人收了一千多斤粮食，一个五口之家，就有六千斤粮食，吃也吃不完。余粮卖给国家，再加上副业收入，每家的钱也都是较充裕的。现在，全村有三分之二的家庭买了电视，除个别户外，银行都有存款。

儿女们的心愿

回大陆以后，从台湾来时的诸多疑虑逐渐烟消云散了。因此，我于八月正式提出要求在大陆定居。人民政府欢迎我的选择，为了使我安度晚年，每月给我七十元生活费，还在县城为我盖了一栋住房。

现在，我已经和家人团聚两个多月了，享受着天伦之乐。我的家庭人丁兴旺。我老伴今年七十四岁，大我三岁，身体健康，每日伴我左右，说不完分离后的思念和今日的欢愉。我的儿子今年五十二岁。三个孙子四个孙女。我回家的第一天，刚一下汽车，两个重孙子就蹦跳着跑出来，一个拉住我的一只手，口里不住声的喊爷爷。这亲骨肉的声声呼唤，只激动得我老泪纵横。夜里，我躺在床上，闻着秋风飘过来的稻米的芳香，听着孩童甜甜的鼾声，我总是默默的唠叨着：回家啦，回家啦！这时刻，我的心敞亮得就像那深秋高远的夜空，我的心平静得就像那一潭无声的秋水。

葛学林

（注：报道以亲身的所见所闻写到了“变”——现实与扭曲宣传中情形的变，现实与曾经想象中情形的变，现实与尘封记忆中情形的变。主要是四个方面：所带的东西会不会被没收；街上车辆衣着；大陆老年人

的退休生活；莱西老家今昔之变。也写到了“情”——对故土的向往，以及对家乡亲人的眷恋。从取材上看，和老年人贴近，是出自一个古稀老人的洞察与感受。从语言上看，没有半点雕琢的痕迹，纯属自然流露。着笔具体，语言质朴，情真意切，就好像在听一个老人面对面发自内心的讲述。）

第二篇（写旅途景观）：

金字塔夕照

九月的开罗是金色的。

在金色的夕阳下，金色的田野，金色的沙漠，连尼罗河的河水也泛着金光；而那古老的金字塔啊，简直像是用纯金铸成的。远远望去，它像飘浮在沙海中的三座金山，似乎一切金色的光源，都是从它们那里放射出来的。你看天上地下，到处黄澄澄，金灿灿，一片耀眼的色调，一幅多么开阔而又雄浑的画卷啊！

从少小时候起，我就听到过许多有关金字塔的传说，向往着它神秘的风采。如今，当我来到金字塔下，望着这人间的奇迹，更禁不住万千思绪在心头激荡。我不知道金字塔这个汉文译名，最早是怎么得来的。究竟是出于象形还是会意？但无论哪一种考虑，我认为都是绝妙的。说它象形，你看它多像一个汉文的“金”字；说它会意，几千年来在世界历史上，在人们的心目中，金字塔不愧是熠熠发光的珍宝，人类劳动和智慧的结晶，它的价值无疑比金子还要贵重。有人说金字塔的白昼和月夜，各有各的情趣，各有各的美；但我觉得最令人难忘的，恐怕还是这大漠落照中金字塔的色彩。那一片迷人的金色，简直把你融化进一个神奇的境界，使你充满豪迈的感受，引起无边的遐想，不由自己地产生一种怀古的幽思……

也许是迎合人们这种心理，据说，每当夜晚，金字塔前都要举行几场所谓“声光表演”。埃及人用奇异的灯光，制造种种幻景，用一些古老的乐曲、摹拟的音响和对话，来再现几千年前法老王宫中烜赫的威仪，在一片声光交错的扑朔离迷之中，使你仿佛置身于古埃及往昔的盛世，产生种种奇妙的幻觉和联想。而当这些声光沉寂下来的时候，一切都消失在夜色里，只有金字塔依然在黑暗中矗立。

我没有机会欣赏这虚幻的情景，重温金字塔那早已逝去的繁荣。踏着沙漠中的夕阳漫步，展现在我面前的毕竟是别一个更加令人迷惘的世界。

我看见，一些肥胖的外国人骑着干瘦的埃及骆驼，在兴高采烈地漫游；

我看见，穿着破旧长袍的埃及人，见到外国游人到来，便蜂拥而上，争抢着要为他们充当向导；

我看见，在金字塔下，在沙尘迷漫的道路两旁，一群肮脏的孩子拿着粗糙的石雕、木刻，到处在向游人兜售，甚至追逐在人们的身后纠缠不休；

有人告诉我，如果时间稍早一点，你还可以看到许多外国阔佬愿意掏出钱来，让一些矫健的埃及人表演攀登金字塔的绝技，欣赏他们像猿猴一样，能在10分钟之内爬上450英尺的金字塔顶端，然后再爬下来……

谈话间，几个埃及老人牵着骆驼和毛驴迎面走来，他们雪白的胡须，奇异的服饰，再加上打扮得花花绿绿的骆驼和毛驴，在金字塔前组成了一幅独具特色的风景画。可是，当我正要举起相机的时候，同伴们悄悄制止了我：

“不要照，他们会向你要钱的！”

我收起相机，默默地走开了。

一阵轻风吹过，飘起地上游人丢弃的片片纸屑，也带来沙漠地带那种特有的干燥郁闷的气息。夕阳已逐渐下沉，暮色正从沙漠的边缘悄悄向这里逼近。四野的游人渐渐稀疏、远去……这时，我忽然觉得，金字塔其实是荒凉的。

在司芬克斯面前，我停下了脚步。这个人面狮身的大石像，在暮色苍茫中，似乎也失去了它的光彩。关于它，过去我曾读过不少动人的描写，有人说它的表情是神秘的，也有人说它充满了忧郁。我想，这大概是由于各人的心情和感受不同，所产生的不同印象。当年，拿破仑侵入开罗，耀武扬威，不可一世。许多人拜倒在他的脚下，唯独这个司芬克斯依然昂首高踞，面向东方，仿佛故意在向他挑战，惹得这位法军统帅大为恼火，竟下令开枪打坏了它的鼻子。后来，一些外国的游人，又把它当作能够带来好运的神物，千方百计要从它身上砸点石块带走，这样就更使它遭到遍体鳞伤的摧残。只有那些真正同情埃及人民，并和他们有着同样命运的人们，才会从心灵深处感受到它的忧郁，甚至觉得它的眼睛里满含着泪水。

五千年了，这座人面狮身的石像，经历了多少风风雨雨啊！它目睹了埃及历史上的兴盛和衰微，也看到了近几个世纪以来，在殖民主义、帝国主义的掠夺下，埃及人民的苦难；说司芬克斯是埃及历史的见证，是丝毫也不算夸张的。听说这里的声光表演，也让它用苍老的声音叙述自己的历史和见闻。当然，它可以讲许多令人神往的往事，也可以盛赞古埃及悠久而又灿烂的文化，但我不知道，对于眼前发生在它周围的情景：那剥落的石块，憔悴的沙漠，那贫穷的老人，肮脏的孩子，那一匹匹羸弱呆痴的骆驼，一双双在外国游人面前伸出的大手、小手……它又能说些什么呢？难道它能埋怨埃及子孙的不肖，责备他们是靠着祖宗的遗产在向人乞讨吗？

……

想到这些，我的心情是沉重的。

我曾到过西方一些著名的城市，在它们的广场上，像一把朝天的宝剑一样，耸立着古埃及的尖碑，博物馆里陈列着中国的青铜和瓷器，也陈列着巨大的埃及石棺和雕刻。似乎没有这些古老文物的点缀，就很难炫耀这个国家的财富和文明。其实，在我看来，这些并不能给它们增加什么光彩，相反，恰恰是他们曾经进行殖民主义罪恶掠夺的见证。

多少年来，正是由于这些无止境的掠夺、奴役和压榨，使得整个非洲陷入深深的苦难。全世界的吸血鬼们几乎都把他们的尖喙，插进过非洲的血管。有时，我甚至想过，如果金字塔和司芬克斯，不是如此巨大和不可动摇，恐怕它们也早已泣别了自己的故乡，离开了尼罗河畔……

记得刚到开罗的头几天，这座城市曾以自己对照鲜明的外观，给我留下了极其深刻的印象。这里既有埃及古老文明的庄严与圣洁，又有西方现代世界中的堕落和糜烂；既有数不尽的高楼大厦，川流不息的滚滚车流，又有随处可见的栖息在街头路边的乞儿和流浪者；在一些国际性豪华的旅馆和饭店，你可以品尝到世界各地的佳肴，但在埃及普通人民的生活中，当时却不得不忍受着“无肉月”的折磨。开罗市内有一个奇特的“死人城”，那里原是一个巨大的公墓，而现在却成为千千万万无家可归的穷苦埃及人的住所。我曾经去参观过这个活人和死人杂居的地方，垃圾堆旁支着简陋的锅灶，墓前晾晒着破衣烂衫，污水在到处流淌，一些赤条条的孩子的头上、脸上，叮满了可怕的苍蝇……这一切使我深深感到，巍峨的金字塔以及围绕着它的整个埃及国土，仿佛是一个五光十色的多棱镜，不同的镜面反映出截然不同的景象。

夕阳的余晖逐渐消退下去，不知什么时候，月亮已苍白地悬挂在金字塔的上空。这时，一辆辆开着车灯的小卧车，接连不断地从灯火闪烁的开罗市区，经过我们的身边，向金字塔背后的夜色中驰去。朋友们告诉我，那里有一些专供外国阔佬们寻欢作乐的夜花园、夜总会，它们就在离金字塔不远的地方，在一片沙漠中追求着别开生面的夜生活。

同伴们问我要不要也去那里看看夜景，我笑了笑，摇头谢绝了。我说：“如果有机会再来埃及，我倒想看看金字塔的黎明。”我想：在漫天朝霞的红光里，金字塔必定是另一番景象！

穆青　（选自《中国优秀通讯选》）

（注：充满情趣而又令人遐想。文中写到了埃及金字塔的美与神奇，写到了金字塔的雄浑与悲凉，也写到了金字塔下的富人与穷人。作者以绝佳的笔触绘制出了一幅夕阳映照下的金字塔景观图。落笔主要是见闻，且又情景交融，感受与引申部分，点到为止。《金字塔夕照》实为一篇写旅途景观的叹为观止之作。）

第三篇（写小城风情）：

太阳当顶的地方

当，当，当……海关大楼的大钟敲过七响，中国最小的边疆城市畹町市迎来了又一个黎明。

包子、油条、糯米饭的香味，在早晨湿润的空气中飘散。“吃早点啰，吃早点！”小店主似乎要把吆喝声，送到畹町河对岸每个缅甸边民的耳朵里。畹町河南岸是缅甸九谷镇。在薄薄的晨雾中，九谷镇早已人影憧憧。成群结队的缅甸边民挎着筒帕，挑着担子，从畹町桥上络绎不绝地进入中国赶街。中缅两国边民的蔬菜、水果、小吃、土产及各种小商品货摊，一个接一个沿街摆开；缅甸商人和中国个体户的200来个小杂货店，也全都打开了铺面。沉寂了一夜的畹町市，顿时生气勃勃。

虽然分属不同的国籍，但大家都是老熟人。他们互相问候，有时又交头接耳悄悄私语。问候声、说笑声和与顾客讨价还价声交织在一起，市场上充满了友好的气氛。

两位来自北京的顾客手捧芭蕉叶裹着的糯米饭团，边吃边逛早市。他们来到一个卖化妆品的小摊前，买了五盒泰国香粉。一位缅甸商人和一个昆明个体户，边说边打手势，大概是在争论价格。最后，那位缅甸商人从昆明女老板那里买走了50件童装。

每天，畹町市都有大量的这种“国际贸易”。中国商人从这里买进缅甸的药材、皮革等土产和小商品，缅甸商人又把中国的日用百货、陶瓷用具、药品、机电产品买回去，然后转销到缅甸内地或东南亚一些国家。

畹町市是昆（明）畹（町）公路的终点站，也是一个充满友谊的城市。昆畹公路过去叫滇缅公路，畹町是从这条公路进入缅甸的中国大门。抗日战争中，当沿海相继沦入日寇之手时，大批华侨捐献的抗战物资和国际上援助的军用物资，全经这里运到大后方。当时畹町虽只有几百人，但它成了大后方联系世界的唯一出口。1956年12月15日，周恩来总理出访缅甸时，曾陪同缅甸贵宾从畹町桥通过，到德宏傣族景颇族自治州首府芒市，参加中缅边民大联欢。当年两国领导人缔造的两国友好关系从未断绝，两国边民互相贸易，走亲访友，穿梭来往。

畹町市的确很小，全市8900多人，其中市区仅4000来人。据说，它是中国第二小的市。然而，它很有名。因为它是祖国大西南的国门，几乎所有的中国地图上都能找到它的位置。在改革开放的春风中，畹町更成了众人瞩目的地方。国内各省市的商人云集这里，商号鳞次栉比。100多家缅甸客商，也纷纷来这里开店经营生意。去年，全市社会总产值达4000余万元，财政收入达1000多万元，分别比1978年增加了20多倍。它作为云南省“东联沿海，西向南亚”的重要口岸，正在迎接着一批批海外友人和客商。

畹町，傣语的意思是"太阳当顶的地方"。

李承祖、刘远达　（选自《散文式新闻选萃》）

（注：像一幅速写、一幅笔法简洁的风情画。边陲小镇，由恬静到喧嚣，你买我卖，生机勃勃，置身其间，真是太美、太惬意了。这便是风貌通讯中专写风土民情的那一种，真切细腻中，既有声有色，有感有情，又穿插了可开扩眼界的知识背景。小文不长，却是浓缩的精品。）

第九节　特写、速写与专访

一、特写

在新闻写作中，抓住新闻事件中最生动、最感人、最有价值的某一精彩片断单独放大，以目击者的现场记录为主，尽力刻画细节，从而让人们得到更加清晰、强烈的印象。这种新闻体裁，即是新闻特写。

一提到"特写"，也许人们常常会想到摄影、电影、电视中出现的，将一个局部放大的镜头，并以此给人们造成了更加清晰、强烈的视觉形象。应该说，新闻特写正是借用了摄影、摄像中的这样一个术语及其表现手法。

新闻特写，大致可分为消息性特写和通讯性特写两种。消息性特写，具有时效性特点，基本属于动态消息，但比消息更有情节更生动，是一种散文化了并将其中某一精彩片断放大了的消息；通讯性特写，取材没有通讯那么多，结构也没有通讯那么复杂，所写较为集中，也有较强的目击感与现场感。新闻特写到底该归属消息还是通讯，尽管业界看法不尽相同，但"中国新闻奖"在评选此类作品时，还是将其归入通讯类的。究其写法，特写应是通讯家族中的一支"轻骑兵"。

从具体报道对象上来说，特写又可分为人物特写、事件特写、场景特写等。

选择好切入点，是写好特写的关键。分解开来，有四个要点需注意：一是取材。仅为一个横断面，场景变换不多，有较强的现场感和目击感，是新闻中最精彩的那一部分；二是结构。单刀直入，开篇之后，很快进入高潮，高潮过后随即收笔；三是描写。更注重细节刻画，以言行夺人，要写出动感与现场感，较少议论；四是篇幅。不宜过长，一般在千字左右。

二、速写

新闻速写与新闻特写应同属一类，都着力抓局部，抓横断面，攻其一点，不及其余。特写是从一点放大开来写细节；速写则只是从一点勾出轮廓与梗概。特写要求铺张、渲染，速写则切忌铺张、渲染。因而，速写的写法骨感明显，多白描，更简洁。一般来说，速写没有背景介绍，速写很多都是配合其他稿件一起发出的，新闻原委、始末，有的带上一两句，有的根本不提。

下面是几篇特写与速写：

例一（事件特写）：

360 元抖出窗外之后

在云南蒙自县蒙自饭店三楼临街的 306 号房间里，一天，从四川出差来的李正辉、张正强正忙着清理东西。李正辉看到背包里有些茶叶末和碎烟丝，就将背包往窗口外抖（编者：此举不文明）。装在背包夹层里的 360 元钱被抖了出来，一张张人民币，随风向下飘去。

“钱！”李正辉和楼下过路的行人几乎同时叫起来。顿时，川流不息的行人乱开了：有的弯下腰，有的跳起来伸手抓，都在抢钱！

“你们不要抢，这是我的钱！”李正辉半个身体伸到窗外，大声喊叫。但街上的人仍旧只顾抢钱。“完了！”李正辉的心凉了半截。他的同伴张正强拔腿就往楼下跑。

当张正强气喘吁吁跑到街上时，捡钱的人一下子围了过来，纷纷把钱往他手里塞。一位卖红薯的老大爷边递钱边说：“数一数，看够不够？”一位摆小摊的老大妈指着饭店楼下的货棚说：“那上边还有钱！”一个解放军战士让一个小男孩踩着自己的肩膀，爬上货棚把钱拾了回来。

张正强立即捧着众人捡来的钱跑回屋里，和李正辉一起清点。“啊，360 元分文不少！”当他俩准备向人们致谢时，街上的行人川流不息，再也找不到谁是帮他们捡钱的人。

（原载 1983 年 3 月 22 日《人民日报》）

（注：《360 元抖出窗外之后》事件单一，画面集中，围绕钱抖出窗外之后，路人从“抢”钱到“完璧归赵”的短暂一幕，细致真实刻画了当事人的言行及心理，有较强目击感与现场感，反映的是一种新风尚、新道德。该文从取材到写作都体现出较为典型的“特写”特征。）

例二（人物特写）：

“来，靠我这边坐！”

田聪说，在有生之年他一定不会忘记这个日子——2003 年 12 月 1 日。因为在这一天，他拍下了最珍贵的照片——一张与温家宝的合影。

上午 10 点 30 分，田聪正在地坛医院红丝带之家参加预防艾滋病的宣传活动。在此之前，他知道将有一位重要领导出席活动，但他“绝对没想到总理会来”。

正在忙碌的田聪突然看见一个熟悉的身影——“温家宝？”田聪以为自己看错了，使劲揉揉眼睛，睁大眼再看——没错！就是温家宝！“总理来啦！”还没等田聪回过身，一些病友们已经欢呼起来。同时，温家宝也大步流星地走进了活动室。

“我想要挤到前面去呢！”田聪说，当时自己坐的位置靠后，他想再靠近温家宝一点。温家宝看见了，马上走到了他身边，伸出了右手……田聪也下意识伸出了双手，紧紧握住了温家宝的手。他后来说：“那个时候什么也没想，就是想多握一会儿。”

随后，温家宝坐在了沙发上。一时间，田聪愣在那里，“不知道该怎么办”。直到温家宝提醒他：“来，靠我这边坐！”这才挨着温家宝坐下。

“总理很随和，就像唠家常一样。刚开始的时候，心里特别紧张，手都不知道放在哪里。”当和温家宝说了几句话以后，田聪就轻松了，“他问我什么，我就回答什么，都是一些家常事。”

说着说着，温家宝提议道：“来，我们合个影吧！”说这句话的时候，温家宝已经站了起来。于是，田聪也跟着站了起来，站在温家宝的左边，另外一位病友站在右边，三个人一起拍了照片。“这张照片我会一辈子留着！”田聪说，和温家宝合影，对一个艾滋病人来说，“就是做梦也不会想到的。”

“我现在已经不怕这个病了！”田聪说，在外人看来，艾滋病人是非常可怕的，在陕西老家，他家的门一年也不会有人踏进。但现在，“总理都说了，我们还怕什么呢？”

田聪还记住了温家宝说的一句话：“全社会都在关爱你们！”

（原载 2003 年 12 月 2 日《新京报》）

（注：选取的是温家宝总理和艾滋病人在一起的一个片断：他来到滋病人中间，与艾滋病人握手、交谈、近距离坐在一起、共同合影等。这些细节也充分反映了一个身为总理的国家领导人对艾滋病人的关爱与不嫌弃，起到了很好的榜样与示范作用。由此，也透视出一个主题，即文中的最后一句话——“全社会都在关爱你们！”）

例三（事件速写）：

热泪见证申博成功

38：34 最紧张

中国赢了！上海赢了！12 月 3 日，原定于蒙特卡洛时间下午 2：30 举行的投票因故推迟到下午 3：00。随着国际展览局主席诺盖斯一声宣布，中国上海获得了 2010 年世界博览会的主办权。

4 轮投票波澜起伏，中国代表由高兴到紧张、惊喜、欢呼，心情随着选票起伏不定，每个人都屏住呼吸，不肯错过任何一个细节。波兰、墨西哥、俄罗斯分别在第二轮、第三轮和第四轮投票中被淘汰出局。最为激烈的角逐在中国和韩国之间展开。

第一轮，36 票：28 票。中国比韩国多出了 8 票，小占优势。中国代表露出了笑容。

第二轮，38 票：34 票。中国的优势越来越微弱，韩国代表发出了一阵阵欢呼。中国代表的心情不由得紧张起来。

第三轮，比分已经变成 44 票：32 票，比分拉大，中国代表们稍稍转喜。

第四轮，54 票：34 票，韩国代表的欢呼未绝，中国却已经以绝对的优势取得了胜利。

中国赢了！一时间，激动的泪水涌满眼眶。这一时刻，全世界都在为中国鼓掌。所有认识的、不认识的中国人，紧紧地将手握在一起，互相祝贺中国的成功。他们挥动国旗，唱起国歌，用骄傲的热泪见证这个最成功、最精彩、最难忘的夜晚。

（原载 2002 年 12 月 4 日《新闻晚报》）

（注：抓住最核心的部分——投票过程，没有多余的修饰，没有背景介绍，步步推进，反倒更能带动人的情绪。）

例四（人物速写）：

“大腕”亮相　“台风”不一
——大师风采速写

千人千面，大腕的亮相，也是各自台风不一。昨天，群星荟萃的上海见证了几位率先空降的大师风采。

科斯塔：最恋家

西班牙选手科斯塔是第一个走出机场大厅的选手，一身绿色的夹克休闲挺括。但这位至今的法网冠军从出现在人们视线的那一刻起，就始终捧着那台款式并不新颖的诺基亚 5110 手机聊个没完，不知电话那头是不放心的妻子，还是出生不久的儿子牵动着他的心。第一次到上海的科斯塔虽有些恋家，但对于记者倒是客客气气。打着电话的他不时抬起头来对着镜头微笑，甚至当一位记者隔过层层保安递上自家印有大师杯新闻的报纸时，科斯塔在看到自己的照片后，也反映神速地说了一句：“太好了，这可真是份特别的礼物。”

费德勒：最随性

黑色皮衣，棕色小辫，瑞士小将费德勒的形象酷劲十足。才 21 岁的他始终一脸灿烂，东张西望地打探着这座完全陌生的城市。不过他的神清气爽也许更多的是因为身旁的女伴，两人说说笑笑好不亲昵，也许他的上海之行会因为精神动力而有出乎意料的收获呢。费德勒的随行人员也是可爱透顶，一出机场就忙着向人询问哪里可以买到游戏机。看来他们来上海之前已经做足了“功课”。

休伊特：最淡漠

虽不是 8 名选手中资格最老的，但休伊特目前世界第一的排名给了他足够的底气和最高的人气，但其脸上却因此少了“热”气。微微蹙眉，略略烦躁，休伊特的脸上没有笑意，甚至连签名的时候都没有抬起眼皮看一眼身旁激动非常的球迷。蝉联年终冠军对他来说肯定是最重要的，我们愿意把他的冷漠理解成大赛前的拘谨和少年老成的沉稳。

阿加西：最低调

前度刘郎今又来，阿加西对上海可谓熟门熟路了，但他却选择了最低调的出场方式。拒绝新闻媒体的机场追踪，阿加西仅仅在下榻的希尔顿宾馆大厅里露了一下脸。接过礼仪小姐递上的鲜花。穿着米色外套浅色牛仔裤的他依旧是一贯的彬彬有礼。脸上也始终挂着浅浅的微笑，似乎很满意自己一手策划的形单影只，没有球迷，记者寥寥，阿加西的出场匆匆，太匆匆。不过到了网球场上，他要制造的可能是热闹疯狂了。

（原载 2002 年 11 月 9 日《新民晚报》）

（注：抓住特点，寥寥几笔，速写出每一“大腕”亮相时的风采，既独具匠心，又轻松幽默。此种写法，值得一学。）

三、专访

专访是指在特定的新闻背景下，就某些特定内容进行专门访问的纪实性报道。有的称“专访”为“人物专访”，因为专访中，大多都是“访人”，故而得名。当然，也有的专访不是专门访人，而是访某个地方的，以所见所闻为主，如《×××故乡访》等。

专访的类型从内容上分，有人物专访、事件专访、会议专访、问题专访、风貌专访等。

（1）人物专访：是对特定人物（包括新闻人物）的访问。专访对象，有的是特定人物（包括新闻人物）本身，也有的是借某知情人物的嘴来谈特定人物（新闻人物）的。如《壮志凌云——访数学家华罗庚》，是华罗庚自己谈自己的，《访阿里夫人》则是借阿里夫人之口谈拳王阿里的。

（2）事件专访：是就某一新闻事件进行的专门访问，旨在让人们更多了解事件真相，或从中得到教育与启示。此类专访也常常是连续报道、深入报道的一种形式。

（3）会议专访：是就某个重要会议或会议中的某些重要议题，在会前、会中、会后所进行的专门访问，目的是为了进一步提高认识、明确议题，以便更好地理解会议精神及会议内容。

(4)问题专访：是就已经出现并为人们普遍关注的某一政治问题、社会问题、科技问题或新出台的某一政策等，请相关领导、专家作出解答，旨在让人们了解细情，增长知识，以及明确如何去做。如2007年曾经出现的“地球气候异常”、“楼市居高不下”、“股市超常攀升”、“肉价突然暴涨”、“新劳动法实施”等问题，都有过相关专访见诸各家报纸。

(5)风貌专访：是就发展变化、建设成就、工程项目、特色景观、风土人情等进行的专门访问。大到国家，小到单位；多到数个方面，少到仅此“一地一项”。目的：一是加大宣传，二是丰富人们的知识。

那么，如何才能写好专访呢？以下几点，值得注意。

1. 强调新闻性

专访是一种新闻报道形式。因而，新闻的一些特征——真实、时效、新鲜，对专访来说，都应该适用。专访，有时单独出现，但也经常配合消息、紧随消息之后出现；专访，有时其本身就是新闻，有时尽管讲的不是什么新闻，但却有一个“新闻由头”，使其由旧变新。如《家规——夜访邓颖超同志唯一的远房侄子邓光弼一家》的“新闻由头”，便是源自邓颖超的逝世讣告和邓颖超生前给中共中央写的信。信中最后提到“我无任何亲戚，唯一的一个远房侄子，他很本分，从未以我的关系提任何要求和照顾。”这也就是邓家的家规：“到外边一律不许说是邓颖超家的亲戚。”作为端正党风的一个典范，伟人此举值得敬佩。

2. 要有针对性

既然是专访，那么这个访问就是特定的有针对性的。“专”字应该包含三层意思：专门的背景、专门的问题和专门的被访对象。专访，不是漫无目的、想访谁就访谁的。

3. 注重纪实性

专访，除了“专”之外，还有“访”。访的过程，即是谈话的过程，专访就是把谈话内容重点地、有选择地(当然也有全部的)记述下来，纪实是专访主要的表现手法，至于作为补充纪实内容而穿插进来的背景材料、事迹材料，以及作者的抒情、议论等，应尽可能少写。

4. 访前准备要充分

专访前，一是要对被访人有所了解，以缩短双方的距离；二是要列出详细采访提纲，以减少盲目和失误，并节省时间，特别是面对一些重要人物，更应如此；三是要做好笔记或录音，单凭脑子记，绝对不行，这样既容易丢三落四，也容易使原话走样。当然，若能再掌握一些采访技巧就更好了，比如融洽气氛技巧，采访中善于引导的提问技巧，及针对不同人或在不同场合而进行的自我形象设计技巧等。

5. 要写出现场感

专访，既要置身其中，又要兼顾其外。在一对一问答的同时，不要仅仅停留于说话内容，也要适当留意被访人的神态举止和周边的环境气氛等。特别是一些生活味儿、人情味儿较浓的专访，写出的东西，更要让人能看到或感受到其人其神其境，有一种真实的现场感。

现场感的体现，一是写环境，二是写人。

（举例·写环境的）

●深秋的一天，我踏着街头萧萧黄叶，来到了一岚大姐家里。

在她客厅的东墙上，挂着邓拓同志的遗像，旁边是一幅隶书对联："又闻子规啼夜月，独骑骢马入深山。"……

（注：由写环境很自然引出文中的主人公——邓拓。）

（举例·写人的）

●复旦大学校长谢希德教授从美国归来。第二天，记者即到她的寓所拜访。这位满头银丝的固体物理学家，穿一件淡灰色毛衣，慈蔼的笑脸上，有几分长途飞行留下的倦容。当问起她的美国之行和有关超导见闻时，顿时显得精神矍铄……

●初次见到著名物理学家丁肇中，笔者便被他的个人魅力所吸引：这位现年69岁的物理学大师身材高大、目光炯炯，富有大丈夫气魄。与他交谈，让人感受到理性而不乏幽默。随着对他了解的逐渐加深，又不禁为他的爱国情怀及献身科学的精神所感动。

（注：由外貌描写透视出其内心世界的不寻常。）

6. 写作形式自由灵活

专访写作没有固定模式，一般常见的有问答式（访问人和被访人一问一答)、介绍式(只是被访人对某一事件或问题的介绍与说明)、自述式(被访人自己讲述自己)、散文式(有被访人讲述、也有作者描述,并穿插背景、议论和抒情等)。专访有的加小标题,有的不加,这要视内容而定。

专访写作整体的篇章结构多以顺序式和归纳式为主,具体就不细说了。

说到专访的开头,我认为,"专访"不能劈头就是谈话,需要有一个自然、别致的起始段来引出访谈的内容。常见的形式有以下几种:

(1)从概括介绍采访对象开始;

(2)从介绍采访对象的某一突出成就开始;

(3)由一个读者普遍关心的事件或问题开始;

(4)由描绘采访现场(包括被采访人)开始;

(5)由直接引用被采访人某句精彩的话语开始;

(6)由交待访问意图和目的开始。

当然,其他的开头方式还有很多,这里就不一一罗列了。

第六章　如何写好新闻评论

第一节　什么是新闻评论

新闻评论是就当前发生的有价值的新闻事件或为人们普遍关注的问题进行评论的一种新闻文体。

新闻评论有两个基本特征：新闻性和论理性。新闻性——作为新闻文体，新闻评论尽管不像新闻报道那样，告诉人们发生了什么，而却是在依托新闻事实，据实而论，告诉人们怎样看待这一事实。失去了新闻事实，新闻评论也就失去了存在的前提。因而，新闻性的一些基本内涵，比如真实、时效、新鲜等，应该说，在新闻评论身上都适用。论理性——既然是评论，当然离不开观点与论证。就观点而言，必须正确、明确。目前，从我国国情出发，还是应讲一些党性原则的，不能信口开河。就论证而言，即是摆事实、讲道理，以令人折服的逻辑推理来表明自己的观点。

除了新闻评论，报纸有时也会刊登一些其他方面评论，如经济的、哲学的、文学的、艺术的等。此类评论与新闻评论的区别在于：新闻评论是以新闻事件或人们普遍关注的问题为依托，有感而发，现实针对性强，受众面广；而其他评论，这种关联不特别明显，论述的专业性更强，受众面也窄得多。

第二节　新闻评论的作用

一、竞争作用

作为舆论工具，媒体作用于社会主要靠两种手段：一是新闻报道，二是新闻评论。特别是在当前媒体间竞争加剧的情况下，仅仅开发新闻资源的报道功能显然是不够的，况且由于网络的出现，新闻报道资源的互通性增强，而新闻评论，由于视角不同、看法不同，相对来说会显得更独家、独创一些。如今，出于竞争需要，新闻评论在许多媒体上的分量都有所加重。像中央电视台的《焦点访谈》就是放在黄金时段的这样一档节目。《人民日报》的《今日谈》也是多年来一直占据一版显要位置的一个十分抢眼的栏目。

二、深化作用

前边讲过，新闻报道告诉人们发生了什么，而新闻评论则告诉人们怎样看待这一事实。很显然，在对新闻事实的认识上，新闻评论具有解释深化作用。二者结合派生的所谓“深度报道”，便是当前众多主流媒体十分青睐的一种报道形式。新华社的评论性深入报道栏目“新华视点”几乎天天都有这样“事实＋评论”的内容，并引来众多媒体纷纷转载。正因为看到了“新闻评论”与“深度报道”作用的日渐重要，所以二者在“中国新闻奖”评选中也都占有相当的地位。

三、旗帜作用

当然，新闻媒体在许多方面都能体现出它的表态作用，如新闻报道，版面安排，但都不如新闻评论来得更直接、更鲜明。有人说，新闻评论是媒体的旗帜、灵魂和眼睛，这话有一定的道理。每一家负责任的媒体，每一家进入主流行列的媒体，在重大新闻事件面前，在大是大非问题面前，绝不会保持沉默，一言不发。都要举起旗帜，睁开眼睛，表明态度。包括地方报纸,甚至是行业报、企业报,小有小的道理,也同样应该这样做。不说话或不敢说话就等于媒体没有举起自己的一面旗帜,也失去了存在的价值。

四、导向作用

媒体是影响舆论、引导舆论的重要载体,而新闻评论又是媒体中宣传主张、表明态度的"第一发言人",在关乎社会事物是与非、对与错、该与不该之间,新闻评论或直言不讳,或委婉劝诫,不管你听与不听,其所产生的灌输作用和导向作用是客观存在的,有时甚至还很大。当然,这也是任何一家媒体都在苦苦追求和企盼的——希望自己的媒体受众面广,影响力大,能够一言既出,应者无数,哗然一片。

此外,有些教科书在谈到新闻评论时,还将其在推进民主政治、言论自由和参政议政方面所起的积极作用也列入其中。

第三节　新闻评论常见的几种类型

新闻评论的主体创作人员大致有两类:一是编辑部人员或代表编辑部的人员,二是编辑部以外的通讯员或自由撰稿人。前者,不管执笔人是谁,代表的都是编辑部的意见。后者,只代表署名者个人的一己之见,当然,也不会脱离社会及编辑部对他的制约,那种一吐为快、信口开河的言论自由是不可能的。

目前,公认的、普遍采用的分类方法是依据评论的外部形式,或者说是用途的不同来区分的。主要有社论、评论员文章(包括特约评论员文章、观察家评论)、短评(包括时评、快评)、编者按(包括编后)、专栏评论及杂谈等。

一、社论

社论是代表编辑部分量最重、最权威的言论。对于党报或机关报来说,它也是代表同级党组织在发言。

明显特征有三个:①针对的新闻事件及问题一定要特别重大。②代表的是编辑部的立场和观点。③政治色彩更浓一些,比较郑重、严肃,有一定的指导性。

需要注意的是:①勿居高临下。②戒唱高调。③莫成为政策或文件的公告与解读。字数多在千字以上。

二、评论员文章

评论员文章属于一种中型评论,其重要性、郑重程度及规格仅次于社论。针对新闻事件或问题的范围与角度相对会更灵活一些,凡认为“重”一些、“大”一些,又不愿以“社论”名义出现的,都可冠以“评论员文章”来刊登。评论员文章既有一些“官方色彩”,又不完全代表“官方”。

评论员文章有署名、不署名和特约评论员之分。署名与不署名应归一类,区别不大,若说有点区别,署名的评论员文章可能更多一点个人特色。特约评论员文章的分量明显加重了,有“来头不小”的感觉,多为“高层人士”、“知名人士”亲自授意或执笔。

观察家评论亦属此类,特点是寓评论于观察之中,更注重于分析,多用于时事评论。

三、短评

顾名思义,短评就是短小的评论。短评的字数一般以五六百字为宜。短评的特点:一是与新闻的关联度更强,多针对近日某一新闻事件或问题而评,甚至常和当天的某条新闻配发。二是“评其一点,不及其余”,短评内容单一,且开门见山,不需要过强的理论性和过度的展开。三是可适当轻松一点,写法不能太死板,语言也不必太严肃。正是基于以上几点,因此,短评是媒体比较爱用、也比较多见的一种言论形式。短评多由编辑人员执笔。

四、编者按

编者按是出于编辑之手,为其报道所加的评论、提示或补充说明的文字,简短扼要,一般不超过二三百字。编者按可分为评论性和说明性两种。评论性按语——或提炼中心思想，以帮助人们理解；或作简短评论，以加深人们的认识；或表明编辑部态度，以唤起人们的注意。说明性按语——主要是说明情况、交代背景、简介作者等，以辅助人们对报道的认识与理解。

不管是哪一种编者按，都有如下几个特点：①表明编辑部对此文的重视。②编者按只能是附属物，必须依托某篇报道，不能单独出现。③编者按的位置很灵活。可加在副题处；可加在正文前；可加在文中某一处或某几处；也可加在文后（相当于编后）。可集中亦可分散。新闻报道中，无论哪一部分，只要有感而发，均可加以点评。编者按除了用于单篇之外，也可用于一组报道。当然，也不能滥用，过度点评会影响读者阅读，给报道添乱。通常来讲，编者按多放在正文之前比较显著的位置，文前加“编者按”三个字，内文多为楷体，字号可略大，编者按还可用单线或花边圈起来。文中插入的相当批注的编者按，应加括号，字为楷体。

再者，常见的编后，作用和编者按一样，但位置只能在文后。

五、专栏评论

专栏评论就是有固定栏目的评论，此类评论定期刊发，篇幅不长，作者个人署名，选题范围广泛，风格多元化，或犀利，或委婉，或偏于理论，或更具文学色彩。写法介于评论与杂文之间，稿件主要来自个人投稿，一般不代表编辑部意见。如“大家谈”、“百家论坛”、“今日谈”、“今晚谈”、“津门小议”以及“时评”、“快评”等均属此类。

六、杂谈

有人也称之为“杂文”。

《辞海》释义：文学体裁之一，散文的一种。直接而迅速的反应社会事态的文艺性论文。以短小、活泼、锋利、隽永为特点，是一种战斗的文体。

《现代汉语词典》释义：现代散文的一种，不拘泥于某一形式，偏重议论，也可以叙事。

由此可见，杂文原本不属于新闻性评论文体，但在媒体上却并不鲜见，也应有所了解。下面只是几点有关杂文特点的提示，写作时务要记住：

(1)“辣味”十足。杂文笔法犀利，这正像鲁迅所言：杂文“是匕首，是投枪”。特别是在对敌斗争或针砭时弊时更是一针见血，不留情面。当然，有时也“道是无情却有情”，在揭露抨击“假、恶、丑”中，在“辣味”与“尖刻”中，存留在作者内心深处的却是善意的微笑，却是“恨铁不成钢”。

(2)“杂”得有趣。杂文的另一个风格就在其“杂”字上。“杂”就是指题材广泛，不管是你看到的、听到的、经历过的，只要良心尚未泯灭，只要有益于社会、有益于民风，所有的“真、善、美”、“假、恶、丑”都可成为选题。“杂”就是知识丰富，上至天文，下至地理，古今中外，掌故典籍，只要引得准，用得活，说得有理，听来增趣，都可入得文来。“杂”就是文无定法。可论理，可抒情，可描写，可大中取小，亦可小中见大。如何写活，尽可自己把玩，要的就是“形杂而神不杂”。

第四节　新闻评论的写作

在上一节里，提到的六种比较常见的新闻评论类型，尽管各有特点，但写作中一些最基本的要求还是相同的，比如像选题、立论、论证等。

一、选题

所谓“选题”，就是选择一个什么样的论题，这很关键，而且是新闻评论的第一步。只有确立了一个好的选题，新闻评论才有价值。经验告诉我们：有了一个好的选题就意味着评论已经完成了一半。

新闻评论的选题标准主要是紧扣形势。这其中需要把握好三点：①必须是针对当前新闻事件中比较突出、令人关注的问题；②必须是具有普遍意义的问题；③必须是有新意、有看点、视角独特的问题。

新闻评论选题的来源无非是“一上一下”。“上”指上面的精神。包括党和政府的方针政策、各级领导部属的工作重点和宣传重点，这既是媒体新闻报道线索的重要来源，也是新闻评论选题的重要来源。“下”指下面的意愿。包括新闻事实发生后的社会反响，特别是群众的意愿与呼声，以及由此产生的深刻反思。

当然，还有像新闻报道、新闻评论、大量的各类信息以及自己耳闻目睹的种种社会现象等等，都可成为获取新闻评论选题的重要渠道。

选题的确定有两种情况：一是由相关领导或媒体编辑部确定，然后指定某执笔人去写，这种类型，对执笔者个人来说是被动的，属“受命代言”；二是作者本人发现并确定了某个选题，有感而发，产生了不吐不快的写作欲望，这种类型，对作者来说是主动的。

二、立论

立论就是在有了选题之后，如何确定更合适的论述角度，并对此发表见解、作出论断。也有人称“立论”为“立意”。

有了选题只是确定了论题的一个方面、一个范围，但还不能说就是确定了一篇评论的中心思想。因为，一个选题之下，可能会从多个角度去立论，进而产生不同的中心思想。比如诚信，围绕这一选题可以产生多个中心思想：①诚信是为人之本，②诚信是企业外树形象的核心，③诚信就是财富，④诚信应从小培养……虽然做的都是“诚信”的文章，但角度，也就是“立论”，却各有不同。立论，是一个找角度、找论点的过程。同时，也是一个发表见解、确立论点的过程。

一个好的“立论”，其标准与前边讲“选题”时提到的那几条要求，应该说是一致的。只是立论更强调角度：新颖、独特、别具一格。绝不重复别人的观点，不说正确的废话，也不说温吞水一般没滋没味儿的话。

例一：在人们用较多笔墨揭露抨击物质“贿赂”之时，而某报却撰文《谨防“精神贿赂”》，针对的是时下一些下属，在职工给领导提意见时，总是挺身而出，为其辩解，凡事不分对错，一律投“赞成票”，虽然工作并不出色，却屡屡受到重用，提职提薪。评论指出，这种对为自己护短、捧场或曲意逢迎而欣然受之的行为，应视为“精神受贿”，实施者则为“精神贿赂”。角度颇有新意。

例二:领导讲话是长好还是短好,一般的评论观点认为:有话则长,无话则短。但一篇评论进一步认为:应该是有话则短,无话则免。角度有了一定的新意。之后,又有人撰文再谈"话长与话短",作者的观点是:讲话是交流,交流就要把意思表达清楚,这才能达到开会的目的。对于领导在会上的讲话,不能以长短而论,需要看其讲话有没有价值。"短话"没有价值,即使短也不该说,"长话"而有价值,多说点也没关系。这样的立论愈加令人耳目一新。

"立论"还有一点需要注意,就是观点不要偏激,不要以点代面,以偏概全。结论必须是在广泛调查研究、大量占有资料、反复深入思考的基础上得出的。切莫因在某一公交车上看到没有人给老年人让坐,就说社会风气不好,也不要因在某一地看到有人捡钱包交给了失主,就说拾金不昧蔚然成风。

三、论证

讲到论证,就不能不提"三要素",因为,任何一篇评论文都离不开论点、论据、论证。论点、论据是两个基础要素,论证则是穿起这两个要素的一条彩线,是让这两个要素有机贯通的一座桥梁,即运用各种逻辑关系和论证方式来实现论据说明论点的过程。下面就分别简述一下这三个要素:

1. 论点

论点即是一篇评论文的主题和中心思想,是立论的结果,也是立论价值的集中体现。论点又有总论点和分论点两种,总论点是评论的基本观点,是评论的主题和中心思想,贯穿整篇评论文的始终。分论点是由总论点派生出来的,是说明、支撑总论点的,是总论点的几个侧面或几个层次。总论点和分论点之间是主从关系,是支配与被支配的关系。分论点之间或是并列关系,或是递进关系,存在着极强的内在逻辑性。

论点的要求是:必须正确、明确、针对性强、新颖。

2. 论据

论据是用来证明论点的依据。评论的论据大致可分为以下三种:一是事实性论据。可以用来证明论点的人和事。具体说来,又可分为具体事实和背景事实、当前事实和历史事实、典型事实和概括性事实等。二是理论性论据。是指那些已经被实践证明,并被人们普遍接受了的思想、观点、公理、准则,以及名人名言、谚语、格言等。三是数据性论据。是指那些具有权威性和说服力的各种统计数字。论据的要求:必须真实、可靠、充分、典型,而且越新鲜越好。为了增强论据的可信度,应尽量讲明出处,最好不用或少用“据悉”、“听说”之类的词汇。

3. **论证**

所谓论证,就是运用论据证明论点的过程。光有论点和论据,而没有论证,评论只是一个个散乱的零件,是一堆没有串起来的珠子。论证的最基本要求就是:必须合乎逻辑,中心不能乱,文路不能乱。

下面介绍几种常见的论证方法。

(1)归纳论证

是将一件件具体的、个别的事例归纳在一起,寻找其共同规律,由特殊到一般,由个别到普遍,从而得出结论的论证方法。

归纳论证包括完全归纳论证和不完全归纳论证两种。

完全归纳论证是对全体中的每一个个别例子都进行了考察过后而得出的结论。完全归纳推理的结论是必然的。

比如:我们厂共有甲、乙、丙、丁四个车间。经统计,2007 年,甲车间超额完成了生产任务,乙车间超额完成了生产任务,丙车间超额完成了生产任务,丁车间超额完成了生产任务。得出的结论是,2007 年,我们厂所有车间都超额完成了生产任务。这种论证方法就是完全归纳论证。

不完全归纳论证是对全体中的一部分事例考察过后得出的结论。不完全归纳论证的结论存在或然性。要想提高这种论证的可靠性,除了所列举事实尽量具有广泛性和代表性之外,还要从规律性及科学道理上加以阐释。另外,也可采取较为科学的抽样方法,如等距抽样、等层随机抽样等。

比如“酒后驾车极易导致安全事故”,就属于运用不完全归纳论证得出的结论。酒后驾车造成安全事故的科学道理确定无疑,血淋淋的事例也屡见不鲜,但又不可能完全一一列出,因而,只选择比较典型的就可以了。当然，不完全归纳论证有时存在一定的不可靠性。

在新闻评论中，“简单枚举法”（或称“例证法”）的不完全归纳推理，也比较常用。此法是通过列举出多个典型事例来进行论证的。

“简单枚举法”还有一种情况，严格说来，它已不属于归纳推理范畴，但在新闻评论中用的却很多。即论述起始，先举出一典型的新闻事例作引子，然后有感而发，由此展开论证。这也便是人们惯用的“摆事实，讲道理”的写法。

比如人民日报《今日谈》的一篇评论《试看如此“父母心”》用的就是“例证法”。

评论一上来先摆出事实：1983 年 3 月 22 日《中国青年报》第一版发表的通讯《一出由“长者”导演的悲剧》，我很希望所有做父母的人都看看。

悲剧是这样的：一位祖籍安徽、家在杭州的中国科技大学研究生爱上了一位担任中学教师的姑娘，并且已经达到相约要永远相爱的程度。可是父亲说：儿子要找对象，必须符合以下条件：一、工作地点只能在杭州；二、女方必须是重点大学毕业，有学士学位，在高等学校或研究所工作，而且必须相貌出众，年龄比儿子小三四岁。也可例外：有培养前途的女高音歌唱家；有海外关系，能资助儿子自费出国；绝顶漂亮。如果条件不符合，就断绝经济资助。母亲说：她的文化程度低（师专毕业），妹妹是工人，我们担心她家低能的智力，要影响我家的后代。我们都盼望孙子是神童。我们下决心送你出国留学，这一条不能动摇。

……

终于，这对父母逼得儿子的恋人投江自杀。向父母的淫威最后屈服而做了帮凶的儿子，也被开除了研究生的学籍。

因为通讯是《中国青年报》发的，很多读者不一定了解，况且，这个事实也很典型，所以引用时多说了几句。一般情况下，引用的事实还是以简略为好。

“例证法”有时引用的也可能是一种社会现象，没有特别明确所指，并因此有感而发。比如获第十五届中国新闻奖一等奖的评论《国有企业改制一定要规范》就是这样引证的：

最近，一些地方将国有企业改制简单演绎为一个“卖”字，这种做法必须纠正。在当前国有企业改革的新形势下，既要按照有进有退、有所为有所不为的方针，加快调整国有经济布局和结构，又要切实规范国有企业改制工作，促进国有产权有序流转。

(2)演绎论证

演绎论证与归纳论证正好相反，它是由一般性原理推演出特殊结论的论证方法。这是一种必然性推理。在这种推理中，最常见的就是“三段论”，即由大前提、小前提和结论三部分构成。

用符号表示，是这样的：

M——P(大前提)

S——M(小前提)

S——P(结论)

举例如下：

好学生(M)一定学习好(P)。

他(S)是好学生(M)。

所以，他(S)一定学习好(P)。

演绎论证还有很多类型，在这里就不一一细说了，这一论证方法，评论中局部使用的情况更多一些。

(3)类比论证

类比论证是根据两个事物在某些属性上相同，从而推断出这两个事物在其他属性上也可能相同的一种论证方法。比如，如果甲物有A、B、C、D、E几种属性，乙物有1、2、3、4、5几种属性，已知A与1、B与2、C与3、D与4相同，那么就可以推断出甲物E与乙物5也可能有相同的属性。类比论证得出的结论是一种或然性判断，正确与否，还需要由实践来检验。

例如，火星与地球相比，他们之前有许多共同的属性：都是行星、圆形、绕轴自转、有绕太阳运转的斜度、被大气包围、大气中有游离氧、有水、有适度的气温……根据这诸多共同或相似的属性，从而推断出“火星上可能有生物”的结论。类比论证，在新闻评论中的使用率不是太高，但它仍是一种非常重要的论证方法。

(4)对比论证

对比论证是一种用其他人或事例作比较来说明论点的论证方法。这也是新闻评论中常用的论证方法之一。

比如在一篇《身高不应成为高校歧视考生的理由》的论文中，提到温州一品学兼优女考生因身高仅 1.48 米，被某大学以“我校毕业生一般都当公务员”为由拒之门外。文中，作者运用对比的方法，列举了宋庆龄(身材偏低)、我国的几个女部长、菲律宾女总统阿罗约(身高 1.50 米)、美国前国务卿奥尔布赖特(身高不到 1.60 米)，据此说明“身高不能成为当不成好公务员”的理由，况且《国家公务员暂行条例》也没有一个字对公务员录用作出身高限制。在此，对比论证用得非常有说服力。

(5)归谬论证

这一论证方法，是先假定对方的观点是正确的，然后将对方的观点按照逻辑关系向下推理或延伸，结果，得出的却是荒谬的结论，从而证明其论点是错误的。此种方法在驳论中比较常用。

(6)反证法

有两个对立的观点。反证法是通过论证其中一个是错误的来说明与其相对的另一个是正确的。此种方法在驳论中也比较常用。

四、驳论

驳论是与立论概念相反的是一种特殊的论证。立论重在“立”，是用论据通过论证表明自己的论点；驳论重在“驳”，是用论据通过论证反驳对方的论点，从而证明其论点的错误。

尽管立论与驳论是两种概念相反、截然不同的论证。但是，在一篇评论中，立论与驳论却又常常是紧密地结合在一起的。因为，驳论不仅仅是驳，还需要立，即阐明自己正确的论点。

立论包括论点、论据、论证三个要素，驳论也要从这三个方面入手：反驳对方的论点，反驳对方的论据，反驳对方论证中的逻辑过程。只要能驳倒其中的一点，证明是错误的，就可以达到反驳的目的了。

运用驳论需要注意以下两个问题：

一是针对驳论对象之不同，态度应有所区别。对于敌人，必须针锋相对，不留情面；对一般的错误观点，则要通过摆事实、讲道理的方法，以理服人；而对于朋友或业内同仁，更须选择相适宜的评论方式，或友善，或委婉，力求多一点感情色彩。

二是忌粗暴，忌偏激。新闻评论是一个比较文雅的新闻体裁，绝不能骂骂咧咧、粗话脏话连篇。即使抨击，也不要感情用事，一味地去挖苦、谩骂。那样的话，有理也显得低能了。这正像鲁迅所说的："辱骂和恐吓绝不是战斗。"

五、论证中的几种常见病

尤其是对初学新闻评论写作的朋友，以下几种毛病，应该特别注意避免。

——以例代论。新闻事实或引证的例子叙述过多，占了评论绝大部分篇幅，到了该论的时候，却只有寥寥几笔，形成"例"与"论"的本末倒置。

——以引代论。该论的部分，自己要说的话太少，或基本没有，主要靠引用他人的言论权作评论，这也是不恰当的。

——论述跑题。论述中拉拉杂杂，有时扯得太远，甚至跑题。

——论无层次。论述比较散乱，缺乏一种非常严密、层次感强、环环相扣的逻辑推理关系。

——观点不鲜明。论述的观点必须鲜明，不能含糊，更不能模棱两可，一就是一，二就是二，鲜明的旗帜一定要高高举起来。当然，这里的鲜明是必须以正确为前提的。

——语言乏味。论述的语言忌空话套话连篇，忌平铺直叙，忌唠唠叨叨，应当言之有物，应当洗练，应当有较强的论理性与思辨性。为了论述需要，雅俗相济，洋为中用，古为今用，甚至夹带点诙谐与辣味儿，只要准和巧，均无不可。排比、对仗、比喻、拟人等修辞手法也有助于论述的生动形象。不过，一定不要卖弄。

凡此种种，这里就不一一细说了，只提示出来，望大家在写作中注意就是了。

下面是几篇不同类型的优秀论文，我们不妨认真读一读。

第一篇(立论):

警惕"专家观点"成为"利益俘虏"

动辄搬出"专家观点"如今似乎成了一种时尚。然而,无可回避的是,专家意见的可信度似乎也在大幅度地滑坡。比如,最近有好几件事让人对某些专家学者的所言所行不敢恭维。

在调控政策之手逐渐引导房价理性归位的时候,不少专家学者在许多公开场合发表力挺房价的高论。富有讽刺意味的是,先后有两个楼盘恰在此时盛大开盘,房地产商竟推出了"同质化"的气派庆典,不是大搞那种载歌载舞的热烈场面,而是盛情邀请专家学者作现场演讲,请他们在论坛上发布"房价不会下跌"之类的观点。不管说得如何动人,其实都只不过是转弯抹角地引你掏钱罢了。试想,他们跟推销的售楼小姐比起来,恐怕只是多穿了一件叫"专家"的外套。

前不久,国内一家专搞环境研究的权威机构,经过一番研究竟然能得出一个"科学结论":中国城市环境污染不是由汽车造成的,而是由自行车造成的。当这个凡有点常识的人都不敢相信的"科研成果"公之于世时,立即遭到了各方的质疑。很快,有报道"揭开了盖子"——原来,这个环境研究课题是由一家汽车公司赞助的!此外,在"苏丹红"、"雀巢奶粉"事件风波中,专家的表现忽左忽右,有位学者竟抛出了"一支烟就含多少苏丹红"的袒护之辞,难怪新华社记者在报道中感言:专家"别卖了科学精神"!

在普通公众的心目中,学者是学术上颇具造诣、道德上堪为楷模的受尊敬的群体。但以上这些专家学者的表现,更像是表演。这种"专家秀"直接玷污了专家学者得以安身立命的良知道义和学术操守。

专家观点失却公信力的背后,是部分专家与某些利益没有了距离。少数专家学者与开发商等利益团体构成了一个利益共同体,在这个共同体内,所谓学术研究的公正与科学自然蜕化变质了。诸如此类的"专家观点",尽管有"专家"在场,但知识分子保有的理性与操守却缺席了,这实际上是学术的失语,发生了腐败的"学术寻租"。这些学者凭借自己耀眼的学术头衔,手中的鉴定权、论证权、签字权去堂而皇之地攫取一笔可观的评审费、润笔费、讲课费。但实际上为利益驱使,玩"学钱交易”,做利益集团的代言人。结果是,受利益主宰的专家意见又主宰了不知就里的善良听众。从股市到房市,站在利益集团前面做代言人、吹鼓手的学者专家并不鲜见;还有,某些经济学家担任上市公司独立董事,一次次说出“屁股决定脑袋”的误人误市的言论。中国工程院院长徐匡迪曾愤言提出封杀“社会活动院士”,剑指的正是这类“利益的俘虏”。

如果最信赖的专家把屁股坐到“利”字上去了,日后谁还听专家的话?学者自贱,导致的将是学术自戕、文化自贬。专家不能不自重,要切实担负起专家应有的责任。什么是专家的责任?一是尊重科学的求真而独立的品格,二是全心服务公众的义务。做到了这两点,也就自然远离利益集团的金钱诱惑。

当越来越多的专家走进百姓生活、进入公众视野时,我们不仅要强调道德的自律,而且更要善用制度性的他律来共同维护专家观点的学术责任和社会责任。只有制度性地剔除那些“利益专家”,实现专家观点的“去功利化”,才能从“专家意见”中聆听到坚守科学精神又为公众服务的“专家观点”,如此,既有益于社会,又裨益于学术。

李扬 (原载 2005 年 7 月 3 日《新华日报》)

(注:这是一篇新闻对评,该评论前四段是运用归纳推理的方法,指出某些专家的“观点”实在不敢恭维。而后三段,文中针对“学术寻租”这一不良现象,以一连串的事实为依托,并采用层层递进的方法进一步指出原因,且上升到专家的良心与责任,以及如何从制度上解决这一问题。文路非常清晰。该评论曾被 20 余家媒体转载。先后获江苏省年度好新闻一等奖和第十六届“中国新闻奖”评论类一等奖)

附作者创作体会如下:

努力锻造党报评论的核心竞争力

——由《警惕“专家观点”成为“利益俘虏”》获奖引出的思考

在第十六届中国新闻奖评选中,笔者撰写的署名评论《警惕“专家观点”成为“利益俘虏”》被评为一等奖。这是一篇正确引导社会舆论、及时批评不良现象的评论。文章刊发后,新华社专电全文转发,先后有 20 多家媒体予以转载或摘发,产生了广泛的社会影响;在推荐参评中国新闻奖之前,该文还在江苏省好新闻、全国省级党报好新闻评比中高票荣膺一等奖。

这篇言论“一路飘红”靠的是什么？其成功背后的写作启示又是什么？不妨先借用参评表上的一句话来概括吧——“这是一篇彰显党报风范的新闻时评”。通过多年来的党报评论实践，笔者深深感到，面对新的传播语境和舆论生态，特别是当前这个堪称“新闻时评的高产时代”，党报评论如何做到有言、有位、有为，如何打造自身的核心竞争力，将直接关系到党报的思想力、公信力与影响力。

党报评论，要把精品意识贯穿于写作的全过程

这里，先从这篇获奖评论是如何写成的说起——

去年6月底的一天早晨，笔者跟往常一样按时参加策划会。会上，笔者与几位总编辑不约而同地谈到了一个现象。这就是，动不动搬出“专家观点”似乎正成为一种“时尚”，比如，从一个个具体的房产楼盘销售到各种各样层出不穷的论坛会议，再到各类机构种种商业性调查，大大小小的“专家之言”充斥其间。问题是，人们越来越感到，这些观点常常前后不一致，或向左或向右，往往此消彼长，莫衷一是，不仅让人不知所措，而且也使得专家观点可信度大打了折扣。为什么“专家观点”越来越多，而相信“专家观点”的人却越来越少，究竟是什么导致专家在公众面前的信任危机和信任滑坡？老总们于是要求笔者带着这些问题，进一步思考，看看能否针对此现象写一篇言论。

按照常规，评论文章也许可以就此起笔，开始谋篇布局了。不过，内心涌动的精品意识从一开始就反复拷问我：现象背后到底是什么原因；作为评论，你的中心观点究竟是什么；支撑中心观点的论据是否有力、充足，等等。是的，尽管新闻报道主要是表现事实，而新闻评论则更侧重于表达观点。但是，观点来自并依托于事实判断与价值判断。所以，一篇让人信服的评论绝不可能是率尔操觚之作，必须经过一个酝酿情感、提炼观点的“采访阶段”。于是，我围绕着中心主题，一边收集相关材料进一步梳理思路，一边与自己熟悉或不熟悉的一些知名专家联系，跟他们探讨专家眼中的专家观点之信任危机。在采访过程中，我逐步清晰地看到了某些“专家观点”与“利益代言”的隐性联系，手头也掌握了少数专家已被利益或利益集团俘获的若干丑恶个案和荒唐表现。同时，评论

的观点也在采访过程中逐渐成型:“专家观点”不能成为“利益俘虏”,这应当引起社会的警惕。

坦率地说,经过两天多的广采博议,最大的收获是坚定了把这篇评论写好写精的信心和决心。我发现,原来不仅在学术界,而且在整个社会,有关专家学术良知的缺失、学术操守的缺席正成为人人喊打的一只“过街老鼠”,人们在批评的同时却又无可奈何。我的第一直觉告诉我:这是一个值得研究、关注的现象,符合“人人心中有,个个笔下无”的好新闻之特征!饱含着采访而来的感受,再理性看待一些典型个案,思如泉涌,内心澎湃,可谓水到渠成。最后,我仅用两个多小时一气呵成,顺利撰写出这篇1200多字的评论。

回顾这篇成功之作的前前后后,我深深体会到,党报评论要做到唱响主旋律、打好主动仗,必须始终牢固树立精品意识,只有精品才有高度,也只有高度才有力度,有了力度才有美誉度、生命力。而精品意识必须贯穿于评论写作的全过程,包括主题的策划、论点的提出、论据的采纳等等。只有时刻以精品意识斟酌字字句句,作品才有可能走向精品,才能在海量的同类声音中胜出。一句话,精品意识是打造党报评论核心竞争力的逻辑起点和思想保证。

规定动作:先吃透再说透,理解到位,传播入心

实际上,党报评论也有“规定动作”和“自选动作”之分,这两个动作也是党报评论的两翼。结合多年来担任省级党报评论员的工作体会,笔者认为,作为党报的旗帜和灵魂,新闻评论必须着眼于“规定动作”与“自选动作”两个方面进行创新创优,不仅让“规定动作”准确到位、可读耐读,而且使“自选动作”与时俱进、出彩出新。惟此“两条腿”走路,才能不断增创党报评论的新优势,不断强固党报的核心竞争力与公信力。

党报评论的一个关键要素是权威性。这就意味着,党报评论要在新闻实践、新闻竞争中不断领跑其他传媒,就要在思想性、指导性上高人一筹,先人一步,高看一眼,深看一层;同时要在可读性上体现自己的话语特色,并把可读性融进指导性。

如何才能经营好“规定动作”的评论产品?对此,笔者的体会有两点:

其一，“规定动作”的评论写作要坚守一条底线：这就是坚持高举旗帜、紧贴中心、服务大局，先在大局中尽责，再在大局中有为。因此，这就要求评论员必须具备坚实而厚正的政治素养，能够敏锐而及时地对“现在时”的方针政策作出“时空坐标”上的精确定位。知其然，更知其所以然。

其二，“规定动作”的评论写作还必须恪守一条主线：这就是必须立论有高度，阐述有深度，字里行间有说服力，意沛文丰有影响力。在主题开掘上要追求深与活，这不仅靠政策理论支撑，而且靠鲜活的例证“起承转合”，要有生动可读的文笔表述负载。

只有站在全局的高度谋篇布局，从推动中心工作落实的角度选好切入点，跟党委政府的主流思想、核心表达来“对表”，“规定动作”评论才能产生凝聚力、影响力，才能真正融入大局、有为有位。

自选动作：抓“活鱼”辨是非，选材有度，评述有格

寻找有嚼头的题目，逮新闻“活鱼”，这是对党报评论素质的最好考验。很长一段时间，受众有一个误解：似乎做“规定动作”是党报评论的强项，而写自选的似乎是其弱项。事实上，从笔者获得这次中国新闻奖就可以证明，自主抓住社会热点，自觉展开观点交锋，自信领唱舆论导向，这也是党报评论可以有所作为的。

应该理清这样的观念：“自选动作”的言论作品，既有别于社论、本报评论员文章，也不同于嬉笑怒骂、宣泄情感式的杂文或随笔，它是重大题材的深度延伸和理论升华，它是满腔热情地关注社会真善美和假恶丑的反应，同时倡导鲜明的个人撰写风格，熔思辨、激情于一炉，集亲和、雅正为一体。

怎么样才能让“自选动作”评论出新出彩？笔者觉得关键是一个“度”字，选材有度。选题好是成功的一半。在选题上，要更多地注重与读者的关切度，不盯于鸡零狗碎，不蹈入无病呻吟，评论中能够听到时代的“脚步声”，能够准确反映干部群众的“情感频率”。

热点问题往往是一个时期社会矛盾的集中反映，做好热点引导工作，对于促进改革发展、维护社会稳定具有重要意义，这是党报“自选动作”评论的主战场之一。作为评论员，要善于加强对社会舆情的调研分析，及时掌握热点问题蕴含的不同利益诉求，多做反映、解释、说明的工作，从而积极有效地引导社会舆论。对易于聚讼纷争的现象，要适时开展批判，做到与人为善、出以公心、服务大局；要主动实行舆论干预，做到尊重规律、事实准确、全面客观，充分发挥促进社会和谐、引导社会进步的积极舆论作用。特别是在评述时，要注意加强自身的评论角色意识，主动地以媒体舆论引导公众舆论，从而营造一个有利于改革、发展、稳定的和谐舆论环境，这正是党报评论应有的品格所在，更是党报“自选动作”评论与其他媒介新闻时评的分野所在。

对于党报评论来说，检验其价值的标准只有一个，那就是看读者接受不接受。对此，我有一个写作的经验就是：大事化小，大题小作，选取最贴近生活情感，最体现时代精神，最吸引读者“眼球”的点，从不经意处入笔，间接说理。应该说，《警惕“专家观点”成为“利益俘虏”》正符合上述要素。它是新闻时评的写法，但又兼具党报的大报风范，党报的大报报格，通俗而不媚俗，批评有理有据，充分体现了言论应该保有的独立性、批判性和思想性。

随着改革的不断深入，社会生活的日渐丰富，社会思想的多元、多样、多变，将催生更多的事件性新闻或现象性新闻成为评论的话题。这种新形势也是新机遇、新挑战。国外曾做过的一项调查显示，最赚钱的新闻网站是那些提供原创评论内容的网站。这里传递出一个信号，就是原创是新闻评论的核心竞争力。应对“新闻时评时代”，党报评论就是要在原创上下功夫。只有在原创层面上创新创优“规定动作”与“自选动作”，党报评论才能有言、有位而且有所作为。

李扬　（原载《新闻战线》）

第二篇（立论）：

拜金主义要不得

在我们步步推进社会主义市场经济建设的时候，这样一个声音越来越清晰地回响在我们耳边：还是要讲艰苦奋斗，讲高尚的人生观、价值观，拜金主义、奢侈挥霍之风要不得。

改革开放使人们手里的钱多了，这是好事，可钱怎么花却大有学问。对占人口绝大多数的工农大众来说，从国民经济大局来看，“勤俭是咱们的“传家宝”依然是最动听的旋律，可偏偏有人对此不以为然，于是人们看到一些奇怪的现象：

在杭州，有两个“大款”为了斗富，竟在众目睽睽之下，比赛烧人民币，每人烧掉两千多元而面不改色；

在长春，一家卡拉OK厅，一个富翁宣布：包下当晚所有的“点歌费”；另一位大亨立即声明：买下全市当天所有的鲜花：你不让我点歌，你也别想献花。

春节时，一个青年富豪仰望着纷纷落下的爆竹纸屑兴奋地流下热泪，因为他刚刚点燃的四个爆竹是用两千元人民币卷成的。

一位北京“大款”用两万元一桌的宴席招待广东“大款”竟遭到奚落，随后广东“大款”用6万元一桌回请，而北京这位“大款”竟“啪”地打开密码箱，甩出35万元说：今天这桌就照这个数！

至于某人身上的穿戴价值十几万，某人甩出两万元点一支卡拉OK，30万元一只的哈巴狗被“大款”们眼都不眨地牵上就走这类事，也时有所闻。

或许这般挥金如土的人并不多，但这类事所投下的阴影却在平民百姓中日益蔓延：豪华饭店吃不尽的高档宴席；婚丧嫁娶走不完的人流车队；160元一张的粉色“情人节”入场券一抢而光，10万元一件的进口大衣买者如云；100元一个的钥匙链卖得很火；18元一碗的日本面条餐馆竟高朋满座。可以说，拜金主义正越来越大胆地牵动人们的衣襟。在许多人那里，斗富、显阔，纵欲被称为“潇洒人生”、“过把瘾就死”；大款、大亨、大腕被当作崇拜的偶象；金钱、别墅、宠物被看成辉煌人生的象征。

这种种现象已经不仅仅是个怎么花钱的问题，它鲜明地反映出一些人的价值观、道德观，这种奢靡之风正在污染着社会环境，污染着社会主义的人际关系。艰苦奋斗、克勤克俭是我们中华民族永远值得骄傲的美德。从“粒粒皆辛苦”的古训到周总理衬衫上的补丁，我们民族的文明史上一直闪烁着这种崇高节操的光彩。如今发展市场经济，我们依然必须清醒，人际关系决不只是金钱交换，等价交换的原则决不能移植到思想道德领域。物质与精神，永远是人类文明进步这架天平的两端，失去哪一端，社会都会出现倾斜。金钱我们需要，高尚的道德情操我们更要追求，艰苦的年代如此，发展市场经济的今天同样如此。如果让金钱的光环遮住了比它更美好的精神世界，人类文明将是残缺的，人格将是病态的。

还应该看到，奢靡之风给涉世未深的青少年带来的劣性刺激和心理影响是严重的。不少人比吃比穿比享受，就是不比工作、不比创造、不比贡献。东北的一位大学生说：过去觉得上大学光荣，现在，落榜的同学成了大款，作为大学生我很自卑。北京一位教师则急切地呼唤人们听一听中学生在唱什么："世上只有钞票好，有钱的孩子像块宝"。这位教师实际上是在呼唤人们：青少年是我们的未来，警惕奢靡之风吹落了我们未来的精神风帆！

如果我们把目光从灯红酒绿的宴席移到农舍窑洞，警惕拜金主义的话题会变得更加沉重。改革开放给我们这个十一亿人的大国带来了前所未有的变化，但现在还远非黄金铺地，……人均国民生产总值的排名榜上，我们的座次远远排在第96位，光是在我国的中西部地区，就有两千七百万农民仍在为温饱发愁，河北一个失学的孩子，天天在家扎扫帚，想凑够不过四五十元的学费；对比这些，那种千金散尽，挥霍无度的"潇洒"该有多么不协调。再进一步说，在党和政府千方百计解决这些困难的时候，大款、大亨、大腕们如果能从酒店歌厅转过身来，看看失学孩子求助的目光，看看农民们的满面尘土，把财富的支配与为国分忧、为民造福联系起来，向他们伸出手去，这才叫真正的潇洒和幸福。令人高兴的是，许多先富起来的人已经或正在这样做。

"艰苦奋斗"是一面鲜红的旗帜，在我们奔小康、奔四化的路上，让这面旗帜高高的飘扬！

胡占凡　（选自中央人民广播电台）

（注：该文论证采用的即是"简单枚举法"，三到七段列举了"拜金主义"的种种现象，读罢令人触目惊心。紧随其后，作者总结指出："这种种现象已不仅仅是个花钱的问题，它鲜明地反映出一些人的价值观、道德观。"之后，又说到对青少年教育的影响及我国还有那么多贫困人群的存在，从而加深论证了"拜金主义要不得"。主题也在层层论证中不断得

到提升。该文获第四届“中国新闻奖”评论类一等奖。）

第三篇（立论）：

喝糊涂酒　办糊涂事

领导干部喝酒本不是件光彩的事情，湖北省汉川市却将这个不光彩的事情制度化：以红头文件的形式，倡导公务接待使用本地产的“小糊涂仙”系列酒，层层分解任务，并设置奖惩措施。这种荣辱不分的举动糊涂透顶。

这样的红头文件实为“糊涂文件”。为企业创造良好的发展环境是政府职责，但不能偏颇地理解成为个别企业充当“开路先锋”，而是保障公平合理的市场竞争秩序。形象地说，政府是“裁判员”，不是“运动员”。汉川的“糊涂”之处就在于没有准确定位政府角色。

事实上，在许多地方“喝地产酒”是一个不成文的规定，汉川市把这个不成文的规定搞成了红头文件。之所以如此，关键还在于利益驱动。汉川市的一些干部就说，地产酒给本地政府纳税多，我们理应支持。

支持企业发展无可厚非，但采取摊派产品的方式来支持，就是典型的地方保护主义。这么做，对其他纳税企业不公，对外地企业不公，违背了自由竞争的市场法则。如果每个地方都搞市场割据，我们怎能做到物畅其流？又何谈建立统一的市场体系？

“喝酒文件”助长吃喝风。公安部有“五条禁令”，当地公安局却有2.5万元的喝酒任务；科技局只有8个人，却要喝1万元的酒；乡镇一般是2万到3万元任务，不得不往基层再次分解。干部成天要动完成“喝酒任务”的脑子，怎能安心替百姓办事。

“喝酒文件”会让一些“馋嘴干部”偷着乐，却免不了会让老百姓戳脊梁骨。喝酒就要喝这么多，整个招待接待费用不就成了“无底洞”，应该用于公益事业的财政资金不知要流失多少。更何况，吃喝风一起，党风政风焉能清明？

张先国　沈翀　（新华社武汉2006年4月7日电）

（注：针对性更强，仅指一事，评论采用层层递进的方法展开论述，从政府定位、地方保护、违反禁令，直至谈及败坏党风政风。文章虽短，却论得透彻。题目十分别致，是将该厂广告语“喝糊涂酒，办明白事”稍

作改动，变成“喝糊涂酒，办糊涂事”，两相对照，更显俏皮，也颇令人深思。）

第四篇（驳论）：

“不怕领导贪污，就怕领导失误”？

在一次会上，笔者听到一种说法：“不怕领导贪污，就怕领导失误，国家这么大，他能贪多少呢，但是如果领导决策失误，就会给国家造成不可挽回的巨大损失。”这或许是一时的气话，但多少反映了当前人们对贪污与失误的某种看法，我们有必要对此来一点辨析。

领导决策是否正确、决策水平高低，关系一方政治、经济和社会发展，关系人民群众的切身利益。决策失误，轻则误人误事，重则祸国殃民。更为可怕的是，在责任追究制度不健全的情况下，决策失误造成的严重后果往往被轻描淡写，并形成连锁反应，皆以“交学费”为托辞，置国家重大损失于不顾。对此我们当然不可掉以轻心。

然而，高度重视决策失误问题，不意味着可以忽视贪污。论造成的损失，贪污未必比决策失误小。贪污有小贪、大贪之分，有个别的贪、整体的贪之别。“鼹鼠饮河，不过满腹”式的小贪、个别的贪或许不会造成很大损失，但是“和坤跌倒，嘉庆吃饱”式的大贪、一个地方权力人物普遍的贪可能造成的后果就极为严重。更为重要的是，贪污会像白蚁一样蚕食党和政府的威信，破坏党和人民群众的联系，腐蚀着干部队伍，败坏着社会风气，反腐事关党和国家的生死存亡绝非虚言。

有时，贪污与决策失误往往是一对“双胞胎”。有些所谓的“决策失误”，祸根就是贪污腐败。民主决策，依法办事，合乎程序，可以最大限度地避免领导决策失误。而权力一旦染上贪污腐败的病症，往往就会权钱交易、暗厢操作，置正当决策程序于不顾，一旦造成重大损失，又会以“决策失误”来掩人耳目。一个人再高明，也难免百密一疏，作出不那么正确、不那么成功的决策，但一个人完全可以做到不贪污。真正的决策失误，哪怕与贪污一样造成损失，也只是客观上造成了后果，而不具有主观上的故意，但贪污则是既有主观故意又有客观后果的违法犯罪行为。减少决策失误，主要依靠选贤任能和健全决策机制；防止贪污主要靠加强教育与法治，完善监督机制。

“不怕领导贪污，就怕领导失误”，是一种十分糊涂的认识。它误认为失误是比贪污更加严重、更加不可宽容的行为，在实践中容易导致对“小贪小占”的容忍和对决策失误过于严苛的对待。事实上，我们既要追究一般性决策失误，更要严肃惩治贪污；既要尽量减少决策失误，更要坚决铲除腐败。在发展探索的过程中，我们甚至要有“允许失误”的宽容精神，但绝不能轻纵任何贪污行为。

廖保平　（选自《新闻评论学》）

（注：错误论点“不怕领导贪污，就怕领导失误”是本文的靶子，其中的核心就是“贪污”与“失误”两个问题。作者就此展开了层层剖析：决策失误不可掉以轻心；贪污更关乎党和国家的生死存亡；“贪污”与“失误”其实是一对儿“双胞胎”，“贪污”也是造成“失误”的一个重要根源；最后得出结论——贪污更加不可轻纵与宽容。文中针对错误论点，批驳条条在理，所得结论也令人心服口服。再有，驳论的题也巧妙，只将错误论点后加了一个问号，以示质疑和不赞同。）

第五篇（杂文）：

怪题共赏析

“需要出卖肉体时，你会怎么办？”很难想象，这一怪题竟是深圳一企业在南京面试大学生时出的考题。

近日，深圳一家知名通信集团在南京某名牌大学举行招聘活动。面试问卷中有一道题目：“由于工作原因，需要出卖你的肉体时，你会怎么办？”应聘者几秒钟内要在“我很乐意”、“无所谓”、“到时候再考虑”、“难以接受”等回答中选择一项。现场的女同学均表示难以接受：“怎么会是这样？知名公司竟然提出这样的问题，真是太掉价了！”

这些女生的“观念”显然落后了，不是人家太掉价，而是你太“保守”了。人家出这样的怪题，绝非戏谑无聊，幽你一默，也非一时心血来潮，而是“为工作原因”出卖肉体，在人家那里恐怕早已成为共识。由此推论，这家公司大概经常需要有人“为工作原因”出卖肉体，当然你也可以拒绝，那么接下来你就可能被炒鱿鱼，不论你有多大才能，连这点“牺牲”都不肯，怎么与公司共存亡？

平心而论，人家公司的招聘人员还是很“民主”的，提出这样的问题，并非只让你回答是或否，而是精心设计了若干个过渡性答案，供你选择。

你如果回答“我很乐意”，公司大概会优先录用，有这样的“献身精神”，不愁成不了优秀员工。有人说，我现在这样写只是为了应聘骗骗他们，到动真格时，我就不乐意了。那你也太幼稚了，你白纸黑字写在这里，人家会记录在案，到需要冲锋陷阵时，你肯定是第一梯队，想赖，没门儿。

你若回答“无所谓”，那就说明你的性观念比较解放，只要钞票厚，跟谁上床都行，那么公司也一定会高薪聘请，以调动你的“工作”积极性。

你如果回答“到时候再考虑”，那就要具体情况具体分析了。如果你模样俊俏，是可造之材，公司会耐心等待你转变与“成熟”。如果你相貌平平，并无动人之处，却故作清高，你想考虑，公司还不考虑呢。

你回答“难以接受”，那么道不同不相与谋，只好分道扬镳。不过也有例外，假如你貌若天仙，是“攻关”的无价之宝，那么公司也会破例接受，相信环境能改造人，你也不例外。

当然，也存在另一种可能，公司出这样的怪题，是反其意而用之，为了测试被招聘者的操守，看你能不能经受考验，是否顶得住糖衣炮弹的进攻。如果回答“我很乐意”，就说明你寡廉鲜耻，坚决不用；如果回答“无所谓”，就表明你生性堕落，没有原则，也不能用；如果回答“到时候再考虑”，就说明你意志不坚定，随时都有变坏的可能，也不能录用；惟独回答“难以接受”者，才能成为公司可以信赖的高素质员工。

左思右想，这家公司之所以能发展到今天的规模，肯定有很多成熟的经验和成功的做法，却无论如何不会把“美人计”、“肉炮弹”当作商场竞争的利器。靠色情引诱等旁门左道来做生意办公司的确实有，那只会是一些三流公司，难成大器；而真正有大发展大前程的大企业大公司，只有靠科学管理，科技投入，产品质量，良好的信誉，周到的服务。所以我宁愿相信人家出怪题动机高尚，理由正当，而不怕人家笑我幼稚可笑。

不知读者诸君以为然否？

陈鲁民　（原载 2000 年 12 月 4 日《中国青年报》）

第六篇(杂文):

“要现货,不要期货”

几千年来,古今中外的爱情和婚姻,一直是围绕着浪漫主义和现实主义作文章。譬如,“你挑水来我灌园,夫妻恩爱苦也甜”,是浪漫主义;“嫁汉嫁汉,穿衣吃饭”,就是现实主义。倘以喜儿为例,嫁给穷光蛋大春就是浪漫主义;给大款黄世仁当二奶就是现实主义。那么,时下有女征婚,明确要求男方身价须过千万,这就是“超现实主义”。

前不久,一位女孩在母亲的陪同下前来征婚,她长得很漂亮,气质也不错,是著名高校经济学硕士。她母亲郑重提出:“千万元资产者,方可与我女儿见面。”女孩最终如愿以偿,征得深圳一位资产逾亿的金龟婿,不过对方年龄比她大 20 岁,其女儿已 17 岁。

这位女研究生的婚姻观在知情人中引发热议。有人认为是“傍大款”,但也有很多支持者。她的一位校友就不胜羡慕且高度评价说:婚姻也要遵循市场规律,男人的资源是财富和地位,女人的资源是青春和美貌,我认为他们的结合是优质资源的合理配置。优质女性的要求是:我不想等,我要现货,不要期货。

好一个“要现货”!立马让众多自鸣得意的帅哥、英俊小伙身价贬值,因为你们再优秀,毕竟是“期货”,说得好听点是“前途无量”,说得保守点是“前途未卜”,将来是赚是赔,是成功还是失败,谁也说不准。也许你会成为比尔·盖茨、李嘉诚,或许你会是个要饭花子,街头流浪者,天知道!于是,在新潮姑娘们“要现货”的宣言面前,痴情小伙子们“我会让你幸福的”、“我的未来不是梦”之类重如千钧的许愿承诺,顿时变得轻如鸿毛。“将来我一定会成功的”,我要“慢慢地和你一起变老”等玫瑰色的梦想,也变得苍白无力。因为人家要的是“现货”,别墅、轿车、巨款、不动产,一样也不能少。瓦西里同志的“面包会有的,牛奶也会有的”,见鬼去吧。

不要以为,“要现货”只是那个深谙经济学投入产出理论的女研究生的独特见解,其实,与她志同道合者并不鲜见。今年年初,上海某亿万富翁,为了寻求“爱情”,不惜花费百万重金,在报上做广告征婚。为了爱情的纯洁,不仅要求对方“20～25 岁大专以上”,而且特别强调要“无性经历”，尽管他自己已经结过一次婚，还生了个儿子。但正因为是难得的“现货”，所以，“爱情”滚滚而来，仅两天工夫，就收到近300封电子邮件，从照片来看，应征姑娘个个都是花容月貌。毕竟，不少新潮姑娘早已“开窍”，坚信“干得好不如嫁得好”的道理，所以，该富翁优中选优，再结良缘，聊无问题，只要他别挑花了眼。不知哪个靓女能捞到这个“现货”。

我无意谴责那些立志“要现货”的“超现实主义”姑娘，毕竟这是她们的自由，也是一种“时髦”的婚姻模式，但我怀疑她们未必会获得真正的幸福。物质享受方面，穿金戴银，住别墅，开名车，自然都不成问题，这正是“现货”的长项；可情感方面呢，“金钱可以买来婚姻，但买不来爱情”，这话我信。不要忘了，人毕竟是有感情的高级动物，正所谓“生命诚可贵，爱情价更高”，婚姻毕竟不等于商场购物，气宇轩昂地把“票子”往柜台上一甩：老板，我要现货！

（原载2003年6月27日《中国青年报》）

第七章　新闻标题制作

第一节　新闻标题的由来与发展

新闻标题是用以揭示、评价新闻内容的简短文字。刊出时放在新闻正文之前。字号大于正文。新闻标题是新闻结构中不可缺少的一个重要组成部分。

新闻标题虽说仅有一句或几句话，但其作用不可小觑。俗话说："文好题一半"，特别是在当今的"新闻标题时代"，题目不但是新闻的"眼睛"，也是报纸的"眼睛"，是报纸提高质量、吸引眼球、参与竞争的重要手段之一。许多报纸之所以拿出"门脸"（一版）作导读，刊出的全部都是题目，这样做，即是为了方便读者阅读，同时也是为了展示报纸的"抢眼点"和"卖点"。另外，有的报纸之所出高薪、聘高手来专门制题，也是为了实现同样的目的。

谈到新闻标题的由来与发展，追溯起来，大致可分为以下五个阶段：

1. 无标题时代

我国早期的报纸是没有新闻标题的，标题的出现不过只有一百多年的历史。比如诞生于唐朝的官报——邸报，实属简报性质，只为传递一些内部信息，并不公开发行，读者仅为少数上层统治者。再说，这种"雏形"的报纸也没有进步到要制题的时代。

2. 分类标题时代

分类标题就是为若干篇同类的新闻所加的总题目。如从清光绪初年起,《新京报》上的"宫门抄"、"上谕"、"奏折"便是此类题目,这就好比今天报纸上所设的诸如"法制战线"、"商业行情"、"科技发明"之类的版头、栏头一样,只起到归类的作用,并不是每一篇新闻的具体题目。但读者阅读起来,总感到要比各种消息都混杂在一起清晰多了。应该肯定,这是一个进步,但还不能算真正意义上的新闻标题。

3. 一文一题时代

相隔时间不久,大约在 19 世纪 70 年代,一些报纸开始出现了一文一题式的单行新闻标题。如 1870 年 3 月 24 日《上海新报》上的"刘提督阵亡"等便是一例。这也被视为现代新闻标题的开端。

4. 多行标题时代

在此之后,特别是到 20 世纪初,新闻出现了一个较快的发展,各类报纸争相创刊,也有力促进了新闻标题的日臻完善,以"引题+主题"、"主题+副题"、"引题+主题+副题"等形式构成的多行标题大量出现在报纸上,有的还在文中插入小标题,从而使新闻标题的表达越来越丰富多彩。标题字号也得到显著突出。

5. 标题新闻时代

从上个世纪 80 年代开始,尤其是近年来,乘坐在信息时代的列车上,超大信息量,神速般的传递,各种媒体铺天盖地,且竞争日趋加剧。人们看新闻的选择性越来越强。因而,新闻标题在新闻写作中的强势作用也越来越明显。如导读的出现、超大字号标题的出现(所占空间甚至题大于文)、标题新闻的出现、题要题的广为使用,等等,由此表明:标题新闻时代已经到来,新闻标题得到重视的程度是空前的。

第二节　新闻标题的作用

一、揭示新闻内容

把新闻中最有价值的新闻揭示出来,让读者一看题便可知晓这条新闻是在说什么,这也是新闻标题最基本的功能。需要注意的:一是尽量以实题作主题，突出最有价值的新闻事实。二是一目了然，莫含蓄。

例一：

辽宁发生特大劫案（引）

80 多公斤黄金被抢（主）

例二：

辽宁特大黄金劫案告破（引）

实情：当事人自导自演（主）

例三：

本市未来一周（引）

闷热天气还将持续（主）

二、评价新闻内容

所谓评价，就是在新闻标题上表明作者或编者对这条新闻的倾向性态度和立场：褒还是贬，肯定还是否定，倡导还是反对……当然，这也是新闻媒体引导舆论的一个重要体现。

手段主要有以下几种：①选取角度，采用的是新闻事实中的哪一个点。视角不同，结论会大相径庭。②措词程度，温一点还是火一点，用词不同，轻重则不同。③所放位置，是放在主标题上，还是放在辅标题上。位置不同，能够表明突出谁和强调谁。④字号字体，用多大号字，选什么字体，其中也蕴含着一种评价与表态。

例一：

谁是最可爱的人

（注：以设问句为题，是一种特殊形式的表态。）

例二：

整容的代价——

10 年毁了 20 万张脸（主）

例三：

骗钱·圈地·坑人（主）

——透视廊坊东方大学城

例四：

三年撤了 187 名民选官

（注：看似陈述事实，实则已经表态。）

例五：

如下是就同一新闻事件，不同报纸标出的新闻标题：

（甲报）南朝鲜汉城地方法院（引）

判处卓等六劫机犯四至六年徒刑（主）

（乙报）南朝鲜法院对卓长仁等做出轻判（引）

六劫机犯分别处四至六年徒刑（主）

（丙报）汉城地方法院无视国际法公约规定（引）

轻判卓长仁等四至六年徒刑（主）

（注：评价作用由此可见，立场与态度各不相同。对照之下，丙报措词最重，态度比较鲜明；乙报次之；甲报最轻，只陈述事实，基本没有表态。）

例六：

以下也是一个非常经典的例子。

●事实：1815 年 2 月 16 日，被逐放在厄尔巴马的拿破仑登陆北上，某报的标题是：

叛逆拿破仑阴谋进攻巴黎

●事实：当拿破仑攻势顺利之时，标题立即改为：

拿破仑大军势如破竹

●事实：当拿破仑逼近巴黎时，标题是：

拿破仑元帅督师前线

●事实：当拿破仑决定称帝时，标题是：

吾皇陛下定日内登基

（注：彼一时，此一时，时移势异，标题的评价作用竟是如此不同。）

三、吸引读者阅读

引人，也是评判一条新闻标题优劣的重要标准之一。不引人，就没有卖点，也就失去了报纸的竞争力。新闻是否值得一读？据统计，绝大多数读者都是通过浏览标题来决定的，如果题不引人，一般就不再往下看了。如何才能让标题引人呢？一是取决于新闻内容，二是取决于制题的艺术。应该说，制题真是一门很大的学问，这是每一个通讯员、记者，尤其是编辑，都必须掌握的一项硬功夫。

下面是几条比较典型的"引人"的标题：

例一：

"光棍堂"引来四只"金凤凰"

（注：一农户因曾是地主成分，四个儿子全成了光棍，后改正成分，四个儿子努力工作，都招来了"金凤凰"——喻指娶上了媳妇。）

例二：

一个茶壶卅个杯（主）

——透视研究生扩招下的师生比例失调

例三：

儿子误将白酒当药水

半斤"老白干"滴进老母血管（主）

例四：

丰子恺画画不要脸

（注：因著名漫画家丰子恺的许多漫画作品都没有眼睛和鼻子。）

例五：

出来带两只手　回去盖一座楼

"无为"保姆真有为（主）

（注："无为"指安徽省无为县。）

四、美化版面，凸显风格

从美化版面来说，如果没有标题，若干篇新闻层次不清、密密麻麻地堆积在一起，读起来该有多么不方便。再者，如果没有标题，各种字号、字体、横题、竖题、题图、网纹及颜色等的变化与区别也就表现不出来了，可以想象，这样的报纸版面又该是多么难看。

从凸显版面风格来说，标题使用什么字体、字号？疏还是密？留白大点还是小点？是居中排还是居左排或居右排？彩版报纸以什么为标题的基本色，等等，这些都能显示出报纸独特的版面风格，有时，只看版面便知是哪家报纸。这一版面风格的形成，跟标题设计有着非常直接的关系。

第三节　新闻标题的结构类型

新闻标题大致有两种结构：即单一型和复合型，或叫单式和复式。下面分别来说一下。

一、单一型结构标题

单一型结构标题就是只有主题而没有引题和副题的标题。单一型标题多为一行题，有时也可以是两行甚至三行。但以下几点务要注意：

(1)单一型标题多用于内容不复杂或不太重要的新闻。一般来说，凡是仅由主题即可独立承担起标题任务的，均可用单一型标题。

(2)有时因句子太长不得不回行而形成双行主题的，也有时因意思并列、对比等而形成双行主题的。这种情况，主题即使是两行，甚至三行，也属单一型标题。

(3)单一型标题应独立成句。即便省略了某个句子成分，也不能影响读者对完整意思的理解。

(4)单一型标题只能为实题，即以新闻事实命题。

(5)两行以上的单一型标题，字体字号应一样(除个别为强调某个部分，字体会有所区别，从而造成一轻一重的感觉)。

例一(单主)：

袁世凯的孙子入党

例二(单主)：

人民解放军"五一"换新装

例三(并列式单一型双主)：

沪市：新股上市　未跌反升前景看好

深市：走出谷底　下周有望继续上扬

例四(**对比式单一型双主**):

值班员一心一意打扑克

盗窃犯不慌不忙偷钱箱

例五(**回行式单一型双主**):

下半年我国将继续着力

解决较突出的民生问题

说到回行,不能不提断句。不仅仅单一型标题,当然也包括多行标题,都存在回行断句问题,特别是在题目走单栏或两栏时,回行更是常常出现的,在哪儿断句,切不可任其自然随便乱断。以下几点务必注意:

(1)断句一定要注意语意,最好是在一句话中的两层意思之间分行。不然会很别扭,甚至让人产生歧义。

(2)不要在人名、数字及关键词中间分行。

(3)分行时要考虑多行题中每一行的字数尽量不要差得太多(相等最好),字数不等时,可略作增减或调整,不然,在版面上会不好看。如果只差一个字,又实在增减不了,也可在排版时略微抻一点或缩一点。尽量让多行单一型标题对齐了。

二、复合型结构标题

复合型结构标题是由主题加辅题共同构成的标题,辅题包括引题和副题。可以是“引题+主题”或“主题+副题”的形式,也可以是“引题+主题+副题”三者俱全的形式。有的还可将引题或副题变成提要题。

下面分别说明一下什么是主题、引题、副题、提要题、小标题。

1. 主题

在复合型结构标题中,主题是多行题的主体,是最重要、最应强调和突出的部分。一般多为一行(称“单主”),亦可两行(称“双主”),但不宜超过两行。

在复合型结构标题中,主题应为意思完整、文字简短的一句话。因有引题和副题作补充,少数也可以是一个词组之类。

在复合型结构标题中,主题应以实题为主,即把新闻事实中最重要、最新鲜、最引人,当然也是最有卖点的内容提炼出来。不过,有时为了某种表达的需要，主题也可以是虚题，即将文中内容较虚的思想、观点、理念等提炼出来，事实部分则主要由副题来标明。

2. 引题

引题，又称肩题、眉题，位于主题之前，作用主要是为了引出主题，故而得名。引题内容较虚。常见的作用方式有以下几种：

(1)通过交待和说明消息相关的背景、原因、目的、意义、由来、气氛、性状等，从而引出主题。

例一(交待背景、原因)：

600 台机器三年仅剩几十(引)

神州：自动售货机成街头废铁(主)

例二(交待背景、原因)：

只因期末考试成绩未超 90 分(引)

九岁小学生夏斐被母亲活活打死(主)

(注：该文获 1987 年全国好新闻一等奖。)

例三(点出目的、意义)：

为确保本市交通更顺畅(引)

万名协管员今上岗(主)

例四(说明由来)：

世界卫生组织专家指出(引)

全球现有十大垃圾食品(主)

例五(烘托气氛)：

彩灯映照笑脸　歌声洋溢大厅(引)

中央领导和首都小朋友共庆“六一”(主)

例六(描绘性状)：

边吃边欣赏　边聊边回味(引)

晚宴式剧场亮相京城(主)

(2)以直接叙述主干事实的起始部分引出主题，使长主题简短化。这类引题常常交待的是“何人”、“何时”与部分“何事”。这类引题也是主题不可或缺的一部分，主题离开了它，意思便不完整，也不能独立存在。

例一：

国家计委对78个项目稽查发现(引)

招投标:96%失灵(主)

例二:

匡亚明最近提出新观点(引)

对孔子要一分为三(主)

(3)以提出疑问或发表议论引出主题。提出问题的引题与主题形成一问一答,合力起到了对新闻的揭示作用。发表议论的引题可鲜明表达作者和编者的态度与立场。

例一(提出疑问):

征地造房为啥等煞人?(引)

一道公文背着39颗印章旅行(主)

希望有关部门舍繁就简,多办实事,加快住宅建设步伐(副)

例二(发表议论):

安徽省一桩奇闻(引)

6.2公里铁路建成十年不通车(主)

例三(发表议论):

商业搭配是一种不正之风(引)

商业部规定:严禁(主)

3.副题

副题,又称子题。位于主题之下,作用主要是对主题进行补充与说明。副题一般多为实题。

常见的作用方式有以下几种:

(1)对主题中未交待的一些次重要新闻事实进行补充与说明,这也是副题最主要的作用。限于字数,主题不可能对所有新闻要点都揭示出来,但有些内容还必须告诉读者,那么,这个任务就只好由副题来担当了。

例一(补充交待):

12名韩国人质分三批获释(主)

人质健康状况良好　其余7人将在今天获释(副)

(注:2007年阿富汗塔利班扣留21名韩国人质,2人被杀害,其余

陆续获释。）

例二（补充交待）：

新修改的《产品质量法》正式实施（主）

千余企业联合发表新世纪质量宣言（副）

（注：副题补充交待与主题相关的其他次重要事实。）

（2）对主题中新闻事实所产生的结果或影响进行补充交待与说明，从而使新闻信息表述得更完整。

举例（交待后果）：

巴基斯坦 3 列火车连环相撞（主）

造成至少 200 人死亡（副）

（3）以事实印证主题，回答主题。主题只是一种思想、观点或理念，比较虚化，有的则介于虚实二者之间，这种主题必须由副题（实题）用事实来支撑。若没有副题去印证和回答，主题是不能单独成立的。

例一（印证主题）：

害人的噪声有"法"治了（主）

我国环境噪声污染防治条例今起实施（副）

例二（印证主题）：

怪事一桩（主）

40 米高混凝土框架竟被风刮倒（副）

例三（回答主题）：

"老字号"老矣，尚能重振否？（主）

佛山 50％老字号经营面临困境，欲成立"老字号"协会，抱团求复兴（副）

例四（回答主题）：

验收团乎，蝗虫乎？（主）

××局领导×××用公款大吃大喝被撤职（副）

（4）解释主题。主题只高度概括指出新闻事实的某一现象，副题则对这一现象加以解释，或道出具体事实。

例一（解释主题·道出具体事实）：

将军与演员"谈兵"（主）

评书艺人袁润成到王震家中作客(副)

例二(解释主题·道出具体事实):

天山"瑶池"逐年萎缩(主)

每年缩小水域200平方米 80年后将消失(副)

例三(解释主题·道出具体事实):

海湾局势又吃紧(主)

四大国最后通牒 伊拉克明确拒绝(副)

4. 提要题

提要题也称提示题。有时也直接叫内容提要。提要题多位于主题或副题之下,或正文之前;有时位于主题之上;也有插入正文中间的,加框加线,以示区别。其作用就是提纲挈领地概括较长及较重要新闻中的主要事实和观点。以帮助读者迅速了解新闻的主要内容。

例一(位于主题之上的提要题):

凭借一个虚假的空壳公司,在没有其他任何资金来源和收益的情况下,用拆东墙补西墙的方法维系运转,短短一年时间非法集资8000多万元,直接受骗群众35428人——(提要题)

"益万家"集资诈骗案的内幕(主)

例二(位于主、副题之下的提要题):

惊人真相:术后滥用抗生素(主)

世卫组织推荐抗生素医院内使用率为30%

而我们使用率在67%~82%之间(副)

●有专家提出,在常规手术后不使用抗生素和使用抗生素的感染率无差异,但是我国医院目前却普遍存在滥用现象

●术后滥用抗生素是看病费用高昂现状背后一大未被明确揪出的"秘密"

●专家指出,目前对于术后抗生素的使用,基本上是采用"经验用药"的方式,缺乏统一的可行性标准,部分医生为求"保险",滥用相当普遍

●与发达国家相比,我国抗生素使用数量极为惊人——据不完全统计,无指征预防使用抗生素现象约占其中的30%~50%(提要题)

（注：这是最为传统且规范的提要题。）

5. 分标题、大标题及标题新闻

（1）分标题

分标题又称小标题或插题。它是穿插在新闻当中、对某一部分内容高度概括后制作出的小题。一般用于较长的报道，如通讯、深度报道等。现在，有些报纸为了更便于读者了解新闻，也会在中等篇幅的新闻中加上分标题。

需要注意的一点是：分标题与主标题之间是总分关系，分标题是为了呼应主标题，从不同角度来共同印证说明主标题的。因此，分标题无论从内容、还是措词，都不能与主标题脱节。一般来说，分标题不能少于两个。

（2）大标题

大标题是为一组同类新闻设立的一个总题。它会起到统领作用，使新闻报道更醒目、更具声势。表述上有虚（口号式），也有实（新闻事实的概括）。

（3）标题新闻

标题新闻是新闻标题制作的一个新品种，约出现于 20 世纪 80 年代中期。它在版面留下的只是一个题目，而没有具体报道内容。

标题新闻一般具有以下几个特点：

一是重要的新闻要素必须齐全。因为标题新闻没有具体正文作依托，所以不能让人看了以后不明不白，心存好多疑问。

二是适用于信息不复杂的新闻。不在乎大事、小事，但内容必须单一。

三是符合标题的结构特点。除了没有正文之外，其他应与一般标题没有两样。

四是标题新闻必须实。应实实在在地把新闻信息传递给读者，不可再玩花样儿。

三、复合型标题的几种结构形式

复合型标题一般有三种结构形式：

1.**“引＋主”式**

即由引题加主题构成，没有副题，一般为两行。

2.**“主＋副”式**

即由主题加副题构成，没有引题，一般为两行。

3.**“引＋主＋副”式**

即由引题加主题加副题构成，一般为三行。

除此，还有一种更为复杂的复合型标题，但较少使用。即引题、主题、副题都可能为多行，或“引＋主＋副＋提要题”等形式构成的标题。

例一（多行引题式）：

赞助费存车费公物损失保险费

补习费转校费订阅附加读物费（引）

费！费！难为学生　苦煞家长（主）

例二（多行主题式）：

光泽县对干部进行年终考核评选（引）

勇于开拓者——升

平庸无能者——降

以权谋私者——撤（主）

例三（多行副题式）：

教师节到　三喜临门（主）

凡连续任教30年教师享受退休金补贴

提高班主任津贴和超课时酬金

评定第三批特级教师（副）

例四（“引＋主＋副＋提要”式）：

凝聚全国各族人民意志

确定九十年代宏伟目标（引）

七届全国人大四次会议圆满闭幕（主）

万里主持会议　江泽民杨尚昆李鹏李先念乔石宋平李瑞环王震等出席（副）

批准《国民经济和社会发展十年规划和第八个五年计划纲要》及李鹏总理报告通过《中华人民共和国外商投资企业和外国企业所得税法》

等(提要题)

四、制作复合型标题应注意的问题

1.应注意各部分之间的逻辑关系,如因果、递进、转折等,但却不允许出现“因为……所以……”、“不仅……而且”、“虽然……但是……”等关联词。

2.应注意虚题与实题的结合。虚题依托实题而存在,实题依托虚题而升华。复合型结构标题,可以全部由实题组成,但绝不能全部由虚题组成。复合型结构标题,引题和主题可以是实题,也可以是虚题,但副题一般多为实题。在复合型标题中,至少要有一行是实题。

第四节 实题与虚题

实题是指概括表述新闻事实的标题。

虚题是指概括表述思想、观点与理念的标题。

实题能告诉读者一件什么事,但却难以升华新闻中的思想与观点。

虚题能升华新闻中的思想与观点,但却又不能告诉读者是一件什么事。

因此,在复合型结构标题中,主题做实与做虚的依据是什么?这就要看新闻报道的意图来确定了。如果报道的目的主要是告诉读者新闻事实,那么主题便可以做成实题;如果报道的目的主要是通过事实引导读者接受某种思想与观点,主题便可以做成表明思想与观点的虚题,而对新闻事实的揭示则由辅题(引题或副题)来承担。

虚实结合也不是绝对的,完全没有必要篇篇新闻都去虚实结合。从比例上看,实题永远是新闻标题的主体,最能吸引读者眼球的,还是新闻事实本身。在新闻标题中,如果不是非做不可的话,一定不要勉强去做能够升华的虚题,刻意去玩什么玄虚与花样儿。

以下是几个用虚题做主题的例子:

例一（用虚题升华新闻主题）：

五星红旗，在我们心中（主）

国务院发出国庆节升挂国旗的通知（副）

若做成公告式标题则是这样：

国务院办公厅通知要求（引）

国庆期间各单位要升挂国旗（主）

（注：相比"公告式"标题，"五星红旗，在我们心中"作主题感情色彩浓厚，洋溢着爱国主义情怀，从而有力升华了新闻的思想内涵。）

例二（用虚题表态或去强调某种精神）：

敢"打"才会赢

——浙江"桔子罐头"成功应对欧盟"特保"调查

例三（事不大，意义大，用虚题突出了内涵）：

允许"生财有道"　不可"为富不仁"（主）

大东门集贸市场举办有毒有害商品展（副）

第五节　新闻标题制作

新闻标题制作既是记者、通讯员的写作基本功之一，也是编辑的主要业务能力之一。制作出一个令人叫绝的好标题，是一件煞费苦心、很不容易的事情。

好标题的制作必须有两个先决条件：一是有一条好新闻，这是基础；二是制题人是高手。二者缺一不可。当然也有这样的情况：新闻本身虽不甚抢眼，但经过高手巧制标题，使新闻大为增色；或制题人尽管并不十分高超，而新闻本身就是一块"真金"，同样也能熠熠闪光。不过，我们最希望的，还是能够使"真金"，在经过高手炼就之后，闪出更加夺目的光彩。

一、新闻标题必须从新闻中提炼

新闻标题从哪儿来？只有一条路——源自新闻本身。怎样去剥茧

抽丝,这里有三点操作要领:

(1)读懂、读透全篇。首先要了解新闻的全部,知道事情的原委与背景,知道孰轻孰重。

(2)从导语中提炼是捷径。好新闻,导语一定都很精彩,按照要求,导语应该把新闻中的“三最”(最重要、最新鲜、最引人)的内容写进去,而新闻标题提炼的也恰恰正是这“三最”。因此,从导语中提炼标题是一条捷径。

(3)高屋建瓴起标题。尤其是对一些报道宏观、报道全局、有倡导引领内容的新闻,务必要站在当今全局高度上看新闻的内涵,在突出个性中也要标出共性。切不可坐井观天,仅仅就事论事。实题如此,虚题更应如此。

二、新闻标题制作的基本要求

简言之,就是四点:准确、鲜明、简洁、生动。

所谓准确,即是题文相符。新闻标题要忠实于新闻内容,并能准确表述新闻内容。但要注意一点,就是防止以偏概全,以次充主。

所谓鲜明,即是态度明确。赞成什么,反对什么,是与非,对与错,该与不该,在新闻标题中绝不能模凌两可、含糊其词。

所谓简洁,即是文字要尽量精炼,达意而不冗长,明快而不啰嗦。标题制作时,关联词、虚词、形容词最好不用或少用,人物头衔、国名、地名、单位名,只要不被误解,也可合理压缩。

所谓生动,即是标题要做俏做活,尽可能引人入胜。特别是那些不很严肃的内容,可引入多种手法,扮靓标题,以给读者良好的“第一印象”。

新闻标题制作四点基本要求,在此只是一些提示,以下还将从正、反两个方面,进行更具体的讲述。

三、巧制新闻标题

做了多年记者、编辑,我对“标题制作是一门学问”这句话深有体会。除了基本的规范与要求之外,单是一个“巧”字,就蕴含着无尽的玄妙，让人难以琢磨透，下面就择其要者来分别简述一下。

1. 多种修辞手法，让标题更生动形象

例一（比喻）：

前年冲垮"豆腐渣"　今年又出"豆腐脑"（引）

九江：洪水没到　新堤先倒（主）

例二（比喻）：

"牛栏关猫"式监管必生硕鼠

例三（比喻）：

两公司玩猫腻　通投标遭查处（引）

10名"瞎眼"评标专家被请出局（主）

（注：该文获第十三届"中国新闻奖"消息类二等奖。）

例四（比拟）：

《小朋友》今年60岁（主）

发行量突破百万关（副）

（注：《小朋友》是儿童刊物，消息发表时，恰逢其创刊60周年。）

例五（排比）：

春有花　夏有荫　秋有果　冬有青（引）

南空大院绿化像个花园（主）

例六（对偶）：

昔日伐木建功

今朝栽树"还债"

（注：该文获第五届"中国新闻奖"消息类二等奖。）

例七（对比）：

石家饭店——冷若冰霜

鱼味酒家——热情待客

例八（重复）：

万人企业万人管（主）

大连海鲜渔业公司包干到人（副）

例九（设问）：

日本小姑娘，你在哪里？

例十(摹绘):

冷静擦去一口痰,微笑震动一颗心(主)

车厢中一次恶作剧及其下文(副)

(注:客观生动描述事物形态、声音、色彩……叫摹绘。这种修辞手法能给人一种具体、真实感。新闻写的是:火车上一青年乘务员见一旅客故意在车厢里吐了一口痰,乘务员非但不动怒,反而掏出纸擦去痰迹,并微笑着向那乘客点头示意。)

例十一(双关):

冷同志热心肠

(注:冷同志指的是一位热心服务姓冷的营业员,姓"冷"而心不"冷"。)

例十二(回环):

马歇尔歇马　华莱士来华

(注:这是一条非常经典的标题。"马歇尔"和"华莱士"均为抗战后美国两位驻华特使。一去一来交替之时,报纸拟出这样一条标题。借名字中"马"和"华"二字,在标题里巧妙往复出现。)

例十三(回环):

回头浪子帮助浪子回头

例十四(回环):

亲情作业留出亲情(引)

让孩子给爹妈洗脚(主)

例十五(顶真):

田中深情赠樱花　樱花开时忆总理(主)

二千株树苗将栽在周总理家乡等地(副)

(注:顶真是前句结尾一词,作后句开头一词的一种修辞方法。)

例十六(顶真、回环、拈连并用):

英雄金笔　笔中英雄(主)

一百号金笔在评比中夺魁(副)

(注:顶真——笔与笔相连。回环——"英雄"、"笔"两个词,两句中均出现,只是位置有转换。拈连——由牌子叫"英雄",到成为"笔中英

雄”。)

例十七(谐音):

莫使“严打”成“言打”

例十八(谐音):

植树与“植数”

例十九(谐音):

繁荣不能“娼”盛(主)

——广东打击卖淫嫖娼纪实(副)

例二十(讥讽):

世上竟有这样的瞌睡虫?(主)

四人押运 500 万现金,因打盹丢了 200 万元竟浑然不知(副)

例二十一(反语):

城管昨上街查处“乱吐乱扔”(引)

“收获不大”(主)

令人欣慰(副)

例二十二(递进):

录用一人　高兴一家　教育一片(主)

我省各劳改企业认真落实政策,对确有专长、解除劳改和刑满释放的就业人员重新录用为专业技术干部(副)

例二十三(反复):

“白吃干部”连吃带拿(引)

“吃吃看”餐馆被吃垮(主)

例二十四(反复):

孩子!孩子!孩子!

——江西省广电幼儿园火灾直击

例二十五(借代):

医药代表向“老百姓”下跪

(注:“老百姓”在这里指廉价售药的“老百姓大药房”。此文获第十四届“中国新闻奖”通讯类一等奖。)

2. **大众化语言，让标题别有韵味**

例一：

澳门回家了（主）

中葡两国政府澳门政权交接仪式隆重举行（副）

江泽民宣告中国政府对澳门恢复行使主权（副）

例二：

厂长离任岂能拍拍屁股就走（主）

明年起国家将推行厂长离任审计制（副）

例三：

“往后可以常回家看看啦”（主）

台胞首次直航福州观光（副）

例四：

500多师生终日泡在毒气、扬尘、噪声里（引）

洋溪小学挺不住啦！（主）

例五：

北京煤气：上气不接下气

例六：

拿钱买气受怎么能行？（主）

部分人大代表批评北京服务行业态度差（副）

例七：

你缺了哪种旧杂志？（引）

可到上九路上找找看（主）

例八：

乍暖还寒（引）

春捂秋冻老理儿别丢（主）

例九：

我的家，在哪里？（主）

——代表委员为拆迁问题把脉（副）

例十（标出人情）：

劝君莫打三春鸟　子在巢上盼母归（主）

市林业局举行爱鸟周活动(副)

例十一(标出人情):

欢迎"孕妇"来,不舞彩旗;喜送"母子"去,不敲锣鼓。这段青藏铁路又成"无人区"(引)

请过路吧,亲爱的藏羚羊(主)

(注:此文获第十三届"中国新闻奖"消息类二等奖。)

3.巧借他山石,让标题妙趣横生

例一(古诗词):

知否,知否,绿消红瘦(主)

连绵阴雨使杭州名花展部分花卉受损(副)

(注:借用李清照词《如梦令》中一句"知否,知否,应是绿肥红瘦"。)

例二(古词句和名篇题目):

车辚辚　马萧萧　凯歌贯云霄(引)

最可爱的人回来了!(主)

(注:引题借用杜甫名篇《兵车行》首句:"车辚辚,马萧萧……"主题借用魏巍通讯《谁是最可爱的人》的题目。二者结合,有画龙点睛之妙。)

例三(古诗句):

农业连年减产　××县领导完全归罪于"天灾"(引)

天若有情天亦恼(主)

(注:借用唐代诗人李贺《金铜仙人辞汉歌并序》中词句"天若有情天亦老"。)

例四(经典段子中语句):

最后一次"逗你玩儿"(主)

马三立从艺 80 周年暨告别舞台演出昨举行(副)

例五(歌词):

你往哪里去,我的朋友(主)

关于毛阿敏与钱的纠葛(副)

(注:主题借用了毛阿敏主打歌曲《思念》中的一句歌词:"你从哪里来,我的朋友"。毛一度曾因四处"走穴"而陷入偷漏税漩涡。)

例六(气象用语):

印巴关系“阴”转“晴”

例七(电影名):

西部各省出台政策促进人才合理流动(引)

科技人才不再“一江春水向东流”(主)

例八(俗语):

“会翁”之意不在会(主)

青岛暑期会议一览(副)

例九(成语):

沧海一粟　壮丽一生

——纪念刘海粟大师

例十(歌词):

每天 400 人　地铁洗刷刷

例十一(人名):

“秀山”“明山”不爱山　“树林”“玉林”不惜林(引)

宣恩县查处五起毁林案件(主)

(注:引题中引号所引实际是这个案件涉案 4 个人的名字,分别叫“秦秀山”、“陈明山”、“赵树林”、“陈玉林”。作者巧妙地将他们好听的名字与可恶的行为对比连在了一起,可谓独具匠心。)

例十二(店面名):

东来不顺西来顺

(注:这是一则批评“东来顺”饭庄媚外轻内报道的题目,值得回味。)

4. 数字、标点、符号,让标题意味深长

例一(数字):

杨先生痛说给孩子诊病遭遇——(引)

看个咳嗽要掏 1065 元(主)

(注:该文获第十三届“中国新闻奖”消息类一等奖。)

例二(数字):

朝韩领导人 55 年来首次见面

（注：该文获第十一届“中国新闻奖”消息类一等奖）

例三（数字·起对比作用）：

劫得一角钱

换来十年刑

例四（数字·起对比作用）：

错批一人

误增三亿

（注：以数字的对比，说明了错批马寅初的后果。）

例五（数字）：

广铁公安捣毁三个制贩假火车票窝点（引）

一夜收缴假票够坐三列火车（主）

例六（标点＋符号）：

浙江三门——

一根烟头＝28万？！

（注：报道说的是一农民因乱仍烟头引发森林大火，赔款28万元。引题、主题共用了4个标点及符号，特别是一问一叹，含义深刻，绝非几个汉字所能表达。）

例七（标点）：

句号后面是问号（主）

——佘祥林“杀妻”冤案昭雪之后的反思

（注：佘因“杀妻”被判死缓，十余年后，佘妻突然再现。佘案不得不终止。一个句号，一个问号，尽在不言中。）

例八（标点）：

水！水！水！

——直击中原百年大旱

（注：2000年，中原大地遭百年大旱，人们日思夜盼的一个字，就是“水”。三个“水”，加上三个“！”，极具冲击力。）

例九（标点＋符号）：

“小康之家”：勤劳＋科学（主）

湖南汉寿县七十农户的调查（副）

例十（符号）：

诈骗→斧砍→跳楼→被擒（主）

昨一狂徒西安上演“四重奏”（副）

例十一（符号）：

国产品牌 VS 国际品牌（引）

国产笔记本电脑“应需而造”（主）

例十二（符号）：

文凭≠水平（文凭不等于水平）

文凭≈水平（文凭约等于水平）

（注：这是一家主流媒体曾发表过的两篇言论的标题。前者针对的是只讲文凭，后者针对的是忽视文凭；前者强调的是注重水平，后者强调的是要防止不讲文凭的片面性。）

四、通讯标题与评论标题的特点

1.通讯标题的特点

要想知道通讯标题的特点，弄清消息题与通讯题的区别很关键，那么这二者的区别又在哪里呢？主要体现在以下四个方面：

（1）从新闻要素上看

消息题侧重事实，更加突出新闻要素，一语破的，多为实题；

通讯题侧重内涵，不太突出新闻要素，比较含蓄，多为虚题。

（2）从句子结构上看

消息题中的主标题多为意思完整的一句话；

通讯题较少是一个完整的句子，多由一个或几个词、词组构成。

（3）从辅题等使用上看

消息题，从一行题的单式结构到引题、主题、副题齐全的复合式结构都可以，且引题为消息题所独有；

通讯题，有一行题的单式结构，也有主题加副题构成的复合式结构，双行题中的副题常用加破折号的方式引出，通讯题一般不用引题。

此外，消息题一般只在文前设题，而通讯题除文前设题外，文中也多设有分标题（或以一、二、三来表示）。

(4)从时态上看

消息题，多为动态表示法，重在说明“发生了什么”；

通讯题，多为静态表示法，重在说明“为什么发生”。

再有，消息题中一般不用含“的”字的定语结构和“为了……”等表现形式，而在通讯题中却能经常见到像“来自抗震救灾一线的故事”、“为了周总理的嘱托”，等等。

以下是几组同一新闻内容的消息题和通讯题：

第一组：

（消息题）

山西金矿爆炸数十人遇难（主）

其中包括十余名陕西籍矿工（副）

（通讯题）

惨剧真相扑朔迷离（主）

——聚焦山西繁峙金矿爆炸案（副）

（注：这一组中，消息题着笔新闻事实，新闻要素具体。通讯题则着笔新闻内涵。）

第二组：

（消息题）

奥运会中国健儿又传佳音（引）

跳水名将高敏为我赢得第三枚金牌（主）

（通讯题）

蜀中姑娘多泼辣

——高敏铸造金牌之路

（注：这一组中，消息题标出事实，动态明显。通讯员则重在议论抒情，更强调背景与内涵，表现出静态特点。）

以下是一组新闻内容相近的消息题和通讯题：

（消息题）

我省交通图五年七变

（通讯题）

壮丽的发展诗篇（主）

——从数字看上海巨变(副)

(注:从新闻要素侧重、句子结构、动态上看,消息题与通讯题都有较明显的区别。以上两篇分获第十三届“中国新闻奖”消息类和通讯类一等奖。)

下面是几条获奖或被评为优秀通讯的标题:

例一(一句话):

●王崇伦抓豆腐

●目击杨利伟飞天归来(无主句)

例二:

哥德巴赫猜想(一个词·数学概念)

例三(一个词):

效率

——深圳特区见闻之二

例四(几个词):

他、她、她

——一个买书、让书的故事

例五(词组):

百姓心中的丰碑

——追记公安局长的楷模任长霞

例六(诗句):

东方风来满眼春

——邓小平同志在深圳纪实

下面是两个通讯中“主标题+分标题”的例子:

例一:

主标题:“一厘钱”精神

分标题:一厘钱(从省钱上说)

一分钟(从省时上说)

一根火柴(从提高质量上说)

一个真理(升华出一种精神)

例二：

主标题：可上九天揽月

——二十工程局一处建桥纪实

分标题：竖在黄土高原的丰碑

绣在珠海特区的彩带

绘在岷江之上的长虹

（注：这两个例子中，最明显可以看出的是主标题与分标题之间的呼应，以及通篇是如何浑然一体的。）

2. 评论标题的特点

新闻评论重在思辨、阐明，其标题自然也有自己的特点。

总的要求：一要准确，二要鲜明，三要抢眼，四要别致，五要简洁。这与其他文体标题制作要求也没有太大区别。

具体来说，特别是与新闻标题相比，主要在以下几点上有所不同：

一是目的不同。新闻标题主要告知的是事实，评论标题主要告知的是观点。

二是表达方式不同。新闻是叙述、说明语态，而新闻评论则是议论、分析语态。新闻标题多偏重客观陈述，而评论标题感情色彩、褒贬成分则显得更浓一些。

三是标题结构不同。新闻标题可由引题、主题、副题几部分构成，希望尽量把新闻事实中的"三最"表达出来。而评论标题大多只有一行标题，极少数也有两行题的，即再加一个说明性的副题。一般来讲，评论标题只读题不读文，是难以一眼看清其中内容的。

四是句子的完整度不同。新闻标题通常是一个较完整的句子，即便不是句子，也表达了一个相对完整、能够让人理解的意思。而评论标题的句子结构很多不是那么完整。

下面是几种常见的评论标题类型。归纳起来，大致有以下四种：

(1)提问质疑型

就论述中的核心问题，先由提出质疑起始，从而引起读者关注。此类标题，有的表面上似乎未置可否，但实际上已经表态。标题有提问式、非提问式两种。

例一(提问式):

“假治”还是“治假”?

例二(提问式):

“爷爷奶奶”还可以出租?

例三(提问式):

执行公务就无法施救吗?

例四(提问式):

能把少年英雄“请”出校园吗?

例五(非提问式):

零起薪就业的忧虑

(2)亮明论点型

此类标题,观点明确,一语破的,读来也倍感清晰醒目。其中又分“立论型”与“驳论型”两种。

例一(立论型):

不怕“黑帮”怕“帮黑”

例二(立论型):

请宽容公共话语权的伸张

例三(立论型):

高房价给百姓出了一道大难题

例四(立论型):

招聘不是招亲

例五(驳论型):

析“还是少议政好”

(注:驳论型标题,有时会在题的前面或后面带有“驳、论、评、辨、析”等字眼,但大多还是没有的。)

(3)号召表态型

此类标题,主题鲜明,作者的态度也非常鲜明。或支持、或反对;或赞扬、或批评,都直接传递给读者,毫不隐讳。

例一:

国有企业改制一定要规范

例二：

坚决抵制低俗炒作行为

（注：以上两篇均获2004年第十五届"中国新闻奖"评论类一等奖。）

例三：

莫让为学费自杀成为"连续剧"

例四：

拜金主义要不得

(4)含蓄藏锋型

此类标题，作者的观点虽未直接溢于言表，但其倾向性仍能从字里行间洞察和体会出来，藏锋也好，含情也罢，用笔不凡方能更令人叫绝。

例一：

"意思意思"都有些啥意思

例二：

且把这种"检查"检查一下

例三：

老大难难在"老大"

（注："老大难"指存在的问题。"老大"指主要领导。）

例四：

台上他讲　台下讲他

（注："他"指夸夸其谈、言行不一的领导。）

例五：

别了，司徒雷登

（注：本文为毛泽东同志亲自所写。司徒雷登曾任美国驻中国大使，因工作失败，于1948年悄然离开中国。）

五、新闻标题制作十五戒

新闻标题制作既可花样翻新，不拘一格，但又不能不讲规则，不然就会出现很多毛病，下面是比较常见的几种：

一戒主辅之间逻辑混乱

（新闻标题的主标题和辅标题之间应存在一定的逻辑关系，应互相照应。）

例一：

禁毒迫在眉睫（引）

我国禁毒工作成绩显著（主）

例二：

全国政协中央统战部举行八旬以上老同志春节团拜（引）

多活几年　多做些事（主）

例三：

采纳职工“金点子”节约投资百万元（引）

濒临倒闭的老国企重获新生（主）

（注：以上三例引题与主题之间的逻辑关系均不紧密，费劲去想，也许才能体会出一点内在联系。）

二戒过于简化

出现此类问题，多因省略不当或句中缺少主要元素，进而产生歧义或让人不明不白。

例一：

中国主张全面禁止彻底销毁核武器

（注：此句为省略不当，如果“全面禁止”后面没有一个“和”字，会让人误以为中国不同意彻底销毁核武器。）

例二：

国务院办公厅发出通知（引）

坚决制止国内互赠挂历（主）

（注：“国内”之后“用公款”三字少不得，不然会把范围扩大到亲朋好友之间也不许互赠挂历。）

例三：

大刀阔斧　以人为本（引）

“上吊”改制后起死回生（主）

（注：读来总觉有点相声词儿的味道。“上吊”全称应为“上海吊车厂”，这样简化实在滑稽。）

三戒题文不符

新闻标题是从新闻报道中提炼概括出来的，标题所言必须有文中的内容对应。但有些新闻标题对应得不够准确，或者偏离报道，或者舍本逐末，甚至在文中根本找不到相关内容，从而造成了题文不符，这也是新闻制题的一大禁忌。

例一：

①全国科技大会在京召开

②全国科技大会今日在京召开

（注：两条都是当日早晨发行报纸的报道题目。例①是完成式报道，标明新闻已经发生了，其实报纸发行时会还没开；例②是预告式报道，标明新闻即将发生。由此看来：②更准确。①则将没有发生的事写成发生了，从而造成题文不符。）

例二：

工会主席一条“合建”创效千万元

（注：新闻事实是：年初班子会上，××公司工会主席提出建议，希望结合企业实际广泛集中开展一次“百日提合建”活动。实施后，三个多月来，员工踊跃参与，共提出方方面面合理化建议数百条，直接创效达上千万元。但题目却把整个“提合建”的成果完全归功于一人身上，显然不够准确，失之偏颇。）

四戒分行不当

一是单主标题切忌变成“主＋辅”式

举例：

台湾围棋界要求当局（引）

准许聂卫平赴台比赛（主）

（注：此题是一句话，却变成了“引＋主”式，本来尚未准许的事，这样一变，似乎已被“准许”，背离了原意。）

二是长句分行应考虑语意

例一（产生歧义）：

（原题）

××公司向老干部

发放一次
性补助款
(改后·三行)
××公司
向老干部发放
一次性补助款
(改后·两行)
××公司向老干部
发放一次性补助款
(注:原题分行,容易让人把"一次性补助款"误解为"性"补助款。)

例二(不得体):
(原题)
盐城市郊区五保老
人齐赞福寿保险好
(改后)
盐城市郊区五保老人
齐声称赞福寿保险好
(注:分行时不要把"五保老人"拆开,为了对得整齐,句中加一、两个字也未尝不可。)

三是不要在人名、数字、关键词中间分行

举例:
全国各地学雷
锋活动掀高潮

五戒产生歧义

此种情况,多为表达不清或乱用借代等所致。

例一:
南京部队后勤物资部转变机关作风(引)
一百零二件事当天办完(主)

[注:此主标题会让人有两种理解:一是,102 件事当天都办完了;二是,102 件事每件事都是当天办完的。根据报道内容,应作如下改动:

南京部队后勤物资部为基层服务雷厉风行(引)

102件事,件件当天办完(主)]

例二:

天安门日产垃圾19吨

[注:报道内容是:“五一”黄金周期间,天安门广场每天清理垃圾19吨。原题应改为:

“五一”黄金周期间(引)

天安门广场日清垃圾19吨(主)]

六戒故弄玄虚

例一:

“四不像”大举进攻我市(主)

不日将流入千家万户

望关好窗门注意观察(副)

(注:这实际是一篇带有广告色彩的报道,说的是山西朔州某一品牌啤酒近日将上市。可题目作得有点怪诞离奇,让人看后感到一头雾水,好吓人!)

例二:

打工妹买下县机关大院

(注:新闻事实是:四川省某县沿用了50年的县委机关大院连同周围40亩土地的经营权,被一家房地产公司购买。所谓“打工妹”一说,只是该公司老板早年创业生涯的一段经历,作者故意以此渲染,制造卖点,造成与事实不符,有故弄玄虚之嫌。)

例三:

枪手击溃红军

(注:这是一则体育报道的主标题。“英超”中有两支球队,别称为“枪手”和“红军”,“枪手”指阿森纳队,“红军”指利物浦队。本题如此制作,让人看后极不舒服,因为“红军”是中国军队的前身,早已深入人心。)

例四:

中国“黑姑娘”远嫁非洲

（注：“黑姑娘”指的是煤炭。）

例五：

中国人打败中国人（主）

效力异邦的韩健、杨阳、陈昌杰掉转炮口，轰塌“长城”（副）

（注：此标题中的主标“中国打败中国队”和副标“轰塌‘长城’”，都将体育比赛中的一种彼此较量上升到民族层次，说得又那么邪乎，社会效果不好。）

七戒用词欠准

例一：

不接不回家

（注：某地方报纸刊出一幅照片，反映的是一群孩子放学后，或在传达室争着给家长打电话，或呆呆地站在校门口，等待家长来接。原因是：校外交通秩序混乱，事故多发，孩子虽有双脚，也难迈步。这也是该照片的新闻价值所在。但标题为“不接不回家”——没有过错的孩子反倒成了指责的对象，实在不妥。应改为“不接难回家”，“不”和“难”虽只一字之差，但意思却恰恰相反。）

例二：

没零钱被请下车

（注：新闻事实说的是：一外地乘客，因没带零钱，在北京一大桥中间被司机赶下车。此标题用“请”字，不如改为“轰”或“赶”，再进一步用“扔”字反倒更“一针见血”。）

例三：

为清市容　重庆骤减饮料摊

商怒民怨　山城碰翻多米诺

（注：标题中“商怒民怨”用得有点过分，此类词语在当今国内形势报道中以不用为宜。）

例四：

高干子弟陈小蒙、胡晓阳被枪决（引）

王子犯法与庶民同罪（主）

（注：此标题受到中央领导批评。原因：①“王子”无根据。②易误导，

好像有中央领导的孩子犯法了，会引起不应有的猜测。）

例五：

遗憾！聂棋圣“昏着”致负（主）

第四届中日围棋擂台赛日方七比二获胜（副）

（注：“遗憾”、“昏着”用其中一个即可。两词都用，显得有点贬损过度。）

八戒主辅双虚

例一：

“果断措施”开路　“坚决措施”推进（引）

××厂压缩库存有新招（主）

例二：

领导重视　全员参与　措施得力（引）

我公司安全生产再谱新篇（主）

例三：

一到客场就变“虫”

泰达欲打破“怪圈”

（注：该题到底是什么意思，令人费解。题中“泰达”指泰达足球队。）

例四：

搞“短线”产品　不搞“短命”产品（引）

××厂技术创新连创佳绩（主）

九戒歧视他人

例一：

北大学子沦为肉贩子

例二：

市长敢吃农家饭

例三：

致富高升跳龙门（引）

农民当上城里人（主）

例四：

医生收“红包”罚做洗衣工

（注：应当将“罚”字变为“改”字。）

例五：

研究生“下嫁”村小学

十戒不仁不义

例一：

七岁龄童走路违章被撞死（引）

法院判决：“白撞”（主）

例二：

一民工“自由落体”

（注：把民工不慎高空施工坠落身亡说得如此轻松，有点儿幽默过头。）

例三：

车轮滚滚“从头越”

（注：“头”在这里指人的脑袋，如此形容交通事故，太血腥。）

例四：

欧洲：万水千山都是“禽”（主）

英国、克罗地亚、罗马尼亚、俄罗斯发现新病例禽流感，全欧大有蔓延之势（副）

十一戒唱八股调

标题没有实在内容，字面上完全是口号、概念及空泛的溢美之词。

例一：

××公司开局良好成绩喜人

例二：

××公司时间过半任务过半

例三：

××系统与时俱进再创辉煌

十二戒工作味儿太浓

现在很多报纸，特别是某些机关报、企业报，报道内容工作味儿过于浓厚，但又没有办法改变报道内容。为了使其有所增色，并向“新闻”多靠拢一些，有时，我们可在标题制作上多花一些功夫，效果也许会好一些。以下是来自企业报的几个例子，类似工作味儿较浓的报道在企业报比较多见。

例一：

（原题）

公司党委聘请中央党校教授进行形势教育

（改后）

公司党委聘请中央党校教授进行形势教育（引）

“十七大”前夕，为党员“充电”（主）

（注：改后题，提升并凸显了新闻的内涵与由头。）

例二：

（原题）

共青团员意识主题教育全面启动

（改后）

共青团员意识主题教育全面启动（引）

让青春在××闪光（主）

（注：所加主题，虽虚一点，却为一个比较一般化的团员教育活动赋予了更新更深的意义和生命力。）

十三戒重复导语

例一：

福建省副省长×××出席省工商联执委会并指出（引）

工商联开展非公经济成分工作很有意义

各级政府在工作条件上应给予大力支持（双主）

本报讯　副省长×××日前在省工商联召开的五届四次执委会扩大会议上说，工商联开展非公有制经济成分工作，具有积极和深远的意义。省政府要求各级政府支持工商联工作，帮助协调好与有关部门的关系，在工作条件上给予支持。（导语）

……

例二：

体育专业户　成就了“大气候”（引）

农家妇女孟玉香率队前往贵州（主）

代表我省参加全国旱冰比赛(副)

本报讯 我国第一个体育专业户——介休县西关村农家妇女孟玉香,7月16日率队前往贵州,代表我省参加全国旱冰比赛。(导语)

……

十四戒重复啰嗦

相同的词语应尽量避免在同一标题中重复出现。

例一(重复):

人口教育课进入中学课堂(主)

我省四所中学开设人口教育课(副)

例二(重复):

(原题)

中宣部等16个单位召开全国19个城市电话会议(引)

希望在"全民文明礼貌月"活动中

19个城市能够起模范带头作用(双主)

×××同志向19个城市提出五点要求(副)

(改后)

中宣部等16个单位就"全民文明礼貌月"活动召开电话会议(引)

希望京沪津等19城市要起模范作用(主)

×××在会上提出五点要求(副)

(注:改后的标题,"19个城市"由三个减为一个,避免了重复。)

例三(啰嗦):

(原题)

执政党的党风问题是有关党的生死存亡的大问题

(改后)

执政党的党风关乎党的生死存亡

例四:

(原题)

最高人民法院最高人民检查院发表公告(引)

不再追述去台人员在中华人民共和国成立前的犯罪行为(主)

(改后)

高法高检发表公告(引)

不再追述去台人员建国前罪行(主)

十五戒头衔过多

举例：

厂长、共产党员、劳动模范×××三喜临门

(注:头衔太多,使标题显得很冗长。仅就此题而言,根据宣传需要,如在平时,可保留“厂长”,“五一”前后可保留“劳动模范”,“七一”前后可保留“共产党员”。当然头衔全部不要,也未尝不可,文中提到也就行了。)

第八章　广播新闻的特点与写作

一、广播新闻的特点

广播新闻,声音是其传播的唯一手段。广播这种技术发明于 20 世纪初,1920 年 11 月 2 日,世界上第一家电台——美国匹滋堡广播电台正式开播。中国的第一家电台是侨居我国的美国商人奥斯邦于 1923 年 1 月在上海创办的。

广播新闻的优势:①传播速度快,受众几乎在广播播出的同时就能听到声音;②覆盖范围大,凭借现代声波传输技术,全球都可接听;③传真性强,特别是录音访问,受众可听到原汁原味的声音,更具真实感。

广播新闻的不足:①不易保存,在没有录音设备的情况下,声音稍纵即逝;②选择性差,受众打开报纸可以自由选择阅读内容,而广播只能顺着往下听,不能提前,也不能错后;③不够专注,很多人听广播,往往是边干别的事边听,容易受到干扰。这一点比不了看电视或读报。

二、广播新闻写作及其应注意的问题

根据广播新闻的特点,广播新闻的写作需遵循以下几个要领:

1.篇幅力求简短

广播新闻的每条消息一般不超过 1 分钟,字数约 200 字左右。中央人民广播电台早晨 6 点半的《新闻和报纸摘要节目》,30 分钟播出新闻稿约为 30 条。《美国之音》15 分钟播出的新闻稿约为 30 条,每条平均半分钟。广播新闻之所以短,一是鉴于声音过耳即逝的特点,废活、空话多了既冲淡中心内容,也容易忘记;二是可增加信息量。

2. 结构力求单一

广播新闻因篇幅短，消息结构上不可太迂回曲折，一般来讲，尽可能线索单一，一事一报，且多用顺序法。

3. 语态力求自然

广播新闻是一种谈话体。就好比你和受众面对面说话一样，语态自然一点，亲切一点，才能更让人感到贴近。比如在开始播音之前，常常会加几句“提醒语”：“亲爱的听众朋友，您好……”“午间新闻开始广播了……”“我是主持人×××，今天的早间新闻由我来向大家播报……”这样，不仅能吸引听众的注意力，而且也比较自然地拉近了与听众的距离。

4. 语言力求易懂

广播新闻的语言务要做到“四少四多”：①少用书面语言，多用口头语言；②少用长句，多用短句；③少用倒装句式，多用顺序句式；④少用单音词，多用双音词。总之一句话，就是：少用不好懂的字、词、句，多用好懂的字、词、句。下面来举几个例子：

例一（左为书面语言，右为口头语言）：

大块朵颐——有滋有味　　巡幸——出巡

旋即——不久　　消受——享用

造访——拜访　　甄选——筛选

旖旎——秀丽　　均——都

例二（上为长句、倒装句式，下为短句、顺序句式）：

上：“决战西南、强攻煤运、建设高速、扩展路网、突破七万”，这是新任铁道部部长傅志寰在今天召开的加快铁路建设动员大会上，提出的今后五年铁路建设总体部署和目标。

下：今天召开了加快铁路建设动员大会。会上，新任铁道部部长傅志寰提出了今后五年铁路建设的总体部署和目标，目标是“决战西南、强攻煤运、建设高速、扩展路网、突破七万”。

例三（左为单音词，右为双音词）：

现——现在　　今——今天

将——将要　　已——已经

但——但是　　因——因为

5.**重点内容可适当重复**

广播新闻，保留必要的重复，也是允许的。因为，重复的目的是为了强调某一信息，加深记忆，以克服声音稍纵即逝的弱点。试验表明，视觉信息残留率为70%～80%，而听觉信息的残留率只有30%～40%。在广播新闻中，一些重要的人名、地点及不易听清听懂的专有名词或需要特别强调的内容，可以在广播新闻中适当多出现几次。

举例：

各位听众，我现在在兰州生物制品研究所乙肝疫苗生产车间向你作现场报道。这个车间是我国乙肝疫苗六大生产基地之一。乙肝疫苗是预防乙型肝炎的特效药物，被称为乙肝病毒的克星。乙肝疫苗是医药学高科技产品，生产过程采用物理化学的提取方法。因此，在这里听不到机器的轰鸣，显得比较安静。

（注：这条消息是对乙肝疫苗相关生产和实验情况进行的报道。因此，短短一段中，"乙肝疫苗"出现了四次，从而起到了突出新闻重点、强化听觉效果的作用。）

以下附带提示一下录音新闻的写作：

录音新闻，是以现场环境音响、讲话录音为基础，并辅以必要的解说（或称文字稿），使二者有机结合在一起的一种报道形式，效果更为真实，让人有置身其间的感觉。若想写好此类报道的文字稿，有一点是必须强调的：文字解说在与现场录音的有机结合中，既要贴切自然，又要起好升华、点题、补充与解释的作用。说得不到位不行，喧宾夺主也不行。

第九章　电视新闻的特点与写作

一、电视新闻的特点

电视是20世纪人类最伟大的发明之一。1925年，被称为“电视之父”的英国科学家约翰·洛克·贝尔德，成功完成了画面传出与接收的试验，并在伦敦作了公开表演。1936年英国广播公司在伦敦建成了世界上第一座正式的电视台，同年11月2日开播，世界电视事业由此开端。

电视也是当今最有影响力的新闻媒介之一。电视将画面、语言、音响合而为一，这种综合的特征使其成为任何其他媒体均无法比拟的后来居上者。

电视新闻的优势：①最大的优势就是具有动态的图像，恰恰正是这动态的图像，从而使电视新闻更加形象化，也更具置身感。②此外，电视还可以直播，快捷到受众和新闻事件之间没有一点时间差。这些，都是人们对电视新闻情有独钟的原因。

电视新闻的不足：①同广播一样，电视新闻也有稍纵即逝、内容不易保存的弱点。补救的办法便是重播。②电视新闻对于人物的内心活动、事物内在规律的剖析，以及某些背景材料，也很难用画面来表现。补救的办法，只有增加解说。

二、解说词写作及其应注意的问题

1. 解说词与画面的基本组合方式

声音（这里主要指解说词，也包括同期声各种音响及讲话）和画面是电视新闻的两个重要元素，缺一不可，声音和画面之间既可互为补充，又可互为促进。它们的基本结合方式主要有以下三种：声画合一、声画分立，以及二者的混合运用。

(1)声画合一

声画合一就是声音和画面的内容完全对应吻合。这里也有两种情况：一、画面中的人或物就是声音的发音体；二、声音（主要指解说词）是在具体说明画面中的内容。

前一种情况比较容易理解。观众既能从屏幕上看到发音体（人或物）本身，又能听到其发出的声音。电视实况转播、新闻同期声播音，以及电视节目中的人物讲话、环境声响等，均属于声画合一的关系。

后一种情况在新闻报道、纪录片、科教片以及方方面面简介片里比较多用，画面上出现什么内容，解说词就会随之对他（它）作出具体介绍。当然，这当中也有两种情况：一是画面没有什么别的深意和用意，有解说更好，没有解说也能看出个大概。比如电视新闻《林蛙不归路》（例一）就是这样一个例子。另一种情况是画面提供的信息，如果没有解说词作出说明与引导，人们就很难准确、全面、深刻地理解画面上的内容（如例二、例三）。

例一：

林蛙不归路

画面	解说词
△ 林蛙游向河中 △ 林蛙游向岸边 △ 偷猎者拣拾林蛙 △ 冰桶内的林蛙 △ 两只手抓住几只林蛙	今年入秋以来，被誉为“森林环保卫士”的国家级保护动物林蛙，由于具有较高的营养价值在黑龙江伊春地区遭到大量捕杀。昨天记者在大西北岔林场拍到了林蛙在前往冬眠地路上的悲惨遭遇。
△ 蜿蜒千米的塑料布屏障 △ 一只林蛙在塑料布前来回跳起 △ 塑料布前布下数个陷阱 △ 几只落入陷阱的青蛙，正塔阶梯往上爬	林蛙有着固定的迁徒路线。春，上山捕食；秋，下河冬眠。在不足千米的回归路上，林蛙要闯过三道生死关。 第一关：是由塑料布做成的数千米矮墙将一个个山头围得严严实实。 林蛙在塑料布前跳来跳去，一不小心就掉入捕蛙人事先布好的陷阱里。 一些掉在陷阱里的林蛙为了逃生，只好搭阶梯踩着同伴拼命往上爬。

续表

画面	解说词
△ 潺潺小溪河中的网箱	第二关:是一条顺山势而下的不足 500 米的小溪,捕蛙人在此设置了十多个这样的网箱。逃过矮墙,从小溪下山的林蛙多数又被收入这样的网箱中。
△ 捕蛙人手持电棍电击河中的林蛙	第三关:有幸逃过前两关的林蛙进入山下冬眠的深水区,这也是一个死亡的深渊。同一条河的两百米内,两伙捕蛙人的电棍所到之处,强大的电流使林蛙又遭受了灭顶之灾。
△ 挑选袋中林蛙 △ 剥皮、洗净的林蛙 △ 林蛙被下锅,淋上酱油	回家冬眠不成的林蛙,最终出现在农贸市场和人们的餐桌上。
△ 大片遭虫害的森林 △ 虫迹斑斑的树枝	目前,伊春地区林蛙密度已由过去的每平方公里 1 万只下降到不足 1000 只,今年伊春林区发生了大面积森林病虫害。

例二:

电视屏幕上出现——

农妇划火柴点燃灶火,

教师用黑板刷擦黑板,

工人在台钳上锉工件……

看到这样的画面,你将怎样理解,也许有人会说:"这是不同的人在进行着不同的劳动。"然而,它却是一部科教片的开头,解说词是:"摩擦是一种常见的物理现象。"

例三:

再比如,画面上虽是"奥运会"上比赛的场面,但解说词则是在表达"生产和科技领域同样也存在着激烈的竞争"这一层意思。若没有解说,谁又会看得明白呢?

(2)声画分立

声画分立是指声音和画面的内容不一致。声音既不是源自画面中的人或物,也不是简单地重复、说明画面。而且在各自独立表达不同的内容,同时又能有机结合起来,造成了一种单是画面或单是解说词都难以独立准确、全面、深刻表达的整体效果。

声画分立主要表现为声画对位和声画对立两种形式。

所谓声画对位，是指声音和画面，既各自独立，又相互配合，在看似不同步的背后，实际是在互补，是一种更高层次的融合，这样不但增大了电视报道的容量，也使其内涵得到升华。

比如，观众看画面产生的某些疑问，我们可以通过解说词加以补充和说明。再比如，主持人在现场解说新闻事件的同时，常常需要回顾刚刚发生的新闻事件的某些进程，或者要追溯一点历史背景，甚至做跨地区、跨国等更大范围的比较介绍。这些，都要用到声画对位的组合方式。还有，新闻报道的是某地一位妇女冒着严寒救起一名落水儿童的事迹，主持人的解说词滔滔不绝地在讲述该妇女英勇救人的全过程，而画面呈现的却是平静的湖面，这种情况，在新闻报道中也是常见的。这是因为许多突发事件，记者不可能都恰在新闻现场，以背景来补救，也是不得已而为之的事。

所谓声画对立，是指声音和画面不但各自独立，且相互对立，通过声音与画面的对立、冲撞，在强大的反差中，产生特定的含意。这种效果所追求的也是一种更深层的融合。此种用法，多在电视剧中可见。

比如，在电视连续剧《唐明皇》中，李亨趁李隆基逃出长安之际继承了皇位，待李隆基回到京城，已失去了大权，不胜悲伤。他独自步入太极宫，回想起当年自己在这里登基时的荣耀，这时，电视画面上是太极宫冷落萧条的景象，而声音却是一片"吾皇万岁、万万岁"的呼声。在声画的结合与反差中，把李隆基当时的伤感至极充分展现了出来。

又如，在《都市里的村庄》中，丁小亚获得了劳动模范的光荣称号，但她的小伙伴们却疏远了她。在影片中，当她一个人孤零零地在寂静的大街上走的时候，画面外却响起了小伙伴们阵阵的欢笑声。通过这样的处理，更加表现出了她当时处境的孤独和内心的痛苦。

另外，在电视新闻中，除了声画合一与声画分立这两种基本的声画组合方式，为了增强表现力，二者混合运用的情况也是常有的。在此就不细说了。

2. 解说词与画面位置的配合

解说词的位置可以在一组镜头的开始，也可以和镜头画面平行发展，还可以在一组镜头的结束处。对于处在不同位置上的解说词，往往有不同的要求。解说词处在一组镜头的开始，一般是起提示作用，提示观众注意这一组镜头的内容；而和画面平行发展的解说词，多半是具体解释画面的内容；处在一组镜头快结束的地方，往往是概括、小结这一组镜头的内容。在写解说词和配解说词时，一定要注意这个问题。

3.解说词与画面的轻重关系

大致有以下三种情况：

(1)图像侧重型：此种类型，画面是主导，解说只是画面的补充。如突发性新闻、现场感极强的新闻、事件正在发生过程中的新闻、重大活动实况报道、风光名胜、以实物为主的报道，以及不加评论的批评性报道等。在电视新闻此一类型中，画面应为主导。

(2)解说侧重型：这是一种以解说词为主、以画面为辅的电视报道类型。内容主要靠解说词来体现。如一些指导性报道、会议报道、综合性报道、经验性报道等。

(3)图像解说型：这是一种画面与解说并重、平分秋色的报道类型。如科技成果报道、新闻事件的后续报道，以及带评论的批评性与表扬性报道等。

4.解说词写作应注意的问题

(1)格式上：解说词必须依托画面。

解说词和画面之间不能脱节，解说词不能没有画面配合，一味滔滔不绝地说下去。解说词出现过早不行，出现过晚也不行，切不可你拍你的，我说我的，形成“两张皮”。即使是采用“声画分立”之法，也要让人能体会出声画之间蕴含着的那种必然的互补与默契。

(2)内容上：勿忘新闻“六要素”

“六要素”包括：何人、何事、何时、何地、何因、何果。这是所有新闻，也是电视新闻用事实说话的六个基本要素。

(3)表述上：“四个c”缺一不可

“四个c”包括：清楚、简洁、准确、口语。因为上述四个词的英文字母都有“c”，所以称“四个c”。这也是美国多所著名大学对美国多家电视节目主持人评估总结后得出的结论。

此外，还有两点须特别注意：

一是解说词不要重复画面。特别是受众容易理解的画面，更没有必要再去重复。如记者在现场采访的镜头，就没有必要再来个"记者在现场看到"(这是报纸常用的写法)。再比如画面上"列车已启动，汽笛长鸣"，也就没必要再配上个"列车已经开动，发出了轰隆隆的声音"的解说了。

二是解说词忌用空话套话及抽象词语。电视新闻播放是有时间限制的，"中国新闻奖"评选规定：广播、电视消息在4分钟以内；广播、电视评论在7分钟以内；广播、电视新闻性专题节目在15分钟以内。这就要求解说词一定要简短而又具体。对那些没有实际内容的空话、套话一概省去，像"在……会议精神鼓舞下"、"大家通过深入学习和反复讨论……"、"新思想带来新面貌、新思想带来新变化……"，以及"气象万千"、"欣欣向荣"、"意气风发"等等，诸如此类的陈词滥调还是不用为好。

5. 电视文字稿本的作用与特征

文字稿本是电视节目制作所依据的一个文字脚本。当然，并不是所有的电视节目都必须要有文字稿本，比如新闻实况转播，一般就不需要文字稿本。但是，对于那些有创作内容的电视节目，比如电视剧、科教片、专题片，以及突发事件之外的新闻报道等，就一定要有文字稿本。

这样的文字稿本既可供阅读，又可供拍摄，特别是要在可供拍摄上下功夫，写作中应尽量多融入一些形象化、具体化的因素。一般说来，重点是要体现出以下四个特征：

(1)视觉形象。画面是电视的夺人之处。这就要求我们的文字稿本必须富有表现力，所表达的内容应该是看得见的，可以通过电视表现手段展现在荧屏上的，而不是那种抽象的、含糊的、只可意会的东西。也就是说，电视稿本要有可拍性。

(2)声音运用。声音也是电视表现力的一个重要元素。编写文字稿本，不仅要善于运用对话、解说等来表达内容，而且也要善于把音乐及各种效果声纳入到创作编写的构思中去。

(3)自然逼真。自然的东西最逼真，新闻中的实况报道是逼真的，但有些内容还要将真实的内容"回放一下"，演出一些镜头来，但又不能让观众看出是在“做戏”。这就要求文字稿本的编写一定要自然、真切。从情节结构的安排、人物关系的设置，到物景、动作、对话，一切都要贴近实际，不可生硬与造作。

(4)蒙太奇技巧。蒙太奇原是法国建筑学上的一个名词，意思是按一定的构思、方案和计划，把建筑材料有机地组合起来，构成一个完整的建筑物。现在它已成了电影、电视艺术的专用名词，并取其组接、构成之意。编写文字稿本时，应充分利用蒙太奇技巧，注意镜头的灵活运用和时空的自然转换，以不断流动的视觉效果来展现、叙述和描写，从而使文字稿本具有鲜明的镜头感，却又不存在上下衔接时明显的不和谐与断裂痕迹。

第十章　网络新闻的特点与写作

一、网络新闻的特点

20 世纪末到 21 世纪初，互联网异军突起，走进千家万户，成为继报纸、广播、电视之后的第四大传播媒介。

网络新闻作为网络载体的重要组成部分，也大有盖过其他媒介层次的咄咄逼人之势。下面，简略说明一下其优势与不足：

1. 网络新闻的优势

(1)极强的时效性。网络新闻制作手段简单，只要输入进去，即刻就能传播。这除了广播、电视的直播之外，任何其他媒体都难有这样的速度，而且是随有随贴，滚动性极强。

(2)传播的广泛性。网络新闻只要贴上去，由于网络无“国界”，很快就会被遍布全球各地的网民搜索到。

(3)信息资源的丰富性。网络新闻往往还不是单一的新闻，相关链接很多，某一新闻的多家相关报道以及来龙去脉可以同在，从而极大丰富了受众的阅读面。这也是其他媒体难以做到的。

(4)传播与受众的互动性。受众不但可以看新闻，还可就新闻发表意见。这种反馈会让传播者及时了解受众，并及时调整、改进自己的工作。这种互动性也是其他媒体所无法比拟的。

(5)可下载与保存。受众看到某条新闻，觉得有意思，可以即刻下载、保存或打印出来。此乃又是过人的“一招”。

2. 网络新闻的不足

尽管网络新闻优势多多，但由于网络媒体的个人化与参与性，加之“黑客”的侵袭，不免会存在一些虚假新闻、信息泛滥和鱼龙混杂等负面情况，在一定程度上降低了新闻的严谨性，阅读的同时常常会被打上问号，遭到质疑。这一点，还有待网络管理者在新的技术成熟以后去不断改进。当然，一些成熟的主流网络媒体会好得多。

二、网络新闻写作及其应注意的问题

1. 网络新闻的标题

网络新闻标题较之其他媒体更为关键。因为，网络新闻的内容是隐藏的，不点击标题，一个字也看不到，标题制作得好与坏，直接关系到读者愿不愿意看这条新闻，也直接影响到点击率。

网络新闻标题制作要把握三个要领：

一是同样要标出“三最”，即把新闻中最重要、最新鲜、最引人的内容凝炼在题目里。

二是要标出新闻事实，网络标题必须是实题。

三是均为单行题，但对无法囊括进一句话中的某些复杂内容，可在首句末，用空出一字间隔的方式来补充说明。就是这样，也不允许另行(即出现双行题)。

四是简洁，简而明，简而完整，这也是网络新闻标题非常吃功大的一个地方。

2. 正文写作的两点特殊之处

一是导语与主体可以合并。网络新闻可设导语，也可不设导语，让导语与主体合而为一，这样将使报道重点集中在新闻事实上，更加开门见山。

二是正文可不使用背景材料。网络新闻大都有“相关链接”，而且，相关链接中所提供的背景材料也比传统媒体丰富得多，这样若还在正文中再去重复那么一点点背景材料，也就实在没什么必要了。

3. 网络新闻写作应注意的问题

一是短小。短小包括篇幅短、段落短、句子短。

二是易读。易读包括新闻主线单一、用词不晦涩、语句结构不复杂、不要过于专业等。

三是不空。坚持用事实说话，少说空话、套话。

四是不假。鉴于网络新闻鱼龙混杂的现状，采写一定要事实求是，没有把握的东西坚决不写。

附录一　新闻写作综合练习

一、导语写作练习

1. 根据下面报道拟写一叙述式导语(不超过 50 字)。

本报讯　……

据有关部门介绍,被劫者姓林,37 岁,广东人,在沈阳做生意。1 月 3 日 1 时许,林先生驾驶一辆白色桑塔纳,车里装着从海城市感王镇黄金市场收购的 80 多公斤黄金,送往沈阳。车行至辽宁盘海营高速公路营口大石桥旗口镇西一公里处,被一辆大货车挡住去路。与此同时,后面开上来一辆奥迪轿车,跳下 5 名持枪蒙面男子,歹徒砸破轿车玻璃,打伤货主,将黄金悉数抢走。为了防止林先生报警,歹徒还砸坏他随身携带的两部手机,之后逃离现场。营口警方接到报警后,火速赶到事发现场,开展侦破工作。受害人林先生因头部受伤已被送往盘锦市人民医院治疗,没有生命危险。目前此案正在进一步侦查中。

2. 根据下面报道拟写一概括式导语(不超过 40 字)。

本报讯　……

据悉,戴安娜(英国王储查尔斯王子前妻)与其男友埃及亿万富翁之子法耶兹于 30 日下午来到巴黎。当天午夜,他们在巴黎里茨饭店共进晚餐后,乘坐一辆奔驰 600 型汽车飞速驶向法耶兹在巴黎的一座私邸,一群摄影记者在途中紧追不舍。戴安娜的汽车加大马力急速行驶,试图摆脱摄影记者,不幸在一处公路隧道里与一根立柱碰撞,造成严重车祸。法耶兹和司机当场死亡，戴安娜及其保镖身受重伤。

车祸发生后，抢救人员立即将戴安娜等人送到医院。负责抢救戴安娜的医生不久宣布，戴安娜在车祸中手臂骨折，大腿受伤，并发生严重脑震荡，在抢救过程中因胸腔大出血，于凌晨4时死亡。

法国总统希拉克和总理若斯潘对戴安娜不幸身亡表示震惊。据巴黎警方宣布，车祸发生后，尾随戴安娜的7名摄影记者被带到巴黎警察总署接受调查。

3. 根据下面报道拟写一悬念式导语（不超过50字）。

本报讯 ……

事情是这样的：11月15日傍晚6:15左右，孙宝清在陆家嘴的浦东大道上接到一位中年男子，要去浦西的海鸥饭店赴宴。车子刚进隧道，客人突然要求掉头。孙宝清说："隧道里不能掉头，只有到浦西再说了。"客人说："我出门时换了条裤子，没带钱。如果到浦西再掉头，赴宴就来不及了。"孙宝清笑了："没关系，我可以免费送你去。"

车子经过外滩时，客人问孙宝清："这是什么地方，这么漂亮？""外滩呀。"交谈中，孙宝清明白了：客人是刚刚来上海不到一个星期的美籍华人。

车到海欧饭店，客人刚要下车，孙宝清拦住他，递给他3张大众乘车证，说："你身边没钱，等会儿回去，可以打上面的电话，让大众出租车来接你。这3张票可以抵30元车费，即使不够用，大众司机也会送你回去的。"

客人收下3张乘车证，留下一张名片。孙宝清忙着做生意，没看这张名片随手放在仪表盘上，直到很晚，他借着路灯的亮光才看清楚名片上写着"纽约银行中国区总经理上海分行行长龚天益"。

两天后的下午，孙宝清的拷机响了。一位自称龚天益秘书的人打电话给他："老板通过出租车的发票找到你的拷机，他问你是否愿意来纽约银行做他的司机？"这天晚上，48岁的孙宝清一家人开了"全体会议"：与单位签订了4年的合同，才干了一年多，单位会同意吗？违约金付得起吗？

第二天，孙宝清找到公司经理屠德发。屠经理二话没说："董事长说过，只要是好职工，去好的地方，我们就欢送。不算违约。这就是好人有好报。”

前天一大早，孙宝清开着新老板专门新买的奥迪A6，到七分公司办理最后手续。见到记者后他说：“免费送客不算什么，我只是按常规做了。”

4. 根据下面报道，拟写出悬念式和议论式导语各一条。

本报讯 ……

带着疑问，记者直奔兖州。市委书记韩军指点着墙上的全市“经济地图”娓娓道来。兖州煤炭资源丰富，是全国八大煤田之一，目前辖区内有兴隆庄、杨村等六个煤矿，煤炭资源给兖州带来巨大财富，但也留下了触目惊心的环境包袱。今年省有关部门在兖州境内探矿时，发现了小孟煤田，勘探数据表明，这座方圆120平方公里的煤田探明储量2亿多吨，埋深不到500米，按年产量200万吨计算，可开采近百年。消息传出，台塑集团等多家企业争相前来洽谈合作开采事宜，而且都开出了很高的价码。

小孟煤田到底挖还是不挖？两种声音激烈交锋。有人说，开一个煤矿，不用费劲，一年就能增加8亿元的销售收入和5000万元的地方税收，这么大的“蛋糕”，诱人啊。也有人主张，兖州的发展不能再靠拼资源和牺牲环境为代价了，“煤炭依赖症”必须根治。当两种声音争执不下时，韩军悄然来到煤田所在地小孟镇，当地农民的一番话让他心头一震：“别再制造采煤塌陷地了，给子孙留下一片美好家园吧！”在当天的市委常委会上，一班人很快达成共识：“拉动经济增长固然重要，但实现可持续发展、科学发展，构建和谐社会更为重要。为了造福子孙后代，这大煤田咱不挖了！”

叫停小孟煤矿，实力是兖州人不可或缺的底气。近几年他们倾力发展替代产业，崛起了造纸包装、橡胶轮胎等新兴产业集群。在全国百强县排名中，兖州两年前移了13个位次，而与之形成对比的是，煤炭产业在其经济总量中的比重却从过去的50%下降到不足20%。国内著名煤炭战略管理专家牛克洪说：“兖州勇于放弃、成功转型的做法具有标本意义。建设资源节约型、环境友好型社会，不是一句空话，需要各地在执政实践中落到实处。兖州少开一个煤矿,收获的却是科学发展的理念和百姓的长远利益。”

（该文获2006年第十七届“中国新闻奖”消息类一等奖）

5.根据下面报道,拟写出一条第三代导语。

本报讯 ……

首次减肥 腿上割俩坑 增重7.5公斤

昨天,沈阳的天气很好,可李月仍然裹着羽绒服。她看上去精神不错,只是腿部挪动缓慢。

据李月介绍,2002年10月,多次减肥失败的她到沈阳市的一家美容院做了抽脂手术。

让李月吃惊的是,手术后两周,她的两条腿上开始出现“大坑”;不到一个月,她的体重从抽脂前的50公斤骤然增加到了57.5公斤;半年后腹部皮肤开始凹凸不平,局部皮肤也松弛得十分厉害。

另外,不管她每天如何保持充足的睡眠,还是经常感到疲劳;而且每逢阴天下雨,腰部的伤口和腿上“大坑”周围的肌肉都会疼痛不止。现在,李月在家擦地都不能弯腰。

“自从有了这两个坑,我就很少出门了。大夏天的我也穿长裤或者是很肥大的那种裤子,一来是怕冷,二来是怕人笑话。”在谈到那两个“坑”给她带来的严重后果时,李月哭了。

二次减肥 扎出尿频、口渴、心跳快

“当时也不知道是怎么鬼迷心窍了?已经有了一次失败的经历了,我竟然还要再重来一次……”李月痛苦地说,2005年2月份,她在和朋友的交谈中,得知一种可以迅速减肥的方法,于是在朋友的介绍下来到了位于大东区大北关街的一家美容院。

记者:“你本来就不胖,为什么还非要减肥呢?”

李月不好意思地笑一下:“眼下不都以瘦为美嘛!再有看到朋友都去,我的心也‘活动’了。我是今年2月25日在这里办的减肥卡,优惠价3500元。和我上次抽脂花的9000元比起来,这次的减肥很便宜。用的是一种针剂注射的方法。”

记者问:“你感觉这次的减肥有效果吗?”

“效果没有，但是不良反应都找上来了。在注射针剂后，我就出现了尿频、口渴、心跳过快等问题。”李月说，“一个星期前我去医院检查，医生说我现在每分钟心跳最快能达到160次。而且我还出现了头部麻木等情况。”

“我昨天想找那家美容院要求退款，到那一看美容院被封了，听说是因为很多条件不合格被卫生部门给查封了。在那儿，我还看到不少像我一样去索赔的人。”

美容院随便“动刀”被查封

记者采访了大东区卫生监督所，工作人员商女士说：“这家美容院在卫生监督部门注册的是进行生活美容，可实际上他们却从事医疗美容手术。它的美容院的手术室达不到卫生部门的要求，一些商品根本没有包装和生产日期。我们对其进行查封并没收其所有药品。”

沈阳市美容界一位资深的整形专家告诉记者，医疗美容甚至比普通的外科手术要求还要高。大医院的美容科在术前一般会对病人做检查，而街头的一些打着“生活美容”旗号的美容院，根本就不具备做医疗美容的条件。

据中国消费者协会的统计资料显示，1994年～2004年，因手术失败让美容变毁容的人多达20多万，有些人甚至造成终身的遗憾。

6.将下面冗长的导语压缩至85字以内。

本报讯　××省已着手今年在全省范围内，组织跨越100个专业学会的1万名科技人员走上经济建设的主战场，重点抓好1000个国营大中型企业、乡镇企业的技术进步。这是××省省长×××13日上午在省科协四大开幕式上，向全省各级科协和学会的900名与会代表宣布的。他指出，为了搞好国营大中型企业，××省在转换经营机制、深化企业改革的同时，积极加快科技体制改革步伐，进一步放活科技人员，把科技人员引向企业，把科技引向经济建设的主战场，并通过科研机构、科技人员同企业的结合，促使企业形成自觉追求技术进步的内在机制，主动面向市场，并按市场导向进行新产品开发、新技术开发和推广应用，使企业产品能更好地适应国内外市场的需要。

二、消息写作练习

7. 根据下面提供的内容，拟写出一条不超过30字的一句话新闻。

隶属于中国科学协会的中国空间科学学会，昨天在广西北海召开研讨会，一批空间科学家就中国进行登陆月球、火星等工程展开讨论，会上收到数十份方案。科学学会秘书长叶自立表示，中国科学家正在探讨登上月球的具体内容。他还说，中国空间科学学会的工作是专门研究空间物理、空间化学及空间气象的。叶自立称，中国目前已联合国内多所科研机构，进行"太空气象"的观测，并在综合分析的基础上提供预报，为地球至月球、地球至火星的飞行器提出可供选择的路径和轨道。在此次空间学术研讨会上，科学家们定下21世纪两个目标：先登陆月球，再登陆火星。叶自立还表示，他们正在为此展开全方位的努力。

8. 根据下面提供的内容，拟写出一条不超过15字的一句话新闻。

"历史将这一宣言看成是联合国最显著的成就。"联合国大会主席赫伯物说。经过三年的准备，今天，《人权宣言》以48:0票被大会通过。苏联集团一些国家和沙特阿拉伯及南非弃权。尽管这一宣言详细内容不完全清楚，但它在一个国际人权法案中规定了基本的自由。

9. 下面消息中缺少一个重要的新闻要素，请指出来并略作说明。

本报讯　据英国《泰晤士报》28日报道：哈里·米德是哈里王子的密友，日前他在东南伦敦一座教堂里将两只西红柿砸向了准备演讲的英国首相布莱尔，搞得布莱尔全身都是西红柿汁。哈里·米德随即被警方逮捕。

上周二，哈里·米德和两名伙伴到东南伦敦肯辛顿的一座教堂，等待英国首相布莱尔发表演讲。哈里·米德等人身上带着西红柿，准备等布莱尔到来时，将西红柿砸向他。

哈里·米德日前对记者说道："我们发现他在后门的会客厅里，我设法向他投了两个西红柿，然而它们都砸在了门框上，西红柿碎裂后的汁和籽全都溅到了布莱尔的衣服上，尽管他都抖掉了，但他看上去既生气又狼狈。”

哈里·米德和另外两名朋友立即被警方拘捕。以前他在一次禁止猎孤议案的抗议中，曾用东西堵住了议会下院的入口，结果被捕，关进了如今关押他的同一座肯辛顿警察局牢房里。

10. 根据下面提供的新闻素材，一是找出一个最佳新闻角度，二是拟写一篇600字左右的消息，三是制作一条(引＋主＋副)式新闻标题。

1992年12月，四川省宜宾地区江安县出了个了不得的稀有人才。在全国中学生化学竞赛四川赛区中，唐均跻身决赛并夺得一等奖。第二年，他又以高出全国重点院校录取分数线79分(包括省化学竞赛一等奖加20分)的佳绩，问鼎中国知名高等学府。

然而，唐均的高分，并不能马上叩开高等学府的大门。他的“白化病”，让多少伯乐惋惜或惆怅。多亏顾永经老师的多方游说奔波，一份南京大学录取通知书才姗姗送到唐均手中。

大学英语四级考试，唐均一年级便轻松过关。以后选修俄语、法语、阿拉伯语等，门门考试都得90多分。他还自学了满文、女真文、西夏文、梵文、缅甸语、波斯语、东乡语、藏语、哈萨克语、印地语等文字。

现在在唐均所学的多种语言中，有7种已达到读、写、看较熟悉的程度；有4种因太冷僻无会话场合，只能写和译；另有5种属初步掌握，正在深入学习中。

南大熟知唐均的师生，都说他是“语言奇才”、“语言巨富”，但他生活上却一贫如洗。经济窘困让这位奇才备受磨难。

唐均一家三代五口全靠其父200多元月薪度日。每月寄来的100元生活费，是从亲戚处借支的，加上南大的特困生补助费，他每天的伙食费不足3元钱，省下的钱都用于购买语言学教材了。

唐均考进南大4年，没有进过一家大百货商场，没买过一件汗衫裤头之类。一双翻毛皮鞋，是他爸12年前当水手时发的，除了夏季，他每天穿的都是它。身上这件旧拉链衫，是系里资料室的丁老师心疼他送的。班里4年来组织的春游、秋游等活动，他从未参加过。不是他孤僻不合群，实在是玩不起。

今年阳春三月，唐均即将在南京大学信息管理系毕业，在看到他的同学一批批被各地用人单位接纳抢走以后，他悄悄抹去失望的眼泪。

与生俱来的“白化病”（造成强光下极度弱视与眼球激烈振颤），影响了他的前程。他以优异的成绩学完本科全部课程的同时，主要靠自学，不同程度地掌握了英语、俄语、德语、阿拉伯语以及女真文、西夏文、印地文、东乡文、梵文等16门大小语种。用人单位退避三舍，自己的才能派不上用场，这对一位有志青年，是多么痛苦的折磨。

唐均在去年底，就把用中文、英文、法文、德文、阿拉伯文、印地文、日文、满文等多种文字书写的“自荐信”，寄向梦寐以求的北京图书馆、北京大学图书馆、上海外国语大学图书馆等地。他的学识和坚强毅力，感动了北图馆长任继愈老先生。任先生专函回复，认为他的条件完全符合该馆人才需求，随即将材料交人事部门备案。然而，唐均的“白化病”却使许多用人单位望而却步。今年1月27日，北大图书馆一位副馆长来宁面试后面露难色。上外图书馆馆长专程来宁面试后，带着几分惋惜而去。所有专家望着唐均，并不测试他的专业水平，却刨根问底地询问他的身体状况，这使小唐很伤心。于是，他转而向少数民族地区努力。支边申请书庄重地递交给了系里，自荐信也寄到了西藏民族学院、新疆以及云南等地，却未得到回音。

当社会上知道唐均求职困难时，一些单位与个人伸出了援助之后，但更多的是为解决唐均的经济窘迫而伸出的。寄钱、送物乃至资助其到国外就医的，连绵不绝。而唐均从小就一副穷且弥坚的骨气，他谢绝了一切物质帮助。然而，有一位美籍华人的热忱却使唐均盛情难却。美国中国商务集团上海代表处首席代表周鉴平先生闻讯赶至南大，他殷切地希望唐均继续深造而不要急于找工作。周先生几经开导，终于说服小唐报考语言学研究生。这期间的后顾之忧，由周先生资助解决。最近，周鉴平以《资助稀有语种人才培训协议》的形式，进一步明确了自己的义务，并写明这“并非为了个人目的，也不是一种投资行为……”。

最令人鼓舞的是，中共中央政治局委员、国务院副总理李岚清前不久看到唐均事迹的报道后，次日给国家教委打电话指示，要求帮助解决唐均的经济、求职或深入学习方面的困难。教委迅速批转南大贯彻落实，南大随即减免了唐均的1200元贷款，并在其他方面给予了帮助和支持。

11. 下面是一些乱了层次的新闻素材，请将其重新梳理，捋顺后整合成一篇更合乎新闻逻辑关系的消息。

坦克进城路面无损　交通干警同心称赞

本报讯　履带挂胶是七四一零厂的一项革新成果。去年9月他们试验成功了坦克负重轮整体铸造及平面挂胶。不久又让坦克履带挂了胶，使它“穿”上了不会损坏路面的“胶鞋”。①

革新后的坦克已经过起伏地带、坡度障碍、公路行驶和原地转向多种驾驶试验。负重轮行驶5000多公里，发动机工作450个小时，环境温度从摄氏40度到零下9度，最高时速达40公里，证明其性能良好，从未发生脱胶现象。通过柏油马路、水泥路，对路面均无损坏。②

春节前夕，一辆坦克开进南京城，沿着平整宽广的柏油大道驶过闹市区——新街口。过路的行人都停住脚步，惊奇地望着它。③

这次通过南京市区的是一辆履带挂胶的轻型坦克。④

履带挂胶后的轻型坦克经过南京闹市区的第二天，南京市公路管理站的同志和交通警察，对其经过的路面进行了认真仔细的检查，没有发现损坏痕迹，同声称赞坦克履带挂胶性能良好。⑤

按照交通部门的规定，坦克是不准通过市区的，过去坦克通过南京市区，坦克履带曾给路面造成损坏。⑥

12. 指出下面报道中存在的主要问题，并拟写一篇改正过来的300字以内的消息。

长江最大洪峰顺利通过葛洲坝

×××**7月19日电**　7月16日长江上游出现建国以来最大洪峰。洪峰到来之前，葛洲坝工地由水利部、葛洲坝工程局、长江流域规划办公室、葛洲坝水力发电厂、葛洲坝船闸管理处有关同志共同组成了防汛协调小组。

为了保证畅泄上游来水，7月17日晚11点45分，大坝27孔泄水闸和6孔冲沙闸全部顺利开启。设计、施工和电厂、船闸等有关人员坚守岗位，做好各种防汛工作。在坝上、坝下廊道的各个监测点的值班人员，不停地巡回检查，及时提供各项数据。

今天凌晨零点到4点，洪峰顺利通过了大坝的泄水闸和冲沙闸，过闸洪峰流量每秒72000立方，这个数字与坝址附近有水文记录以来的最大流量——1896年的洪水流量相当。洪峰通过闸门下游消能后，流势和流态都很稳定，比预想的情况好。据坝内、坝外一百多个观测点报告，洪峰过后，大坝东部的冲沙闸、船闸、电厂、泄水闸和西部的围堰等，都安然无恙。

1954年长江发大水时，葛洲坝坝址附近最大流量也只有每秒66800立方。这次葛洲坝水利工程顺利通过了流量为每秒72000立方的洪峰，表明我国目前这座最大的水利工程成功地经受了严峻的考验。

今天上午9点，葛洲坝闸下洪水流量已降到每秒71700立方。今天上午11点，中央防汛总指挥部向葛洲坝工地建设者发去贺电，祝贺他们通力合作，取得安全泄洪防汛的重大胜利。今天下午2点，葛洲坝闸下洪水流量已降到每秒69600立方，洪水逐渐退落。

13. 将下面报道压缩，去粗取精，从中提炼出一篇300字左右的短消息来。

北京推出家庭教育指导行动

本报讯 北京向全市推出“北京家庭教育指导行动”。

这是记者今天从北京市教育局、妇女联合会和家庭教育研究会联合召开的新闻发布会上获悉的。

北京市人大常委会副主任、这项行动的负责人介绍说，家庭教育是人生的启蒙教育，是使一代新人健康成长的重要途径。家庭教育与学校教育、社会教育的密切配合、协调发展，不仅促进婴幼儿、儿童、少年德、智、体的全面发展，也推动着全社会的文明与进步。因此，开发家庭教育资源，加强对家庭教育的引导，不断提高家庭教育水平，是每个家庭的迫切需要，也是社会主义现代化建设的需要。

据了解，目前北京市有零至十四岁的孩子235万人，对他们的教育将是每个家庭面临的主要课题。

在中国政府制定的《九十年代中国儿童发展规划纲要》中，在各级政府制定的儿童事业“八五”发展规划中，都包括着对家庭教育的指导意见、规划蓝图和具体措施。

北京市家庭教育指导行动的任务就是一方面帮助家长了解婴幼儿、儿童、少年的生理、心理特点，树立正确的教育思想，掌握科学的教育内容和方法，回答在子女成长过程中遇到的问题；另一方面，要促使家庭的结构、环境和家长素质向有利于子女健康成长的方面转化。

指导行动的主要方式将有：中小学、幼儿园、社区和其他社会团体举办家长学校；北京新闻媒体开办家庭教育指导专栏、专题节目；编辑出版家庭教育丛书；由家教咨询中心和其他青少年心理咨询中心开展家庭教育咨询；开展家教科学研究及开展其他各种形式的家教指导活动。

北京市早已开展各种形式的家庭教育活动。全市的家长学校已达几千所；家教的专业报纸——面向学前婴幼儿家长的《婴幼儿家庭报》发行量已达 25 万多份，面向中小学生家长的《家庭教育报》已达 40 余万份；1980 年 9 月，在中国教育史上第一个以家庭教育研究和普及为宗旨的群众性学术团体——北京市家庭教育研究会成立；1984 年开办的家庭咨询中心累计接待家长达 15500 多人次，电话咨询 4000 多人次。

由于家庭教育是一项长期任务，因此北京市每年将针对家庭教育带有共性的问题，开展一次主题活动。

今年是联合国通过的“国际家庭年”，其主题是家庭和睦与进步。为纪念这一活动，北京市推出“九四北京家庭教育指导行动”的主题是：培养下一代孝敬父母，礼貌待人。并制定具体目标，教育子女孝敬父母做到：听从父母教导；关心父母健康；支持勤俭持家；分担家务劳动；记住父母生日。使家长和少年儿童了解基本的礼仪和常规；使家长以礼仪常规自律，并严格要求子女；使少年儿童以礼仪常规规范自己的行动，养成良好的行为习惯。

对中小学的礼仪，这项行动还具体要求他们做到：离家前对家长说：“我走了，再见”；回家说：“我回来了，爸（妈）好！”就餐先请长辈入座，就餐中要让他人；见家长离家或回家主动打招呼，递送物品；对客人主动问候，起立迎送。

据悉，北京推出的这项活动将在今年五月十五日的“国家家庭日”

达到高潮。

14. 根据下面提供的新闻素材，拟写一条400字左右的消息，并拟写一条主题为实题的双行标题。

何时：寒假

何地：河南上蔡县第一高中

何人：主角是2800名学生

何事：学校给学生留亲情寒假作业：给父母洗一次脚，为长辈端一碗饭。

何因：洗出亲情

何果：每人都写下感受日记，20%还以诗歌、散文抒发情怀。开学过后，每天都有多封来信飞至校长刘月丽案头，家长纷纷盛赞。高一一女生在日记中写道："除夕之夜，我端盆热水给妈妈洗脚，当我给妈妈脱掉鞋子和袜子，把她的脚放进热水盆中时，泪水从妈妈的眼里流了出来。其实，我仅仅是给妈妈做了一件本应该做的事情。"

三、新闻标题制作练习

15. 根据下面报道，拟出一条单行标题。

本报讯　3月29日，在上海世博局举行的世博会会徽设计颁奖仪式上，上海市有关领导为世博会会徽中标者、盐城市青年广告设计师邵宏庚颁发了获奖证书和20万元奖金。

邹宏庚今年34岁。去年年底，当他得知上海世博会正在征集会徽后写上行动，接下来的时间里，他把所有精力都投入到设计中。今年2月，他将自己最满意的第1001件作品送到上海，这件作品最终从9046件应征作品中脱颖而出，被正式确定为上海世博会会徽。

16. 为下面报道拟出措词不同的单行和(引+主)式双行标题各一条。

本报讯　青年绣花女工陈春花，应邀于本月八日乘飞机赴美，将在美国举办的中国工艺品展卖会上作绣花表演。

陈春花是浙江温岭花边厂工人，11岁开始学绣花，有十余年的绣花历史。她热爱绣花，虚心好学，刻苦钻研绣花技术，在老师傅的帮助下，练出一手超群技艺。前不久，美国百老汇百货公司决定今年2月在美国洛杉矶举办中国工艺品展卖会，邀请我国派一个绣花人员到会上进行现场工艺技术表演。我国有关部门接受邀请，决定从绣花产品在国际市场上有一定影响和声誉的温岭花边厂选派。温岭花边厂在全厂进行了考核，选拔了操作过硬、技术全面、成绩拔尖的陈春花去美国。

(注：该文曾被评为“全国好新闻”。)

17. 为下面报道拟出两条措词不同的(主十副)式双行标题。

本报讯 清江拖拉机厂工程师顾章文，日前兴致勃勃地谈起他操纵江苏—504型四轮驱动拖拉机，在澳大利亚澳兰治“国际田间日”为我国农机制造业在国外第一次夺得一等奖的情况。

事情是这样的：前不久在澳大利亚的澳兰治举办了一次“国际田间日”操作展览。顾章文带着他们厂生产的“江苏—504”型拖拉机也去参加了。原来说是展览，可是中途主持者突然提出要进行拖拉机的拉力比赛，以比分高低决定名次。顾章文事前毫无思想准备，看到别国的拖拉机“人高马大”，轮胎又宽，估计牵引力不会小。相比之下，他的那台机子是个“小不点儿”，心里不免发怵。出乎意料，轮到他操作完毕，身后突然爆发起一阵热烈的掌声。他回头看显示器上的比分是令人高兴的。主持人最终宣布，这一战绩超过美国“国际—674”和意大利“SAME—60”拖拉机的成绩，名列第一。整个比赛期间，掌声仅此一次，他为中国而鼓。

这掌声使西澳种植公司的总经理格斯着慌了。他事前曾订购了这台拖拉机，可是中途经人说服，又答应转让给另一个名叫多汉蒂的先生。现在这阵掌声使他反悔起来，他赶忙写了“拉力比赛冠军”的牌子挂上拖拉机，声称从此属于他的了。多汉蒂先生只好请求让他驾驶一下，绕场一周才能过瘾。

澳兰治“国际田间日”实际是国际性的农机博览会。这一届共有各国400多家公司参加。“江苏—504”夺魁之后，不少外商都来做它的生意。轮在前头的是美国CDI公司，要货量很大。清拖厂也答应今年2月先发货18台，今年内供货不少于120台。

18.为下面报道拟出两条措辞不同的(引＋主)式双行标题。

本报讯 昨天，宁波明楼街道爱心编织站热闹非凡，数十位下岗失业人员高兴地领取毛线等针织原料，拿回家中加工编织成手套、毛衣。陈女士满脸喜悦地对记者说，现在家里一边织毛衣手套、一边还可以做些家务活，每月轻轻松松可挣个三五百元。

在明楼街，像陈女士这样从事家庭编织的下岗失业人员已有1000多人，他们就在家中靠着手工编织这活儿实现了再就业。爱心编织站负责接收厂方统一送来的原料，再由下岗失业人员领回家按要求进行编织加工，制成成品后送到编织站交货。工资根据编织加工的业务量计算，每个人每月可挣到300到700元。这些活计，不仅女工在做，一些男工也在家帮忙。

社区的干部说，这样的编织工作非常适合大龄下岗失业人员，因为技术要求不高，编织毛衣、手套、围巾以及下手工艺品等，只要稍稍学一下就会了，也不需要多少投入；另一方面在家里还可以照料家务，一举两得。并且，在家里编织不会觉得“没面子”。

爱心编织站创办人之一的明楼街道妇联主任陈跃康说起经历，至今忍俊不禁。她说，两年前，为了帮助纺织系统的姐妹们找工作，她们几个女干部拿来“黄页”，一家公司一家公司地打听。最后，福明乡那边有一个针织厂同意招收一些女工。可是，先后去了三批人，没有一个坚持下来，不是觉得路远，就是觉得太累。后来，有人想出了法子，接来毛衣手套方面的订单让下岗失业人员在家里加工。就这样，2000年4月，一个中间收发货物的爱心编织站就成立了。

19.将下面标题压缩，使之更简练(双行题不超过15字)。

中国医大一叙利亚留学生伤害致人死亡

沈阳市法院判处卡玛尔十五年有期徒刑

20.将下面意思不明确且一般化的双行标题改明确、改生动了。

牡丹江市仪器仪表二厂

研制成功酒敏反应器

(注：酒敏反应器安装在驾驶室里，司机酒后驾车，酒敏反应器会使

汽车无法启动。)

21. 将下面标题压缩,使之更精练(不超过 15 字)。

维吾尔族养路工挺身救援遭遇

暴风雪袭击受困的子弟兵脱险

22. 简化下面标题,使之更加明快。

调动群众学习积机性　加速培养有用人才(引)

北京市政府建起高等教育自学考核制度(主)

凡自学经过考试合格者,发给毕业证书,

使用和待遇与普通高校毕业生相同(副)

23. 推敲一下,以使下面标题好上加好,精上再精。

原有八大名酒保持特色

新增十种名酒各有千秋(主)

全国第二次评酒会议评出十八种名酒(副)

24. 设法将下面一般化标题变得既简洁又风趣。

外国友人唱中国歌大赛进入决赛(主)

15 名选手明日决出名次　中央电视台全程实况转播(副)

25. 请为下面报道拟写一条既新颖别致、又生动贴切的单行标题。

本报讯　猴年到了,"齐天大圣"召集众星,将在猴年的太空为人们上演出出好戏——行星相聚,彗星光临,月掩金星,金星凌日……猴年的天空将是"群星荟萃",令天文和摄影爱好者大开眼界、大饱眼福。

据介绍,2004 年有几大行星多次同时出现在天空:5 月中下旬土星、火星和金星在天黑后会同时出现在西方低空;11 月上中旬木星、金星和火星在天亮前汇聚在东方低空;12 月下旬火星、金星和水星天亮前在东方低空"碰面"。

5 月 5 日凌晨 2 时～4 时将有一次月全食。与以往不同的是,在月全食发生前,金星、火星、土星和木星都将非常明亮地出现在西方。同时,上半夜和黎明前还有两颗亮彗星闪耀天空,将月全食的出场陪衬得格外"隆重"。

也许是知道中国这一年是"金"猴年,九大行星之一的金星特别"活跃"。5 月 21 日傍晚将发生一次"月掩金星"的现象,届时人们将看到一个金星从“月牙”中慢慢穿过。

更为罕见的天象当属6月8日下午1时13分～7时25分的“金星凌日”了。所谓金星凌日是指当金星运动到地球与太阳之间，三者成一条直线时，金星挡住了太阳射向地球的光线，人们就会看到一个小黑点慢慢从太阳表面移过。上一次的金星凌日发生在1882年。

此外，今年还将有5次较强的流星雨：4月天琴座、8月英仙座、10月天龙座和猎户座、11月狮子座和12月双子座流星雨。其中8月和12月的两次较大。

26. 指出下面标题存在的问题，阅读报道后，再拟一个标题。

上海：五万市民争睹图片展　两千观众留言寄真情

本报讯　记者22日从主办方获悉，4天来已有5万上海市民参观了“抗震救灾众志成城——2008中国抗震救灾大型新闻图片巡回展”，其中两千观众写下了感情真挚的留言。

“2008中国抗震救灾大型新闻图片巡回展”上海站展览是首都北京外全国巡展的第一站。展览从6月19日上午9时开始，将在6月25日下午4时结束。

展览结束部分的留言墙，密密麻麻地贴满了留言纸。微风拂来，留言纸翩翩飘动，仿佛象征平安的千纸鹤。主办方介绍说，因为留言太多，每天都要把当天的留言取下保管好，留出空间让后面的观众贴新的留言。

言多言少皆关情。震区的人们一定能从心底里感应到，来自千里之外上海人民的深深关切和诚挚祝福。

四、新闻写作综合练习答案

1. 辽宁盘海营高速公路大石桥路段3日1时许发生一起特大抢动案，劫匪抢走黄金80多公斤。接报后警方迅速赶赴现场。

2. 英国王储查尔斯王子的前妻戴安娜8月30日午夜在巴黎遭遇严重车祸，送往医院后不治身亡。

3. 大众出租车 48 岁的司机孙宝清在合同期未满的情况下，被纽约银行上海分行行长“挖”走了。这究竟是怎么回事呢？

4. 之一(悬念式导语)

今天上午，一个出人意料的消息得到证实：兖州市顺从民意，叫停了境内已完成详勘的小孟煤田，全面封存。此举意味着兖州市损失了一个新的经济增长点——每年减少地方税收 5000 万元。许多人颇感诧异，兖州人哪根神经搭错了，“到嘴的肥肉”居然不吃？

之二(议论式导语)

今天上午，一个出人意料的消息得到证实：兖州市顺从民意，叫停了境内已完成详勘的小孟煤田，全面封存。此举意味着兖州市损失了一个新的经济增长点——每年减少地方税收 5000 万元。许多人颇感诧异，专家却称，这一做法对“建设资源节约型、环境友好型社会”具有标本意义。

5. 一双原本修长的美腿，现在却“长”出两个足以把拳头放进去的大坑。

除此之外，还出现了突然增重、尿频、口渴、心跳过快等症状。

李月哽咽地说，这些都是她减肥的“后果”。

6. 年内组织全省跨越 100 个专业学会的 1 万名科技人员走上经济建设主战场，重点抓好 1000 个国营大中型企业、乡镇骨干企业的技术进步。这是××省省长×××13 日上午在省科协四大开幕式上宣布的。

(注：“他指出”一部分可放进主体，只有内容精练了，导语才显得更清晰，也更能让人看出要领。)

7. 昨天，中国空间科学家定下 21 世纪两个目标：先登陆月球，再登陆火星。

8. 今天，《人权宣言》以 48:0 票被联大通过。

9. 缺少“原因”(即“何因”)这一新闻要素。作为哈里王子的密友，哈里·米德为什么会有此举，这是个很重要的新闻要素，缺之，读者则感到有点不明不白。因此，报道中应有所交待。

10.（之一）

此报道，至少有以下四个角度可供选择：

①“白化病”成了语言天才求职的障碍；

②社会各届向唐均伸出援手；

③美籍华人周先生资助唐均考研；

④李岚清关心病困学生。

分析认为：①虽紧扣事实，但其主信息未能充分挖掘整个新闻事实的新闻价值；②③报道角度虽有积极意义，但却又不如④；④最能与当今社会语境相谐和，体现出新闻价值，因而也是新闻角度（或叫“新闻由头”）的最佳选择。

（之二）

本报讯 语言奇才唐均患“白化病”遭遇求职难一事见诸媒体，中共中央政治委员、国务院副总理李岚清看到报道后，次日便给国家教委打电话，要求帮助其解决经济、求职或深入学习方面的困难。国家教委迅速批转南京大学尽快落实。

1992年12月，在全国中学生化学竞赛四川省赛区中，唐均跻身决赛并夺得一等奖。转年，他又以高出全国重点院校录取线79分的佳绩，被南京大学录取。

进入南大不久，唐均便显露出其“语言奇才”的天赋，一年级轻松过大学英语四级，之后，又选修俄、法、阿拉伯语等，且门门考试都得90多分。同时，他还自学了满文、女真文、西夏文、梵文、缅甸语、波斯语、东乡语、藏语、哈萨克语、印地语等多种语言。现在，在唐均所学的语言中，已有7种达到读、写、看较熟练的程度；4种因太冷僻无会话场合，只能写和译；另有5种属初步掌握，正在深入学习中。

今年3月，学习优秀、即将毕业的唐均，却因患“白化病”遭遇了求职的“寒冬”。多家用人单位一经面试即面露难色，不得不带着几分惋惜离去，甚至连他要求去西藏、新疆、云南等地的支边自荐信，也未得到回音。

当社会上知道了唐均求职的困难处境时，一些单位和个人向他伸出了援手，但唐均对一切经济资助都一一谢绝了，尽管唐均很需要钱。

唐均一家三代五口全靠其父200多元的月薪度日,他四年大学期间,每天的伙食费不足3元,也从未买过一件新衣服。然而,有一位叫周鉴平的美籍华人的热忱相助却使唐均盛情难却。他殷切希望唐均继续深造而不要急于找工作,几经开导,终于说服小唐报考语言学研究生,最近还以协议形式,明确了自己的资助义务……

日前,南京大学已减免了唐均的1200元贷款,并在其他方面给予帮助。小唐求职时的苦闷心情平静了很多,他正准备以崭新的姿态投入到新的学习生活中去。

(之三)

语言奇才因"白化病"遭遇求职难(引)

李岚清关爱病困大学生(主)

在一美籍华人资助下唐均准备读研深造(副)

11. 顺序应为:③ ⑥ ④ ① ② ⑤

12. (之一)

存在的问题主要有两个:一是没有把新闻点"长江最大洪峰顺利通过葛洲坝"写进导语,反把旧闻"出现最大洪峰"写了进去。二是叙事欠精练,无关的内容写得多了点。

(之二)

建国以来长江上游的最大洪峰,今天凌晨顺利通过葛洲坝水利工程的泄水闸和冲沙闸。

过闸洪峰流量为每秒72000立方,超过1954年长江大水时葛洲坝附近的每秒66800立方的最大流量,与坝址附近有水文纪录以来的最大流量——1896年的洪水量相当。

据坝内、坝外多个观测点报告,洪峰过后,大坝东部的冲沙闸、船闸、电厂、泄水闸和西部围堰等,都安然无恙。

今天上午11点,中央防汛总指挥部向葛洲坝工地建设者发去贺电,祝贺他们通力合作,取得安全泄洪防汛的重大胜利。

洪水逐渐退落,至下午2点,葛洲坝闸下洪水量已降到每秒69600立方。

13. **本报讯** 首都最近推出"北京家庭教育指导行动"。这是记者从北京市教育局、北京市妇联和家庭教育研究会联合召开的新闻发布会上获悉的。

“北京家庭教育指导行动”的任务是：一方面帮助家长了解婴幼儿、儿童、少年的生理、心理特点，树立正确的教育思想，掌握科学的教育内容和方法，回答他们在子女成长过程中遇到的问题；另一方面，促使家庭的结构、环境和家长素质向有利于子女健康成长的方面转化。

指导行动的主要方式将有：中小学、幼儿园、社区和其他社会团体举办家长学校；北京新闻媒体开办家庭教育指导专栏、专题节目；编辑出版家庭教育丛书；由家教咨询中心和其他青少年心理咨询中心开展家庭教育咨询；开展家教科学研究及其他各种形式的家教指导活动。

14.（之一）

本报讯 河南上蔡县第一高中学生的寒假作业“给爹妈洗脚”，洗出了亲情和妈妈的泪水。

记者近日看到了这所学校刚刚统计出的学生“亲情寒假作业”完成情况。全校 2800 多名学生中，每人都以日记的形式详细记下了给父母、长辈们洗脚、端饭的心得体会。其中，20％的学生写了日记还不过瘾，又将体会写成了亲情诗歌或散文，淋漓尽致地抒发了亲情实践的感受。各班的班主任在批阅学生们的“亲情寒假作业”时发现，几乎每个学生的作业后面，都有学生家长的留言，盛赞学校这样的“亲情寒假作业”留得好。

寒假放假前夕，上蔡县一高除给学生布置了书面寒假作业外，又特别布置了一道必须完成的亲情作业，即春节期间，每个学生至少要给父母洗一次脚、为长辈端一碗饭，并以日记的形式记下自己亲情实践的经过和感受。春节过后一开学，每天都有多封学生家长的来信飞至该校校长刘月丽的案头。

学生对这种作业都很乐意接受。高一一位女生写道：“除夕之夜，我端盆热水给妈妈洗脚，当我给妈妈脱掉鞋子和袜子，把她的脚放进热水盆中时，泪水从妈妈的眼里流出来。其实，我仅仅是给妈妈做了一件本应该做的事情。”

（之二）

亲情作业留出亲情(引)
让孩子给爹妈洗脚(主)
15.盐城青年邹宏庚获世博会会徽设计大奖
16.(之一·单行题)
女工陈春花应邀赴美作绣花表演
(之二·"引+主"式双行题)
勤学苦练　技艺拔尖(引)
绣花女陈春花应邀赴美表演(主)
17.(之一)
一"拉"成名(主)
江苏—504型拖拉机"国际田间日"比赛夺魁(副)
(之二)
"小铁牛"力挫"大洋马"(主)
江苏—504型拖拉机扬威"国际田间日"(副)
18.(之一)
一边织毛衣手套　一边照料家务活(引)
爱心编织站编出千条就业路(主)
(之二)
小小编织站　解决大问题(引)
明楼街千余女工家中实现再就业(主)
19.伤害致人死亡(引)
留学生卡玛尔被判刑(主)
20.司机喝过酒　汽车开不走(主)
牡丹江市仪器仪表二厂研制成功酒敏反应器(副)
21.维族养路工救出被暴风雪围困战士
22.首都鼓励自学者(引)
考试合格承认学历(主)
23.全国评酒会细心品定(引)
八大名酒喜添十佳侣(主)
(注:原题主、副题之间意思略有重复。)

24. 外国人唱中国歌(主)

15 名选手明日央视决名次(副)

25. 众星猴年"闹"太空

26.(之一)

存在的主要问题是:"图片展"太笼统,应标明"抗震救灾"。

(之二)

上海抗震救灾图片展(引)

五万市民前来争睹　两千观众留言寄情(主)

附录二　校对符号及其用法

（中华人民共和国国家标准）

本标准规定的符号及用法，适用于出版印刷业中文（包括各少数民族文字）各类校样的校对工作。

（一）字符的改动

编号	符号形态	符号作用	符号在文中和页边用法示例	说 明
1		改　正	增高出版物质量。提	
2		删　除	提高出版物物质质量。	
3		增　补	要搞好校工作。对	增补的字符较多，圈起来有困难时，可用线画清增补的范围。
4		换损污字	坏字和模糊的字要调换	

续表

编号	符号形态	符号作用	符号在文中和页边用法示例	说明
5		改 正 上下角	16=42 H_2SO4 尼古拉.费欣 0.25+0.25=0 5 举例 2×3=6 X:Y=1：2	

(二)字符方向位置的移动

编号	符号形态	符号作用	符号在文中和页边用法示例	说明
6		转 正	字符颠倒要转正	
7		对 调	认真经验总结。 认真经结总验。	
8		转 移	校对工作，提高出 版物质量要重视。	
9		接 排	要重视校对工作， 提高出版物质量。	
10		另起段	完成了任务。明年……	

续表

编号	符号形态	符号作用	符号在文中和页边用法示例	说明
11		上下移	序号 名称 数量 01 ××× 2	字符上移到缺口左右水平线处。 字符下移到箭头所指的短线处。
12		左右移	要重视校对工作，提高出版物质量。 3 4 5 6 5 欢呼 歌唱	字符左移到箭头所指的短线处。 字符左移到缺口上下垂直线处。 符号画得太小时，要在页边重标。
13		排　齐	校对工作非常重要。 必须提高印刷质量，缩短印刷周期。	
14		排阶梯形	RH_2	

续表

编号	符号形态	符号作用	符号在文中和页边用法示例	说明
15	⊥（带箭头）	正　图		符号横线表示水平位置，竖线表示垂直位置，箭头表示上方。

(三)字符间空距的改动

编号	符号形态	符号作用	符号在文中和页边用法示例	说明
16	∨ ＞	加大空距	一、校对程序 校对胶印读物、影印书刊的注意事项：	表示适当加大空距。
17	∧ ＜	减小空距	二、校对程　序 校对胶印读物、影印书刊的注意事项：	表示适当减小空距。横式文字画在字头和行头之间。
18	#	空 1 字距 空 1/2 字距 空 1/3 字距 空 1/4 字距	第一章校对职责和方法	
19	Y	分　开	Good morning!	用于外文。

(四)其他

编号	符号形态	符号作用	符号在文中和页边用法示例	说明
20	△	保　留	认真搞好校对工作。(“好”字加圈删除，其下画△，删除符号上画两竖线)	除在原删除的字符下画△外，并在原删除符号上画两竖线。
21	○＝	代　替	机器由许多(另)件组成，有的(另)件是铸出来的，有的(另)件是锻出来的，有的(另)件是…… ○＝零	同页内，要改正许多相同的字符，用此代号，要在页边注明：○＝零
22	○　○　○	说　明	第一章 (校对的职责)——改三黑(“改三黑”三字下画圈)	说明或指令性文字不要圈起来，在其字下面画圈，表示不作为改正的文字。

作者简介

林盛山，大学本科学历，高级职称，资深编辑、记者。曾就读于天津南开中学和天津师范大学中文系。多年来笔耕不辍，著有《中外寓言二百篇》、《常用谚语两千条》等书，参加过《新华词典》的编纂工作。1983 年由教育部门调入新闻单位，二十五年来，在编辑、记者工作岗位上积累了丰富的理论知识和实践经验。其间，有多篇新闻作品在地方及全国获奖，还先后对《天津邮报》、《书报文摘》等十余家报纸的创刊给予过帮助与扶持。授课辅导通讯员达上万人次。